主编◎成光琳

公共关系实务技巧

Practical Skills in Public Relations

中国人民大学出版社
·北京·

前　言

Preface

在今天全球经济一体化进程中，我国的政治民主化、经济市场化、信息产业化、移动终端的全网覆盖都深刻影响着我们的社会生活，新的经济形势既对当代职业人提出了高水平的职业素质与能力的要求，也向当代公共关系理论和实践提出了全新挑战。

如何将最新的公共关系理论和实践成果与高等职业教育课程改革很好地结合起来，编写一本符合职业教育理念，以公共关系管理职业工作过程为导向、以学生形成公共关系职业能力为目标的教材，一直是我们思考和探索的问题。为此，我们在近些年的课程教学改革中进行了大量的实践，本书就是我们教学成果的结晶。本书的编写体现了以下特点：

（1）结构体例模块化。本书打破传统的章节结构体例，以典型工作任务为载体，课程内容以具体工作过程为模块，实现了教材内容由学科结构向工作结构的转变，使教材更加符合现代职业教育的教学特点和要求。

（2）课堂导入情境化。本书将传统教材中的“节”修改为“单元”，每个模块前引入一个主题情境案例，同时在每一个“单元”引入一个“情境导入”案例，引导教师在教学中使用情境教学法，更加有利于引发读者和学生的思考与学习，培养学生解决实际问题的能力。

（3）案例引用时代化。本书在编写过程中引入了大量最新发生的、更具典型性的社会热点事件进行剖析，比如青岛天价大虾、2016 年春晚支付宝“咻一咻”、复旦大学校庆“抄袭门”等，同时还有对学生就业有参考价值和借鉴意义的大量案例，提升了本书的可读性与实用性。

（4）前沿知识延伸化。在全球经济一体化和移动终端全网覆盖的新形势下，我们在编写本书时，加入了模块七“网络公共关系”和模块十“国际公共关系”，延伸了知识范畴，拓展了学习视野，体现出教学内容紧扣时代脉搏并能与时俱进的特点。

本书由成光琳教授担任主编并负责统稿，具体撰写分工为（以模块为序）：高宇飞（模块一、二、九），徐冉冉（模块三、五），李婧（模块四、八），成光琳（模块六、七、十）。

本书在编写过程中，参考、吸收并部分引用了许多公共关系理论与实践方面的文章和著作，汲取了其中的优秀成果，在此向各位专家、同行表示诚挚的感谢。由于编写时间仓促，书中所引用的部分内容未能及时与原作者一一联系，在此表示深深的歉意及衷心的感谢！

因编者水平有限、经验不足，未能把更多的新内容、新思路一并涵盖到书中，疏漏之处在所难免，敬请广大读者批评指正。

编　者

2016 年 6 月

目 录

Contents

模块一 公共关系概论

学习目标

1. 明确公共关系的概念和基本特征。
2. 掌握公共关系的基本功能。
3. 能在各类相关学科中确认公共关系的基本定义。
4. 掌握东西方公共关系发展的历程。

导引案例

习近平主席2015年8次出访

2015年，习近平主席共进行了8次出访，历时42天，遍布14个国家、21个城市，进行了223次会见以及44次演讲……

2015年5月9日是苏联卫国战争胜利70周年纪念日。习近平说："中国人民重情重义，我们永远不会忘记曾经风雨同舟、相互支持的老朋友。"走得再远，前行路上仍将携手并肩。2015年，习近平主席和俄罗斯总统普京5次会晤。如此频密的高层接触，强化了中俄战略互信，推动了双边务实合作稳步发展和在国际舞台上的战略协作。在中俄两国元首的战略引领下，中俄全面战略协作伙伴关系继续保持高水平发展。用普京总统的话来说："中俄关系目前达到了前所未有的高度!"同年9月下旬，习近平在访问美国时指出，要坚持构建新型大国关系正确方向，使和平、尊重、合作始终成为中美关系的主旋律，确保两国关系沿着健康、稳定的轨道不断发展，更多更好地造福两国人民和世界人民。奥巴马总统再次重申，美方欢迎稳定、繁荣、和平的中国崛起，这有利于促进全球贸易的发展，推动全球性问题的解决。美中两国齐心协力，将使世界更安全、更繁荣。9月

26 日，在联合国发展峰会上，习近平主席的发言全面阐述了中国对未来全球发展的看法，他表示：要追求全面的发展，让发展的基础更加坚实，发展的最终目的是为了人民，在消除贫困、保障民生的同时，要维护社会公平正义，保障人人享有发展权利。

思考：

习近平主席为什么在一年中进行了 8 次重要出访？这样的出访对于中国有什么价值和作用？表达了中国的哪些态度？请在本模块的学习中寻找答案。

单元一 公共关系的含义及特征

【情境导入】

“水门事件”导致美国总统下台

水门事件（Watergate Scandal，或译水门丑闻）是美国历史上最不光彩的政治丑闻之一。其对美国本国历史以及整个国际新闻界都有着长远的影响。在 1972 年的总统大选中，为了取得民主党内部竞选策略的情报，1972 年 6 月 17 日，以美国共和党尼克松竞选班子的首席安全问题顾问詹姆斯·麦科德为首的 5 人，闯入位于华盛顿水门大厦的民主党全国委员会办公室，在安装窃听器并偷拍有关文件时当场被捕。由于此事，尼克松于 1974 年 8 月 8 日宣布于次日辞职，从而成为美国历史上首位辞职的总统。事件发生后，尼克松曾一度竭力掩盖开脱，但在随后对这一案件的继续调查中，尼克松政府中的许多人被陆续揭发，并直接涉及尼克松本人，从而引发了严重的宪法危机。1974 年 6 月 25 日，司法委员会决定公布与弹劾尼克松有关的全部证据。同年 7 月底，司法委员会陆续通过了三项弹劾尼克松的条款。尼克松下台后，在总结水门事件的教训时，意味深长地说：“这是公共关系的失策！”

思考：

“水门事件”为什么会导致美国总统下台？

“公共关系”一词是舶来品，是由英文“Public Relations”翻译而来，缩写为 PR，简称公关，也有学者将其译为“公众关系”“公众联络”等。“Public Relations”的概念源于美国，最早见于美国总统托马斯·杰斐逊的“国会声明”。

公共关系学作为一门新兴的综合性学科，尽管思想体系非常简单，但在理论上涉及众多学科，在实践上被广泛应用于各种不同组织和不同领域，由此形成了众说纷纭的公共关系定义和学派。美国著名公共关系学者莱克斯·哈罗博士搜集了 20 世纪以来的 472 种有代表性的公共关系定义，但至今仍无为人们所普遍接受的定论，原因在于公共关系活动本身的复杂性，为复杂的社会现象、社会活动下定义有一定的难度。本单元将从多个角度，对公共关系定义的各种观点进行系统梳理，以期让大家对公共关系的定义有一个系统而全面的认识。

一、公共关系定义的多种阐释

在众多的公共关系定义中，选取如下具有代表意义的定义作一个简单的罗列。

国际公共关系协会（IPRA）定义为：公共关系是一种管理职能，属于一种经常性与计划性的工作，不论公私机构或组织，均通过它来保持相关公众对其的了解、同情和支持，亦即审度公众的意见，使本机构的政策与措施尽量与之配合，再有计划地运用大量资料，争取建设性的合作，而获得共同的利益。

美国公共关系协会（PRSA）曾在征询了上千名专家的意见后选出了如下四则定义：

第一，公共关系是企业管理机构经过自我检讨与改进后，将其态度公诸社会，借以获得顾客、员工及社会的好感和了解的一种经常性、不间断的工作。

第二，首先，公共关系是一个人或一个组织为获取大众之信任与好感，借以迎合大众之兴趣而调整其政策与服务方式的一种经常性、不间断的工作；其次，公共关系是对此种已调整的政策与服务方针加以说明，以获取大众了解与欢迎的一种工作。

第三，公共关系是一种技术，此种技术在于激发大众对于任何一个人或组织的了解并产生信任。

第四，公共关系是工商管理机构用以测验大众态度，检查本企业的政策与服务方针是否得到大众的了解与欢迎的一种职能。

英国公共关系协会（IPR）定义为：公共关系实践致力于有计划地、持久地建立和维持一个组织及其与公众之间的良好愿望和相互理解。

美国著名公共关系理论权威詹姆斯·格鲁尼格（James Grunig）认为：公共关系是一个组织对其公众的传播管理，其目的是建立一种与目标公众相互信任的关系。

美国著名公共关系学者斯科特·卡特李普（Scott M. Cutlip）和艾伦·森特（Allen H. Centre）认为：公共关系是这样一种管理功能，它能建立和维护组织与公众之间的互利互惠关系，而一个组织的成功或失败取决于公众。

英国人弗兰克·杰夫金斯（Frank Jefkins）也认为：公共关系是由为达到相互理解有关特定目标而进行的各种有计划的沟通联络所组成的，这种沟通联络处于组织与公众之间，既是内向的，也是外向的。

最近20多年来，中国的公关学者、专家根据研究也提出了一些带有中国特色的公关定义。

（1）传播沟通说：这种观点的典型代表是我国著名公共关系学者廖为建。他认为，公共关系的实质是传播沟通，公共关系的核心概念也是传播沟通。

（2）协调关系说：李道平、单振远是协调说的积极探索者，他们在合著的《公共关系协调原理与实务》一书中提出：社会组织与公众的协调是公共关系理论的核心概念，应围绕这一核心概念构建公共关系理论体系。邱伟光、韩虹也把公共关系的核心概念定位在协调社会关系上。他们认为：协调既是手段又是目的。沟通、协调、形象是公共关系概念的三个重要组成部分。

（3）关系说：王朝文在其《当代公共关系学》中提出，公共关系的本质属性是关系，它的核心概念应归到关系学说。公共关系就是"研究组织在其所处的社会环境中与其他组织群体、个人之间的关系，研究如何协调组织与其公众关系的学问"。

（4）形象说：中国影响最大的公共关系教材《公共关系学》的主编熊源伟认为：组织形象问题是公共关系理论的核心问题，组织形象概念是整个公共关系理论概念群中的核心概念。而这一认识是从公共关系历史、理论和实务中的地位得来的。

以上这些定义从不同角度、不同层次描述了公共关系，都是人们在研究公共关系定义的过程中获得的成果。

小米手机热销原因分析

美国市场调查机构 SA（Strategy Analytics）2015 年公布的一项数据显示，2014 年第四季度三星电子智能手机在中国的销量为1 210万部，市场份额屈居第三（9.8%）。同期，中国小米手机销量为1 570万部，市场份额达 12.8%，连续两个季度稳居冠军。苹果销量为1 340万部，市场份额达 10.9%，排名第二。小米仅用五年时间，便从无人知晓变得家喻户晓。2014 年，小米智能手机销量位居榜首，并在近三年的世界销量排行榜上跃居第四。

小米公司发展之所以如此迅速，从公关角度分析，有以下几个方面的原因：

（1）打口碑营销战，性价比高。在用户越来越关心智能手机性价比的背景下，小米手机以其优良的配置和低廉的价格不断制造话题，吸引人们的注意力，同时以"发烧友"小众由点及面地逐步扩大其在人们心中的影响力。

（2）制造事件，引起轰动。利用网络，制造并炒作各种话题，为新机上市预热，提升知名度。

（3）名人效应。塑造小米科技创始人雷军的个人形象，将雷军的影响力成功嫁接到小米系列产品上。雷军在IT 业以及投资领域的光环被成功投射到小米上，雷军也被称为"雷布斯"。

（4）借助新媒体——微博。小米以微博为载体，将微博作为新的信息传播工具，拉近和用户的距离，提高用户的黏性。

二、公共关系的定义表述

我们认为对公共关系的定义可以表述为：公共关系是社会组织为了塑造组织形象，通过传播、沟通手段来影响公众的科学与艺术。具体来说，这个定义包括以下几个方面的内容：

1. 公共关系活动的根本目的就是塑造组织形象

组织形象是公共关系的核心概念，是贯穿公共关系理论和实践的一条主线。组织形象是公众对社会组织的总体评价，是社会组织的表现在公众心目中的反映。评价组织形象最基本的指标有两个：知名度和美誉度。知名度是一个组织被公众知晓、了解的程度。这是评价组织“名气”大小的尺度。美誉度是一个组织获得公众信任、赞许的程度。这是评价组织社会影响程度的指标。知名度和美誉度分别从量和质两个方面评价组织形象。一个组织知名度高，其美誉度不一定高；知名度低，其美誉度不一定低。因此，一个组织若想树立良好的组织形象，就必须同时把知名度和美誉度作为工作的目标。

2. 公共关系通过战略、管理和传播手段影响公众

公共关系的主体是社会组织，客体是公众，手段是传播和沟通。换言之，社会组织、传播沟通、公众是构成社会关系的三大要素。

3. 公共关系的职能和作用

公共关系最主要的职能和作用是优化环境、和谐公众、协调关系，最终实现软实力的综合提升。

4. 公共关系既是一种思维方式，又是一门科学、艺术

社会组织的管理者应该学会从公共关系的视角来思考问题，将公共关系思维方式内化为其思考问题的一种习惯。另外，从理论上讲，公共关系是一门科学，有着特殊的研究方法和科学的体系；从运作上讲，公共关系又是一门艺术。总而言之，公共关系是科学和艺术的统一体。

三、公共关系的基本特征

1. 形象至上

在公众中塑造、建立和维护组织的良好形象是公共关系活动的根本目的，而这种形象既与组织的总体有关，也与公众的状态和变化趋势直接相连。这就要求组织有合理的经营决策机制、正确的经营理念和积极的创新精神，并根据公众、社会的需要及其变化，及时调整和修正自己的行为，不断改进产品和服务，以便在公众面前树立良好的形

象。可以这么说，良好的形象是组织最大的财富，是组织生存和发展的出发点和归宿，企业组织的一切工作都是为了客户展开的，失去了社会公众的支持和理解，企业也就没有存在的必要了。

一个人的航班

2007 年 2 月 10 日 21 时 45 分，武汉天河机场，东航 MU2455 航班。

此前因大雾弥漫，原定 17 时 25 分飞往北京的该次航班，延误了 4 个多小时。因长时间候机，年近花甲的乘客刘显荣登上这架飞机时，满腹怨气。“我没上错飞机吧?”当看到偌大的机舱内只有他一名乘客时，刘先生一脸愕然。“因航班推迟，其他 90 多名乘客均已提前转乘其他航班，您现在是本次航班唯一的乘客，但我们同样将为您提供优质的服务。”见刘先生满脸疑惑，空乘人员忙向他解释。“啊！那我今天岂不是享受专机待遇了?”得知这架可以承载 168 名乘客的飞机将为他一人执行飞行任务后，刘先生所有的不愉快都烟消云散。“您到北京出差，还是过年?”飞机起飞前，空乘人员与刘先生话起家常来。起飞后，乘务长徐艳霞率两名漂亮的韩国空姐，专门为刘先生送上头等舱才能享用的餐点。一个多小时的飞行中，刘先生与空乘人员互祝新年快乐，机舱内一片暖意。飞机着陆前，刘先生写下两页留言，感谢全体机组人员的热情服务。

2. 沟通为本

在现代社会，社会组织与公众打交道，实际上是通过信息的双向交流和沟通来实现的。正是通过这种双向交流和信息共享过程，才形成了组织与公众之间的共同利益和互动关系。这是公共关系区别于法律、道德和制度等意识形态的地方。在这里，组织和公众之间可以进行平等自愿且充分的信息交流和反馈，没有任何强制力量，双方都可畅所欲言，因而能最大限度地减少不良的副作用。

3. 互惠互利

对于一个社会组织而言，当然应该追求自身利益的最大化，但很多组织在这一过程中却迷失了自我。有的为求得一时之利，却失去更多，有的甚至一无所获。造成这种现象的根本原因就在于：利益从来都是相互的。人际交往中，人们常说：与人方便就是与己方便。而对社会组织而言，只有在互惠互利的情况下，才能真正达到自身利益的最大化。组织的公共关系工作之所以有成效、有必要，恰恰在于它能协调双方的利益，能通过公共关系实现双方利益最大化，这也是具备公关意识的组织和不具备公关意识的组织的最大区别。

4. 真实真诚

追求真实是现代公共关系工作的基本原则，自从“现代公关之父”美国人艾维·莱德拜特·李（Ivy Ledbetter Lee）提出讲真话的原则以来，告诉公众真相便一直是公关工作的不二信条。尤其在现代社会，信息及传媒手段空前发达，使得任何组织都无法长期封锁消息、控制消息，以隐瞒真相、欺骗公众。正如美国总统林肯所说，你可以在某一时刻欺骗所有人，也可以在所有时刻欺骗某些人，但你绝对不能在所有时刻欺骗所有人。真相总会被人知道。因此，公共关系强调真实原则，要求公关人员实事求是地向公众提供真实信息，以取得公众的信任和理解。

5. 长远观点

公共关系是通过协调沟通树立组织形象、建立互惠互利关系的过程，包括向公众传递信息的过程，也包括影响并改变公众态度的过程，甚至还包括组织转型，如改变现有形象、塑造新形象的过程。所有这一切，都不是一朝一夕就能完成的，必须经过长期艰苦的努力。因此，在公共关系工作中，公共关系组织和公关人员不应计较一城一池之得失，而要着眼于长远利益，只要持续不断地努力，付出总有回报。

【复习与思考】

请同学们课后搜索公共关系网站，了解相关公共关系活动。

单元二 公共关系的基本原则及职能

【情境导入】

“ALS 冰桶挑战赛”风靡全球，公益传播引发热议

2014 年，为“渐冻症”患者募捐的慈善活动“ALS 冰桶挑战赛”由美国波士顿学院的著名棒球运动员皮特·弗雷茨发起。“渐冻人”是一种运动神经元病，就像它的名称那样，得了这种病的人会像慢慢被冰冻一样，整个身体一点一点地失去知觉和运动能力，进而全身瘫痪，最终连自主呼吸都做不到，直至呼吸衰竭而死。活动要求参与者在网络上发布自己被冰水浇遍全身的视频内容，然后该参与者便可以要求其他人来参与这一活动。被邀请者要么在 24 小时内接受挑战，要么就选择为对抗“渐冻症”的患者捐出 100 美元。“ALS 冰桶挑战赛”在全美科技界大佬、职业运动员中风靡起来，微软的比尔·盖茨、Facebook 的扎克伯格和桑德伯格、亚马逊的贝索斯、苹果的库克全都不惜湿身入镜。这些硅谷的科技人，飞蛾扑火似的牺牲演出，其实全为了慈善。8 月活动推进至中国，来自娱乐圈、时尚界、商界等的各路名人纷纷击鼓传花，亲自上阵，雷军

（小米创始人、董事长）、周鸿祎（奇虎360董事长）、古永锵（优酷土豆CEO）、罗永浩（锤子科技CEO）、郭台铭（富士康董事长）、李彦宏（百度创始人、CEO）、刘德华、周杰伦、陈奕迅、王力宏、蔡依林、林俊杰等都接受了挑战，挑战视频疯狂传播，仅一周时间，就掀起了慈善公益传播的高潮。

思考：

为什么名人都纷纷参加这项冰桶挑战活动？这个活动体现了参与者的哪些理念？

一、公共关系的基本原则

公共关系是一门学科，任何组织在策划和实施公共关系活动时，都必须遵循共同的原则。公共关系的实践证明，社会组织要有效开展公共关系活动，就必须始终坚持和遵循以下基本原则。

1. 真实性原则

公共关系是建立信誉、塑造形象的艺术，但它又不是一种纯粹的艺术或宣传的技术，而是以事实为依据的科学。公共关系不能“制造”，只能“塑造”良好的形象，这种塑造所用的材料就是事实。所以说，真实是公共关系的基本原则，也是对公关人员根本的道德要求，是公共关系的生命。隐瞒、歪曲、推诿是公共关系的大敌，坦诚、亲切、负责的态度是公共关系成功的要诀。

杜邦公司的“门户开放”

19世纪末，伴随着“揭丑运动”，许多企业开始修建开放透明的“玻璃屋”，增强企业的透明度，加强与新闻界和社会公众的联系。杜邦化学工业公司是其中的佼佼者。

杜邦公司是一家从事炸药生产事务的化学公司。其时，化学工业刚起步不久，工艺技术还不是很先进，公司里难免发生一些爆炸事故。起初，公司当局采取保密政策，一律不准记者采访。结果，大道不传小道传，社会公众对此猜测纷纷，久而久之，杜邦公司在社会公众心目中留下一个“杜邦—流血—杀人”的可怕形象，对杜邦公司的市场扩展与企业发展造成极为不利的影响，杜邦为此深感苦恼。后来，杜邦的一位报界挚友建议他实行“门户开放”政策。杜邦采纳了他的建议，并聘请这位朋友出任公司宣传部部长。此后，公司在宣传方面改弦更张，坚持向公众公开公司事故真相与公司内幕，同时精心设计了一个口号并进行广泛宣传：化学工业能使你生活得更美好！且花重金聘请专家学者在公众场所演讲。此外，公司积极赞助社会公益事业，组织员工在街头义务服务，一举改变了“杜邦—流血—杀人”的可怕形象。

2. 公众利益原则

公众的理解与合作，意味着市场的拓宽，组织在制订计划和确定目标时，必须认真听取公众意见，将公众利益放在首位，以公众利益为出发点，提供优质服务，维护消费者权益。这就要求组织在一切活动中尊重公众利益，承担社会责任，满足公众需求。

3. 传播沟通原则

组织不但要懂得宣传自己、传播自己，还要善于宣传自己、传播自己，只有这样才能使更多的公众了解自己，在公众心目中塑造良好的组织形象，使组织如虎添翼、出奇制胜。为使公共关系传播真正取得良好的效益，第一要保证公共关系信息的基本质量，第二要准确选择公共关系传播的目标公众，第三要抓住公共关系传播的有利时机，第四要选择良好的公共关系传播通道。

4. 立足长远原则

开展公共关系工作是一种战略行为，追求的是长远目标，不能急功近利。组织为了适应变化着的公众评价标准，必须进行长期、持久、艰苦的公关工作。组织不能把它当成推销产品和服务的一般策略，而是要从长远着眼，追求社会效益，塑造组织的良好形象。只有高度重视公共关系效果的积累，良好的组织形象才能得以树立起来，公共关系专题活动的目标才能得以实现，公共关系日常工作的成效也才能得以显现。对于已经建立起来的良好的组织形象，也还需要时时加以维护、调整和发展。

拓展阅读

北京同仁堂集团：诚信为本　药德为魂

同仁堂创办于1669年，至今已有近350年的历史，是一个地地道道的北京老字号药店。1992年，中国北京同仁堂集团公司成立。其自成立以来，传承了同仁堂创办者提出的“炮制虽繁必不敢省人工，品味虽贵必不敢减物力”的古训，将现代化标准与传统工艺技术相结合，努力做到“尊古不泥古，创新不失宗”，确保产品诚信。同仁堂用现代标准化手段管控生产，按照国家《中药材生产质量管理规范》标准，在中药材主产区建立了11个大宗药材种植基地；按照国家《药品生产质量管理规范》标准，建设了6大现代化生产基地，构建了从原料采购到生产加工，再到零售终端的全面质量管理体系。2011年，同仁堂对系统内工业单位的500多个物料供应商和生产商，1 000多个品种的辅料、包材以及上万种经营商品的供应商资质开展了全面质量审计，终止了与21家生产资质不健全、存在质量隐患等问题的供应商签订的供应合同，确保了物料质量和采购渠道资质符合标准；对46家商业加盟店逐一进行了认真分析，终止了与7家不符合同仁堂品牌和诚信要求的药店签订的加盟合同。

5. 平等互惠原则

社会组织在开展公共关系活动中，要注意信守平等互惠原则。平等互惠原则是指公关活动要兼顾组织与公众的双方利益，在平等的基础上使双方互利互惠。平等互利，就是既讲“利己”又讲“利他”。公共关系并不是一味地讲“利他”，也要讲“利己”（局部利益），但“利己”不是利己主义。公共关系是在不违反法律和道德的前提下，让别人先得益，最后对自己也有利。

6. 全员公关原则

全员公关是指在社会组织中，所有工作人员都要参与公共关系活动。要搞好全员公关，必须进行全员 PR 管理。所谓全员 PR 管理，即通过全员的公关教育与培训，增强全员公关意识，提高全员公关的自觉性，加强整体的公关配合与协调，全面调动全员的公关努力，形成浓厚的组织公关氛围与公关文化。一个组织公关工作的开展，不仅要依靠专职公关机构和公关人员的不懈努力，而且有赖于组织各部门和全体员工的配合，要求组织的全体成员都注意树立公共关系观念，关注并参与公共关系工作，为公关工作作出贡献。

二、公共关系的职能

公共关系以建立社会组织的良好形象为目标，围绕这一目标所开展的具体工作形成了其职能范围。在现代社会中，公共关系之所以能迅速发展起来，其根本原因在于公共关系自身的职能对组织的生存、发展有着不可替代的极为重要的作用。公共关系的职能广泛而复杂，国内外学者对它的看法和概括也不尽一致，国内外公共关系职能部门的职责范围也有很大差别，但一般来说，公共关系应该具有采集信息、咨询建议、塑造形象、协调沟通、提供服务、危机管理等职能。

1. 采集信息，监测环境

采集信息是指社会组织自觉地通过各种渠道采集与组织相关的信息。信息是对客观存在的各种事物的特征和变化的反映。对社会组织来说，所收集的资料在进行处理后，都可以成为有用的信息。采集信息是公关工作的必要前提。在信息社会中，组织要想在激烈的竞争中生存与发展，必须依赖于对信息的收集、分析和合理利用。所谓监测组织环境，是指观察和预测影响组织目标实现的公众情况和其他社会环境的变化情况。一个社会组织的生存与发展，在很大程度上要受到组织所处环境的影响和制约。同样，一个社会组织自身形象的塑造，也要受到环境的影响。公共关系的第一个职能就是代表组织对所处的环境进行监测，并对环境的变化进行预测，向组织决策者提出建议，将可能危害组织形象的问题消灭在萌芽状态。

拓展阅读

微软在中国的“情报行动”

微软公司有非常成熟的情报采集体系，采集渠道遍布各种媒介。微软总部的情报运作机制非常成熟，与美国国家统计局保持着紧密合作，可以获得经济发展水平、各行业发展状况、地区发展水平及国内各地计算机及网络应用宏观统计报告。由于美国本土信息统计机构的运作方式非常发达，因此总部积累了各国和地区的宏观市场信息。在中国的微软公司里，以前较多关注总部的动态，而随着本土化策略加深，中国市场的环境成为其关注的对象。微软各分公司对情报有上载的义务，并定期生成当地市场情况分析报告，与美国总部的策略保持一致。这就保持了整体公司的信息吸取性。

微软在中国的情报获取70%以上来自互联网。这种网上信息拦截是通过合作伙伴实现的，根据政策环境、软硬件行业动态、网络环境、竞争对手、合作伙伴和终端市场动态等方面定制关键词，情报就会自动发至指定的链接。当然，这种网上情报的拦截是定期更新的，有时甚至增加或减少。这是目前微软公司获取情报最快捷的方式。为了保持情报的精准性，微软对VENDOR（合作伙伴）的要求比较苛刻，经常对网上锁定的情报给予精准性测试。但是由于微软有独特的技术平台，微软可以给予合作伙伴更多的培训和目标情报教育，现阶段运作基本进入正轨。

2. 咨询建议，参与决策

咨询建议即向社会组织就有关公共关系政策和行动提出建设性意见，促进组织搞好公众关系和管理，推动组织进一步发展。在纷繁复杂的社会环境中，社会组织要在竞争中站稳脚跟，就要结合组织的具体情况及时、科学地做好组织的重大决策。做到这一点，就要认真听取公关人员的咨询和建议。第一，为确立决策目标提供咨询建议。从社会公众的角度去评价决策目标的社会制约因素和社会影响效果，努力使决策目标与公众利益和环境因素相容。第二，关于组织形象的咨询。组织形象的咨询在于诊断组织存在的问题，为塑造组织形象提出合理化建议。第三，关于市场动态和公众意向的预测咨询。能否迅速预测、把握市场变化动态和公众意向的变化趋势，决定了一个组织的生存和发展。

3. 宣传推广，塑造形象

组织行为良好是塑造组织良好形象的基础。但如果不对外宣传，不让广大公众了解组织的良好行为，组织的良好形象就无法在广大公众心目中树立起来。公共关系在组织经营管理中要履行传播推广的职责，即通过各种传播媒介，将组织的有关信息及时、准确、有效地传播出去，增加公众对组织的了解和理解，提高组织及其产品、人员的知名度和美誉度，为组织创造良好的社会舆论，树立良好的社会形象。传播沟通可以利用各种媒介，如利用广播、电视、报纸、网络等大众传播媒介，也可以利用书信、电话、电报、面谈等个人传播媒介，还可以采用展览、赞助、策划新闻等方式。社会组织要善于运用各种传播媒介，不失时机地宣传本组织，从而扩大本组织在公众中的影响。

4. 协调沟通，平衡利益

公共关系是组织与社会环境之间的一种协调沟通机制，是在沟通的基础上，为组织梳理渠道、发展关系、广交朋友、减少摩擦、化解敌意、调节冲突。经过调整自身的行为，使其成为组织运作的润滑剂、缓冲器，达到组织与公众互利互惠的和谐发展。协调的重要作用在于保持组织管理系统的整体平衡，使各个部门步调一致，并发挥总体优势，从而确保计划的落实和目标的实现。协调有广义和狭义之分，广义的协调是指协调内部和外部关系，狭义的协调是指只协调组织内部的各种关系。公关中协调应该包括组织内部的协调和组织外部的协调，即运用各种协调、沟通手段，成为组织与各类公众交往的桥梁，为组织的自下而上发展创造“人和”氛围。

5. 提供服务，促进和谐

公共关系本身就是一种服务工作，它的管理地位和日常业务都具有明显的服务性质。公共关系工作的成效也需要以其服务质量和水平来衡量。公共关系通过信息性、传播性、协调性、支持性、辅助性的服务使组织内部运转得更加顺畅、协调，使组织外部环境更加和谐、友好。

6. 科学预警，危机管理

危机管理是企业为应对各种危机情景所进行的规划决策、动态调整、化解处理及员工培训等活动过程，其目的在于消除或减少危机所带来的威胁和损失。在组织发展的危难时期，传播沟通工作对内应稳定组织成员的情绪，使之处变不惊并查找原因；对外要设法尽快消除公众对组织的疑虑、猜忌、误解或怨恨，或者针对公众的误解，及时作出准确且口径一致的解释，澄清事实真相，尽快扭转局势。

海底捞勾兑门事件的危机公关

2011 年 8 月 22 日　信报报道《记者卧底“海底捞”揭秘》，直指骨汤勾兑、产品不称重、偷吃等问题，引起轩然大波，人类一直无法阻止的海底捞，终于遇到了一个大坑。

2011 年 8 月 22 日 15：02　海底捞官网及官方微博发出《关于媒体报道事件的说明》，该声明语气诚恳，承认勾兑事实及其他存在的问题，感谢媒体监督，并对勾兑问题进行客观澄清。此微博被转发1 809次，评论 690 条，用户基本接受海底捞的态度。

2011 年 8 月 22 日 16：18　海底捞官网及官方微博发出《海底捞关于食品添加剂公示备案情况的通报》，笔锋更加诚恳，“多年厚爱，诚惶诚恐”之类的词语都出现在通报上。

2011 年 8 月 23 日 12：00　海底捞官网及官方微博发出《海底捞就顾客和媒体等各界关心问题的说明》，就勾兑问题及员工采访问题进行重点解释。

2011 年 8 月 23 日 20：00　海底捞掌门人张勇在一篇微博里写道：“菜品不称重、偷吃等问题根源在流程落实不到位，我还要难过地告诉大家我从未真正杜绝这些现象。责任在管理，不在青岛店，我不会因此次危机发生后追究责任，我已派心理辅导师到青岛，以防该店员工压力太大。对饮料和白味汤底的合法性我给予充分保证，虽不敢承诺每一个单元的农产品都先检验再上桌，但责任一定该我承担。”此篇微博瞬间转发近4 000次，评论1 500条。在如今遇事自保、互相推诿、丢车保帅的职场中，张勇敢担当，人情味十足，其人格魅力化解掉此次事件 80%的危机。随后，海底捞邀请媒体记者，全程记录骨汤勾兑过程，视频、照片瞬间布满网络，事件就此暂时画上圆满句号。

【复习与思考】

假设你是一家新成立酒店的公关部经理，你将如何开展公关工作?

单元三　公共关系的产生与发展

【情境导入】

招牌与公关

明清时期，公共关系思想开始进入商业活动。如酒店门口悬挂的写着“酒”的旗帜，店铺门上的“百年老店”招牌，人们经商活动中遵循的“和气生财”准则，都是公共关系思想在商业活动中的运用。这一时期，人们甚至有了朦胧的形象意识，已经懂得良好的企业（店铺）名称对顾客的正面影响。民国初年，钱彭寿把他研究字号命名的心得写成了一首七律诗：

顺裕兴隆瑞永昌，元亨万利复丰祥。
泰和茂盛同乾德，谦吉公仁协鼎光。
聚益中通全信义，久恒大美庆安康。
新春正和生成广，润发洪源厚福长。

这56个字迎合了人们追求吉祥美好的愿望，也反映了古代人的公共关系意识。

思考：

你所知道的中国古代的店铺名称有哪些？好的店铺名称对商家的成功经营有什么好处？企业经营过程中最重要的是什么？

公共关系作为一种客观存在的社会关系和社会现象，有着悠久的历史；作为一门实践性艺术，其实际操作远远领先于人们有意识的公共关系理论的建立。但是，作为一个专门化的社会职业，形成一门较为系统完整的学科体系，迄今不过近百年的时间。而社会公众公关意识的普遍觉醒，则是现代民主政治、市场经济和高科技发展等诸多社会因素综合催生的时代产物。

一、公共关系的起源与特征

1. 公共关系的起源

公共关系的源头可追溯到古代社会人类文明开始的地方——古埃及、古巴比伦、波斯和中国等国家。当时的统治者虽然更多的是依靠国家机器——军队、监狱等暴力工具来维护他们的统治，但舆论手段的运用在处理与民众的关系上仍然具有十分重要的地位，“水能载舟，亦能覆舟”就是当时统治方式的反映。古希腊的民主政治促使了公众代表会议和陪审团制度的建立，为公众表达自己的意见提供了一个舞台。公元前4世纪，古希腊出现了一批从事法律、道德、宗教、哲学研究与演讲的教师和演说家，他们在当时被称作诡辩家，他们的演讲技巧被称为诡辩术，苏格拉底、柏拉图和亚里士多德是其中的代表。亚里士多德运用严谨的思维逻辑和科学方法写出《修辞学》，强调语言修辞在人际交往和演讲中的重要性。他认为，修辞是沟通政治家、艺术家和社会公众相互关系的重要手段与工具，是寻求相互了解与信任的艺术。他还提出在交往沟通中，要用感情的呼唤去获取公众的了解与信任，要从感情入手去增强演讲和劝服艺术的感召力和真切性。为此，西方的一些公共关系学者视亚里士多德的《修辞学》为人类历史上最早的公共关系著作。当然，这个观点从某种程度上来说是夸大其词，但却又从一定程度上说明公共关系作为一门实践性艺术，从人类文明社会伊始即大放异彩。

古罗马时代，人们更加重视民意，并提出“公众的声音就是上帝的声音”。整个社会都推崇沟通技术，一些深谙沟通技术的演说家往往因此而被推选为首领。据记载，古罗马的独裁统治者盖乌斯·尤利乌斯·恺撒就精通沟通技术。面对即将来临的战争，他通过散发各种传单来展开大规模的宣传活动，以便获得人民的支持。他为此甚至还专门请人写了一本记录他功绩的纪实性著作——《高卢战记》，后来该书成为一部纪实性的经典之作广为流传。这些活动堪称古代社会公共关系实践活动的典范。

中国古代公共关系的萌芽是从春秋战国时出现的。在当时社会，由于国家分裂，各种势力不断重新组合，造成了一种社会动荡不安的政治氛围，这在客观上为各种思潮的发轫提供了现实土壤。各种思想、言论的碰撞与交融，终于造就了“百家争鸣、百花齐放”的文化盛世。郑国“子产不毁乡校”的故事，就是古代公共关系思想的极好表现。乡校是古代养老和比赛射箭的场所，老百姓常在那里议论和批评政府。当时的士大夫阶层在社会上举足轻重，深受诸侯君王的器重与信任，形成策士游说成风、舌战艺术发达的局面。特别是当时以齐国孟尝君为代表的“四君子”，家里都养了成群的门客，这些门客在当时主要起提供参谋意见、搜集信息情报和外交说服的作用。门客的种种功能和今天公共关系部的功能有着惊人的相似。此外，当时人们的日常交往中，自觉的公共关系意识和思想得到了一定程度的体现。孔子在《论语》中说：“有朋自远方来，不亦乐乎!”孟子说：“天时不如地利，地利不如人和。”这些都同现代公关活动的基本原则和追求目标大体一致。当然，这些自觉的公共关系意识带有很大的随意性，并且这种意识比较分散，不具有普遍性。因此，从严格意义上来讲，它只是公共关系的萌芽活动。

2. 人类早期公共关系的特征

公共关系是一门实践性艺术，它最初表现为古人无意识的实践活动。无论是古希腊，还是古罗马；无论是张仪、苏秦的纵横之术，还是郑和下西洋的壮举，在当时的社会环境中都不可能产生像现代这样系统的公共关系理论。古代公关活动具有如下两个明显的特征：

其一，从自觉程度来看，当时人们所开展的各种沟通、协调活动带有明显的自发性和盲目性。由于缺乏系统的理论，公共关系活动往往是某些天才人物的灵感闪现，很少能稳定下来。

其二，从其发挥作用的社会领域和范围来看，当时社会生产力相对低下，经济相对落后，人与人之间的经济关系还相当简单，人类早期的公共关系活动主要发生在政治领域，带有强烈的政治色彩和伦理色彩。自给自足的小农经济束缚了公关主体的活跃程度，从而使其范围大多局限于社会政治领域。

二、公共关系的发展

公共关系的历史可以追溯到远古时代，但作为一种全新的思想、一种系统而科学的理论，作为一种新型的、专业性很强的职业，它发端于 19 世纪末 20 世纪初的美国。此后，随着社会、政治、经济的飞速发展，公共关系与时俱进，发生了日新月异的变化。其发展大致经历了四个明显的阶段，并呈现出不同的特征。

1. 巴纳姆时期——“公众受愚弄”时代

有组织、有意识的公共关系活动，起源于19世纪中叶在美国风行一时的报刊宣传代理活动。1833年9月，本杰明·戴伊创办了第一张面向大众的通俗化报纸——《纽约太阳报》，从此开启了美国报刊史上以大众读者为对象、大量发行、价格低廉的“便士报”时期。由于这种报纸发行量大，广告费用也迅速上涨，当时的一些大公司和财团为了节省广告费，便雇用专门人员炮制关于自己的煽动性新闻，以扩大影响。而报刊为迎合下层读者的需要，增加发行量，也乐于发表，这样一来，便出现了美国历史上有名的报刊宣传代理活动，其中最突出的代表便是一个马戏团的经理费尼斯·巴纳姆。巴纳姆可以说是新闻传播方面的行家里手，他具有很强的吸引公众注意的“才能”。他运用他所谓的才能和技巧，编造了许多荒诞离奇的故事来吸引公众的注意，在制造新闻、愚弄公众方面达到了登峰造极的地步。

1882年，美国律师多尔曼·伊顿在耶鲁大学法学院发表了题为“公共关系与法律职业责任”的演讲。在演讲中，他首次使用了“公共关系”这一概念，但该词在当时所表达的并不是现代意义上的公共关系，而是大众利益之意。1897年，现代意义上的“公共关系”第一次出现在美国铁路协会编纂的《铁路文献年鉴》中。

2. 艾维·李时期——“讲真话”时代

“巴纳姆事件”使得那些意气风发的公关人员驻足反思，重新审视这一全新职业的职业要求和职业道德。一些报纸杂志率先开始揭露实业界那些“强盗大王”的丑恶行径，从而掀起了美国近代史上著名的“清垃圾运动”，又称“扒粪运动”。新闻界发表大量文章和漫画进行揭露，从而使许多大企业和资本家声名狼藉。而在这一过程中，以“讲真话”“讲实情”来获得公众信任的主张被提了出来。艾维·李就是这一“讲真话”的公共关系思想的代表人物。取得公众的信任和理解，无疑是组织生死存亡的关键，艾维·李正好顺应了这一时代需求。他以公众的需求为出发点，致力于改变这种无中生有、制造“新闻”的状况，让重视公众利益的理念在当时成为不可逆转的潮流，从而使得公共关系进入一个“讲真话”时代。1903年，他开办了历史上第一家公共关系事务所，成为第一个职业公关人员，这也标志着现代公共关系的问世。艾维·李的公共关系思想的核心就是“讲真话”。他的信条是：“公众必须被告知。”

艾维·李提出的公共关系的“讲真话”和“门户开放”原则，对公共关系事业的发展起到了很大的推动作用。此后，公共关系服务范围从企业、公司扩展到学校、医院、军队等领域，公共关系开始职业化，所以人们把他尊称为“现代公共关系之父”。然而，艾维·李的公共关系工作更多的是靠经验、凭直觉来进行的，缺乏科学理论的总结。因此，人们把他的公共关系称为“只有艺术，没有科学”。

拓展阅读

本田汽车召回

2015 年，广汽本田汽车有限公司根据《缺陷汽车产品召回管理条例》的要求，向国家质检总局备案了召回计划，决定自 2015 年 7 月 13 日起，召回 2002 年 10 月 30 日至 2007 年 12 月 28 日生产的部分 2003—2008 款飞度牌（Fit/Fit Saloon）及 2007—2008 款思迪牌（City）轿车，共计 413 452 辆。

3. 爱德华·伯纳斯时期——“投公众所好”时代

随着公共关系事业的不断发展，建立系统理论的需求越来越迫切。1923 年，爱德华·伯纳斯的第一本专著《公众舆论的形成》（又称《舆论明鉴》）问世。他首次提出了“公共关系咨询”的概念，通过不断研究和反复实践，使得公共关系的基本理论、原则和方法初步形成了一个较为完整的体系。而在这些原则和理论中，他的公共关系核心思想是“投公众所好”。以公众为中心，了解公众的喜好，掌握公众对组织期待与要求的态度，确定公众的价值观念，是公共关系的基础工作。

伯纳斯以其不懈努力，为现代公共关系的发展作出了一系列重要贡献：公共关系职业化；公共关系工作摆脱了新闻界的附属地位，走上了独立自主的发展之路；归纳出公共关系的运作程序、方法、技巧，提出了整个运作过程的 8 个基本程序；初步建立了现代公共关系的理论体系；强调了舆论及通过投其所好的公共宣传来引导公众舆论的重要作用；主张获得公众的谅解与合作应当成为公共关系的基本信条。

三、公共关系在中国

现代公共关系思想和公共关系实践进入中国，应以 20 世纪 60 年代公共关系登陆香港、台湾地区为开端，而进入中国大陆则在 20 世纪 80 年代初。

随着我国改革开放的不断深入，特别是经济体制改革后市场经济的蓬勃发展，在中国大陆掀起了一股学习公共关系、研究公共关系和从事公关工作的热潮。纵观中国大陆公关发展史，公共关系作为一种新的经营管理理论和技术传入中国后，呈现出由南向北、由东向西、由服务行业向工业企业、由外资企业向国有企业、由企业组织向政府组织逐步渗透并发展的格局，并且发展过程也呈现出明显的阶段性。

20 世纪 80 年代初，随着改革开放的进行，中国在引进资金、技术的同时也引进了先进的管理经验。公共关系作为一种理论和职业，开始引起中国人的广泛关注。在深圳、广州等改革开放的桥头堡，一些中外合资企业和外商独资企业开始按照西方资本主义国家的管理模式，设立公共关系部。1980 年，深圳蛇口华森建筑设计顾问公司率先成立了我国第一个公共关系性质的专业公司。1983 年，中外合资北京长城饭店成立公共关系部，并因成功策划并接待美国总统里根访华而名扬海内外。1984 年，广州中国大酒店设立公共关系部。1984 年 9 月，我国国有企业的第一家公共关系部——广州白云山制药厂公共关系部正式成立。

20 世纪 80 年代中后期，公共关系在中国的发展进入了一个全面引进的高潮时期，专业性公共关系公司、公共关系协会如雨后春笋般纷纷建立起来。同时，公共关系教育培训以及公关理论研究也发展迅速。1985 年，伟达公共关系顾问公司和博雅公共关系公司这两家世界上最有影响力的公共关系公司先后入驻中国。其中，博雅与新华社中国新闻发展公司于 1986 年 7 月合作成立了我国第一家公共关系公司——中国环球公共关系公司。1986 年 12 月，上海成立了全国第一家省级公共关系协会。1987 年 5 月，全国权威性的公共关系社团组织——中国公共关系协会在北京正式成立。1985 年 9 月，深圳大学率先设立公共关系专业（专科）。1988 年 1 月，中国公共关系第一家专业性报纸——《公共关系报》在杭州创刊。

从 20 世纪 90 年代初期到 90 年代中期，公共关系在中国的发展进入了一个相对稳定、成熟的时期。1994 年 4 月，中国国际公共关系协会成立。1994 年，中山大学被教育部批准开办部属院校第一个公共关系本科专业，随后在行政管理专业的硕士点招收公共关系方向的硕士生。

四、中国公共关系发展前景

随着全球经济和我国经济的快速增长，公共关系行业呈现出快速增长的发展势头。根据中国国际公共关系协会发布的行业调查报告，现阶段我国公共关系服务内容主要包括：传播顾问、媒体执行、品牌传播、产品推广、整合传播、危机管理、活动管理、事件营销、网络公关、数字媒体营销、政府关系及企业社会责任服务等。其中，传播顾问、媒体执行、活动管理和整合传播是目前我国公共关系公司的主营业务。现在，公共关系市场发展迅速，公共关系已经全面渗透到我国经济生活的方方面面，市场需求逐步扩大，营业收入逐年增长，未来发展潜力巨大。

未来的公共关系行业发展将呈现以下主要特征：

1. 国内公共关系市场将呈现一线城市带动二三线城市的态势

一线城市作为主要市场仍将保持良好的发展势头。随着我国城市化速度的加快以及二三线城市经济的发展，主要客户将会把更多的公共关系支出投向二三线城市，公共关系公司也将在这些地区大量涌现。

2. 国内公共关系的国际化程度进一步加深

未来国内公共关系市场将进一步对外开放，将有更多的跨国公司以合资或独资形式进入中国市场，公共关系服务将进一步延伸和规范。随着国际资源与本土资源之间合作的加强，本土公司将加快整合业务资源的步伐，公司并购将日趋成熟，整体实力将进一步增强，行业集中度也将提高。

3. 服务领域更加突出，客户范围将进一步扩大

目前，作为公共关系主要消费市场的耐用消费品、快速消费品、IT和通信行业将进一步得到巩固，医疗保健、房地产、金融、文化体育、公共事业将成为新的市场热点，政府和非营利机构的专业服务需求将日益增多。

4. 服务模式进一步成熟

战略传播、活动管理、营销传播等仍将是未来公关服务的主要手段，危机管理、事件营销、网络公关、战略咨询、增值服务、公共关系培训以及企业社会责任项目等将得到高度重视，重大行业会展活动和大型文化体育活动的策划、管理和传播业务将推动整合营销传播等专业工具和服务手段的不断完善。

5. 新型服务方式将深入开发

专业服务的技术研发和新型服务手段的运用，将促进公共关系服务与营销、广告等其他咨询业务的融合。数字营销、数据库营销和网络营销等业务的进一步开发和推广，将促进公共关系服务市场的繁荣。

【复习与思考】

公共关系的产生分哪几个阶段？中国公共关系的现状如何？

北京奥运会是一次成功的公关活动

◎案例描述

第二十九届北京奥运会可谓规模空前。且不说大规模的基础设施建设，该届奥运会有最大规模的运动员参赛，有最大规模的外国元首来北京观看比赛，有最大规模的自愿者，有最恢宏壮观的开幕式，有到目前为止中国最好的奥运比赛成绩，还有更多的奥运会之最。奥运会给中国、给北京留下了许多宝贵财富，除了四通八达的交通网络、气派漂亮的体育场馆等外，也给我们留下了难得的精神财富。

作为人类文明庆典活动，奥运会是一次体育盛会，也是一次媒体盛会。据统计，共有32 278名中外记者参加北京奥运会报道，其中注册记者26 298人，非注册记者5 980人，其数量不仅超过了参赛运动员总数，也创造了历届奥运会记者人数之最。此外，还有225家持权转播商参加电视转播工作，同样创造了历史之最。北京奥运会出色而有效的媒体公关工作，不仅对确保北京奥运会成功举办发挥了重要作用，也对塑造中国和北京形象，乃至提升国家软实力，发挥了其他活动难以替代的重要作用。北京奥运会的媒

体公关工作坚持“及时准确、开放透明、有序开放、有效管理、正确引导”的工作方针，把握新闻传播规律，运用现代传播技术，努力提高媒体服务的专业化、国际化水平，实现了“有特色、高水平”的目标。北京奥运会在媒体公关方面积累的宝贵经验和成功做法，已经成为我国开展媒体公关工作的范本。这是奥运会留给我们的一笔宝贵的精神财富。外国媒体对此不乏溢美赞叹之词，包括那些在奥运会举办前借西藏问题、人权问题对中国指手画脚的外国媒体、政要，他们臣服于中国人伟大的创造力、强大的组织力、丰富的想象力，陶醉在中国辉煌的历史文化中！

2008年盛夏，数以几十万计的奥林匹克大家庭成员、国际奥委会合作伙伴、世界各国的政府要员、境外来的观赛者和游客，云集北京，共同欢度这个属于全世界人民的节日。这些来自境外的朋友们，不仅是奥运会的参与者、观看者，更是传播者，他们将通过亲身经历向国际社会传递北京的信息，讲述他们的所见所闻。因此，通过各种方式让他们全方位了解北京，树立一个“新北京、新奥运”的国际形象，是我们做好公共关系的出发点。原国际奥委会主席萨马兰奇先生曾经概括过成功举办奥运会的三个要素：一是良好的组织工作，二是本国的体育成绩，三是媒体的宣传。让世界了解中国是通过各种媒体来实现的。能直接到比赛现场观看奥运会的观众是有限的，但是通过电视这样的现代化手段，近40亿的观众可以分享奥运会带来的欢乐。重视和加强与媒体的沟通与合作，通过媒体的放射作用，让世界了解和参与北京奥运会，是我们公关工作的重要内容。“扩大影响、树立形象”是一切公共关系的出发点和落脚点。北京奥运会的公共关系也不例外，其战略目标是扩大中国和北京的国际影响，树立北京奥运会的良好形象。

这些最多、最大、最好的背后体现的是中国政府的一次最精彩、最成功的公关活动。北京奥运会是个载体，中国政府充分抓住了这个很好的机会，向世界传达了中国人民和政府的友好、和平、热情，奥运会开幕式向世人展示了中国五千年文明的辉煌灿烂，体现了中国政府发展经济、创新科技、改善环境（科学发展观）的执政之要，向世人宣示了中国走和平和谐发展道路的决心。我们看到最大数量的媒体，特别是西方媒体涌入北京，他们不只是报道北京的体育赛事，而是更多地挖掘中国在政治、人权、社会文明等方面的问题，以此作为最好的新闻素材发到国内。

北京奥运会的成功召开，就是对西方媒体最好的回应。而中国花如此大的代价举办这届奥运会，不仅是向世人展示自己强大的组织能力和蒸蒸日上的国力，获得他国的理解、促进中国与世界其他国家的交流、消除中国在西方国家（包括一些东方国家）思维中的负面影响和对中国崛起的担忧、树立中国在国际社会中的良好形象才是中国倾尽全力办好这次奥运会的真正意义所在！

◎案例解析

北京奥运会也可以视作中国政府公共关系的典范之作。凭借此次盛会的召开，中国政府通过卓有成效的努力，明确传递了和平信息，宣示了“和平崛起”的坚定决心，缓解了公众的消极情绪，增进了社会和谐与团结，推介了中华民族文化，展示了美好的国际形象。

北京奥运会成功举办的根本原因是中国人民坚持不懈地探索适合中国国情的发展道路。改革开放30多年的全面进步与发展，为北京奥运会的申办、筹办和成功举办奠定了坚实的物质基础和精神基础。北京奥运会以人为本体现在尊重人、服务人、依靠人，无论是硬件建设还是软环境建设，都力求充分体现对人的尊重和关爱。北京奥运会的成功得益于统筹兼顾，采用了一城主办、多城协办的格局，充分考虑赛事使用便利和赛后长久利用的关系，与北京城市发展总体规划相协调。

◎案例交流与讨论

1. 通过北京奥运会成功举办的案例，说明中国2008年奥运会的公关作用。
2. 2008年北京奥运会成功举办的原因是什么？
3. 政府如何才能举办一次具有较大影响力的公关活动？

模块二 公共关系要素

学习目标

1. 了解公共关系三要素的构成。
2. 掌握公共关系主体——社会组织的概念、类型。
3. 掌握公共关系客体——公众的概念、分类。
4. 掌握公共关系手段——传播的概念、媒介类型。

导引案例

创新的海尔

海尔集团有两个口号：一是“用户永远是对的”，这是海尔人的真正信仰，不是谦虚的客套话；二是“绝不向市场说不”，并把它变成海尔人的实际行动。海尔战略不是“推”，而是“拉”。所谓“拉”有两层意思：一是生产者要把消费者“拉”在自己身边，以便能随时听到用户的声音，了解终端的需要，及时掌握市场上正在发生的细微变化；二是了解到用户的意见和需求以后，不仅抱着“用户永远是对的”这种正确的态度，不和用户争吵或辩论，而且根据这些意见和需要，设计和生产新的产品。海尔人新开发的许多市场就来源于用户的抱怨。

◎“农村多用途洗衣机”市场的开发

1996 年 10 月，张瑞敏在四川出差时，有人对他说：“海尔洗衣机的质量不太好，排水管经常堵塞。”这是用户有针对性的直接抱怨。张瑞敏立即派人向用户作深入了解。原来，四川一些农民把洗衣机买回去以后，不是专门用来洗衣服，而是经常用来洗地瓜。面对这种情况，张瑞敏认为：“我们绝不能因此责怪老农说：‘你怎么能用洗衣机来洗地瓜呢？’这只能说明市场有这种需求。”于是，他向有关部门下达指令：开发能洗地瓜的洗衣机。张瑞敏认为开发产品不能从“洗衣机”的定义出发，而应从用户的需求出发。没有多久，一种能洗地瓜、土豆等多种农产品的洗衣机，就由海尔人开发出来了。一个全新细分的市场——“农村多用途洗衣机”市场就这样被海尔人创造出来了。

◎“保温冷柜”市场的开发

1997年，广州百佳超市门前放着一台海尔展示柜和一台微波炉。百佳超市的营业员从展示柜中取出冷藏的肉串放在微波炉里烤熟，然后放在外面出售。不过有的时候烤得多了点，或者顾客买得少了点，熟肉串放在外面的时间一长就凉了。营业员就想要是作冷藏用的展示柜同时也能够保温，那该有多好。在海尔冷冻设备有限公司的人回访时，营业员把这个想法不经意说了出来，立即引起了回访人员的注意。另外，一位住宾馆的客人说过这样的话：“说展示柜能够保鲜，但是我把一杯热腾腾的咖啡放进去，怎么保鲜呢?”这再次给海尔人启发：消费者需要能够制热保温的展示柜。这就是市场！他们于是加紧研制。仅仅用了一个月的时间，一种新产品——“双温”展示柜便问世了。这种新型展示柜的上面两层可以加热，并能把温度保持在30℃～50℃；下面两层可以冷藏，温度可以控制在0℃～10℃。这种新型展示柜运到广州等地后，一夜之间便销售一空。

思考：

你认为海尔的家电产品如何？与同类家电产品的区别是什么？海尔能引领家电行业的原因是什么？请在本模块的学习中寻找答案。

不同组织的公共关系工作

【情境导入】

上汽大众践行企业社会责任

2016年，中国青少年发展基金会（简称中国青基会）授予上汽大众“希望工程2015杰出贡献奖”。多年来，上汽大众持续关注青少年教育问题，积极捐赠物资，帮助改善贫困地区的教育基础设施。早在1995年，公司就开始在新疆地区援建希望小学。自2012年起，公司又连续5年向新疆地区捐助教育资金，用于配置语言教研室、希望图书馆和爱心体育器材，丰富孩子们的学习生活，帮助他们全面发展。2015年，上汽大众继续启动希望小学捐资助学项目，携手中国青基会在陕西、河南、湖北、湖南、贵州等地援建5所希望小学，并为其配备电脑室、美术室、体育设备等教学设施，为数千名贫困地区的少年儿童改善落后的学习环境。

除了在教育领域上的不断付出，上汽大众始终本着回报社会、造福社会的理念，在科学、文化、卫生等领域也积极实践。上汽大众多次举办中德国际足球友谊赛，邀请德国教练来中国展开青少年足球培训。同时，上汽大众着力推进社区共建项目，开展走进社区敬老院、养护绿化周边环境等公益活动，为构建厂区周边的和谐环境作出贡献。这些努力得到了社会各界的高度肯定，上汽大众多次获得“中国企业社会责任榜杰出企业奖”“中国最佳企业公民”等荣誉。

思考：

企业只要提供优质的产品（服务）就可以了吗？什么是企业的社会责任？

在社会生活中，一种关系的形成必须具有关系的主体、客体以及使主客体产生联系的媒体，这三者是构成任何一种关系不可缺少的基本要素。公共关系要透过不同的沟通管道和沟通技巧，与不同类型的公众建立起正面关系。构成这种正面关系的基本要素包括社会组织、公众、传播手段三大要素。社会组织是公共关系的主体，具有主导性，它主宰着公共关系活动，决定了公共关系状态；公众是公共关系的客体，具有权威性，他们的态度和行为会影响社会组织目标的实现；信息传播是公共关系的手段，具有效能性，它决定了公共关系活动的效果。它们三者存在于同一个社会环境中，统一协调起来并构成公共关系。

一、公共关系的主体——社会组织

社会组织是人类社会的组合方式，占据决定性的地位。在人类历史的各个时期，尤其是在现代社会，各种组织的影响已渗透到了社会的各个角落，其存在和发展构成了我们日常生活的基本部分。我们大部分人都属于某一组织，或同时属于几个组织，由此建立起特定形式的社会联系并组合在一起。这种通过社会活动形成的联系和组合，本质是社会关系的体现，形式上便表现为社会组织。

1. 社会组织的含义及特点

社会组织简称组织，是指由一定的社会成员，按照一定的规范，围绕一定的目标聚合而成的社会团体。它是一个与“个体”相区别的概念，是人们有意识地为实现某个特定目标，依照一定的结构形式组成的有机整体。社会组织一般具有以下特点：

（1）社会组织的目标性。任何社会组织都是为了实现一定的目标而建立起来的，组织目标是辨别组织的性质、类别、职能的基本标志，也是确定组织原则、组织宗旨、组织章程、组织计划的基础，对组织的活动起着指导和制约作用。任何社会组织的建立都有明确的社会目的，都有本身的目标追求，确定目标是建立社会组织最重要的条件。共同目标是维系社会组织的基础。组织是生活在同一社会背景中的多数人的集合体，不同的组织有不同的目标。因此，社会组织虽然形式多样、内容各异，但它们的活动都是围绕着自身的共同目标而展开的，如学校的目标是培养人才，医院的目标是救死扶伤，工厂的目标是生产产品等。

（2）社会组织的整体性。社会组织都有与实现特定目的相适应的明显的结构形式，以及与之相适应的足够数量的组织成员。为实现特定的组织目标的要求，组织的结构严密，按一定的逻辑方式设计，各成员的活动有明确的分工，成员之间的相互联系的协调统一按一定的方式进行。整体性的特点不仅反映了组织成员是由多数人组成的，也说明了组织所代表和反映的是大多数人的利益。同时，正因为组织是由多数人组成的一个有机整体，它才具有个人所无法具有的一种整体力量。在社会组织的形象愿景实现和传播的过程中，组织应充分认识到自身的整体性，注重组织的全方位和整体性的形象管理，充分调动组织各部门及各方面成员的积极性。只有整个组织形象愿景明确、形象识别系统统一、步调协调一致、全员积极参与，才能真正搞好组织的公共关系工作。

（3）社会组织的适应性。社会组织存在于一定环境之中，组织系统与环境之间不断进行信息、物质和能量的交换。因此，组织的生存与发展必须具备对环境的适应性。环境作广义的理解，是指外界对组织的所有输入的集合，即社会中影响某个组织并反过来又为这个组织所影响的对象，包括事物、组织的公众和信息等。适应性是指组织在环境输入的约束下调整自身的结构或功能来维持生存和发展的能力。组织的适应性不是消极的反映过程，而是积极的交换过程，即环境对组织输入和组织对环境输出，在外界环境与组织的相互作用中实现某种信息、物质和能量的交换。所以说，适应性是组织发展过程中不可缺少的特性。

（4）社会组织的动态开放性。任何组织的生存和发展都离不开信息的沟通。在信息时代，在组织内部及与组织外部环境之间，只有不断地进行信息沟通，才能有效完成组织目标。同时，组织也要将自己内部的信息传达给外面的公众，只有处于不断沟通的状态，才可能使公众更加了解企业并认可企业形象，因此，社会组织具有动态开放性的特征。

此外，组织还具有系统性、结构性、发展性、功能性、内在要素相互制约等特征。

2. 社会组织的分类

不同类型的社会组织的性质、目标、职能、结构形式和活动方式不同，其公关工作的重点、具体对象、实务活动和运作方法也不同。对社会组织进行分类是为了开展公关工作时能够比较准确地判断其组织性质、任务，进而把握其公共关系行为和公众类型，为以后的公共关系工作寻找策划运作的依据。

（1）按照组织目标与受益者的关系分类。

1）营利性组织。营利性组织以追求利润为目标，首要问题是经济问题，所以要与其所有者及对其经营成败有决定性影响的顾客建立良好的关系。营利性组织包括工商企业、旅游服务业、金融机构、保险公司等。其中，工商业组织是公共关系工作运用得最多、最充分，受益最大、最明显的公共关系主体，因此，这类组织对公众的依赖性也是最强的。

2）互利性组织。这类组织是指具有共同利益要求或背景的人们为实现某种社会理想自愿结成的非营利性组织，其目标是为组织的内部成员谋取利益，强调内部成员对组织本身的凝聚力和归属感。互利性组织主要包括各种党派团体、工会组织、职业团体组织、宗教组织等。

3）服务性组织。这类组织是指那些由政府出资设立的满足社会某种需要的专门机构，以其特定的服务对象的需要为目标，还必须与其资助者、协助者保持稳定的关系。属于这类组织的有学校、医院、社会福利机构等。

4）公益性组织。包括政府部门、消防队、保安机关等，这类组织以国家和社会的整体利益为目标，其公共关系对象是整个社会公众。

（2）按照组织是否营利和竞争分类。

1）竞争性营利组织。这类社会组织由明显的经济利益驱动，又要在激烈的竞争中争取公众支持，因此，这类社会组织的公共关系意识较强，公共关系行为也较自觉，主动争取公众的支持。但是，它们的营利性质十分明显，偏重于与市场活动相关的公众，如工商企业、旅游服务业、保险公司、金融机构等就属于这类社会组织，它们十分注重与消费者的公共关系。

拓展阅读

宝洁公司营销策略之一——广告

宝洁公司是全球500强企业，在中国日化行业占据了半壁江山，产品包括清洁用品、纸制品、药品等多种行业。宝洁公司凭借充足的运作资金，以日化联合体的形式来统一策划和统一运作。宝洁公司的广告根据产品的特点向消费者提出独一无二的说辞，并让消费者相信这一特点是别人没有的，或是别人没有说过的，并且这些特点能为消费者带来实实在在的利益。在这一点上，宝洁公司发挥得淋漓尽致。以宝洁公司在中国推出的洗发精为例，“海飞丝”的个性在于去头屑，“飘柔”的个性是使头发光滑柔顺，而“潘婷”的个性则在于对头发的营养保健，其在中国市场上推出的产品广告更是出手不凡：“海飞丝”洗发精，海蓝色的包装，首先让人联想到蔚蓝色的大海，带来清新凉爽的视觉效果，“头屑去无踪，秀发更干净”的广告语，更进一步在消费者心目中树立起“海飞丝去头屑”的信念；“飘柔”，从品牌名字上就让人明白该产品使头发柔顺的特性，草绿色的包装给人以青春美的感受，“含丝质润发素，洗发护发一次完成，令头发飘逸柔顺”的广告语，再配以少女甩动如丝般头发的画面，更深化了消费者对“飘柔”飘逸柔顺效果的印象；“潘婷”，采用了杏黄色的包装，首先给人以营养丰富的视觉效果，广告中所强调的护法成分PRO-V维他命原，不但给人以一种由内而外、强韧健康的呵护，而且传达了“健康与美丽并存”的理念。

2）竞争性非营利组织。这类组织应不以经济动机为宗旨，然而，因需要在竞争中赢得公众的理解和舆论的支持，它们也会十分重视公共关系工作，尽可能广泛地建立和发展自己的公共关系。这主要指教卫系统，如学校、医院就属于这类组织。

3）独占性非营利组织。这类社会组织既无利益驱动，又缺少竞争压力，因此，它们往往会忽略自己的公众，甚至脱离自己的公众，其公众意识相对淡薄。如公安机关、法院等社会组织，其内部成员不是很重视公共关系行为，极易脱离公众，产生误解，影响自己的形象和信誉。

4）独占性营利组织。这类组织是指在市场竞争中居独占性地位的组织。由于其产品或服务具有独占性，其他组织无法与其竞争，因此这类组织很容易产生违背公众利益的行为，从而使自己陷入不利舆论的困境。例如，垄断的电力部门、自来水公司、煤气公司、邮政局以及国有大型的汽车厂、钢铁企业等便属于此类。

（3）按照组织的社会职能分类。

1）经济组织。它是最基本的社会组织，承担着向人们提供衣、食、住、行和文化娱乐等物质资料的任务，并要实现其所有者和经营者的利益。其特点是从事经济活动，担负经济职能，包括工商企业、金融组织、交通运输组织、服务性组织等。经济组织公共关系的主要任务就是树立一个良好的生产经营者形象，争取更多的顾客、消费者和其他公众的支持，以使本组织在发展中不断增强竞争力。

2）政治组织。这类组织是为某种政治目的而组建的，包括政党组织、国家政权组织、国家力量组织、国家司法组织等。它负责代表占统治地位的阶级的利益和意志，为其提出奋斗目标、制定方针政策、组织社会的经济建设、保卫国家政权、处理与他国的关系等。政治组织公共关系的主要任务是在人民中树立其良好的领导者、管理者、保卫者、服务者形象，得到广大人民群众的拥护、理解和支持，完成自身的政治职能。

3）文化组织。这类组织以满足人们的文化和精神需求为目标，以从事精神文化活动为任务，如文化艺术团体、教育科研单位、博物馆、文化馆、体育馆、俱乐部、医疗卫生部门等。这类组织公共关系的主要任务是塑造优秀的精神文明建设者和文化教育卫生事业的服务者的形象，争取社会各方面和尽可能多的人民群众的支持、关心、参与。

4）群众组织。这类组织是具有共同利益和共同志趣的个体组织起来的群体，包括群众性协会、团体、学术性组织等。在我国，工会、共青团、妇联、青联、文联、作协、科协及其他专业学会、协会等都是群众组织。这类组织公共关系的主要任务是在人民群众中树立起社会利益和群众利益的捍卫者、呼吁者形象，取得社会各方和人民群众的支持，为广大人民群众服务。

5）宗教组织。这类组织是具有共同宗教信仰的人们所组合起来的。我国的佛教协会、道教协会、伊斯兰教协会、天主教爱国会等都是宗教组织，其公共关系的主要任务是在信教群众和宗教界人士中树立一个组织者形象，与有不同信仰的人和平共处，争取得到信教群众和宗教界人士的拥护和爱戴。

不同组织的公关行为特征还可以从其他角度进行考察和分析。毫无疑问，辨别清楚组织的类型，对公关工作的展开和进行必将起到良好的作用。

二、公共关系的组织机构

公共关系工作是一项长期的、复杂的、有计划的工作，并非一时的权宜之计。随着社会的发展，公共关系的职业化特点越来越明显，现代社会需要专门的组织机构从事公共关系工作，公共关系机构应运而生。

公共关系机构代理特定组织的公共关系工作，其实质是公共关系的实施主体，是随着公共关系问题的出现应运而生的。公共关系机构作为一个具有特定职能的组织，具有双重身份。首先，它本身是一个组织，也存在需要不断解决的公共关系问题，这是公共关系的主体身份；其次，作为一个专业从事公共关系工作的机构，为特定组织代理其公共关系问题，进行有效的形象管理，这是实施者的身份。

现有的公共关系机构主要包括社会组织内部设立的公共关系部、专业的公共关系公司和独立的公共关系协会。这里主要介绍公共关系部和公共关系公司。

1. 公共关系部

（1）公共关系部的内涵。公共关系部是指组织内部针对一定的目标，为开展公共关系工作而设立的专业职能机构，社会组织不同，其公共关系机构的设置和名称也不同。有的组织也将公共关系部称为公共事务部、公共信息部、公共广告部或社区关系部等。

（2）公共关系部的职能。公共关系的多种职能，客观上要求有与其相适应的组织机构和人员来承担和执行信息采集、环境监测、决策咨询、联络沟通、协调关系等各项工作。组织内部的公共关系机构是为不断完善、深化组织的管理而出现的，并逐渐演变为组织管理机构的一个必要组成部分。因此，一个组织要想做好公共关系工作，不仅要在机构上设立公共关系部门，更重要的是正确认识公共关系机构的地位和作用，真正重视公共关系工作。

拓展阅读

女总统的笑

马耳他女总统阿嘉莎·巴巴拉访问上海期间曾下榻锦江饭店。锦江饭店公关部的工作人员在接到任务后查阅了大量资料，进行了周密的准备。当芭芭拉一走进总统套房时，意外发现了化妆台上放置了全套“露美”化妆品、烘发吹风机。除了制作精美的珠花拖鞋，房间的一角还放置了一架昂贵的钢琴，巴巴拉不由地露出了满意的笑容。临行时她亲笔留言：“在上海逗留期间，感谢你们给予我第一流的服务，并祝你们幸福，前途美好！”

（3）公共关系部的地位。社会组织各类职能机构的设置，都是依据社会生产和社会进步的需要进行的。公共关系部与组织的人事部门、计划部门、业务部门、财务部门一样，是重要的职能部门，公共关系部门在组织管理中的地位，一般可以从公共关系负责人在组织管理中的地位反映出来。公共关系机构在组织管理中的地位有以下三种情况：

1）由组织的总负责人亲自掌管组织的公共关系工作。

2）大中型组织由于职能部门分工较细，工作量也较大，需要有专门的机构来处理公共关系事务，并要求有人来统筹负责此事，于是生成了负责主管公关事务的副总裁职务。

3）公共关系负责人处于比决策层低一级、和其他中层职能部门并列的地位。

2. 公共关系公司

（1）公共关系公司的内涵。公共关系公司是指那些受到客户委托，以代理者、实施者的身份专门从事公共关系活动或咨询并收取一定费用的服务性机构。它是公共关系咨询公司、公共关系顾问公司、公共关系事务所、公共关系服务公司的统称，通常由经过一定专业知识学习和技能训练，具有较多工作经验的公共关系专家组成。公共关系公司的业务范围很广，能参与任何方面的公共关系事务并提出建议、提供服务。公共关系公司的基本职能是对客户的一切影响公众利益的活动予以指导、建议和监督，帮助客户与社会公众进行双向的信息交流沟通，为客户赢得美好的声誉和树立良好的形象。公共关系公司的工作实际上是公共关系部工作的社会化。

（2）公共关系公司的分类。公共关系公司的类型比较复杂，不同的公司在规模、结构及业务范围方面有很大的差别。公关公司分为以下几种：

1）综合服务型公共关系公司。这类公司可为各种客户提供各种公共关系问题咨询和多种公共关系服务。比如：处理协调政府、社区、媒体、顾客及雇员关系，CI 战略的策划实施，公关问题的调查研究，编辑各种印刷材料，撰写公关新闻稿，建立与新闻界的联系，举办各种公关活动等。此类公司一般拥有先进的信息收集、储存、分析系统，通过多种途径广泛采集世界各国政治、经济、文化、法律、社会政策、风俗习惯及市场动态等多方信息，同时配备一批擅长协调处理各种问题的经验丰富的专家。

2）专业性定向服务型公共关系公司，即专门为特定行业或某类特定公关问题提供服务的公司。这类公司一般通晓某一些行业或某类事务，如专门为工商企业和金融财政部门提供大众传播服务的公司、为旅游业提供服务的旅游公共关系公司等，这类公司利用自己的专长为客户开展公共关系工作和提供资料服务。目前，这类公司是发达国家主要的公共关系公司形式，主要是因为竞争，市场进一步细分，要求公关公司提供更高质量、更专业化的服务。

3）顾问公司。这类公司所开展的服务一般仅限于为客户提供咨询，为客户作参谋。

它的组织成员几乎都是有一定名望的某一项工作领域的专家，如市场预测和分析专家、社会心理分析专家等。他们除了能为客户提供咨询，还可以进行各种公共关系具体业务的指导，从某种意义上来讲，属于专业性定向服务型公关公司。

拓展阅读

企业公关急需的人才

随着中国企业日益与国际经济接轨，塑造企业新形象、创建跨国公司、打造世界品牌，已成为有志企业家的追求，企业公关迫切需要“新鲜血液”加盟。

一、企业新闻发言人

企业需要自己的新闻发言人，并通过新闻发言人对外发布信息，传播企业形象。企业新闻发言人是企业公关部门的核心人物，也是企业的高级管理人才，他们受企业委托，向公众表达企业对某些事情的意见与主张。企业新闻发言人可以及时、稳定地向公众和媒体发布企业发展的各种信息，吸引媒体关注，保持企业声誉。作为企业新闻发言人，要有良好的综合素质，要气质涵养好、仪表形象佳、交际能力强，要敏捷善言有口才、知识渊博有思想、沉着冷静善应付。

二、危机公关人才

企业在危机来临时，危机公关人员就显得尤为重要。如能临危不惧，处理得宜，便可化险为夷，危机转为契机也不是不可能的事，企业甚至还可以得到更多消费者的关心和支持。危机公关人员必须具备下列素质和能力：反应敏捷、良好的判断和处理能力、善于与媒体打交道。

三、网上代言人

随着Flash动画及RPG电子游戏大行其道，虚拟的网上代言人开始频频露脸。形象前卫但气质温柔的美少女美亚（MYA），是摩托罗拉公司为了顺应WAP移动电话而推出的代言人，曾在美国以排山倒海的广告造势。恐怕没有比美亚更“敬业”的代言人：24小时在线，随时准备用她那动人的声音与客户沟通。不跟你讨价还价，任劳任怨，不会迟到或早退，真是既听话又能干！一家以德国为驻点的网站，名字叫“NODNA”，里面的模特只存在于电子空间，但全都有名有姓，有年龄，有出生地，有不同的个性，甚至比真人还生动。只要客户给得起钱，他们可以出任代言人，表演时装秀，推销产品，乃至担任活动主持人，而且黑、白、黄各种肤色人种兼备，为你量身定制。

【复习与思考】

请寻找2～4个你熟悉的社会组织，判断这些组织是什么性质的，再分别调研它们是如何开展公关活动的及其原因。

单元二 公共关系的客体——公众

【情境导入】

百消丹母亲节免费送鲜花活动

作为一个专门致力于女性健康事业的公司，长甲集团为了唤起社会和更多人对母亲的敬爱和关注，在5月12日母亲节当天举办了免费送鲜花、送祝福活动，为杭州市1 000余位母亲送上了一份特别的节日祝福。“打个电话，我们就会把您最想和妈妈说的话与一盆鲜花在母亲节送到您母亲的手中。”长甲集团百消丹组织的这一别出心裁的活动，吸引了广大市民的踊跃参加。短短3天时间，打电话参与活动者就超过了1 000人。“妈妈，您是儿子永远的港湾，不论走多远，最后都要回到您的怀抱”“妈妈，真的感谢您，您是女儿永远的最爱”“妈妈，我爱您到永远”……

当儿女们饱含深情的话语，连同一盆盆、一束束鲜花，一起送到一位位母亲的手中时；当看到一位位母亲捧着鲜花，脸上绽放出比鲜花还灿烂的笑容时，浓浓的母亲节氛围也在杭城洋溢开来。一时间，长甲集团百消丹举办的母亲节活动成为市民关注的热点。

企业在母亲节送花，说到底就是做广告。但与其他广告形式相比，百消丹送鲜花、送祝福的亮点在于企业在宣传自己形象的同时，很好地考虑到了消费者的接受程度，提醒人们关心母亲、珍惜亲情。的确，现代社会由于工作、生活的忙碌，很容易忽视亲情的沟通。百消丹送鲜花、送祝福的活动恰到好处，加强了与消费者的沟通，引起了消费者的广泛共鸣，可谓独辟蹊径，值得借鉴。

思考：

你认为长甲集团在母亲节送花、送祝福的活动有意义吗？这个活动对消费者的影响如何？

公众是公共关系的客体，也是公关工作的主要对象。公众对某一组织的态度和行为反映了这个组织的公关工作状态，是检验公关工作的重要标准。公共关系管理理论把公众利益作为最高准则，公共关系管理中的传播沟通、关系协调、信息管理、形象管理等各种职能，无不是主要面向公众展开的。因此，分析、了解并正确认识组织所要面对的各类公众，通过有效沟通与之建立良好关系，是每一个社会组织有针对性地开展并有效地做好公关工作的重要前提。

一、公共关系的客体——公众概述

公众是组织赖以生存和发展的基础，也是组织公共关系的唯一工作对象。随着公共关系学在西方国家的兴起，“公众”一词也日益引起人们的注意。公众的英文为 Public，泛指公众、民众，也指具有“合群意识”的社会群体，并不是广泛意义上的公众、民众。针对公共关系主体——社会组织而言的公众，是指与社会组织的运行发生一定关系的社会群体。就某一社会组织来说，它的公众既包括与它有关系（涵盖组织内部和组织外部）的个人，也包括与它有关系的其他社会组织。任何一个社会组织，它的公众都是一个社会群体。公众，对社会组织确定目标、实现目标、扩展目标，乃至对社会组织的生存和发展，具有实际的或潜在的利益关系和影响力。因此，公众是公共关系的客体，是社会组织开展公共关系、进行信息传播与沟通的对象。

对公众施加影响，在组织与公众之间建立牢固的合作关系，是公关工作的重要任务。但是，公众的构成成分复杂，不同的公众有不同的特性，对组织的作用也不同。因此，要想有针对性地对公众施加影响，必须充分地研究和认识公众。公众的分类方法多种多样，常见的公众类型划分主要有以下几种：

1. 按照公众与社会组织的归属关系分类

按照公众与社会组织的归属关系，可划分为内部公众与外部公众。

（1）内部公众是指社会组织内部的所有成员，在股份制企业中，还包括全体股东。这类公众与组织有直接而密切的联系，是与组织关联性最强的一类公众对象。内部公众的态度、情感、行为等，对组织的生存与发展有直接的影响，同时，组织的状况也直接决定了他们的利益，他们与组织休戚与共、唇齿相依。因此，协调与内部公众的关系是公共关系工作中最重要的环节之一。

（2）外部公众是指组织之外与组织存在某种联系的公众，是组织公共关系的外部沟通对象。例如，对于一家企业来说，消费者、供应商、新闻媒介、社区、政府等均是外部公众。外部公众构成了组织的外部社会环境，对于组织的生存和发展起至关重要的作用。正确处理与外部公众的关系，争取尽可能多的外部公众的支持与信任，创造良好的外部环境，是组织实现发展目标的重要保证。

2. 按照公众与组织关系的相关程度分类

按照公众与组织关系的相关程度，可划分为非公众、潜在公众、知晓公众和行动公众。

（1）非公众也称非组织公众，是指在一定的时空条件下，不受某一特定组织的任何影响，也对该组织不产生任何影响的公众，即与组织无关的公众。在公关工作中，了解和区分非公众，可以减少工作的盲目性。但非公众并非固定不变，会随着环境的变化而变化，非公众也有可能转化为公众。

（2）潜在公众是指那些已经与组织发生某种联系，面临共同问题，但自身尚未知晓或意识到的公众。例如，那些已经被某个厂家的商品广告说服，但尚未真正购买该种商品的消费者，即该厂家的潜在公众。公共关系部门应及早发现潜在公众，并着手进行有针对性的公关活动。

（3）知晓公众是潜在公众逻辑发展的结果，是指不仅与组织发生了某种联系，而且本身也意识到了这种联系，但尚未采取行动的公众。知晓公众已明确意识到所面临的问题与特定的组织有关，但尚在等待事态的发展以决定自身的行动。因此，他们对一切与问题有关的信息都很感兴趣。此时，组织应选择最合适的传播渠道，及时沟通，尽快向公众提供一切他们急切想了解的信息，主动控制舆论，引导知晓公众。

（4）行动公众是知晓公众发展的结果，是指已经意识到与组织的联系并准备采取行动或正在采取行动的公众。对于行动公众，无论其行为是积极的还是消极的，组织都必须展开有针对性的公共关系行为。

星巴克的关系营销

从一个咖啡店发展成咖啡帝国，星巴克以事实证明，关系资产与有形资产一样至关重要。从西雅图的一个小公司发展成一个在全球四大洲拥有5 000多家零售店的大型企业，星巴克给品牌市场营销的传统理念带来的冲击，同星巴克的高速扩张一样引人注目。星巴克认为他们的产品不单是咖啡，而且是咖啡店的体验。研究表明：2/3的成功企业的首要目标就是满足客户的需求和保持长久的客户关系。星巴克的一个主要竞争战略就是在咖啡店中同客户进行交流，特别重要的是咖啡生同客户之间的沟通。每一个咖啡生都要接受24 小时培训——客户服务、基本销售技巧、咖啡基本知识、咖啡制作技巧。咖啡生需能够预感客户的需求，在耐心解释咖啡的不同口感、香味的时候，大胆进行眼神接触。星巴克也经常征求客户意见，加强客户关系。每个星期，总部的项目领导人都会当众宣读客户意见反馈卡。

当星巴克准备把新品发展成一种品牌的时候，客户关系是星巴克考虑的重要因素。他们发现：客户会建议将新品改良成另一品种。客户能够看到一种新产品或服务与星巴克品牌核心的实质关系。

3. 按照公众对组织的重要程度分类

按照公众对组织的重要程度，可划分为首要公众和次要公众。

（1）首要公众是指对组织的生存和发展具有重要影响力和决定性作用的公众。这类公众关系到组织的生死存亡，决定了组织的成败，因而公关工作要投入和组织大量的人力、物力、财力，维持和改善同首要公众的关系。

（2）次要公众是指对组织生存和发展具有一定的影响力，但不具有决定性作用的公众。由于这类公众对组织生存和发展的影响程度要远小于首要公众，因此组织通常把公关工作的重点放在首要公众上。但首要公众和次要公众的划分是相对的，在一定条件下，他们之间可以互相转化。因此，对于次要公众也应当给予必要的重视，在保证首要公众的同时，努力处理好与次要公众的关系。

4. 按照公众对组织的态度分类

按照公众对组织的态度，可划分为顺意公众、逆意公众和独立公众。

（1）顺意公众是指对组织的政策、行为和产品持赞成意向和支持态度的公众。这类公众对组织的生存和发展具有重要意义。因此，组织应当积极争取顺意公众的支持，保持并且强化与顺意公众的良好关系。

（2）逆意公众是指对组织的政策、行为或产品持否定意向和反对态度的公众。组织应当认真分析和研究逆意公众产生的原因，有针对性地开展公共关系工作，转化其对立心态，并最大限度地减少逆意公众对组织产生的负面影响。

（3）独立公众是指对组织持中间态度、观点和意向不明朗的公众。独立公众既可能转化为顺意公众，也可能转变为逆意公众。因此，他们是组织应当积极争取的公关对象，抑制其逆意倾向，引导其转变为顺意公众，是公关工作的重要内容。

 拓展阅读

丰田“霸道”广告风波

2003年11月5日，一汽丰田为其新车“霸道”和其他两款汽车举行了隆重的上市仪式。可是半个月后，丰田汽车的广告却将丰田公司、广告制作公司和刊登广告的杂志推到了风口浪尖，在互联网的论坛上，喊打之声一片。在这则广告画面上，“霸道”越野车威武地行驶在路上，而两只石狮蹲坐路旁，一只挺身伸出右爪向“霸道”车作行礼状，另一只则低头作揖。配图的广告语写道：“霸道，你不得不尊敬。”看到这则广告后，立即有人在网上留言，表示了异议和愤怒，认为石狮在我国有着极其重要的象征意义，代表权力和尊严。丰田广告用石狮向霸道车敬礼、作揖，极不严肃。更有网友将石狮联想到卢沟桥的狮子，并认为，“霸道，你不得不尊敬”的广告语太过霸气，有商业征服之嫌，损伤了中华民族的感情。

网友的声音迅速扩大，仅新浪网上关于此事的网友评论就达到了3 000多条，网友的关注程度远远超过了其他汽车新闻。一位网友甚至还模仿“霸道”广告制作了一幅图画，画面上狮子把霸道车按在了爪子之下。工商局也对这两则广告表示关注，并要求刊登广告的杂志社提交了书面材料。

各方的强烈反应使整个事件从“问题广告”向“日资企业在华经营风波”的方向转化。丰田公司、广告制作公司和刊登广告的杂志也认识到了严重性，通过各种途径

开始道歉。12 月 2 日，《汽车之友》在自己的网站上向读者致歉。12 月 4 日，这则广告的制作公司——盛世长城国际广告公司也公开致歉。从 12 月 5 日起，丰田公司在全国 30 家媒体上刊登致歉信，并就此事向工商部门递交了书面解释。

5. 按照公众的稳定性程度分类

按照公众的稳定性程度，可划分为临时公众、周期公众、稳定公众。

(1) 临时公众是指因某一临时因素、偶发事件或专题活动而形成的公众，如舞会的来宾，剧院、展览会、运动会的观众，因飞机航班误点而滞留机场的乘客，上街游行示威的队伍等。在瞬息万变的现代社会中，每一个组织都有可能因某一突发事件而遭到临时公众施加的额外压力，因此，每一个组织都应具备应变能力，能及时应付临时公众，迅速化解矛盾。

(2) 周期公众是指按一定规律和周期出现的公众，如每天上学放学的学生、逢节假日的游客高峰、招生时节的考生和家长。周期公众的出现具有规律性，可以预测，这有利于组织做好必要的准备，有计划地开展公关活动。

(3) 稳定公众是指具有稳定结构和稳定关系的公众，这类公众由于兴趣、爱好、习惯的影响，比较集中地与某些组织发生稳定的联系，是组织的基本公众，甚至对组织而言，具有“准自家人”的性质。如定期去某医院体检的老年人、经常光顾某娱乐城的顾客、只使用某品牌洗发水的消费者、最爱抽某品牌香烟的烟民、稳定的协作厂家、组织的内部公众、社区的居民、某个餐馆的熟客等，均属此类。稳定公众作为组织的基本公众，需要采取特殊的措施和政策，如各项优惠政策、特殊的保障措施等，以此加深和稳定与稳定公众的亲密关系，进一步扩大稳定公众的范围。

二、内部公众关系及处理

内部公众关系是组织内部纵向公众关系和内部横向公众关系的总称。现代组织是一个相互联系、相互依存的开放系统，内部关系是否融洽、团结、目标一致，决定了组织能否充满生机，能否具有竞争优势和发展潜力。建立良好的内部公众关系，是组织开展各类对外公共关系活动的基础和前提。

1. 员工关系的处理

员工是组织的主体，是组织形象的设计师和塑造者。只有充分调动广大员工的积极性、主动性和创造性，获得员工的真诚理解和精诚合作，才能为树立和维护组织的良好形象奠定基础。

(1) 满足员工的基本物质利益需求，是建立良好员工关系的前提。物质利益的需要是人类最基本的需要。根据马斯洛需求层次理论，员工也只有在其基本生存需要得到满足的前提下，才能有更高层次的需求。在付出劳动之后，能否拿到合理的收入，享受到应有的福利待遇，是绝大多数员工首先关心的问题，也是能否维持员工劳动热情的基本保证。因此，公共关系人员对于广大员工的物质利益应给予足够的重视，及时反映员工的意见和要求；同时，还要敦促组织领导重视改善员工的物质待遇，公平合理地解决职位晋升和奖金分配问题。

（2）实行民主管理，增强员工的主人翁意识。民主管理是指企业通过多种形式使员工参与企业的管理和决策。企业实行民主管理，能提高员工的主人翁意识，培养他们的责任心，使每一名员工都从心里真正把自己归属到某一群体和组织中，处处为组织的荣誉、利益着想，感到自己与组织的生存发展息息相关，并为自己是组织的一员而自豪。

（3）促进信息沟通，加强交流与合作。社会组织通过内部公共关系活动，建立和疏通各种内部的信息渠道，广泛收集合理化建议，促进领导与员工沟通，建立领导信箱和领导接待日，同时定期向员工通报组织的发展状况，增强组织的透明度，做到下情上达、上情下传、及时沟通、民主管理，从而提高管理水平和效益。

（4）重视感情投资，实行管理的人性化。首先要尊重人，包括尊重员工的人格、尊重员工的劳动、尊重员工的意见、尊重员工的价值等。只有尊重，才能建立平等相待、合作共事的正常气氛。其次要关心人，关心员工包括物质和精神两方面的关心。只有关心，才能使员工切身感受到组织的温暖，才能激发员工忘我工作的热情，才能使员工与组织同心协力。最后要理解人，理解员工既要了解员工又要善解员工，善于换位思考，做员工的知心朋友。

拓展阅读

日立公司内的“婚姻介绍所”

在把公司看作大家庭的日本，老板很重视员工的婚姻大事。例如，日立公司就设立了一个专门为员工架设“鹊桥”的“婚姻介绍所”。一个新员工进入公司，可以把自己的学历、兴趣爱好、家庭背景、身高、体重等资料输入“鹊桥”电脑网络。当某员工递上求偶申请书，他（或她）便有权调阅电脑档案，申请者可利用休息日坐在沙发上慢慢地、仔细地翻阅这些档案，直到找到满意的对象为止。一旦被选中，联系人会将挑选方的一切资料寄给挑中者，挑中者如果同意见面，公司就安排双方约会。约会后，双方都必须向联系人报告对对方的看法。日立公司人力资源部的管理人员说：“由于日本人工作紧张，职员很少有时间寻找合适的生活伴侣，我们很乐意帮他们这个忙。”此外，这样做还能起到稳定员工、增强企业凝聚力的作用。

2. 股东关系的处理

股东关系是组织与投资者的关系。作为股东，其对企业发展有重大影响。股东关系涉及企业的财源，又是企业内部关系的重要内容之一。企业要想正常运转、顺利发展，就需要维持与股东之间的良好关系。处理企业与股东关系的目标大致分为：

（1）鼓励股东关心企业事务，增进企业和股东的相互了解，促使股东关心、参与企业的经营管理，甚至经营决策。

（2）鼓励股东长期保存股票，并增加投资，不断吸纳新股东，增强企业财力。

（3）争取在股东心目中树立企业的良好形象，并通过股东提高企业在一般公众中的信誉和声望。

（4）利用股东的社会关系，建立广泛的销售网络。股东是顾客中最有钱的群体，企业应该把股东作为第一顾客和同舟共济的推销伙伴。

公共关系的原则是“公众必须被告知”。实践表明：对公司或企业情况最了解的股东，往往也是愿意保存股票和追加资本的股东。因此，处理好股东关系的重要途径是与股东经常进行信息沟通。

三、外部公众关系及处理

外部公众关系是组织与外部相关社会公众形成的一种广泛而复杂的相互依赖、相互影响的联系。如何处理好一个社会组织的外部公众关系，对于塑造良好的组织形象具有至关重要的作用和意义。

1. 政府关系

组织与政府部门之间的关系，是组织在自身发展过程中所形成的一种不可忽视的外部关系。组织能否得到政府的支持和帮助，对组织而言是十分重要的。正确处理政府关系：首先，要严格遵守国家的各项方针、政策和法令，认真学习领会，并将其作为制定和推动自身各项工作的依据。严格按照国家的政策和法规安排组织的各项活动，做到有法必依、依法发展，做一个合格的“公民”。组织应积极同国家有关政府、法律部门建立稳定持久的联系，使政策法令一经出台，组织就能得到国家有关部门的指导和指点，吸收和借鉴对组织开展各项活动有直接帮助的内容，避免发生不必要的偏差。其次，实施名牌战略，引起政府重视。要得到政府部门及其领导的重视和信任，必须形成竞争优势和核心竞争力，实施名牌战略，不断提高组织的社会地位。最后，搞好宣传，扩大组织在政府部门中的信誉和影响力，除保持必要的沟通外，各级组织还应抓住周年庆典、开业剪彩、新产品或新技术发布会等契机，主动邀请当地政府主管部门的领导同志出席活动，并请他们给予指导，从而密切组织与政府部门之间的关系。

拓展阅读

政府与百度、阿里巴巴等合作启动大数据

2013 年 11 月 20 日，国家统计局与百度、阿里巴巴等 11 家企业共同启动国家统计局大数据合作平台。除了要顺应大数据时代发展，推动大数据在统计工作中的应用外，更折射出政府部门的观念转变。面对百度、阿里巴巴等民营企业，国家统计局能够放下国家部委的身段与之结盟，体现了其从“居高临下”的管理思维向“眼睛向下”的服务思维的转变，从单一依靠行政系统力量，转向勇于对接市场并大胆利用市场资源。

百度、阿里巴巴等企业是大数据产业竞争中的强者，在数据资源配置中占有重要地位。国家统计局与之合作，实现政府与市场数据资源的嫁接，将有效增加政府统计部门数据的权威性和公信力，也将带动大数据产业的发展，是一个双赢的结果。党的十八届三中全会上指出，要“使市场在资源配置中起决定性作用和更好发挥政府作用”，作为最高级别的政府统计部门，国家统计局开了个好头。

2. 媒体关系

（1）一视同仁，以礼相待。新闻界由于其所属内部层次不同，各个内部成分在社会活动中传播影响的作用也不尽相同。作为组织，无论面对上述哪一级新闻单位及其工作人员，都要以礼相待，招待要热情、标准要一样，要有礼貌地同对方交谈，协助对方完成对组织的宣传报道工作。

（2）热情周到，以诚相待。组织在接待各级新闻记者时要热情周到，不论对方要宣传组织的正面形象，还是批评组织工作中的某些不当之处、曝光组织的阴暗面，组织都要以自身的诚意，积极给予配合，不要回避，更不要故意阻挠。组织要在积极配合中感动记者，使问题得到圆满解决。

（3）廉洁自律，以德相待。在宣传中，组织要积极引导记者进行宣传报道，多提供客观准确的数据资料，不弄虚作假，不随意改变不利于本组织的事实，不使用请客、送礼、行贿等手段，时刻按照国家有关部门颁发的廉洁自律文件开展活动。

3. 顾客关系

顾客关系是组织外部公关活动中最重要、最活跃的一种关系。在当今时代，顾客是任何组织对外联络活动中首先应对的数量最大的社会公众。组织目标的实现，直接取决于组织与顾客的关系。

（1）处理顾客关系的基本思想。处理顾客关系的基本思想是要尊重顾客的人格和需要，树立“顾客至上”观念。在公关活动之前，要研究顾客的需要，进行必要的社会调查，按照顾客的要求做好各种工作。在公关活动中，要树立“顾客永远是正确的”观念，一切从顾客的需要出发，在政策、法律、道德许可的范围内，尽组织所能为顾客办实事、办好事。在公关活动之后，要善于总结顾客的反馈信息，采纳顾客的建议，反思顾客的批评，不断加以完善。正如日本松下电器公司的创始人松下幸之助先生所说："身为制造厂商，我们的社会责任就是令购买、使用我们产品的顾客满意。"

（2）为顾客提供令其满意的产品和服务。首先，做好市场调查和预测分析，把握顾客的消费需求及其发展的总体趋势，有针对性地加以引导。商业服务中的最大忌讳就是缺乏优势、缺乏新意。能否形成企业的经营特色和竞争优势，对其经营工作而言是相当关键的。其次，提供优质廉价的日用消费品。由于我国属于发展中国家，顾客的消费水平比较低，企业必须考虑到顾客的实际购买力，把生产优质廉价的日用消费品作为今后努力的方向。在有目的的商品生产和销售后，连续为顾客提供各种服务，这是维持企业与顾客之间良好关系的重要途径。最后，为顾客提供令其满意的服务。对顾客而言，优质的服务与产品具有同样的重要性。用户的要求体现出市场需求的发展趋势，是促使企业发展的重要信息，必须予以高度重视。企业不能满足用户的要求，只能说企业的产品和服务还有不足，企业必须依据用户的要求，时刻检讨自己，及时为用户服务。

拓展阅读

宜家体验营销

作为一家全球化的家居企业，宜家在家居行业以及消费者心目中享有盛誉，这在很大程度上得益于其独特的体验营销模式，即通过营销生活方式和突出的功能性产品设计，为原本简单的家具产品烙上文化印记。实际上，宜家所提供的不仅是设计简约的产品，还有独特的展示方法和轻松的购物环境。一般的家居店不允许消费者随便触摸或试用产品，宜家则恰恰相反：你可以走进厨房，拉开抽屉，甚至走进卧室躺在床上体验一番。家居店内还提供了多样美味的餐饮服务，顾客在逛宜家的同时，能够便捷地在店内用餐，感受一种"家"的味道与温馨。可以说，独特的产品设计、人性化的居家式店铺陈设和多样美味的餐饮服务，构成了宜家独特的体验式营销载体，这也是其营销战略的杀手锏。

4. 社区关系

社区关系是指组织与所在地政府部门、社会团体和其他相关组织以及当地居民之间的邻里关系。社区是组织生存和发展的根基。组织一切活动的正常进行，都依赖于社区提供的各种社会服务，例如供水、供电、交通、治安、通信、消防、物资供应、孩子上学和就业等。没有一个良好的社区关系，组织便难有立足之地。因此，创造一个良好的社区关系非常重要。

（1）加强信息交流，保持正常联系。组织生存于社区之中，与社区公众的信息交流应该是经常的、充分的。信息交流是一个双向过程。组织要主动向社区公众介绍情况，让社区及时了解组织的政策、业务状况、主要的经营活动、能够提供的新产品或服务、对社区事务的态度以及组织自己所存在的实际困难、需要社区提供的帮助等。同时，还要经常深入社区，了解社区公众对组织的意见和要求。

（2）支持社区活动，主动承担社会责任。除了向社区提供满意的新产品或服务外，还应为社区承担一定的社会责任，特别是帮助社区发展文化、教育、艺术事业等，如举办联谊会、文娱体育活动、赞助公益事业、参观互访、研讨会、经验交流以及其他的交流活动。组织对于社区活动应给予适当的投资，要恪守合同与承诺，搞好社区服务，通过对社区活动的贡献，引起社区公众的注意，增进对组织的了解，进而使社区成为组织各项活动开展的良好伙伴。

（3）加强环境保护。社区的环境直接关系到社区公众的生活和健康。因此，社区居民对社区内组织的最基本要求是保证社区环境不被污染。组织要积极参加保护社区环境的各项活动，特别是对本组织可能产生的各种污染要积极预防，对已经发生的污染，应义不容辞地承担起治理的责任，满足社区公众的基本要求，以期赢得社区公众对组织的好感。

（4）实施全员公关。全员公关是指教育和动员全体员工，积极地为组织外部公共关系作贡献。组织的员工与社区有密切的接触，广泛地渗透在社会公众之中。要教育职工树立全员公关的基本思想，注意自己的言行规范，让社区公众通过与组织员工的接触，感受到组织的良好形象。同时，通过员工的个体接触，及时了解组织所需的各种信息，以便更好地改进组织的各项工作。

（5）解决矛盾和冲突。组织与社会公众的矛盾和冲突总是存在的。组织一方面要及时向公众解释组织的政策和行为，回答批评意见，平息社会公众的不满，化解由于组织运行给公众带来的不良影响；另一方面，要密切注意环境中不可控因素的变化，分析变化发展的趋势，及时采取有效的防范措施，防患于未然。

5. 竞争者关系

只要有商品经济存在，社会组织就必须有竞争对手，并且必然与竞争者发生关系。面临优胜劣汰的考验，竞争者就成为社会组织不得不认真对待的公众了。在我国，各社会组织在根本利益一致的情况下，又存在各主体利益上的差异和冲突。这样，同行业之间既是竞争者，又是互补者，目的是取长补短，共同前进。所以，处理与竞争者的关系要遵循以下原则：

（1）优胜劣汰。优胜劣汰有利于打破阻碍生产发展的封锁和垄断，可以及时暴露企业的缺点，促使企业提高经营管理水平和生产技术水平。

（2）产品竞争。企业的竞争主要是产品质量、价格、服务和特色的竞争。

（3）平等竞争，相互协作。平等竞争就是竞争地位一律平等，反对企业及其他社会组织的规模歧视、所有制歧视和城乡歧视，更不能利用优势制造垄断、欺行霸市。同时，同行之间要相互协作，竞争者之间是对手，而非敌手。

淘宝京东竞争升级　争相推母婴平台

目前，中国的母婴行业还处于“婴儿期”，尤其是方兴未艾的母婴网购份额占全部市场还不到3%。这吸引了淘宝、京东商城等网站纷纷上线母婴平台，分食万亿市场。淘宝推母婴平台，将凭借强大实力影响行业现有的市场格局。

淘宝网正式对外发布母婴平台后，分析人士称，淘宝此举意在挑战传统母婴消费，抢占即将到来的第五轮“婴儿潮”市场。在此之前，京东商城已经正式杀入母婴市场，百度等电子商务平台也对母婴市场虎视眈眈。在电子商务专家梅绍祖看来，对广大用户、网民来说，网店多、产品线丰富是一件非常好的事情，消费者可以有更多的选择，并找到适合自己的优质服务和商品。

【复习与思考】

一家化工厂由于废水没得到及时处理而流入附近水域，致使鱼类大量死亡，以捕鱼为生的渔民于是愤怒地涌入化工厂，从而引发了一场触目惊心的社区公共关系纠纷。假设你们是该厂公关部工作人员，为了平息这起社区公共关系纠纷，请你们制订一个切实可行的公关计划。（计划应涉及以下内容：目标、主题、时机、方式、地点、人员、步骤、经费。）

单元三　公共关系的方法与手段——传播

【情境导入】

周恩来的“代表作”

1971年春，美国乒乓球队与其他4个国家的乒乓球队应邀来华访问。周恩来与美国代表团成员一一握手后，做了讲话：“你们作为前来中华人民共和国访问的第一个美国代表团，打开了两国人民友好往来的大门……”周恩来又问大家：“你们住得怎么样？习惯中国菜的口味吗？还有什么问题要提？”科恩（19岁，洛杉矶圣莫尼卡大学二年级学生）倏地站了起来，他穿了件西装，没打领带，仍是长发披肩。科恩略微欠欠身子，大声说：“总理先生，我想知道您对美国嬉皮士的看法。”大厅里静静的，人们都关切地望着周恩来。周恩来看了看科恩那飘垂的长发，说：“看样子您也是一个嬉皮士。”周恩来继而把眼光转向大家：“世界上有的年轻人对现状不满，正在寻求真理，在思想变化的过程中，在这种变化成型以前，这是可以允许的。我们年轻的时候，也曾经为寻求真理尝试过各种各样的途径。”

科恩是大学二年级学生，学的是历史和政治学。他原以为在这个最革命的国家，听总理评价嬉皮士，一定会听到那种“资产阶级”“颓废的”“没落的生活方式”之类的训词，结果出人预料，周恩来并没有用革命大道理训人，还表示十分理解当代青年的思想。科恩不由自主地为周恩来所折服，敬佩而信服地听着。周恩来又将眼光转向科恩：“要是在自己做了以后，发现这样做不正确，那就应该改变，你说是吗?”科恩耸耸肩，友好而诚恳地笑着点点头。周恩来略略停顿，又补充一句：“这是我的意见，只是一个建议而已。”

周恩来这番话，在第二天（1971年4月15日）几乎被所有的世界大报与通讯社报道。4月16日，科恩的母亲从美国加州威斯沃德托人将一束深红色的玫瑰花送给周恩来总理，感谢周恩来总理对她的儿子讲的这番语重心长的话。

事后，基辛格评价说：“这整件事情都是周恩来的‘代表作’。”

思考：

公关事件的传播是怎么进行的？公关事件的传播影响如何？社会组织应如何对待传播呢？

一、公共关系的方法与手段——传播概述

1. 公共关系传播的含义

公共关系传播是信息交流的过程，也是社会组织开展公共关系工作的重要手段。作为公共关系三要素之一的传播，正是连接组织和公众的桥梁。离开了传播，公众无从了解组织，组织也无从了解公众。公共关系的展开很大程度上都要依靠大众传播和人际传播，组织是透过信息的传播来完成公关的目的和使命的。换言之，公关的过程就是主体和客体之间的沟通或传播。

从传播理论的发展过程来看，传播具有“共享”的意思，就是传播者与受传者之间的信息交流与共享过程。其基本含义包括两个方面：

第一，传播是一个有计划的、完整的行动过程。“有计划”是指整个传播活动必须按照组织的公共关系总目标有步骤地进行。“完整”是指传播过程必须符合传播学的“5W”模式，即 Who（谁），Say What（说什么），in Which Channel（通过什么渠道），to Whom（对谁说），with What Effect（产生什么效果）。

第二，传播是一种信息的分享活动。传受双方是在传递、反馈等一系列过程中获得信息，因此，这不是一般意义上的单向性信息传递，而是通过双向的信息沟通，使双方最大限度地取得理解、达成共识。

2. 公共关系传播的特点

为了进一步认识传播的概念，需要对公共关系中传播的特点有所了解和掌握。在公共关系传播的界定和含义中，展示了公共关系传播的双向性、共享性、快速性、广泛性等特点。

(1) 双向性。公共关系传播的双向性是指传播是公众和组织之间的互动行为，它包括组织将信息向公众传递和公众将信息反馈给组织这样两个环节。公共关系传播是一种信息传递和交流活动，它不可能是单向的，也不能只注重自身需要。组织的信息传递是前提，公众的信息反馈是结果，组织的理念、意图、决策是否正确，是否符合公众的实际，要靠反馈来检验和修正。没有组织的传递，便没有公众的反馈。根据公共关系传播的双向性特点，公关人员为突出双方利益的要求，就必须首先了解和掌握公众的心理和要求。为了了解公众的利益需求，就必须找到与此相关的组织利益，使双方都能够接受传播的行为，还必须注意搜集和研究信息反馈，使传播活动能有的放矢，也要注意情感在公共关系中所拥有的调节职能和信息展示职能。

(2) 共享性。共享性主要是指传播信息在时间上和空间上由传受双方共同享用。就空间而言，信息能够同时为众多的使用者所拥有，某个人在使用信息后，不会引起信息在数量上和内容上的任何变化；就时间而言，由于信息扩散的过程同时也是信息分享的过程，传播者将信息传出以后，仍然可以享用它，并未失去什么。信息作为一种重要资源，不管使用者有多少，每个人都可以完整地使用信息内容，有效的信息可以永久地、跨时代地储存和享用。

(3) 快速性。快速性是指公共关系的信息传播迅速而快捷，表现出及时、机动的外在特征。由于科学技术的发展，特别是日新月异的大众传媒手段的运用，人们在较短时间内就能把信息传送到组织所需要的地方去，使组织在最短的时间内“誉满全球”。

(4) 广泛性。广泛性是指公共关系信息被所有传播媒介追求并经传播媒介广泛扩散，直至在公众中形成日渐成熟的公共关系意识。一方面，现代科学技术的飞速发展，为信息传播的广泛性提供了现实条件。如新闻媒介可以大规模地复制信息，同时它能做到使同一信息在最短的时间内家喻户晓、人尽皆知。另一方面，公共关系传播的广泛作用，逐渐培育了广泛的公共关系意识，这种意识反过来影响公众行为，为公共关系传播的广泛性奠定了主观基础。全员公关意识能促进信息的广泛传播，同时又为公共关系传播的广泛性确定深厚的群众基础。

二、传播的模式

1. 拉斯韦尔模式

美国政治学家拉斯韦尔在其 1948 年发表的《传播在社会中的结构与功能》一文中，最早以建立模式的方法对人类社会的传播活动进行了分析，这便是著名的“5W”模式。“5W”

模式界定了传播学的研究范围和基本内容，影响极为深远。“5W”模式如图2—1所示。

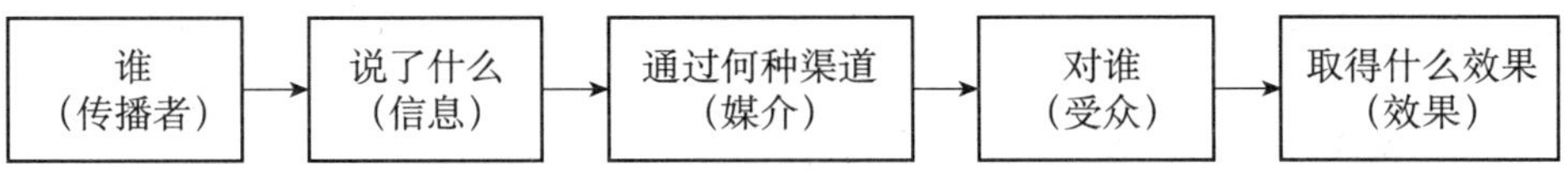

图2—1 拉斯韦尔模式

拉斯韦尔的“5W”模式是线性模式，即信息的流动是直线的、单向的。该模式把人类传播活动明确概括为由5个环节和要素构成的过程，是传播研究史上的一大创举，为后人研究大众传播过程的结构和特性提供了具体的出发点。但它没能注意到反馈这个要素，忽视了传播的双向性。

2. 香农-韦弗模式

克劳德·香农和沃伦·韦弗提出了比拉斯韦尔更具体的传播模式。如图2—2所示。

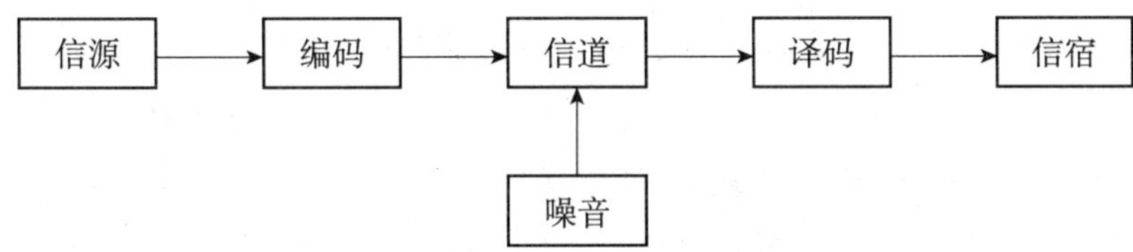

图2—2 香农-韦弗模式

这个模式较为具体地描述了传播过程的各个主要环节及传播过程。信息从信源出发，通过编码产生信号，通过适宜的信息传播渠道，再经过译码，将转化后的信号还原成表示其含义的信息，即信号转换成信息为信宿所理解并接收。

3. 施拉姆模式

1954年由威尔伯·施拉姆首次提出，该模式充分体现了大众传播的特点。如图2—3所示。

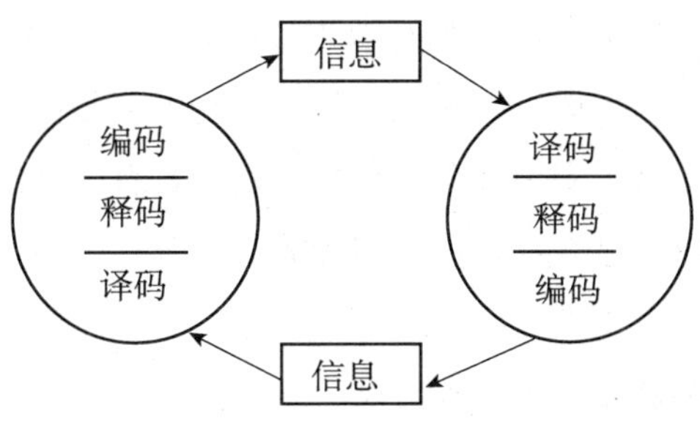

图2—3 施拉姆模式

施拉姆模式强调社会传播的互动性，把传播双方视为传播行为的主体，通过信息的传受，处于你来我往的相互作用之中。这个模式在一定程度上揭示了社会传播过程的相互连接性和交织性，已经初步具有系统模式的特点。缺点是未能区分传受双方的地位差别，因为在实际生活中，传授双方的地位很少是完全平等的。施拉姆模式强调信息会产生反馈，并为传播双方所共享。另外，它对以前单向直线模式的另一个突破是更加强调传受双方的相互转化。它的出现打破了传统的直线单向模式一统天下的局面。

三、传播的类型

传播学中有一句名言："你不得不传播。"这说明传播是人类特有的一种基本的社会行为。公共关系传播是一项综合性传播行为，它基本上属于组织传播层次，但又具备各种传播类型的特点。从这个角度上讲，研究一般传播的不同类型，将有助于公共关系传播活动的开展。按照传播的方式划分，可分为自身传播、人际传播、组织传播和大众传播四种类型。

1. 自身传播

自身传播又称自传，是指传播双方为一体的信息交流沟通方式，如个人自我反省、回忆思考、自言自语、自我发泄、自我安慰、自我陶醉、思想斗争、内心冲突等。凡是心智健全的人，都存在自传现象。人通过自传，可使自己在受到外界的各种冲击时，实现自我的心理调节，达成成功和谐的对外传播沟通。自身传播是人类一切传播行为的基础，其传播量大，在人自身的意识中进行，是外在交流的基础。

2. 人际传播

人际传播是指人们之间通过语言、动作和表情以及电话、书信等媒介进行交流的传播方式。它是最常见、最广泛的一种传播方式。这种传播，双方参与度高，传播符号多样，传播手段丰富，信息反馈灵便，感情色彩强烈，是增进相互情感的有效手段。

3. 组织传播

组织传播是指组织机构同组织机构之间、同公众之间、同社会环境之间的信息交流，这种传播的主体是社会组织。当组织利用其封闭沟通时，是组织的内部传播，具有层次性、有序性等特点；当组织利用其开放沟通时，是组织的外部传播，具有公众性、大众性等特点，但必须借助传播媒介来进行。无论是内部传播还是外部传播，组织传播都具有明确的目的性，即为了实现社会组织的目标；具有严格的可控性，即服从组织总目标而有良好的控制性能；具有综合性，即传播对象既有个体、群体，又有更加广阔的公众。组织传播的传播手段集人际传播、小组传播、公共传播和大众传播之大成，是典型的公共关系传播。其传播方法主要有会议、座谈、谈话、板报、广播等。组织传播是增强组织凝聚力、密切员工关系、提高工作效率的有效手段。

4. 大众传播

大众传播是通过大众传播媒介向大量的、不特定的社会公众进行信息传播的过程。大众传播媒介有两大类型：一类是印刷类的大众传播媒介，如报纸、刊物；另一类是电子类的大众传播媒介，如电视、广播和互联网。其优点是传播范围广、影响力大、可信度高，但技术要求高，信息反馈慢。大众传播是提高组织知名度、美誉度的有效手段，是现代公共关系主要运用的传播工具。其传播的特点是受众广泛、分散，传播者职业化，且借助外在传播媒介，内容丰富，形式多样。

拓展阅读

维也纳酒店——微信1年订房1个亿

作为全国中档连锁酒店第一品牌，维也纳酒店最初就看到了微信服务号强大的智能服务接口，并果断升级为服务号，申请并使用微信各大高级接口开发功能服务客户。移动端更多注重的是客户体验，维也纳酒店通过自定义菜单的深度优化和闭环管理思维，不断提升平台的客户体验，有效激活了平台会员的消费黏性和活跃度。

首先，预订系统的开发与PC官网打通，实现了微信预订，通过“微信预订立减20元”差异待遇，进行流量引导和转化。

其次，每日签到的闭环设计，娱乐和让利的双重驱动，让维也纳酒店的会员留在微信平台上，并得到愉快和实惠。微信的自助服务使维也纳酒店的订房各环节实现信息一体化和智能化，有效地提高了平台消费黏性。目前，维也纳酒店的微信日均订房量超过1 000间，结合维也纳酒店服务号的关注量来讲，这一转化率目前在业内也是名列前茅的。

四、公共关系传播媒体

公共关系活动涉及各种各样的新闻媒体。大众传播媒体是在信息传播过程中处于职业传播者和大众之间的媒介体，由专业性的社会机构运用复杂的传播技术和产业化手段，以社会上一般大众为对象而进行的大规模信息生产和传播活动。虽然大众传播形式多种多样，但是最普遍、最具有影响力的是报纸、杂志、广播、电视、互联网等，这些传播媒介传播信息具有速度快、范围广、影响大等特点。大众传播媒体主要分为两大类：印刷类（报纸和杂志等）和电子类（广播、电视、电影和网络等），这两类媒体有各自的特点，在传播中发挥着不同的效能。

拓展阅读

乐百氏，27层净化

经过一轮又一轮的“水战”，饮用水市场形成了三足鼎立的格局——娃哈哈、乐百氏、农夫山泉，就连实力强大的康师傅也曾一度被挤出饮用水市场。综观各水成败，乐百氏纯净水的成功相当程度上得益于其“27层净化”的营销传播概念。乐百氏纯净水上市之初，就认识到通过用理性诉求打头阵来建立深厚品牌认同的重要性，于是就有了“27层净化”这一理性诉求经典广告的诞生。当年纯净水刚开始盛行时，所有纯净水品牌的广告都说自己的纯净水纯净，在消费者不知道哪个品牌的水是真的纯净或者更纯净的时候，乐百氏纯净水在各种媒介推出卖点统一的广告，突出乐百氏纯净水经过27层净化，对其纯净水的纯净提出了一个有力的支撑。这个系列广告在众多同类产品的广告中迅速脱颖而出，乐百氏纯净水的纯净给受众留下了深刻印象。“乐百氏纯净水经过27层净化”很快家喻户晓，给消费者一种“很纯净，可以信赖”的印象。

1. 印刷媒体

印刷媒体就是印刷类传播媒体，它是借助大量复制、快速显现的印刷技术而进行的图形和文字传播手段，可以用于小团体范围和人际传播，但主要还是属于依赖大规模印刷技术的大众传播手段。它以文字、图片形式将信息印刷在纸张上进行传播，例如报纸、杂志、传单、招贴、书籍等。在公共关系实务活动中，以上几种形式印刷媒介的使用频率是很高的。

(1) 报纸。它是以刊登新闻为主的定期出版物，其特点很明显：报纸是整张发排印刷的；通过版面空间的排列，将各种信息高度结合在一起；报纸的新闻资料一般是公布性和告知性的，时间性较强；报纸的发行是周期性的。具有以上特点的报纸，对公关组织提升自身形象十分有效。报纸的优势是便于选择，便于保存，信息量大，经济实惠。报纸的这些优点，使我们至今为止仍然将其视为公关宣传工作的主要传播媒介。报纸也有其自身的局限，它属于文字和图形的印刷物，对于一些直观的图形来说，也许会使人一目了然，但其绝大部分内容是文字符号和规范的图形符号，所以报纸受文化水平的限制，没有识字能力的文盲无法接受报纸媒介的传播。

(2) 杂志。它是以成册装订的形式刊出的定期出版物。杂志的内容含量大，分类排列的内容详尽而全面。杂志的特点也是很明显的：首先，杂志内容分类清晰，对某一方面的信息传播集中深入，适合专门性研究和信息的获得；其次，一般来说杂志对于特殊的内容也可以深入分析、专门传播，目标性和指向性较为突出；最后，杂志的资料性、解释性和学术性比一般的媒介更强，更有史料价值。在公关工作中，如果侧重深入宣传和进行公关理论研究工作，就要注意选择合适的杂志。杂志的优势十分明显：杂志成册装订、定期出版的特点，特别是专业化的信息传播方式，使其种类繁多、形式多样；杂志对于专门的内容可以多方面、多角度传播，内容丰富，针对性强。杂志的局限性主要有两点：一是发行周期长，新闻性弱，时效性差；二是对读者的文化水平要求较高，价格也较高，这是因为其成本比报纸高。在公关工作中，如果专业性强，要求一定的文化和艺术内容的信息传播，就要选择杂志；如果强调新闻性、快捷性，就应当选择报纸和电子媒体。

（3）传单、图片和招贴。公关工作还要用到一些其他的印刷媒介。在印刷媒介中，还有诸如传单、图片和招贴等印刷品，它们具有不定期、不专业、偶然性强和针对性强的特点。传单属于单张性的宣传印刷品，内容单一，针对目标集中的内容进行传播，如企业简介、产品说明、产品目录、经营特色，用于促销宣传品和邮递广告等。图片是通过平面构图传递形象信息的印刷品，具有准确、客观、逼真的特点，适合直观、快速、醒目地传递公关信息。

2. 电子媒体

电子媒体是运用专门的电子接收和发送设备来传播信息的传播媒介。电子媒体主要有广播、电视、电影、录音、录像、幻灯、多媒体电脑和网络。

（1）广播。广播是指通过无线电波或导线传送声音符号的传播媒介，是最先普及的大众电子传播媒介。它以声音为传送形式，作用于人的听觉器官。广播的优势在于传播迅速、覆盖面广；通过口语、音响传播，比较生动，有现场感；机动性强，鼓动性大；成本低廉，普及率高。

（2）电视。电视是用电子技术传递声音和活动图像的传播媒介。电视第一次将人的视听结合在一起，在较以往任何传媒都更为真实的程度上传递信息。它既作用于人的听觉，又作用于人的视觉，是一种较为全面的传播方式，比其他媒介更生动传神、直观迅速。

（3）多媒体电脑和网络。多媒体电脑是指通过增加配置而集印刷媒介和电子媒介功能于一身的电脑。它能够播放 CD 盘、VCD 影碟，接收广播电视节目，传播报纸、期刊、图书资料等内容。另外，它还具有人际传播功能，在网上聊天谈生意，交流思想。网络是国际电子计算机互联网络的简称，又称互联网。这种新媒介是报纸、杂志、广播、电视之后的“第五媒体”。互联网不仅具有报纸、广播、电视等传播媒体的一般特性，而且具有数字化、多媒体、适时性和交互式传递的独特优势。流动在互联网上的信息有翔实、多样、及时、全球、自由、交互的特点。总而言之，互联网是传播媒介的最终方向，对于公共关系及传播来说，逐步纳入互联网传输是一种必然趋势。

拓展阅读

互联网＋

2015 年 3 月 5 日第十二届全国人民代表大会第三次会议上，李克强总理在政府工作报告中首次提出“互联网＋”行动计划。“互联网＋”代表一种新的经济形态，即充分发挥互联网在生产要素配置中的优化和集成作用，将互联网的创新成果深度融合于经济社会各领域之中，提升实体经济的创新力和生产力，形成更广泛的以互联网为基础设施和实现工具的经济发展新形态。

“互联网＋”行动计划将重点促进以云计算、物联网、大数据为代表的新一代信息技术与现代制造业、生产性服务业等的融合创新，发展壮大新兴业态，打造新的产业增长点，为大众创业、万众创新提供环境，为产业智能化提供支撑，增强新的经济发展动力，促进国民经济提质增效升级。

（4）电影、录音、录像、幻灯。在公共关系传播活动中，也经常使用诸如电影、录音、录像、幻灯等传播媒介。

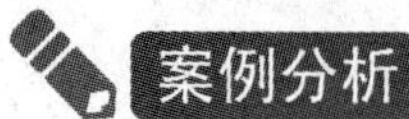

苹果实体店：如何打造能带给顾客良好体验的商店？

◎案例描述

苹果实体店经常是人头攒动，它们除了产品外，用什么能吸引如此大的顾客流？原因是苹果创造了一种属于自己的店内购物体验。实体店体验简单、动态，而且客户也毫无压力，感觉和在线商店一模一样，很多人也因此成为实体店的回头客。苹果公司究竟执行了哪些策略？能否给在线零售商和其他品牌一些启发呢？

1. 让顾客可以轻松地看到并体验到你的全部产品

每一家苹果实体店内都有数百个电子设备产品，但是只要顾客走进店内，总是能很方便地定位到自己所需要的那款设备。举个例子，你可以很快找到最新的 iPad Mini 在哪里，然后去看看这款产品，并亲自体验一下产品功能。苹果实体店内所有电子产品都是功能齐全，而且都充好了电的。在这些打开的设备里面装载了丰富的内容，还有供用户体验的各种 DEMO 应用。在每一款你想了解的产品旁边，苹果实体店都会摆放好一个清晰的说明标签，上面都对应着产品的信息。如果购物者需要体验更多内容，苹果实体店内的员工会在你身边几步远的地方等着你的召唤，然后帮助完成下载，有时甚至还会手把手地指导顾客。

在线购物也应该应用同样的方法，因为信息可以很轻松地被挖掘到，也可以使用视频 DEMO 进行可视化的产品说明。此外，还可以为购物者提供额外的选择，比如当他们购买了一款电子设备以后，可以提示购买一些辅助配件。我们把这种做法称为“为购物提供内容信息”，消费者应该可以在产品的网站上找到他们需要的所有内容，包括产品的使用信息、用户评论、特殊功能，以及大量的其他信息。

接下来的问题，就是要如何使用相关内容去定义或掌控产品品牌。产品网站上所有的一切都必须做到“一站式”，包括一站式购买产品、一站式产品信息等。不妨想想苹果实体店是怎么做的，举个例子，如果消费者走进苹果实体店内购买一部最新款的 iPhone，所有的一切都可以在店内搞定。

2. 买单交易简单化、流水化

苹果店内的每一名员工，都可以随时随地使用自己的移动 POS 设备帮助消费者完成买单交易，不用排队，不用等待，实时完成买单。尽管许多在线零售商们都希望让消费者可以拥有流水化的购物体验，也想了很多办法，但是现状仍然相对比较复杂，且不尽如人意。消费者不希望在购物买单的最后一刻弹出一个需要安装支付插件的窗口，也不希望为隔日快递支付4 000美元的担保金，消费者所希望的就是通过几次简单的点击就能完成购物。而且，如果不能简化购物流程，消费者甚至会觉得商家是想在其买单的最后一步，从他们口袋里多赚些钱。

3. 利用“社区”元素

很明显，苹果实体店不是那种传统典型的零售百货商店。在传统商店里，消费者在柜台外面，店员坐在柜台或付费窗口里面。在苹果实体店里，除了有 Genius Bar 以外，消费者可以随处看到穿着工作服的苹果员工，这种购物体验会让消费者觉得自己身处一个社区。这种社区购物的感觉，甚至能感染到店内周围的消费者。如果你和周围的消费者一起看上了某款电子产品，是不是会一起沟通交流一下呢？在线零售商也应该把这种社区元素运用并体现在自己的网站上，不能让消费者仅仅完成点击购买以后就走人。在线购物网站可以开设一些专家论坛，这样网站不仅可以让顾客分享对自己品牌的看法，还可以便捷地看到顾客对自己的评论。

4. 保持购物体验清楚，环境整洁

苹果实体店装修得很好，环境整洁，而且店内导航也很方便，每款产品上都贴有清晰的说明标签。在线购物网站也要参照这种做法，网站上面不要有横幅广告，也不要有弹出窗口，保持一个整洁的界面，把产品放在页面的最上面或最中间。网站的视觉体验实际上就是在表达品牌的形象和内涵。

5. 不要让消费者觉得仅仅是购买了你的产品而已

在苹果实体店里，消费者可以使用不同的运营商设置并激活自己的手机。为了能和外部供应商保持畅通，苹果甚至会让消费者使用它们的 MacBook 笔记本去解决问题，消费者还可以随意使用店内的苹果产品。在线零售商也应该通过一种动态的方式，让网站访问者参与进来，通过阅读产品评论、加入粉丝社区等方法，鼓励他们花更多的时间融入品牌之中。

实际上，商业创新不是靠交易，而是靠体验来驱动的。正因为如此，在线零售商们绝对可以把内容、社区以及交易整合在一起，为消费者提供一个无缝的数字化购物体验。这样才可以提升客户忠诚度，吸引不少回头客。

◎案例解析

苹果实体店的成功绝招：

(1) 制止单纯的销售。不要求员工提高产品的市场份额，而是要求员工思考如何丰富用户的生活。

(2) 增加用户的体验感受。苹果实体店的宗旨是提高用户体验，它建立了专门的免费体验区，同时在体验的基础上，创造了天才吧，在那里，这些优秀的电脑天才可以建立他们之间的联系。

(3) 微笑面对用户。苹果实体店的核心是其销售人员，他们被训练、激发和创造出一种神奇的和难以忘怀的记忆。而苹果实体店在招聘员工时，不是看其销售技能有多强，而是以对用户的热情为基础。

(4) 释放内在的潜能。教用户其所不知道的，那样就会换来用户的忠诚度。苹果实体店提供一个主要针对用户的一对一教学项目。用户购买 Mac 电脑后，只需交付 99 美元一年的会员费，苹果实体店员工就会独立教用户如何使用 Mac 操作系统，怎样设计网站，怎样编辑、分享图片和电影，怎样创建一个展示页面等，使用户更具创造性。

◎案例交流与讨论

1. 结合案例谈一谈你对苹果实体店的理解，并思考这样的实体店对苹果产品的销售有哪些促进作用。

2. 通过本案例，试说明社会组织应如何提高顾客忠诚度。

模块三 公共关系工作程序

学习目标

1. 掌握公共关系工作的基本程序。

2. 明晰公关调查的含义，了解公关调查的作用，掌握公关调查的基本程序，并能够组织完成公关调查。

3. 了解公关策划的含义与特征，掌握公关策划的原则，掌握公关策划的一般程序，能够组织完成公关策划方案。

4. 了解公关实施的含义、作用和原则，掌握公关方案实施的过程。

5. 了解公关评估的含义和作用，掌握公关评估的方法和标准。

导引案例

世界上最好的工作

在风景如画的岛屿上散散步，喂喂鱼，写写博客，告诉外面的人自己在岛屿上的“探索之旅”……这样工作6个月，就可以得到15万澳元（约合70万元人民币）的薪酬。听上去不可思议吧？澳大利亚昆士兰州旅游局就推出了这样一份“世界上最好的工作”。

这份梦幻般的工作由澳大利亚昆士兰州旅游局提供。根据这份“世界上最好的工作”活动网站的介绍，招聘的“岛屿看护员”将在澳大利亚的大堡礁进行为期6个月的工作。大堡礁南起昆士兰州的班达伯格，北到热带北部，长达2 600多千米，沿途散布着无数个热带海岛。“岛屿看护员”的工作内容包括：喂鱼（“大堡礁有超过1 500种鱼类，当然，你不用全部喂”），保持水池干净（“水池有一个自动过滤器，一般无须人工清洁”)，兼职邮差（收发信）。用昆士兰州旅游局的话来说，“这些都是些小任务，最重要的是探索大堡礁的群岛，并向外界报告自己的‘探索之旅’”。

“岛屿看护员”可以通过更新博客和网上相册、上传视频、接受媒体采访等方式，向外界报告自己的探奇历程。此外，旅游局还会安排“岛屿看护员”进行一些体验活动，包括体验新式奢华水疗、潜水以及丛林徒步旅行等。作为回报，“岛屿看护员”不仅可以获得15万澳元的报酬，还可以免费居住在大堡礁群岛之一——哈密尔顿岛上的奢华海景房中。

澳大利亚昆士兰州旅游局主办的“世界上最好的工作”海选活动，从表面上看赢家是最终入选、半年薪水高达70万元人民币的大堡礁护岛人，实际上最大的赢家是昆士兰州旅游局。用谷歌搜索“大堡礁＋工作”，搜索结果有9.9万个；如将关键词换成英文搜索，搜索结果则高达62万个。从接收申请起仅两个月时间，“世界上最好的工作”就聚焦了全世界的眼光。

昆士兰州旅游局负责中国区的局长Banki承认，这次海选是一次公关活动，目的是促进昆士兰州旅游业。这项活动目前带来的公关价值已经超过7 000万美元（约合人民币4.8亿元），被社会喻为“一颗旅游策划的原子弹”。

资料来源：徐惠芬：《澳大利亚：“世界上最好的工作”全球招人》，载《新闻晨报》，2009-01-20。

思考：

为什么说“世界上最好的工作”海选是一次公关活动？昆士兰州旅游局是在何种背景下策划了这样一场公关活动？如何评价这次公关活动的效果？是否达到了预期？请在本模块的学习中寻找答案。

单元一 公共关系调查

【情境导入】

肯德基的“家庭宴会”调研

由于竞争者——麦当劳的发展及其他美国快餐公司的流行，肯德基面临着寻找竞争优势的挑战。为了适应英国市场，肯德基有必要确定并调查英国市场家庭的价值观问题。

首先，多年来，肯德基已在英国消费者心目中形成了一种强烈的“外卖”式餐馆印象，且其主要消费者一直都是青年男性。此“外卖”形象在英国消费者心中已根深蒂固，因此，公司可能会花好几年的时间才能使其形象转变为“友好家庭”的形象。其次，经常出入肯德基餐厅的都是青年男性，有的甚至喝醉了酒，因此母亲们都认为把孩子带进肯德基餐厅很不安全。最后，竞争者——麦当劳进入英国市场要比肯德基晚10年，但它却迅速弥补了这个时间段上的损失。现在，麦当劳仅用于儿童广告的单项支出已超过了肯德基的全部广告费用，麦当劳对于家庭的吸引力要比肯德基强很多。

因此，肯德基营销管理层面临的主要问题是：如何使公司对英国的母亲们具有足够的吸引力，以及如何使她们经常购买肯德基的食品作为家庭膳食？相似的“家庭宴会”套餐是否会吸引英国的母亲们？“家庭宴会”套餐的推出是否会使肯德基的品牌在英国的整体形象及知名度有所提升？

一经决定推行“家庭宴会”的概念，肯德基就制订出相关调查方案，包括第二手资料分析、专题座谈会、对于英国母亲们的典型调查，以及最终的销售及消费者追踪研究。

根据调查，人们认为“家庭宴会”的价格更为合理，食物更为充足，人们也更喜欢、更愿意购买“家庭宴会”套餐。基于以上调查，肯德基（英国）推出了“家庭宴会”套餐。

对于整体价值的追踪调研显示，在推出“家庭宴会”时，肯德基（英国）的整体价值信用度要比竞争者——麦当劳低10个百分点，但到追踪调研阶段结束时，两者的价值信用度已经相同了。年底时，肯德基豪华膳食销售的比例已从10%上升到了20%，整整增加了1倍，说明“家庭宴会”套餐的推出使肯德基的品牌在英国的整体形象有所提高。

其他的追踪研究因素包括连锁餐馆的知名度、“家庭宴会”套餐的知名度以及“家庭宴会”套餐的销售情况。尽管麦当劳在英国的电视广告是肯德基的4倍，但“家庭宴会”套餐广告还是创造出了前所未有的品牌知名度。

思考：

（1）肯德基定义的调研问题是什么？

（2）肯德基是怎样实施调研的？

（3）如果要调查消费者对“家庭宴会”套餐的态度，如何设计调查问卷？

公共关系调查是全部公共关系工作的起始点，它为公共关系目标的确立和公共关系计划的制订提供了基本依据，也为公共关系方案的实施提供了根本保证。公共关系调查是社会调查的一种表现形式，是指社会组织通过运用科学方法，搜集公众对组织主体的评价资料，进而对主体公共关系状态进行客观分析的一种公共关系实务活动。

一、公共关系调查的含义

公共关系调查是指通过运用定性和定量的研究方法，准确了解公众对组织的意见、态度和反应，发现影响公众舆论的因素，并从中分析和确定社会环境状况、组织的公共关系状态及其存在的问题，为组织制订切实可行的公共关系筹划方案提供客观依据。

二、公共关系调查的作用

1. 提供信息保障

公共关系是社会组织与其相关公众之间的一种信息交流关系。公关工作的每一个步骤、每一个环节、每一个方面都需要公关信息做保障。在公关工作前期，公关信息可以用来测度社会组织的公关状态，以此作为制定决策的依据；在公关工作实施过程中，公关信息是公关传播沟通的内容，其中反馈信息是公关行为调整的依据；在公关工作后期，公关信息是检测公关工作绩效和公关状态改善情况的依据。

2. 实施环境监测

任何社会组织的公关工作都要在一定的公共关系环境中开展，必然会受到公共关系环境的制约和影响。因此，社会组织要有效开展公关工作，必须注意监测自身所处的公关环境。

3. 开展问题预警

公共关系调查能对社会组织可能出现的公关问题进行预测和报警，能为社会组织开展"危机管理"的超前行动提供警示和依据。所谓危机管理，是指社会组织对业已出现的或可能出现的公关问题进行分析，并采取相应的对策和行动，以保证社会组织在危机面前保持稳定，转危为安。任何一个组织总是有一些潜在的危机存在的。无论哪种危机，一旦发生，都会给组织形象带来一定的损害，公共关系调查能使组织防患于未然，起到预警作用。

4. 塑造组织形象

公共关系调查首先可以使组织准确了解其在公众中的形象定位。通过形象定位，可以测量出组织自我期望的形象与其在公众中实际形象的差距，然后有针对性地开展公关活动。其次，可以使组织及时把握公众舆论并适时作出决策。积极的公众舆论有利于组织塑造良好形象，消极的公众舆论则有损于组织的形象，甚至会造成组织形象危机。因此，通过公共关系调查，监测公众舆论，有助于组织塑造良好的形象。

三、公共关系调查的原则

进行公共关系调查必须遵循的基本原则包括：实事求是的原则、尊重公众的原则和讲求效益的原则。

1. 实事求是的原则

在公共关系调查中，遵循实事求是的原则极为必要。因为公共关系调查要取得成效，必须依赖真实可靠的资料，并按照事物内在的规律进行分析推理，得出符合实际的结论。否则，整个公共关系调查就毫无意义。遵循实事求是的原则，要求搜集资料时，广泛听取正反两方面的意见，不能偏听偏信，更不能搞假材料；分析研究时，结论要由调查的真实材料得出，尊重结论的客观性，并如实报告。

2. 尊重公众的原则

尊重公众的原则是指调查者在整个调查中，要尊重被调查者的人格、宗教信仰、民族习惯、生活方式和兴趣爱好，要谦虚礼貌、热情主动、举止文明，要关心被调查者，并积极为之解决困难等。在进行公共关系调查时，强调尊重公众的原则是极为必要的。这是因为：一方面，尊重公众是顺利开展公共关系调查的前提；另一方面，尊重公众是建立组织信誉的需要。

3. 讲求效益的原则

讲求效益的原则，就是要求在公共关系调查中，以较少的人力、物力、财力投入，来办更多的事，使调查取得最佳效果。遵循讲求效益的原则，应树立艰苦奋斗、勤俭节约的观点，能节约的尽量节约。另外，要科学地组织调查活动，提高公共关系调查的效益，关键要在科学地组织调查研究活动上下功夫。

四、公共关系调查的内容

1. 组织自身情况调查

组织自身情况是公关人员的案头必备品，无论是撰写新闻报道、解答公众提问、编写组织通讯、制作宣传材料，还是举办展览会、记者招待会，都需要随时查阅和引用这些调查资料。

组织自身情况调查包括下列内容：

（1）组织的自然情况。自然情况，如组织的地理位置、外观、名称、性质、机构设置、法人代表、员工人数、文化、年龄、性别、职务、职称结构等。

（2）组织的社会情况。社会情况，如组织的管理模式、业务范围、社会效益和经济效益、内外政策、文化内容、优势、存在的问题、潜在的危机等。

（3）组织的历史情况。历史情况，如组织的建立时间、体制变化、重大事件、有突出贡献的员工及贡献情况、历届领导人情况、人员素质变化、发展阶段等。

（4）组织的现实情况。现实情况，如组织的知名度，产品或成果的质量、数量、信誉、生产能力及社会需求等。

（5）组织的未来情况。未来情况，如组织的发展前景、近期目标和长远规划等。

2. 公众意见调查

公众意见调查是公共关系调查的主要内容，其调查结果决定公共关系的效果、对策和发展。公众意见调查包括组织形象、公众动机、活动效果、传播效果和内部公众意见等。

（1）组织形象。组织形象是社会公众对一个组织的认识、看法和评价。组织形象一般包括组织成员形象、组织管理形象、组织实力形象、组织产品形象等方面。

组织成员形象即组织“主体代表形象”，包括领导者形象、公关人员形象、组织内部典型人物形象和组织群众形象。组织成员形象调查，即对此进行调查和分析研究。

组织管理形象调查，主要是对组织管理对象的精神状态、组织内部系统的运行状况进行调查和分析：

1）调查组织内部成员岗位责任制的履行情况，工作态度是否端正，有无工作责任心和劳动积极性。

2）对组织管理人员的职、责、权进行调查，检查管理人员是否真正做到职、责、权相统一；能否明确自身肩负的责任；能否合理使用手中的权力，协调组织内部的各个环节；能否以身作则，起到模范带头作用。

3）对组织内部的计划工作，包括对时间、空间的合理分配，人力、物力、财力的合理使用等方面进行调查。

4）对组织内部管理制度、组织纪律、职业道德情况进行调查。组织内部要有系统的管理制度、严明的组织纪律、良好的职业道德，这是组织创造良好形象的保障。

组织的实力一般是指组织自身的物质基础和技术力量，组织成员的文化层次、知识结构，组织的科研技术力量、工作环境、设备及组织成员的福利和待遇等。组织的实力是组织在竞争条件下生存发展的基本因素，是否有雄厚的实力作后盾，是组织在竞争中能否取得成功的关键。

对组织产品形象的调查，首先可以从对物质产品的直观观察入手，了解组织物质产品的外观，继而收集公众对组织生产的产品的意见，同时对物质产品的性能和使用价值加以评估。其次对精神产品进行调查，了解它在公众中产生的影响和社会效益。社会效益好、为公众喜闻乐见的精神产品，能体现组织良好的产品形象。

（2）公众动机。公众动机是影响公众如何评价组织的主要因素。一般而言，不同的公众，由于动机不同，对组织的评价往往见仁见智。公众动机调查，包括公众对组织是否抱有偏见或特殊的喜欢，该组织的工作方式、社会活动、产品服务等方面是否与公众的某种期望相冲突，或与公众的某种嗜好相吻合，或与某种社会上流行的东西相一致等。

（3）活动效果。活动效果调查，就是了解公众对企业公共关系专门活动的评价。活动效果的好坏，是公关活动成功与否的标准。每一位公关人员或每一个公共关系组织，每举办一次公关活动，都希望取得满意的效果。活动结束后，公众是否满意，满意程度如何，公众如何评价，这些都需要通过调查得到答案。例如：开展“迎春杯”文明售货服务后，了解员工和顾客的评价；在“百万大酬宾”活动中，了解顾客购买商品的心理等。

（4）传播效果。公共关系的传播效果调查，是了解组织通过传播媒介（主要是宣传和新闻媒介）进行内外传播的效果，也就是公众接受传播信息后，在感情、思想、态度、行为等方面所发生的变化。包括调查某种媒介的覆盖面、受众构成、收视（或收听）率，对传播内容的态度和产生的行动等。例如：某企业某晚通过山西电视台举办企业产品有奖问答活动，调查山西电视台当晚收视率、观众年龄、职业、消费习惯、分布状况、态度及行为的变化、问卷回收率、构成以及答案正确率等。

（5）内部公众意见。内部公众意见调查是组织内部公共关系的主要内容。只有重视内部公众意见，才能促进组织的合作与团结，才能有助于内部公众人人关心组织发展、人人重视组织利益、人人珍惜组织的信誉和形象，从而使组织在发展中处于有利地位。内部公众意见包括对本组织及本组织工作的评价、人际关系评价、领导行为评价、公众需要等。

3. 社会环境调查

社会环境是指与组织有关的各类公众和各种社会条件的总和，它影响着组织的生存和发展。公共关系部门和人员进行社会环境调查的目的，就是协调组织和社会环境的关系，使组织适应社会环境的变化，从而使组织获得发展。社会环境调查包括政策环境、社会问题和其他组织公共关系情况的调查。

（1）政策环境。政策环境调查就是了解与组织有关的方针、政策、法规，遵循并运用它们为自己的组织服务。如化工厂的公关人员就要研究《合同法》《环境保护法》《劳动法》等政策法规，并密切注意其他化工厂对这些法规的运用和执行；政府部门的公关人员要研究《选举法》《行政诉讼法》《公务员法》等法规，并对由此发生的公关活动进行专题调查、追踪研究。

（2）社会问题。社会问题包括政治、经济、文化、思想、技术等方面的内容，它对公众意见具有很大的影响力，甚至关系到一个组织或几个组织的发展与消亡。例如，煤气热水器因煤气泄漏致人死亡的事件，会引起热水器滞销，造成产品积压、企业亏损；股票热的兴起，可使出版商以出版股票书籍而发财，也会使银行存款下降，国库券卖不出去等。

（3）其他组织公共关系情况。调查其他组织公共关系情况，可以获得其他组织在公共关系方面的经验，并根据自己的实际情况加以借鉴，避免走他人失败之路，从而发展自己、完善自己。例如，调查其他组织公共关系状况如何，如何组织公共关系工作，创造了什么公关方法，发展了哪些公关技巧等。

上述组织自身情况调查、公众意见调查和社会环境调查，内容十分广泛。公关人员要根据组织的实际需要，结合具体情况决定每一次的调查内容。

五、公共关系调查的一般程序

公共关系调查程序是指具有一定规模的某项公共关系调查，从调查准备到调查结束全过程的先后次序和具体步骤。在公共关系调查中建立一套系统的科学程序，有助于提高调查工作的效率和调查质量。在实践中，各项公共关系调查的具体步骤和先后次序会因目的、要求、范围等的不同而呈现出差异性。一般情况下，一项规模较大的公共关系调查可按以下步骤进行。

1. 确定调查课题

确定调查课题是整个调查的第一步。这一步的主要任务是明确调查目的，解决“调查什么”的问题。为了有针对性、有目的性地进行公共关系调查，避免盲目行动导致的工作失误，必须切实做好调查的第一步工作。

（1）调查课题的分类。按照课题的性质来划分，公关调查课题可分为状态性选题、开发性选题和研究性选题三种。状态性选题是以了解社会组织所面临的公共关系状态（如知名度、美誉度等）为主旨的选题，需要回答的是“怎么样”之类的描述性问题；开发性选题是以寻找开发方向为主旨的选题，需要回答的是“怎么办”之类的措施性问题，调查成果往往是形成一套相关措施；研究性选题是以研究、分析公关现象之间的本质联系为主旨的选题，目的是通过资料的搜集与分析，建立关于某种公关现象的理论模型，其最终成果主要是理论学说。由于这三种选题在性质上的差异，公关调查计划在人员安排、调查途径、时间布置以及资料整理等方面都有所不同，具体参见表3—1。

表3—1　不同选题的调查计划侧重点差异比较

项目	状态性选题	开发性选题	研究性选题
人员要求	普通调查者	科研工作决策者	具有相关专业知识的人
调查方法	问卷调查法、抽样调查法、民意测验法	观察法	抽样调查法、文献法
资料处理	统计法、描述法	灵感顿悟法、设想法	推理法、寻找本质联系
时间安排	公众休闲之时	公众工作、生活之中	公众处于特定时空之中
调查范围	由随机抽样决定	选择典型场所	由非随机抽样决定
调查工具	问卷	观察表格	调查问卷、调查提纲
经费	一般较多	较少	居中
周密程度	相当周密	灵活性、随机性较大	具有一定的随机性

（2）确定调查课题的程序。确定调查课题一般分两个阶段进行。第一阶段，明确调查目的，提出调查课题设想。重大的公共关系调查一般都是在组织内外部出现了新情况或新问题的条件下进行的。在这一阶段，要尽量掌握组织内、外部出现的新情况和新问题，了解组织领导人进行公共关系调查的真实意图，弄清“为什么要调查”的问题，然

后在此基础上提出比较抽象的、可能是多个或不成熟的调查课题。第二阶段，分析论证，筛选调查课题。对多个或不成熟的课题，经过必要的分析论证，必要时还可以组织非正式的试探性调查，以明确问题的症结所在，从而筛选出针对性强且恰当的课题。一般来说，所确定的调查课题越具体明确越好。如新产品上市之初，对产品早期接受者的态度调查，比组织形象调查更具现实性。

2. 制订调查计划

为了使整个调查工作有计划、有步骤地进行，保证整个活动的科学性，在确定了调查课题以后，调查者必须根据调查的课题制订调查计划。调查计划的内容一般包括两部分：第一部分是对调查本身的设计，包括调查的目的和内容、调查的具体对象和范围、取得资料的方法及调查表格等；第二部分是对调查工作的具体安排，包括调查的组织、领导和人员配备、经费估算、调查日程安排等。调查计划是调查安排的依据，调查安排是调查计划的具体化。

从程序上看，制订调查计划要注意以下两个问题：

（1）调查计划要进行可行性论证。调查的规模、范围多大才合适，人力、物力、财力能否承受得了，时间上是否来得及，经费估算和工作进度、日程安排是否合理等，都应进行比较充分的可行性论证，以保证调查计划的科学性和可行性。

（2）调查计划既要全面又要简单明了。在调查计划中，凡应包括的主要内容都应简明扼要地写清楚，既不能丢三落四，也不能烦琐冗长。

3. 搜集调查资料

搜集资料是整个公关调查工作的重点，它的主要任务就是按计划的要求与安排，系统搜集各种资料（包括数据和被调查者意见）。

调查资料一般分为两类：一类是原始资料，也称第一手资料，这是调查人员通过各种调查方法进行实地调查所取得的资料；另一类是现成资料，也称第二手资料，这是由他人搜集的现成的资料。一般来说，现成资料容易取得，花费较少，而原始资料的取得难度较大，花费较多。因此，在搜集资料时，要充分利用现成资料，能够取得真实可靠的现成资料，就尽量别再费力去搜集原始资料。当然，就一项较大规模的调查来说，仅有现成资料是不够的，它的主要资料还是来源于实地调查。可以说，原始资料是搜集的重点。至于原始资料与现成资料的搜集次序，一般以先搜集现成资料，后搜集原始资料为宜；在现成资料的来源比较清楚的情况下，两种资料的搜集可以同时进行。

由于民意测验的大量使用，问卷资料的搜集成为主要工作，最普遍的方法有受试者自行答卷和调查人员访谈两种。

受试者自行答卷，顾名思义，就是由受试者自己动笔答卷。根据我国的实际情况，它的具体做法也可以有所不同：一是可以采取征求受试者所在工作单位或地区的支持，组织受试者集中起来答卷；二是可以一一走访受试者，将问卷留于该处，过一段时间收回；三是可以通过邮寄、附上回单（贴足邮资），让受试者自行答毕寄回。问卷回收数目与发放的总数之比称为回收率。对于回收率，调查人员应有足够的估计，100%的可能性是很小的。美国社会学家肯尼迪·贝利认为，50%的回收率是可以令人满意的，60%是相当成功的，而70%以上则可以说是非常成功的了。这可以作为调查问卷回收的一个参考。

调查人员访谈，就是由经过专门训练的调查人员走访受试者，根据问卷向受试者口头提问，再记下答案。相对受试者自行答卷，访谈问卷回收率高一些，但访谈要求调查人员严格遵守操作规定，比如不得以任何形式暗示受试者，应以受试者为主，保持气氛融洽等。国外的访谈很多是利用电话进行的，随着电话在我国的普及，这种方式也可适当采用。

4. 整理分析资料

整理分析资料是公共关系调查过程中极为重要的一环。一般来说，通过调查所得到的资料还比较零乱、分散，并不能系统而集中地说明问题；某些资料还可能有片面性与谬误等。因此，在取得资料后，必须对资料进行系统而科学的整理和分析，去粗取精，去伪存真，分析综合，严加筛选，并合乎理性地推理。只有这样，才能客观揭示事物的内在联系，得出正确的调查结果。

资料的整理分析主要包括以下工作：

（1）检查核实。在资料的整理过程中，要检查资料是否齐全而无遗漏，是否重复或矛盾，是否有与事实不相符合的情况。一旦发现上述情况，要及时复查核实，并予以剔除、删改、订正和补充，即剔除错误的资料，删除重复的资料，修改、订正有差错的资料，补充遗漏的资料。检查核实的部分工作是在搜集资料时就要完成的。一边搜集，一边检查核实，这样便于及时订正和补充。

（2）分类汇编。资料经过检查核实后，为了便于归档查找和统计，还应按照调查的要求进行分类汇编，即进行分类登录，然后按类摘抄、剪贴、装订、归档，以备查阅。还可将整理后的信息输入电脑。整理资料数据要做到准确、清楚、及时，这是衡量信息资料价值的重要标准。

（3）分析论证。对分类汇编的资料进行分析，得出结论，并依据资料所得结论进行论证。分析一般包括定性分析和定量分析。所谓定性分析，是以资料或经验为依据，主要运用演绎、归纳、比较、分类和矛盾分析的方法找出事物的本质特征或属性的过程。所谓定量分析，是运用概率论和数理统计的测量、计算及分析技术，对社会现象的数量、特征、数学关系和事物发展过程中的数量变化等方面进行的描述。为了取得比较符合实际的结论，不仅要进行定性分析，而且要进行定量分析，要在定性的基础上尽量根据不同要求把资料量化，制成统计表或统计图，或计算百分比、平均值等，然后运用这些量化资料进行分析，力求对调查的事物有比较深刻的认识，并把有关材料迅速提供给领导部门作为策划的依据。成功的企业在日常公关工作中经常运用以上方法。

5. 撰写调查报告

撰写调查报告是公共关系调查的最后程序。撰写调查报告的目的，是为制订科学的公共关系计划提供依据，为领导者决策提供参考，寻求领导的支持和帮助。撰写一份具有说服力的调查报告，是卓有成效地进行公共关系调查的一个不可忽视的方面。如果调查报告的撰写不得要领，即使前面的工作做得再好，整个调查也不会令人满意。

一般来说，一篇调查报告是对调查过程的回顾和调查成果的总结。它包括以下内容：(1) 调查题目、调查委托人、调查主持人、调查日期、调查的原因和目的；(2) 调查的总体对象；(3) 调查所采用的基本方法；(4) 调查的结果及各种答案的比例；(5) 问卷回收率及抽样误差；(6) 分析结果；(7) 调查者提出的建议；(8) 附件，包括问卷样本、统计数据、背景资料等。

调查报告不同于理论性文章，也不同于一般的工作总结。它是用调查资料来说明问题，用资料来支撑结论。因此，在撰写调查报告时，要坚持实事求是，资料的取舍要合理，推理要合乎逻辑，还要在结构、主题、语言上下功夫。同时，调查报告写好后，要及时送交最高管理部门备案，供决策者在决策时参考。

拓展阅读

长城饭店的公关调查

北京长城饭店是1979年6月由国务院批准的全国第三家中外合资经营企业。一提到长城饭店的公关工作，人们立刻会想到举世闻名的里根总统的答谢宴会、由北京市副市长证婚的95对新人的集体婚礼、颐和园的中秋赏月和十三陵的野外烧烤等一系列令长城饭店声名鹊起的专题公关活动。长城饭店的大量公关工作，尤其是围绕为客人服务的日常公关工作，源于它周密而系统的调查研究。

长城饭店日常的调查研究通常由以下几个方面组成：

(一) 日常调查

1. 问卷调查

每天将调查问卷放在客房内，问卷中的项目包括客人对饭店的总体评价、对十几个类别的服务质量的评价、对服务员服务态度的评价，以及是否加入喜来登俱乐部和客人的游历情况等。

2. 接待投诉

几位客务经理24小时轮班在大厅内接待客人，随时随地解决客人的困难、受理投诉、解答各种问题。

（二）月调查

1. 客人态度调查

每天向客人发送喜来登集团在全球统一使用的调查问卷，每日收回，月底集中寄到喜来登集团总部，进行全球性综合分析，并在全球范围内进行季度评比。根据量化分析，对全球最好的喜来登饭店和进步最快的饭店给予奖励。

2. 市场调查

前台经理与在京其他各大饭店的前台经理每月交流一次客人的情况，互通情报，共同分析本地区的客源形势。

（三）半年调查

喜来登总部每半年召开一次世界范围内的全球旅游情况会议，其所属各饭店的销售经理从世界各地带来大量信息，相互交流、研究，使每个饭店都能了解世界旅游形势，站在全球高度商议经营方针。

这种系统的全方位调研制度，宏观上可以使饭店决策者高瞻远瞩地了解全世界旅游业形势，进而了解本地区的行情；微观上可以了解本店每个岗位、每项服务及每个员工的工作情况，从而使他们的决策有的放矢。

【复习与思考】

1. 简述公共关系调查的内容。
2. 论述公共关系调查的意义。

单元二 公共关系策划

【情境导入】

北京亚都科技公司市场调查案例

销售额占北京小家电市场零售总额38%、在同类产品中市场占有率达93%的亚都牌超声波加湿器，在各方面条件与北京大致相同的天津市场却受到冷遇，三年总销售量仅400台。经过分析，北京亚都科技公司的领导们认为，天津人还并不十分了解“亚都”，而“亚都”也还未深入了解天津市场，特别是该市场的主体——消费者。

于是，亚都首先从广泛深入的调查入手：他们借阅了大量描述天津市民生活的通俗读物，以了解天津人的生活习惯；派人去天津各主要商场，了解天津市民的购物情况；

请来天津的新闻记者，咨询天津读者或顾客的口味；请来天津商界有关人士，咨询天津顾客的购物习惯；找来天津市发行量前10位的报纸，比较它们的发行范围、广告价格、广告周期、广告风格等。然后，经过一次次讨论，最后终于形成了一个“亚都加湿器向天津市民有偿请教”的公关活动方案。

1991年11月15日和16日，在《天津日报》《今晚报》《广播电视报》的最显著的广告位置刊登“亚都有偿请教”广告：

尽管亚都加湿器的特殊功能满足了现代完美生活的新需求；

尽管亚都加湿器在与洋货竞争中市场占有率高达93%；

尽管亚都加湿器销售已突破小家电市场零售总额的38%；

尽管亚都加湿器的热销被商业部部长称为“亚都现象”，并引起国内各大新闻单位数十次重点报道；

总之，尽管亚都加湿器顺天时地利人和已成热销定势，但奇怪的是，在天津的购销情况却不尽理想。

是天津的冬季室内气候不干燥吗？不，不是！

是天津市的老年人不懂得湿度对益寿延年的重要性吗？不，不是！

是天津市的女士不懂得湿度是美容驻颜的第一要素吗？不，不是！

是天津市的婴幼儿不需要更接近母体湿度的环境吗？不，更不是！

面对上述困惑，国内规模最大、专业性最强的人工环境科研开发高科技机构——北京亚都科技公司在百思不得其解后，特决定向聪慧的天津公众虚心请教，请热情的天津市民为北京高科技企业指点迷津。

来函赐教，或宏论，或短论，均请注明详细的联系方式，亚都人将以礼相谢。

在连续两天刊登上述广告以后，11月17日，40名经过专项培训的亚都公关人员，拂晓自北京出发，一大早出现在天津商场、百货大楼、国际商场等大商场内。他们统一着装，身披绶带，向过往顾客散发“有偿请教”的各类宣传品，回答人们关于人工环境、湿度与健康等方面的疑问。连续四个星期日，共散发出宣传品14万件，直接接触了60万人次的天津市场顾客。

以上举措一下子使亚都成了天津人议论的话题。从11月16日至26日的10天里，1 200多封天津消费者的来信寄到了亚都，他们在信中提出各种建设性意见4 000余条。

12月3日，亚都向1 200多名来信的消费者回复“感谢函”，随函寄出“感恩卡”，凭卡可特价购买亚都加湿器一台。

12月6日，在天津《今晚报》上刊出半版广告，1 200多位来信的天津市民的名字以姓氏笔画为序，逐一见诸报端。

12月8日，亚都全体科研技术人员抵达天津，在国际商场举办公开答谢活动。

最后统计表明：1991 年 11 月 15 日至 1992 年 1 月 15 日两个月内，亚都牌超声波加湿器在天津市场的销量达 4 000 台，相当于过去 3 年销量总和的 10 倍！

思考：

从亚都牌超声波加湿器的案例我们可以得到哪些启发？在进行公关活动策划时，应该遵守哪些原则？哪些公关活动能够得到公众的认可？

一、公关策划的含义

公关策划即公共关系策划，是公关人员根据组织形象的现状和目标要求，分析现有条件，谋划并设计公关战略、专题活动和具体公关活动最佳行动方案的过程。

公关策划的核心，就是解决以下三个问题：一是如何寻求传播沟通的内容和公众易于接受的方式，二是如何提高传播沟通的效能，三是如何完备公关工作体系。

二、公关策划的特征

公关策划需要掌握和运用诸如运筹学、决策学、心理学、控制学、系统学等多方面的知识。公关人员只有具备以上多学科的知识，才能做好公关策划工作。公关策划的特征包括：

1. 思想性

公关策划过程是人的一个思想过程，它依赖于人的严密思维。所谓运筹帷幄之中的“运筹”，就是一个军事指挥家的思想活动。

2. 创造性

公关策划的思维过程是一种创造性的思维活动。公关人员遵循公关策划的基本原则，集思广益，标新立异，别具一格，开拓一个全新的境界，使公关活动发出耀眼的光芒，从而备受公众的青睐。

3. 目的性

公关策划具有明确的目的性。每一次策划活动都是为了某一个或几个明确的目标，或为了提高组织的知名度，或为了提高组织的美誉度，或为了树立组织的整体形象，或为了树立产品形象。策划的目的性决定了策划的针对性，即根据目的的不同、所处内外环境的不同，策划出带有针对性的能解决实际问题的一系列活动。

4. 弹性

公关策划方案应具有一定的弹性，以便随着环境的变化适时调整。要使策划方案富有弹性，方案就不能烦琐冗杂。烦琐冗杂会限制执行者的主动性；否则，一旦情况有变，执行者就会感到措手不及或无所适从。有弹性的策划方案是成功的保证，没有弹性的方案往往是导致失败的陷阱。

三、公关策划应遵守的原则

公关工作的中心环节是公关策划，组织形象管理工作是否有效，在很大程度上取决于策划的成败。因此，公关人员在进行公关策划时，不可随心所欲，应遵守如下原则。

1. 创新性原则

策划本就需要创新，跟在别人后面人云亦云是策划的悲剧。它包括创意要新颖，手法不落俗套，内容贴近公众，时机恰到好处，规模恰如其分。总之，不能走别人走过的老路，公关人员要根据社会条件的变化、公众心理状况的变化、组织内部的变化，进行新的策划，不仅要与自己过去组织策划的活动有所不同，更要与自己竞争对手策划的活动有所不同，使策划的活动能够先声夺人、标新立异，取得更好的效果。

2. 公益性原则

开展公关活动的目的是在公众心中树立组织的良好形象，因此，组织在策划公关活动时要注意避免功利性，要本着服务公众的意识去策划公关活动，强调策划的公益性，这样才能真正在公众心目中树立起良好的组织形象。

3. 公众性原则

公众是组织公关的对象，公关的目的就是要赢得公众的心，因此，开展公关策划要始终坚持把公众利益放在首位，只在这样，组织才能得到公众的好评，才能使自身获得更大、更长远的利益。

4. 严密性原则

公关策划只有出奇制胜，才能收到良好的效果。所以，在公关策划的过程中，要注意保密原则，以免给竞争对手可乘之机。同时，策划的过程一定要严密，不能有任何漏洞和失误，失之毫厘，谬以千里，这样的教训比比皆是。

除此之外，公关策划还要突出重点，切忌面面俱到；否则，只能使公关工作处于被动状态，造成人力、物力、财力的浪费。同时，还要考虑计划的连续性和因袭性。公共关系是一项有计划的持久性工作，为了实现公共关系的某一个目标，需要执行数个或一系列的计划；在编制计划时，既要考虑计划之间的衔接，又要注意单个计划的实施周期不宜过长。

四、公关策划的内容与程序

公关策划是一项系统工程，它包含诸多层次的内容与步骤：

1. 综合分析、寻求理由

公关策划人员被称为“开方专家”。如同医生拿到一系列病患者的检查化验报告，要想寻求一个理想的治疗方案，首先必须对这些资料进行再一次的综合分析，确定问题之所在，然后对症下药一样，公关人员进行公关策划的第一步工作，就是综合分析在公共关系调查中搜集的信息资料，对组织进行诊断并找出存在的问题。

2. 确定目标、制订计划

（1）确定目标。确定目标是公关策划中的重要一步，目标一错，便一错百错。所谓公关目标，是公关策划所追求和渴望达到的结果。目标规定公关活动要做什么，做到什么地步，要取得什么样的效果。公关目标是全部公关活动的核心，它是公关策划的依据，是公关工作的指南，是评价公关效果的标准，是提高公关工作效率的保障，也是公关人员努力的方向。

（2）制订计划。目标系统一旦确定公关目标，便可制订具体的公关计划。一个完整的公关策划方案应当包括以下几个方面的内容。

1）目标系统。公关目标不是一个单项指标，而是一个目标体系。总目标下有很多分目标、项目目标和操作目标。长期目标要分解成短期目标，总目标要分解成项目目标、操作目标，宏观目标要分解成微观目标，整体形象目标要分解成产品形象目标、职工形象目标、环境形象目标。

2）公众对象。任何一个组织都有其特定的公众对象，确定与组织有关的公众对象是公关策划的首要任务之一。只有确立了公众对象，才能选定需要的公众人才、公关媒介及公关模式，才能将有限的资金和资源科学地分配使用，减少不必要的浪费，取得最大的效益。

3）选择公关活动模式。公关活动模式多种多样，不同的问题、不同的公众对象、不同的组织都有相应的公关活动模式，没有哪一种公关活动模式可以解决所有问题。究竟选择哪一种公关活动模式，要根据公关目标、公关任务和公关对象的分布、权利要求来具体确定。常见的公关活动模式有以下几种：

a. 交际型公关活动模式。这种活动模式主要以面对面的人际传播为手段，通过人与人的直接交往，广交朋友，建立广泛的联系。这种活动模式富有人情味，主要适用于旅游服务等第三产业部门。

b. 宣传型公关活动模式。这种活动模式的重点是采用各种媒介向外传播信息。当组织要提高自己的知名度时，一般采纳此种模式。发新闻稿、开记者招待会、新产品展览、广告、演讲、板报等都属于这种模式。

c. 征询型公关活动模式。这是以民意测验、舆论调查、收集信息为主要内容的活动模式，目的是为组织进行决策搜集信息。如有奖征文、有奖测验、问卷调查、信访制度、举报中心、专线电话等都属于征询型公关活动。这类活动有助于增强公众的参与感，提高组织的社会形象。

d. 社会型公关活动模式。这种活动模式是通过开展各种社会福利活动来提高组织的知名度和美誉度。如赞助各种文化体育活动，公益性和福利慈善性事业等都属于这种类型。社会型公关活动模式并不局限于眼前的利益，而是进行长远利益的投资，实力雄厚的组织一般可以开展此类活动。

e. 服务型公关活动模式。这种活动模式主要通过提供各种服务来提高组织的知名度和美誉度，如消费指导、售后服务、咨询培训等。

f. 进攻型公关活动模式。这是在组织与外界环境发生激烈冲突、处于生死存亡的关键时刻采用的以攻为守、主动出击的一种公关活动模式。

拓展阅读

宝洁绿色宣言　美誉和销量双收

宝洁（P&G）是一家拥有众多优质品牌的全球知名公司，产品范围广泛——从美容、时尚到健康、家居，以优质超值的产品和服务，美化全球消费者的生活。自1837年以来，可持续发展的承诺一直是P&G企业核心价值观的重要组成部分。除了开发可持续创新产品、改善运营的环境状况之外，P&G还通过各种企事业社会责任活动来提高人们的生活质量、关爱地球环境。

2009年夏天，P&G将可持续发展的企业责任、多品牌产品的卖点和绿色生活方式紧密结合在一起，使消费者在了解“绿色、环保”理念的同时，提升其对P&G宝洁系列产品和品牌的关注度和美誉度。

P&G充分借用“中国环保女王”周迅与联合国开发计划署的权威号召力，实现最大化的媒体传播计划，并设计线上、线下的消费者活动，实现传播的多元化，以此调动公众的参与和关注。P&G制作了6大类绿色赠品，涉及方便饭盒、刻度水壶、脏衣篮等，进行发放。同时，在第一时间建立了“绿色中国”主题网站。该网站以“绿动中国，没你不行”为主题，借助周迅的影响力，请她亲自发出绿色邀约，并设立“24小时绿色行动”，鼓励消费者每天记录所做的环保小事，同时还重点推出“普通人的绿动环保梦想”栏目，征集创意环保方案，颁发“环保梦想奖金”，用以实现环保梦想。

在绿色中国官网上线2个月后，即达到2 192 242人次的访问量。其中，有很多人热情参与了“普通人的环保梦想”竞赛活动。P&G在上海开展地面活动时，再次邀请了3名积极参与者，现场分享了他们的环保创意方案。此外，周迅与P&G及乐购高层，为当天在签名板前书写下“环保感言”的消费者，颁发“绿动中国”纪念徽章，鼓励更多人积极加入，最终实现超过500万的普通消费者加入“绿动中国”计划，为改善生活环境而努力。

在两次地面活动中，P&G都充分利用不同的信息传播渠道，整合多种信息传播模式，特别是充分利用官网平台开展一系列丰富的活动，再配合传统电视媒体和平面媒体的活动。在深圳沃尔玛的活动中，店内销售比平日增加了177%，众多消费者积极响应绿色消费倡议。在两轮地面活动过后，共计有90家平面、网络、电视媒体进行了全方位报道，其中经常以娱乐新闻为报道角度的21家全国时尚生活类电视媒体，均以“绿色环保”主题进行了平均时长超过1分钟的正面报道，成为传播中的亮点。大部分的平面媒体都给予了大篇幅的彩图报道。此次活动得到了广大媒体、消费者的高度评价。P&G对外事务部高级经理刘岚表示：“在为期4个月的‘绿动中国’活动过程中，我们共同收获了环保意识的提升，收获了消费者和重要商业合作伙伴的支持，收获了美誉度和销量。”

资料来源：北京福莱希乐国际传播咨询有限公司：《宝洁绿色宣言》，载《国际公关》，2010(34)。

g. 防御型公关活动模式。公关部门不仅要处理好已出现的公关纠纷，还要预测、预防可能出现的公关纠纷。如及时向决策部门反映外界的批评意见，主动改进工作方式以争取主动，就是防御型公关活动模式。

h. 建设型公关活动模式。这是在组织创建初期，为了给公众以良好的第一印象，提升组织在社会上的知名度和美誉度而采用的一种公关活动模式。如举办开业庆典、奠基仪式、免费参观等活动，都主要着眼于组织知名度的提升。

i. 维系型公关活动模式。维系型公关活动模式的主要目的是通过不间断的宣传和工作，维持组织在社会公众心目中的良好形象。这种活动模式一方面通过开展各种优惠服务吸引公众再次合作，另一方面通过传播活动把组织的各种信息持续不断地传递给各类公众，使组织的良好形象始终保留在公众的记忆中。

j. 矫正型公关活动模式。这是一种当组织遇到风险或组织的公共关系严重失调，使组织形象发生严重损害时所采用的一种公关活动模式。这种模式的特点是及时发现问题，及时纠正错误，及时改善不良形象。

4）确定公关传播的媒介。媒介的种类很多，有个体传媒、群体传媒和大众传媒。大众传媒又可分为电子类传媒和印刷类传媒。各种传媒各有所长，亦各有所短，只有选择恰当的传媒，才能取得良好的效果。

5）确定时间。即制订一个科学而详尽的公关计划时间表。公关计划时间表的确定，应和既定的目标系统相配合，按照目标管理的办法，最终的总目标、项目目标以及每一级目标所需的总时间、起止时间都应列入表中，形成一个系统的时间表。

对活动的起始时间，公关人员要独具匠心，抓住最有利的时机，以取得事半功倍的效果。

6）确定地点。即安排好每一次活动的地点。每次公关活动要用多大的场地，用什么样的场地，都要根据公众对象的人数、公关项目的具体内容，以及组织的财力预先确定好。

7）编制公关预算。为了少花钱多办事，在有限的投入内，获取最大的社会效益和经济效益，要进行科学的公关预算。编制公关预算，首先要清楚地知道组织的承受能力，做到量体裁衣，还可以监督经费的开支情况，评价公关活动的成效。公关活动的开支构成大体如下：

a. 行政开支，其中包括劳动力成本、管理费用以及设施材料费。

b. 项目支出，即每一个具体项目的所需费用，如场地费、广告费、赞助费、邀请费以及咨询费、调研费等。

c. 其他各种意想不到的可能支出，如突发性事件。

3. 分析评估、优化方案

经过认真的信息情报分析，公关人员确定了公关目标，制订了公关行动方案。但这些方案是否切实可行，是否尽善尽美，就有赖于对方案的分析评估和优化组合。对公关方案评估的标准只有两条：一是看方案是否切实可行，二是看方案能否保证策划目标的实现。如果方案实施成功的可能性大，又能保证策划目标的实现，方案便可行；否则，方案便要加以修正和优化。

方案的优化过程，是提高方案合理性的过程。方案的优化可以从三个方面去考虑：即提高方案的可行性，增强方案的目的性，降低经费开支。

常见的方案优化法是综合法，即对各种方案加以全面评估，分析其优点和缺点，然后将各方案的优点移植到被选中的方案上，使被选中的方案好上加好，达到优化的目的。

4. 审定方案、准备实施

公关策划经过分析评估、优化组合，最终形成书面报告，交给组织的领导决策层，以最终审定决断，准备实施。任何公关策划方案都必须经过本组织的审核和批准，使公关目标和组织的总目标一致，以便使组织的公关活动和其他部门的工作相协调，从而得到决策层和全体员工的积极配合与支持。

策划报告能否得到决策层的认可，并最终组织实施，取决于三个因素：一是策划方案本身的质量，这是根本；二是策划报告的文字说明水准；三是决策者本身的决断水平。

决策者在进行决断时，一要尊重公关人员的意见，但不要受其左右；二要运用科学的思维方法，对策划方案和背景材料进行系统的科学分析；三要依靠自己的直觉，抛弃一切表象的纠缠，这种直觉在应急对策时尤其重要。

策划方案一经审定通过，便可组织实施了。

五、公关策划方案的构成要素与基本格式

公关策划方案并无定式，策划者一般根据实际需要和自己的文笔风格来撰写。但无论方案的形式、内容有怎样的差别，理应包含的基本要素都不可或缺。一份完整的策划方案应当具备 5W、2H、1E，即：What（什么）——策划的目的、内容；Who（谁）——策划组织者、策划者、策划所涉及的公众；Where（何处）——策划实施地点；When（何时）——策划实施时机；Why（为什么）——策划的缘由；How（如何）——策划的方法和实施形式；How much（多少）——策划的预算；Effect（效果）——策划结果的预测。上述八个要素就是一份完整的公关策划方案应当具备的基本骨架。针对不同组织、不同内容与形式的公关策划方案，应当围绕这八个要素，根据自己的需要去丰富完善和组合搭配，公关策划方案的创意与个性风格，就存在于对要素的丰富完善和组合搭配的差异之中。

公关策划方案的基本格式，大致包括下列五项：

1. 封面

策划方案的封面不必如书籍装帧那样去考虑其设计的精美，但文字书写及排列应大小协调、布局合理，纸张只要略比正文厚些即可。封面内容一般包括：1）题目。题目必须具体清楚，让人一目了然。2）策划者单位或个人名称。方案如系群体或组织完成，可署名“××公共关系公司”“××专家策划团”或“××公司公共关系部”，对其中起主要作用的个人也可以在单位名称之后署名，如“总策划××”“策划总监××”等。方案如系个人完成则直接署名“策划人××”。3）策划文案完成日期。写明年月日甚至具体时间。4）编号。比如根据策划方案顺序编号，根据方案的重要性或保密程度编号，或根据方案管理的分类编号等。5）在需要的情况下，可考虑在封面上简洁地加上说明文字或内容提要。6）如策划方案尚属草稿或初稿，还应在标题下用括号注明，写上“草案”“讨论稿”“征求意见稿”等字样。如果前有“草稿”，决策拍板后的策划方案就应注明“修订稿”“实施稿”“执行稿”等字样。

2. 序文

并非所有策划方案都需加序，只有方案内容较多、较复杂，才有必要以简洁的文字作为引导或提纲。

3. 目录

目录也如序一样，只有方案头绪较多、较复杂，才有设计目录的必要。目录是标题的细化和明确化，要做到让读者看完目录后，便知晓整个方案的概貌。

4. 正文

正文是对策划方案八个要素的表述和演绎。其主要内容有：1）活动背景分析；2）活动主题；3）活动宗旨与目标；4）基本活动程序；5）传播与沟通方案；6）经费预算；7）效果预测。正文的写作需要考虑周到，但应以纲目式为首选，不必过分详尽地加以描述渲染，也不要给人以头绪繁多杂乱或干涩枯燥的感觉。

5. 附件

重要的附件通常有：1）活动筹备工作日程推进表；2）有关人员职责分配表；3）经费开支明细预算表；4）活动所需物品一览表；5）场地使用安排表；6）相关资料，主要是提供给决策者参考的辅助性材料，不一定每份方案都需要，例如完整的或专项的调查报告、新闻文稿范本、演讲词草稿、相关法规文件、平面广告设计草图、电视片脚本、纪念品设计图等；7）注意事项，即将策划方案实施过程中应当注意的事项作重点而集中的提示，比如完成活动需要事前促成的其他条件、活动实施指挥者应当拥有的临时特殊权限、需要决策者出面对各部门的协调、遇到特殊情况时的应变措施等。

六、公关策划的作用

1. 公关策划可以保证公共关系战略和实务运作的目的性

公共关系战略和实务运作，是为实现公关目标以及企业发展目标服务的，离开这个目的，公关就失去了自身的意义。所以，为了保证公关目标以及组织发展目标的顺利实现，组织的总体公共关系战略和具体的实务运作必须经过事先的周密策划。

2. 公关策划可以保证公共关系战略和实务运作的计划性

（1）公共关系战略和各项实务运作所追求的目标应当是一致的，所以，公共关系必须有一个完整的实施计划。只有经过周密的公共关系策划，才能保证整个公共关系战略计划的统一性和完整性，保证每个具体实务运作都按照总体规划的要求，为实现预订的公共关系战略目标和企业发展目标服务。

（2）公关目标的实现需要经过长期的持续努力，只有经过周密的公共关系策划，才能保证公共关系的各项实务运作前后相续、相互衔接，成为既在具体运作中具有独创性，又在总体战略上具有连续性的有计划、有步骤的公关工作。

（3）公共关系的各项实务活动，都必须根据一定的时空以及主客观条件拟订切实可行的具体实施计划，这本身也是公关策划的重要组成部分。可见只有周密的、精心的公关策划，才能保证所有工作环节的公关实务运作按照预订的战略和目标有计划地顺利实施。

3. 公关策划可以保证公共关系战略和实务运作的有效性

公共关系必须成为有效的公共关系，必须使其在建树良好的组织形象并为组织发展争取最佳经济效益和社会效益方面发挥显著作用。这就要求公关人员善于根据不断变化的环境，着眼于不断变动的公关需求，精心策划组织的公共关系战略和策略。这种策划愈是深谋远虑、独具匠心，公共关系的成功率也就愈高，也就愈能保证公关目标和组织发展目标的顺利实现。

拓展阅读

化工厂污染事故的公关策划

一家化工厂由于废水没有得到及时处理，流入附近水域造成污染，致使鱼类大量死亡，以捕鱼为生的渔民愤怒地涌入化工厂，造成了严重的社区关系纠纷。

为了正确处理这起社区关系纠纷，该厂公关部进行了充分的调查研究：

1）调查外部公众，特别是渔民中意见领袖的态度和意见；2）调查内部公众，特别是工厂管理者和其他意见领袖的看法和意见；3）检验水质和了解鱼类死亡的情况。

在调查的基础上，分析污染产生的原因：

1）领导不重视环保工作，内部无环保机构；2）职工环保意识淡薄，环保知识贫乏；3）技术设备陈旧；4）长期忽视化工厂与社区的关系。

针对存在问题和形成原因，该厂公关部门制定了如下公关目标：

1）在全厂普及环保法规；2）成立环保机构；3）改造旧设备，使“三废”排放量达到国家标准；4）进行环保技术培训；5）建立厂与社区的环保相互监督机制；6）建立新型社区关系。

根据所确定的目标，确定公众对象：1）外部公众主要是渔民中的意见领袖；2）内部公众是化工厂全体职工。

根据目标和公众对象，确定主题为“让我们共同拥有一个良好的环境”，并以此为主线，拟定如下公关活动项目：

1）在厂区车间和社区路旁设置环保标语、板报及环保意见箱；2）举办环保知识讲座；3）改造旧设备；4）走访渔民，组织渔民进厂参观，设立渔民环保监督员，组织厂与社区的联谊活动；5）为社区办实事，如义务培训社区教师、科技人员，扶持社办企业，修理乡村干道和乡村学校，为社区孤寡老人排忧解难。

在确定项目的基础上，选择的传播方式和媒介如下：

1）人际传播：走访渔民家庭，设立渔民环保监督员，组织渔民进厂参观等。

2）组织传播：进行环保知识讲座，运用有线广播、闭路电视、厂报、意见箱等进行环保宣传教育，收集环保方面的建议。

最后，该厂公关部对这项公关活动进行了预算，包括人员、经费和时间三个方面：

1）人员预算：公关经理 1 名，公关策划 2 名，新闻采编 2 名，摄影摄像 2 名，美工2名，环保专家2名，其他3名，共14名。

2）经费预算：三次讲座100元，一次参观50元，录像制作200元，联谊活动100元，标语及板报50元，意见箱2个共10元，改造旧设备10 000元，捐助小学1 000元，修路200元，其他200元，共计费用11 910元。

3）时间安排：

4月1日—3日，走访渔民中的意见领袖；

4月4日—7日，三次环保讲座；

4月8日—15日，一周电视环保法规教育；

4月16日—23日，一周电视环保专题节目；

4月24日—30日，制作环保标语、宣传栏和板报并安置完毕；

5月1日—4日，厂与社区文体联欢；

5月5日—6日，意见箱安置在厂区与社区；

5月7日—8日，组织渔民分批参观工厂；

5月9日—11日，整修乡村干道、维修乡村小学校舍，义务给孤寡老人提供服务；

5月12日—13日，举办两次渔民科普讲座；

5月14日—15日，评估结果，总结经验教训。

共计45天。

以上公关策划付诸实施后，该厂公关部对活动结果进行了检查：

1）举办了一次环保法规和环保技术知识竞赛，检查了全厂职工掌握环保法规和技术知识的情况，通过奖励先进，进一步促进了职工环保教育；

2）对环保机构的设置和工作情况进行了解；

3）测定设备改造后的“三废”排放量，基本达到了国标；

4）定期开箱，了解有关环保意见和建议，发现职工环保意识增强了，渔民们也对环境改善表示满意；

5）与社区的关系状况得到了全面改善。

资料来源：http：//www. chinadmd. com/file/utio6zvszcxueixcxoerxpiw _ 2. html.

【复习与思考】

1. 公关策划的程序有哪些？要注意哪些原则？
2. 简述公关策划的内容。

单元三 公共关系实施

【情境导入】

长跑竞赛发生事故

1999年6月在春江市“阳歌杯”全民健身周长跑竞赛中，多人中暑，两人不幸死亡。当日上午，春江市骄阳似火，天气暴热。上午9时整，3 000多名运动员参加了1 500米长的群众性长跑活动后，其中的350名运动员移师江滨路进行长跑竞赛。其中，中年男、女组和青年组赛程为8 000米，少年组赛程为3 600米。由于在烈日下激烈奔跑，有不少运动员先后出现不同程度的中暑反应。8名中暑较严重的运动员被迅速送往市急救医疗中心抢救。伍思聪在长跑途中中暑摔倒，头部摔伤，待送达急救中心时，心跳已停止。夺得中年女子组竞赛第2名的春江市第一机床厂的申桂英也因中暑不治，于次日凌晨死亡。

资料来源：《现代公共关系学》讲义（word文档），http：//www.shengda.edu.cn/yxx/gggx/jxzd/。

思考：

本案例中的事故对我们开展公关活动有什么启发？

一、公共关系实施的含义

经过调查和策划，公共关系就进入实施阶段。公共关系的实施是整个公共关系活动的中心环节，是组织为了实现既定的公关目标，充分依据和利用实施条件，对公关计划实施策略、手段、方法设计并进行实际操作与管理的过程。因此，公关计划的实施就是公共关系被采纳以后，把公关计划的内容转变成为现实的过程。公共关系的实施过程是公共关系工作法中的第三个环节，也是多变、复杂的环节，它关系着公共关系策划方案的成败。

二、公共关系实施的作用

公共关系实施是整个公共关系计划实现的关键。事实上，只有把优秀的公关策划方案付诸实施，才能为组织塑造良好的社会形象，影响公众舆论，优化组织环境。

1. 实施是实现公关目标的关键环节

一个公关计划要达到预期目标，公共关系的实施是关键环节，公关计划不管有多么完善，如果不进行实践，就无法达到预期的效果。实施公关计划，只有根据不同类型的公众对象，不同类型的组织及其发展过程中的不同阶段，分别采取适合的工作方式，才能达到预期的目标。

2. 实施过程中可以及时检验和调整公关计划

在公共关系实施过程中，如果实施人员能够选择最有效的途径和手段，采取多种技巧和方法，并且利用创造性的努力及时调整和完善公关策划方案，以此来弥补计划的不足，则不仅可以圆满完成计划中确定的任务，实现计划目标，甚至还可以重塑组织在公众中的良好形象。如果实施人员思想懈怠或操作失误，则不仅不能实现计划目标，有时还可能使计划中要解决的问题更加恶化，甚至完全与计划背道而驰，使公共关系实施失败。因此，公共关系的实施不仅决定了计划能否实现，而且决定了计划实现的效果。

3. 实施结果是制订后续方案的重要依据

一项公关计划的实施过程无论成功与否，都会对组织制订后续方案，乃至对日后开展各项公关工作造成一定的影响。计划实施成功，可以此为突破口再接再厉，制订下一轮的公关计划；计划实施失败，应该在最短的时间内找到问题所在，重新调整或者修订公关计划。

三、公共关系实施的特点

公共关系实施是一种行动的过程。具体来说，公共关系实施具有以下特点。

1. 实施过程的动态性

公共关系实施是由一系列连续活动构成的过程，是一个思想和行为需要不断变化、不断调整的过程。一项公关策划方案无论制订得多么周密、具体和细致，它总免不了与实际情况存在一定的差异。另外，随着时间的推移、实施的进展、环境的变化，实施过程中仍会遇到一些新情况和新问题。因此，不断改变、修正或调整原定的实施方案、程序、方法、策略等，则是实施过程中不可避免的正常现象。实施过程的动态性，并不意味着实施人员可以随意以一些无关大局的变化为借口而不按原计划去实施。公共关系实施的动态性与实施人员的主观随意性不可混为一谈。

2. 实施过程的创造性

由于公关计划的实施是一个不断变化和需要调整的动态过程，公共关系实施的过程绝不是一个简单的照章办事的过程，而是由一系列不同层次的实施人员发挥主观能动性的过程。实施人员应该充分发挥自己的积极性、主动性和创造性。从这个意义上说，公共关系实施过程也是一个对原计划进行艺术再创造的过程。

3. 实施影响的广泛性

一项公关计划涉及很多因素和变量，会对各类公众产生广泛影响。公关计划实施营造强烈的社会气氛，最大限度地扩大公关活动的影响力。公共关系实施产生的影响主要表现在以下两个方面：一是公共关系实施会对公众产生深刻的影响，一项公关策划方案成功实施后，常常会使该社会组织的异己力量转变为自己的合作者和支持者；二是公关计划的实施有时还会深刻影响整个社会的文化、习俗，甚至改变某些观念，从而对整个社会的进步产生推动作用。

四、公共关系实施的原则

公共关系实施的原则是公共关系实施的工作准则，是公共关系管理者和操作者在错综复杂的实施环境中，排除各种实际困难，完成公共关系实施的各项工作，实现公关目标的成功法则。

1. 目标导向原则

目标导向原则要求公关人员在公共关系策划方案实施过程中，不断利用目标对整个实施活动进行引导、制约和促进，以保证实施活动不偏离公关目标。在实施过程中，由于变化，需要对公关策划方案作一些调整，但这些调整不能改变原来的目标，否则就要重新制订公关策划方案。遵循目标导向原则实际上就是加强控制的一种手段，目标导向原则又称目标控制原则。

2. 控制进度原则

根据整个公关策划方案和目标的需要，按照一定的程序，掌握工作的进展速度。由于公关人员的分工不同、能力差异和环境影响，在公共关系实施时，会出现进度快慢不一致的情况，有时会造成工作的脱节。控制进度，就是要使工作同步协调，防止超前或滞后情况的发生，使各项工作内容按计划协调、平衡发展，并确保按时完成。要做好预测和及时发现各种可能影响实施工作进度的因素，针对关键因素采取有效的预防和应急措施。例如，某项赞助活动在电视和报刊上已经传遍，但是赞助活动的纪念品还没有制作完成，这样就会造成工作的脱节，以致赞助活动没有办法正常进行，影响主办单位的声誉。因此，在公关活动进程中，应经常检查各方面工作的进度，即使出现超前或滞后的情况，也能协调各方面工作同步进行或平衡发展。

3. 整体协调原则

整体协调原则是指在公共关系实施过程中，使工作所涉及的方方面面达到和谐、合理、配合、互补和统一的状态。公共关系实施是一个系统工程，各项工作只有相互配合才能达到整体最佳效果。协调不同于控制，控制是对一个组织在计划实施的过程中与公关计划的目标的差异或背离所进行的纠正或克服；协调则强调在各个实施过程中的环节之间、部门之间及实施主体和公众之间的和谐与稳定，尽量避免矛盾的发生。如果整体不协调，只能增加内耗，严重时甚至可能导致公共关系实施的失败。

4. 反馈调整原则

由于公共关系实施的环境和目标公众是复杂多变的，在实施过程中，必须不断把公共关系实施的结果与策划方案的目标相对照，一旦发现偏差，及时对实施方案、行动和目标作出相应的调整。在计划实施阶段，这种反馈调整是始终不断进行的，直至目标的实现。

5. 选择时机原则

在公关计划的实施过程中，正确选择时机是提高公关计划成功率的必要条件。公关计划实施时机的选择，一方面要服从组织的整体公关计划，另一方面又要使公众的心理期望得到满足。正确选择时机，是实施公关计划的一种技巧和方法。它并不能按一种固定的模式进行，应具体问题具体分析，从具体的公关目标出发，正确选择时机、把握时机、运用时机、以达到预期效果。

五、公共关系方案实施的过程

公共关系方案实施的过程是一个解决问题的过程。公共关系方案实施的过程包括以下三个阶段：首先，公共关系实施的准备阶段，它包括制订实施方案，制订对各类公众的行动、沟通计划，确定实施的措施和程序，建立实施组织，训练实施人员；其次，公共关系实施的执行阶段，实施人员按照已经设计好的公关策划方案实施，落实各项措施；最后，公共关系实施的结束阶段，为下一阶段的效果评估作好相应准备。

1. 公共关系实施的准备阶段

公关活动是一项时效性很强的活动，一般在公关策划方案正式实施之前，必须做好各种实施准备工作。实施准备是公共关系方案实施成功的基础和前提。公共关系实施前的准备工作，主要有以下四个方面。

（1）人员培训。对相关实施人员进行培训，使他们不仅明确公关活动的内容、意义、作用、目的和要求，明确自身的工作与责任范围及相关的工作纪律、考核标准和奖惩办法，还要掌握活动所需要的知识、方法与技能，在工作能力和心理状态方面都做好准备。要组织相关实施人员认真学习、研讨公关策划方案，实施工作内容的操作方法，反复体会，彻底弄懂，绝不含糊。重要的方法可以通过讲解、讨论、答辩、模拟训练来正确掌握；使用有风险的方法要反复模拟演习，切实提高操作的把握度，把失误率降至最低；对很重要的实施内容，应做好预案，确保万一某种公关策划方案失败时，有备用的其他方案。

（2）财物准备。根据公关策划方案的要求，购置或租赁相关物品和材料，一般包括音响器材、摄影摄像器材、交通工具、场地布置物品、宣传材料等。

（3）对外联络。注意与新闻传播媒介等外部公众的联络，预先确定邀请活动所需邀请的嘉宾，及时将活动安排和宣传计划告知新闻媒介，提前联系相关的采访、报道、刊登和播放事宜，提前到相关政府部门办理活动所需要的公务报批手续。

（4）实施试验。在公关策划方案实施之前，有必要将策划方案在一个典型的、较小的公众范围内做一些试探性试验，目的是验证各项工作的操作方法，取得实施经验。通过试验，针对实施障碍和策划方案的不足，修改、调整、完善公关策划方案。这也是公关策划方案的实践性论证和修改过程。

2. 公共关系实施的执行阶段

公共关系实施的执行阶段要对实施中的各要素及其阶段性实施目标进行管理。在一项具体的公共关系实施中，要分析各种实施要素在实施中的重要性，并对最重要的要素进行重点管理。

（1）人员管理。在人员管理中，一方面要借助相应的规章制度和激励手段去调动实施人员的工作热情和积极性，监控他们的工作方法和质量；另一方面要通过明确合理的分工安排和与合作竞争并行的机制，提高工作效率，努力营造团结、和谐、有效的工作氛围。

（2）沟通管理。公共关系实施的过程实际上是传播沟通的过程。实施中的传播沟通常常会因为传播沟通工具的运用不当、方式方法的不妥和传播渠道的不畅，而使实施工作发生传播沟通障碍。实施过程中的沟通并不是一帆风顺的，常见的沟通障碍主要包括以下五个方面。

1）语言障碍。语言是一项极复杂的工具，要有效使用并非易事。常见的语言障碍有语音混淆、语义不明、语法不通、用词不当。不同国家、不同民族有不同的文字，这也会造成文字障碍。对于文盲或半文盲的公众，文字也会造成障碍。

2）习俗障碍。习俗是在一定的文化历史背景下形成的具有固定特点的调整人际关系的社会因素。常见的习俗障碍有违反道德、礼仪、习惯、传统、风俗等。

3）观念障碍。观念是由一定的经验和知识积淀而成，在一定条件下为人们所接受、信奉，并用以指导自己行动的理论和观点。常见的观念障碍有保守观念、封建观念、自私观念、极端观念、片面观念等。

4）心理障碍。心理障碍是指人的认识、情感、态度等心理因素对沟通过程产生的障碍。

5）机构障碍。由于组织层次不合理，如机构臃肿或结构松散而造成的信息失真，或传递速度减慢等问题。

因此，在公共关系实施中，一定要认真研究目标公众的生活方式、价值标准，以及利用大众传播媒介的习惯等，尽量避免主客观因素的干扰，并及时针对障碍产生的原因进行疏通，努力消除不良影响，将信息完整、客观、清晰地传递给目标公众。

(3) 进程管理。首先是对时机与进度的控制。在公共关系实施中，主要处理计划进度和实际进度、时间进度和工作任务进度的关系，以及流程控制、时间衔接、操作时机的掌握问题。

其次是对资金物品的管理。在公共关系实施中，除了经费开支问题外，还涉及摄影、音响、通信器材和交通工具等各种资金物品的使用，这些都属于成本控制和物品管理工作。一般来说，应安排专人负责并登记在册，以便有账可查。既要保证供给公共关系实施的需要，充分发挥财、物的功效，又要避免不必要的损坏、遗失和浪费。

最后是对突发危机事件的控制。在公共关系活动中，可能发生严重阻碍活动实施并影响组织形象的突发事件，实施人员应预先准备危机管理方案，并密切注意实施过程中是否存在各种矛盾和不协调因素，比如实施环境有无障碍因素、新闻媒介有无不利报道、工作方法是否存在较大风险、竞争对手有无对抗行为等，并及时加以化解与调整，以免情况恶化。

拓展阅读

求新求异结硕果

美国实业界巨子华诺密克参加了在芝加哥举行的美国商品展览会，遗憾的是他被分配在一个极偏僻的角落，这个角落是很少有参观者光顾的。因此，为他设计布置摊位的装饰工程师萨孟逊劝他索性放弃这个摊位，待明年再来参加商品展览会。华诺密克却回答说："萨孟逊先生，机会要靠自己去创造，不会从天而降。"华诺密克随即向公司的公关部求援。公关人员明白了他的处境和要求之后，召开会议，集思广益，最后得出一条妙计，即设计一个美观而富于东方色彩的摊位。萨孟逊不负所托，果然为他设计了一个古阿拉伯宫殿式的摊位，摊位前面的大路变成了一个人工沙漠，当参观者走到摊位前面时，就仿佛置身于阿拉伯一样。华诺密克对这个设计很满意，他让雇佣的200多名男女职员，全部穿上阿拉伯服装，并且特地派人去阿拉伯买回6只双峰骆驼来运输货物。他还派人去定做了一大批气球，准备在展览会开始时使用。这一切都是秘密进行的，在展览会开幕之前，不许任何人说出去。这个古阿拉伯宫殿式的摊位设计，引起了市民们的注意。展览会开幕当天，有很多市民都怀着好奇心前来参观。展厅内升起无数个彩色气球，升空不久便自动爆破，落下来一片片印着一行美观小字的胶片，上面写着："当你拾到这小小的胶片时，亲爱的女士或先生，你的好运气就开始了，我们衷心祝贺你。请你拿着这张胶片到华诺密克的阿拉伯摊位去，换取一件阿拉伯的纪念品。谢谢！"这消息马上传开了，参观者纷纷挤到华诺密克偏僻的摊位，而冷落了那些开设在黄金地段的摊位。第二天，芝加哥城里又升起许多华诺密克的气球，吸引了更多市民的到来。45 天后，展览会结束了。华诺密克做成了 2 000 多笔生意，其中有 500 多笔是超过 100 万美元的大交易，他的摊位成为展览会中参观者最多的摊位。

资料来源：《公共关系学》经典案例分析，http：//www.cnshu.cn/yxgl/579209.html。

3. 公共关系实施的结束阶段

公共关系实施的结束阶段也就是公共关系实施的修正阶段。在第一时间得到了公众的反馈，也就为计划的成功实施扫清了障碍。修正阶段的主要任务：一是及时收集反馈信息和总结效果，二是进行必要的改进和反馈。

（1）收集反馈信息。收集反馈信息的过程，也是一个自我检验的过程。任何一个计划在实施过程中都不可能百分之百实现，肯定会有成绩，也会有问题。所以，成功收集信息，是修正阶段的第一项任务。收集反馈信息最重要的一条就是不能有好恶观，好消息喜上眉梢，坏消息眉头紧锁，计划的执行肯定就会报喜不报忧，那么公共关系的效果就会大打折扣，甚至因此耽搁下一阶段的任务。如果计划的实施人员不能以开放的心态去看待每一次公关活动，那么所得到的公共关系信息将一次比一次成功，但实际上也可能一次比一次糟糕。

（2）总结效果。只有收集到正确的第一手信息，才能保证总结效果的真实可信，并且为下一阶段的反馈奠定坚实的基础。例如，有些项目老板亲自上阵，以确保信息收集的真实性、可靠性，并及时总结效果，这样固然好，但老板毕竟不能事必躬亲，所以依靠合理的制度来保证总结效果，才是长期有效地收集信息的合理方法。有了正确的方法，总结就会好做得多。总结效果只能是对执行过程的一个简单理解，不可能是对整体公关效果的评估。

（3）计划的改进和反馈。计划实施阶段的改进和反馈，一旦得到完善的执行，那么计划的实施就等于完美和成功。比如过去说的打飞机，肯定不是一下子瞄准就发射。飞机就像执行中的计划一样，它是一个动态的事物，而不是一个固定的东西，换一个地方就可以了。所以，实施人员要想计划得到完美实现，没有实施过程中的改进和反馈，肯定是不完美的，也是经不起实践检验的。改进后的计划会更加贴近实际，更富有弹性，也更有利于实施人员的执行。这个过程中最重要的方法就是敢于打破计划的框架，勇于实践，让事实来说话，终将有好的实施结果。

【复习与思考】

简述公共关系实施的阶段。

单元四 公共关系评估

【情境导入】

评估的意义

“为什么不行呢?”

“它们看不见摸不着，你实际上看不到公共关系的结果。”

“我为什么要为了那些探测不到的事情——你所说的‘看不见摸不着的结果’而付钱给你呢?”

“因为公共关系与众不同，不能采取像其他部门一样的工作标准。”

“好吧，给你钱。”

“在哪? 我没看到任何钱呀。”

“当然看不见啦，它是感觉不到的——这就是你所说的‘看不见摸不着’。”

资料来源：斯各特·卡特里普：《公共关系教程》，第 8 版，明安香译，北京，华夏出版社，2001。

思考:

以上是一段对话，你认为这段对话说明了什么问题?

一、公共关系评估的含义和作用

对于任何公共关系活动，都要考虑投入和产出。公共关系工作程序的最后一步就是对公共关系活动的效果进行总结和评估。

公共关系评估是指有关专家或机构依据某种科学的标准和方法，对公共关系的整体策划、准备过程、实施过程及实施效果进行测量、检查、评价和判断的一种活动。其目的就是获取有关公共关系工作过程、工作效益和工作效率的信息，作为是否开展公共关系工作、改进公共关系计划的依据。由于公共关系活动以人为工作对象，工作效果主要体现为公众的感觉，这使得公共关系工作具有较大的弹性，很难对效果进行量化。随着人力资源管理理论的发展，目标管理和绩效评估被引入组织管理的实践。可以说，对工作成果进行科学的分析评价是管理工作的必要环节。

公共关系评估实际上是对整个公共关系活动过程的评估。它贯穿于公共关系活动的整个过程中，包括事前、事中和事后评估。它伴随公共关系活动的进展，根据需要随时进行。

二、公共关系评估的方法

公共关系评估本身是一项研究工作，需要采用各种各样的研究方法。公共关系评估具体采用的方法有以下四种。

1. 自我评价法

自我评价法，是指由主持或参与公共关系计划实施的人员凭借自我感觉来评估工作效果。采用这种方法的前提是公关人员在公共关系活动的全过程中，或者在组织的日常活动中，坚持记录有关指标和数据的变化，具体可以通过方案与实效的对比进行评估，也可以通过了解公共关系活动对象来评估，还可以通过收集、对比各种统计数字进行评估。采用这种方法要尽量做到客观、公平、实事求是，尽量消除主观色彩。由于实施人员自我心得和心境的特定作用，这种评估的结果往往比较独特，通常表现为他人感觉不错的地方自我感觉不好，他人感觉不足的地方自己却相当欣赏，感觉与表达不一致等。

2. 专家评价法

专家评价法，就是聘请公共关系方面及有关方面的专家，采取调查、咨询、座谈、评估等方法，对组织的公共关系工作作出各自的客观评价。这种方法是将拟定好的评价项目、评价标准和活动背景资料送至专家手中，请专家就所掌握的资料，提出评估结果，列出评估依据，在综合汇总专家意见后，形成评价结论。外部专家通过调查访问和分析，能对组织的公共关系工作效果作出较为客观的评价，并能对组织今后的公共关系工作提出有价值的建议和意见。因此，这种评估方法很值得重视。

3. 公众评价法

公众评价法，是通过公众意见调查来间接推断公共关系活动的效果。比如借助民意测验的形式可以了解公众的态度是否发生变化，组织在公众心目中的形象如何，组织在公共关系活动中存在的问题和公众的意愿，从而为下一步改善公共关系工作奠定基础。此外，还可以通过公众代表座谈会、深度访问等形式来确认公共关系活动在影响目标公众方面所取得的效果。采用公众评价法有利于从多方面检验组织开展公共关系活动的效果，但一般耗费较大。公众评价法是一种最重要的评价方法，通过调查和研究公众的反应，来确认公共关系工作在影响目标公众的认知、态度、观点和行为等方面的效果。

4. 新闻媒体推断法

新闻媒体推断法，是通过新闻媒体的报道和传播情况来间接评估公共关系活动效果的评估方法，即通过对外发布本组织信息的统计分析来评估组织的信息传播状态。这种评估方法的基本内容包括如下四个方面。

（1）对报道数量的评价分析。它包括某一时段的报道频率，报道媒体的种类、数量，报道的篇幅，报道的次数，报道的范围等。

（2）对报道质量的评价分析。它包括报道媒体的层次、级别；报道的角度和切入点，即所报道的内容是正面报道还是负面报道，是全面报道还是部分报道；报道的版面安排（时间安排）等。

（3）对各方反应的评价分析。它包括各方反应量的多少，反应媒体的层次、性质、重要性，内容是肯定还是否定等。

（4）对报道时机的评价和分析。它包括报道是否及时，是否符合公共关系目标的要求，是否恰好配合组织的发展，报道与当前社会舆论主题在性质上的关系，报道是否有可能成为社会舆论注视的中心等。

三、公共关系评估的程序

公共关系的评估是一个过程，这个过程将依以下程序进行。

1. 设立统一的评估目标

统一的评估目标是检验公共关系工作的参照物，即便这一评估目标更多的是定性的而非定量的。这需要评估人员就有关问题如评估重点、提问要点形成书面材料，以保证评估工作顺利进行。另外，还要详细规定调查结果如何运用，如果目标不统一，则会在调查中收集许多无用的材料，从而影响评估的效率与效果。

2. 取得组织最高管理者的认可

评估不是公共关系计划的附属品或计划实施后的事后思考和补救措施，而是整个公共关系计划的重要组成部分。因此，组织对评估应该给予足够的重视，对评估的方法、程度等方面予以充分的考虑和周密的筹划。

3. 在公共关系部门内部取得对评估的一致意见

这一部分的负责人要认识到，即使是公关人员本身，也不能立刻就把公共关系活动中没有实物性结果的性质和它的可测量效果联系起来，要给他们足够的时间来认识效果评估的作用和现实性，并允许他们通过亲身体验加深这一认识。

4. 从可观察与测量的角度将目标具体化

在项目评估过程中，应该将项目目标具体化。比如谁是目标公众，哪些预期效果将会发生及何时发生等。没有这样的目标分解，项目评估就无法进行。同时，目标分解还可以使公共关系计划的实施过程更加明确化与准确化。

5. 选择适当的评估标准

目标说明了组织的期望效果。如果一个组织将“让公众了解我们，通过支持当地福利机构来改善我们的形象”作为公共关系活动的目标，那么评估此公共关系活动的标准就不应是了解公众是否知道当地报纸上的哪一个专栏报道了这一消息，占用了多大篇幅，而应该了解公众对组织的认知情况，及其观点、态度和行为的变化。

6. 确定搜集证据的最佳途径

调查并非是了解公共关系活动影响的最佳途径，有时组织活动记录也能给这方面提供大量材料。在有些情况下，小范围的试验也是十分有效的。在搜集有关评估材料方面，没有绝对、唯一的最佳途径，途径的选择取决于评估的目的、提问的方式及前面已经确定的评估标准。

7. 保证完整的计划实施记录

这些资料能够充分反映公关人员的工作方式和工作效果，尤其重要的是反映计划的可行性程度：哪些策略是有效的，哪些策略是无力的或无效的；哪些环节衔接比较紧密，哪些环节还有疏漏或欠缺。

8. 及时、有效地使用评估结果

公共关系活动的每一个周期都要比前一个周期表现出更大的影响力，这是使用前一个周期的评估结果对后一个周期进行了调整的缘故。对评估结果的使用，将会使问题确定及形势分析更加准确，公共关系目标更加符合组织发展的要求。

9. 将评价结果向组织管理者报告

将评价结果向组织管理者报告应成为一项固定的制度：一方面可以保证组织管理者及时掌握情况，以利于进行全面的协调；另一方面说明公共关系活动在实现组织目标过程中的重要作用。

10. 提高对公共关系的理性认识

公共关系活动的科学组织与准备效果的评估，使得人们对这一活动及其效果有更多的理解与认识，效果评估的成果又进一步丰富了公共关系专业知识的内容。通过对具体项目效果评估所得到的质量进行抽象分析，可以得到对指导这一活动有普遍意义的思想、方法与原则。

四、公共关系评估的内容

公共关系评估的内容可以从不同的角度进行分类，我们从理论和实际操作这两个角度综合考虑，公共关系评估的内容包括以下四个方面。

1. 公共关系工作程序评估

（1）公共关系调查过程的评估。公共关系调查过程的评估具体包括四个方面：

1）公共关系调研的设计是否合理，能否据此搜集到准备充分的公共关系工作信息。

2）公共关系调研方法的选择是否恰当，能否据此获得普遍、深层的信息资料。

3）公共关系调研工作的组织实施是否科学、合理。

4）公共关系调研的结论分析是否科学。

(2）公共关系计划制订过程的评估。公共关系计划制订过程的评估具体包括六个方面：

1）公共关系计划的目标是否正确。

2）公共关系总体计划是否合理、可行。

3）公共关系计划构思是否科学。

4）目标公众选择是否正确，有无遗漏。

5）媒体选择及媒体策略是否得当。

6）经费预算是否合理。

(3）公共关系计划实施过程的评估。公共关系计划实施过程的评估具体包括五个方面：

1）实施过程的准备是否充分，包括实施方案的准备、组织机构统筹分工准备、信息资料准备、实施人员训练的准备、各种实物准备、沟通协调工作等。

2）实施过程安排是否合理、细致、周到、灵活、创新。

3）信息制作如何，内容是否准确充实，表现形式是否恰当，数量和质量如何。

4）信息传播如何，发送信息量多大，被采用多少，有多少公众已接收到信息，有多少公众注意到信息。

5）实施效果如何，包括测量公众在了解信息、改变观点和态度方面的数量，分析引起行为的公众数量、重复行为的公众数量，是否达到目标及解决问题等。

(4）公共关系活动效果的评估。公共关系活动效果的评估具体包括五个方面：

1）了解信息内容的公众数量。

2）改变观点、态度的公众数量。

3）发生期望行为和重复期望行为的公众数量。

4）达到的目标和解决的问题。

5）对社会和文化发展产生的影响。

2. 专项公共关系活动评估

专项公共关系活动的评估研究，主要包括以下四类：一是日常公共关系活动效果评估，二是单项公共关系活动效果评估，三是年度公共关系活动效果评估，四是长期公共关系活动效果评估。

(1）日常公共关系活动效果评估。日常公共关系活动效果评估，主要评估以下五个方面的问题。

1）组织公共关系运作如何，管理者内外部公共关系活动开展得如何，全体员工的公共关系意识和行为表现如何，组织的形象如何，组织和各部门在经营管理的各个环节中的公共关系投入如何，组织是否通过日常活动建立了有利的公共关系网络。

2）组织的内部公共关系协调状况如何，平时的组织沟通如何，人际关系如何。

3）组织的外部公共关系协调状况如何，认知度如何，美誉度如何，外部公众传播沟通如何，公共关系环境是否有利。

4）公关人员的工作是否得力，日常工作的内容是否有利于推进内外部公共关系活动的进展，日常工作是否井然有序又灵活创新，日常工作是否确定了长远目标。

5）公关人员与管理者配合如何，是否经常与管理者沟通，是否为组织决策收集和提供了大量可靠的信息。

（2）单项公共关系活动效果评估。通过公共关系专项计划开展的公共关系活动，一般均属重大的公共关系活动。这样的公共关系活动的效果对组织今后的发展影响甚大，必须予以高度重视。对专项公共关系活动效果进行评估，要针对下列问题来确定评估内容与评估标准。

1）项目的计划是否合适。

2）项目的目标与公共关系总目标是否一致，项目的目标是否已经实现。

3）项目所要求的沟通交往是否达到了目标公众的范围。

4）在项目活动过程中是否产生了预料之外的影响，其影响方向如何，影响范围有多大。

5）项目所有的支出是否在预算之内，是否超支，原因是什么。

6）通过这项活动，组织的公共关系形象会发生哪些变化，其知名度与信誉度是否有所提高。

7）项目活动出现了哪些预想不到的问题，哪些工作做得不妥。

8）对于存在的问题和发生的不利于组织的事件，应采取什么措施给予补救并预防下次发生同类问题。

9）本次活动对组织总体发展目标起到了什么作用。

10）本次活动为下次同类活动公共关系目标的设计提供了哪些有价值的经验和可供参考的依据。

（3）年度公共关系活动效果评估。年度公共关系活动效果评估是指对计划年度内所有的公共关系活动进行总体评估，以总结经验、吸取教训，并找出存在的问题，作为下一年度公共关系计划的依据。对年度公共关系活动效果进行评估，要针对以下问题确定评估内容和评估标准。

1）年度公共关系计划目标是否实现。

2）年度公共关系活动的开展是否顺利。

3）年度内出现了哪些重大的公共关系事件，对此采取的措施是否得当。

4）年度内开展了哪些重大的公共关系活动，其效果如何。

5）年度内是否有超出公共关系计划的活动，其效果如何。

6）年度内公共关系活动有无预料之外的影响，其影响多大，效果如何。

7）年度公共关系计划预算是否满足了需求，有无超支现象，其原因是什么，效果如何。

8）年度内公共关系活动有哪些经验、教训。

9）组织内部公众对组织的各项公共关系活动有哪些意见和建议。

（4）长期公共关系活动效果评估。长期公共关系活动效果评估包括某一长期的公共关系活动及公共关系工作的效果分析。这是一个总结过程，需要将公共关系日常工作评估效果、专项公共关系活动评估效果、阶段性公共关系工作评估效果一并收集起来，进行系统分析，从而获得一个总的结论。另外，还应该对公共关系活动的经历进行效果评估。同时，应将前几种公共关系活动效果评估的内容要点加以归纳整理和分析研究，要特别注意公共关系计划的得失问题、公共关系变动规律问题、公共关系与管理者的关系问题等。

3. 传播沟通评估

对传播沟通的评估，旨在专门分析衡量公共关系中的传播效果，以检测传播沟通工作中的得失问题。传播沟通的评估要点包括如下三个方面。

（1）信息制作评估。检测公关人员的制作能力，比如在一定期限内的新闻稿件撰写数量、专题报道数量、其他传播资料的制作数量、图片和信件的数量等。检测其制作的表现形式是否合适，表现手法和质量是否很高等。

（2）信息曝光度评估。仅仅制作了信息而没有得到足够的曝光，则不会有多大的传播沟通效果。因此，需要对信息曝光度进行必要的评估研究，把握信息传播的覆盖面和数量。比如发稿量，被媒体采用的数量，信息被哪家媒体采用的效果更好，传播是否充分，传播是否浪费等。

（3）信息传播有效性评估。对信息传播效果大小的衡量主要是检测这样一些内容：公众对信息本身的了解情况，比如有多少公众了解，了解程度如何；公众接受信息的情况，是否接受、承认信息内容，接受的比例多大；公众接受信息后的态度，有多少公众赞同信息内容，多少公众形成了对组织的良好印象；公众行为效果的情况，有多少公众对信息产生了相应反应，有多少公众达到了公共关系目标的期望水平；传播沟通方案如何，目标是否得体，策略是否恰当；媒体选择是否合适，信息策略是否得当，目标状况如何；等等。

4. 公共关系状态评估

公共关系状态评估旨在通过各类公众关系的变化来评估以往公共关系工作的成效。

公共关系状态的评估可以将内部公共关系与外部公共关系区分开来进行。

（1）内部公共关系状态评估。主要包括评估全体员工的公共关系意识、员工的士气和归属感；组织的凝聚力和号召力，组织的政策在沟通中被员工接受的程度；双向沟通带来的生机和活力；影响员工关系的因素测评；沟通渠道需做的改进；传播策略及目标有何欠缺；公共关系贯穿于各种经营管理活动的各个环节中是否有障碍；等等。

（2）外部公共关系状态评估。主要考察消费者、媒介、社区、政府等多种目标公众在接受信息、产生情感、改变态度、引起行为等方面的变化情况。消费者关系评估，评估组织对消费者信息传播、沟通及人际协调方面的工作效果；媒体关系评估，看其态度是冷漠还是热情，是否积极支持，采取何种沟通策略及效果；社区关系评估，政府关系评估，组织与政府关系的沟通协调策略等。

上述公共关系评估类型，在内容上互有交叉，区别只在于评估的角度。因此，公共关系评估的工作可视其需要，选取其中一类或几类进行评估。

【复习与思考】

简述公共关系评估的意义。

壳牌公司环保公关案例

◎案例描述

一、项目背景

在跨进21世纪的时候，人们正越来越多地关注环保，投身环保。在中国，环保问题显得尤为突出。这一方面是因为政府的着力关注，另一方面也是因为环境污染已经到了“是可忍孰不可忍”的地步。以水污染为例，根据国家环保总局公布的1998年《中国环境状况公报》，在受监测的176条城市河段中，竟有52%的河段污染程度较重，即Ⅴ级或劣Ⅴ级。而在全球大气污染最严重的10个城市中，中国就占了8个之多。由于这两方面的原因，环保就成为大众较多关注的问题，也成为企业公关的良好主题。

荷兰皇家壳牌集团是全球最大的企业之一，也是全世界最大的能源公司之一，在130多个国家从事经营业务。公司的核心业务包括石油和天然气的勘探和开采、化工、发电以及可再生能源。壳牌集团以“做负责任的企业公民”为目标，在其有业务活动的各个国家广泛发起并参与各种类型的社会公益活动，称为社会投资。1998年壳牌集团的社会投资总额达9 200万美元，主题也涉及多个方面，其中环保在总支出中占9%。壳牌（中国）有限公司（简称壳牌中国）也秉承集团宗旨，积极从事社会投资，并选择了环保、道路安全与教育作为其三大主题。自1995年起，随着壳牌在中国业务的迅速发展，社会投资也逐渐增加，1998—1999年度投资总额达人民币200万元。

二、项目调查

在确定了环保主题后，壳牌以寻找潜在合作伙伴和目标受众为主线，进行了广泛的调查分析，从中发现了一些十分有价值的线索。

以1994年成立的“自然之友”和1996年成立的“地球村”为代表的民间环保团体十分活跃，并已有了相当大的影响力。这两个协会已拥有数千会员，参与了从保护藏羚羊到出版环保丛书的各种活动，并与国外环保团体有着良好合作。其会长梁从诫先生和廖晓义女士还曾作为民间组织代表与克林顿总统会谈。

以媒体为代表的公众对环保的关心程度与日俱增，环保专栏越来越多地出现在报纸、杂志和电视节目中。根据“自然之友”的统计，1997年，全国76种有代表性的报纸，如《人民日报》《光明日报》《中国青年报》等共发表22 066条与环境相关的报道，平均每报为290.34条，亦即几乎每天一条，比1996年的250.8条和1995年的135.8条有明显增加。

环保更多地与教育结合在一起，呈现“从娃娃抓起”的势头。环保内容不但出现在中小学生的自然、生物等课本中，教委、团委、青少年科技馆等组织也构建了一个立体的教育网，提供了一个良好的企业接入口。针对中小学生的各种书报读物中也有很多环保话题和知识。

环保虽然已是一个炙手可热的话题，各种环保活动也是此起彼伏，但是绝大多数仍停留在宣传层面上，实际动手搞环保的还是凤毛麟角。尤其是在中小学生中，环保工作位于知识的传播层面，广大学生思想活跃，但实践机会少，动手能力显得不足。

三、项目策划

（一）公关目标

(1) 在中小学生中宣传环保的迫切性，普及环保知识，提高环保意识，树立“人人有责”的责任意识。

(2) 更重要的是，通过亲身参与，增强中小学生的动手能力，建立“我能够做到”的信心，化环保意识为环保行动。

(3) 以孩子影响家长、教师以至更广泛的大众，倡导“人人动手搞环保”。

(4) 树立壳牌作为一个“负责任的企业公民”的形象，增强其社区亲和力。

（二）公关策略

(1) 结合环保与教育。教育也是壳牌集团社会投资的一大主题，占总投入的31%。由学生自己设计环保方案，经评选获奖的方案可以获得壳牌集团3 000元的资金支持，由设计方案的学生自己动手实施。

(2) 选择最佳合作伙伴，最大限度地调动各方面的资源。壳牌集团在北京、上海和广州分别与当地教委合作，一方面保证了活动的广泛性，另一方面也使“美境行动”的开展有了充足的人力资源保障。在北京，“自然之友”也参加了这一系列活动。

(3) 强调动手，在评奖中考虑方案的可实施性，而所有获奖方案都必须提交实施情况报告。

(4) 将活动的启动时间设定在“六一”儿童节至“六五”世界环境日前后，这样能够获得更高的媒体覆盖率，吸引大众关注。同时，参与活动的中小学生可以利用暑假时间设计环保方案，经评选后，获奖方案又可以较快地在秋季和寒假期间得到实施，保持了与学年起始时间的吻合，避免了组织上不必要的麻烦。

(5) 充分利用媒介扩大活动的影响，传达“你也能做到”的信息。

(6) 最大限度地利用活动成果。活动组织者与参加者共同想方设法，更好地利用孩子们的创造成果。

四、项目实施

(一) 实施过程

(1) 1998 年初与三地教委和“自然之友”就组织“美境行动”达成一致，确定行动目标、方案、费用、各方权利与责任等；准备海报等物资，拟定评奖方案，通过教委将活动通知下发至各个中小学。

(2) 1998 年 6 月初在三地同时举行启动仪式，参加者包括教委和环保局官员、民间环保团体的代表、媒体和壳牌公司代表。启动仪式采取了与环保活动相结合的方式，如北京是以清理日坛公园垃圾的实际行动作为开始。

(3) 在各个中小学张贴海报，鼓励广大学生参与。

(4) 对参加“美境行动”的中小学进行不定期访问，了解活动进程，解决实际问题。

(5) 1998 年 9 月开始搜集环保方案，组织各方专家进行评奖。

(6) 1998 年 11 月为获奖师生发奖，获奖师生开始实施其方案。

(7) 1999 年初搜集实施报告，汇编成册。

(二) 项目成果

(1) 京沪穗三地共有 20 000 余名中小学生参与壳牌“美境行动”，提交环保方案 1 000余个。

(2) 共有 234 个方案获奖，其中北京 101 中学、清华附中、上海市市东中学、复旦中学、广州第四中学和第十三中学等学校学生提出的 41 个方案获一等奖，他们的方案都获得了壳牌集团的资金支持得以实施。

(3) 获奖方案内容多样，既有制作环保袋这样的实践活动，也有生物桥养殖这样的研究活动；既有校外的环保宣传，也有校内环境净化；既有传统的校园绿化、树林领养，也有反映高科技时代特征的“壳牌美境网络世界”。

(4) 上海市的获奖方案在教委的支持下，参加了上海市青少年科技节展览会，有约

30 万人，包括正在出席 99 财富论坛的壳牌集团董事会副主席布宏达先生，参观了这个展览。

(5) 上海市杨浦区市东中学高二学生建立了“壳牌美境网络世界”这个活动，旨在通过互联网来宣传环保和壳牌“美境行动”及其成果。这个活动获得了壳牌集团额外的 22 000 元人民币赞助。

(6) 壳牌把上海市彭浦新村一小的孩子们创作的环保漫画制成 2000 年小台历。10 000万册这样的小台历被免费赠送给参与“美境行动”的孩子们、新闻记者和壳牌集团员工。

五、项目评估

环保效应——41 个获奖方案虽然不多，但是都变成了现实。通过治理污染、绿化校园、节约用水、提倡使用布袋等活动，孩子们用自己的双手为环保事业贡献了自己的力量。

宣传教育效应——在直接层面上，三地共有近 400 所学校参加了“美境行动”，其中广州市还提出将实施该项目的成果纳入对学校和教师工作业绩的评定之中。另外，20 000个孩子的参与还意味着 20 000 个家庭的参与。在间接层面上，“美境行动”得到了众多媒体的关注，《人民日报》《中国青年报》《新民晚报》《文汇报》《北京青年报》等都进行了专题报道。再加上成果展览、网上宣传和小台历，可以说“美境行动”影响了几十万甚至更多的人。

企业形象效应——作为环保主打项目的壳牌“美境行动”在其他项目的配合下，对树立企业形象起到了显著的推动作用。教育、环保等相关部门对壳牌集团有了更多的了解，打开了更多合作的大门。而在实施该活动后，壳牌集团就更经常地收到各种环保方案的策划书，显示出环保公关的强大作用。

◎案例解析

1. 作为一家以开采、利用自然资源为主要经营手段的全球 500 强企业，壳牌集团以“做负责任的企业公民”为企业宗旨，积极在环境保护、道路安全以及教育这三方面进行社会投资，不断回报社会，确保其经营行为得到社会认同，显示了高超的公关策略。环境保护是 21 世纪的主题，而环保公关作为企业公关的一项手段，越来越受到人们的重视。壳牌（中国）有限公司以“环境保护”为主题，开展全方位企业形象公关，受到社会各界的广泛好评。

2. “环保·人人动手”是壳牌中国实施的一项重要环保公关项目，充分显示了其企业公关的实力和高超的公关创意水平。壳牌中国通过一系列实实在在的动手行动，将环境保护与教育相结合，以帮助中小学生从小培养环保意识。正如壳牌中国所说的，环保工作要从娃娃抓起。从本案例中，我们可以看到壳牌集团强烈的社会责任感和真诚回报社会的决心，以及所带来的长远的社会影响。

3. 壳牌集团最大的成功之处，除了将环保教育与环保行动结合外，还表现在实施过程中，壳牌中国能最大限度地调动社会力量。这项旨在培养中学生从小保护环境的意识的活动，从一开始就得到了北京、上海、广州三地地方教委、环保部门和民间组织的大力支持，以及众多中小学的积极参与。20 000 余名中小学生的参与，1 000 余个环保方案的提交，足以说明这项活动的影响力；而活动方案的设计充分反映了壳牌中国对中国中小学生的了解，以及与这个群体的沟通能力；另外，在没有广泛邀请媒介参与的情况下，众多媒体对此项活动予以了充分报道，这也体现了其公关策略的高超之处。

4. 最后，我们看到此项环保公关项目不是一时之需，而是壳牌中国的一项长期工程，且每年活动形式都有所创新。相信这项持之以恒的工程必定吸引越来越多的人参与进来，并将得到社会广大民众和组织的响应和支持。

资料来源：http：//www. chinacpx. com/zixun/36591. html.

◎案例交流与讨论

1. 一项完整的公关工作包括哪几个流程？

2. 你从壳牌集团的公关工作中得到了哪些启示？

模块四 公共关系专题活动

学习目标

1. 了解公共关系专题活动的含义、特征、原则和分类。
2. 熟悉公共关系中常用的各种专题活动的特点、程序及注意事项。
3. 掌握开展公共关系专题活动的方法。
4. 掌握公关专题活动策划和实施方案的撰写。

导引案例

支付宝除夕咻一咻　敬业五福卡天下知

2016年春节，通过移动互联网抢红包大战愈演愈烈，抢红包成为不少手机一族的过年新玩法。2月11日，企鹅智酷发布了《中国互联网红包大数据报告》，报告显示互联网红包正日益渗透进国民生活，在城市手机网民中的渗透率为89.5%，在50岁以上的白发网民中的渗透率也高达64.6%。

除夕夜，微信、支付宝、QQ的红包数据均飙升至历史新高。当天，全国微信红包收发总量达80.8亿个，是去年除夕的8倍，湖北共计收发了2.36亿个红包，排名全国第16。除夕夜支付宝“咻一咻”总参与次数也达到了3 245亿次，是去年春晚的29.5倍。QQ红包今年也加入战团，今年除夕参与“刷一刷”QQ红包的总用户数为3.08亿，共刷1 894亿次。

小小的网络红包带来的是巨大的用户流量，节日红包在广告收入、移动支付、用户规模等方面所承载的职能，已成为互联网巨头必须力搏的重要战役，且都在抢夺移动支付端、争社交王权、拼数据霸业。

作为央视2016年春晚独家互动平台，支付宝为全球华人送上了一场“咻红包、传福气”的春节大戏。四轮拼手气红包，加上零点后的集齐五福平分大奖，红包总金额高达8亿元。数据显示，除夕当晚，支付宝“咻一咻”互动平台的总参与次数达到了3 245亿次，让许多网友望穿秋水的“敬业福”终于也有了着落。最终，有79万用户集齐了五福，平分了2.15亿元大奖，人均分得271.66元！

咻一咻红包，每一轮都提供上亿元现金。整个春晚，支付宝“咻一咻”互动平台总参与次数达到3 245亿次，是去年春晚互动次数的29.5倍。

从地区分布看，三四线城市的参与用户比重达到了64%，明显超过了一二线城市。在中小城市中，江西赣州、河南周口、山西运城位列前三，他们和北上广的观众一样，成为春晚抢红包的主力。

这个春节，为了集齐福卡，大量用户在支付宝上加好友、换福卡、发红包。有网友笑称，一张“敬业福”让全国人民都患上了“强迫症”，“敬业福”也成为2016年第一个全民网络热门词语。往年的除夕，大家因春晚而难忘今宵；2016年的除夕，大家为“敬业福”彻夜难眠！

用户中，除了80后、90后，50后、60后、70后也跟着自己的儿女一起传递福卡，他们占到了总参与用户的15%。除了增加家庭互动，福卡还让相隔万里的人们多了一种送福的方式。总计有208个国家和地区的用户参与了福卡互动。

福卡直接带动了支付宝上的好友关系。这个春节，11亿好友在支付宝上被唤醒。这一基于信用的实名关系链，无论对于互联网金融还是O2O，都有着巨大的价值。

目前，在支付宝上，好友可以方便地进行金融产品的互相赠送与推荐，分享和讨论淘宝、天猫的商品，AA付款，用亲情账户为孩子设立教育基金，这些日常、实在的金融服务，用户都可以在支付宝内便捷完成。

春晚结束，但“春晚效应”还在持续，45家品牌通过与支付宝和春晚进行红包合作，让自己与新年福气产生直接印象关联，更为全年的粉丝运营和精准营销打下了扎实的基础。今年春节，45家参与品牌的总曝光次数超过了400亿次。

思考：

支付宝为什么选择在除夕这个特殊的时间，和央视春节联欢晚会这个特殊的节目合作，开展“咻一咻”发红包活动？讨论“咻一咻”发红包的活动效果和活动技巧。请在本模块的学习中寻找答案。

单元一 公共关系专题活动概述

【情境导入】

让世界爱上中国造　格力电器捧回最佳公关传播奖

11 月 28 日，格力电器受邀参加《中国经营报》主办的“互联网+”——2015 智慧城市暨中国新型城镇化高峰论坛，并因在提升中国制造形象方面取得的成就一举摘得了“中国年度最佳公关传播奖”。

论坛给出的颁奖词是：“作为中国制造业的骄傲和全球家电业的领军企业，格力电器将企业的家国情怀、责任意识、创新精神、核心技术等企业精髓全方位、多角度、有节奏、精准化地展示给了国内外受众，使‘让世界爱上中国造’这句震撼人心的口号响彻世界每个角落，让‘精品中国造’深入人心。为了表彰格力传播团队在提升中国制造形象方面取得的成就，我们特授予其‘中国年度最佳公关传播奖’。”

格力的公关团队，随即根据该消息大量撰文，“让世界爱上中国造”响彻世界、展示真实的“董小姐”——精品中国造的捍卫者等许多内容高频在网络媒体上发布，强调格力的创造力、专利技术以及“让世界爱上中国造”的广告，特别提出“让世界爱上中国造”是对“中国造”的自信，更是对世界范围内消费者的承诺。相信格力电器将继续以传承优秀企业形象、承担企业社会责任、传播中华民族优秀创新能力为己任，为消费者带去更多的高科技产品。

思考：

此次论坛颁奖活动，对格力品牌影响力的提升具有哪些益处？格力电器的公关团队根据此次论坛颁奖撰文的目的何在？

公共关系专题活动是社会组织与广大公众进行沟通、塑造组织自身良好形象、扩大影响和提高声誉的有效途径。组织可以根据具体情况，策划、实施各种不同主题的公共关系专题活动。公共关系专题活动的种类很多，常见的有社会赞助活动、庆典活动、新闻发布会、展览会等。

有公关专家形象地指出：优秀的公关工作=正确的公关意识+科学的公关活动。这说明社会组织在扎实的公关工作的基础上，还要在公关思想的指导下，通过计划、策划、实施有效的公关活动为组织营造一种“天时、地利、人和”的发展环境。而公共关系专题活动因主题突出、影响面广、效果显著等特点，成为公关工作重要的有机组成部分。

一、公共关系专题活动的概念及作用

公共关系专题活动是指社会组织为了某一明确目的、围绕某一特定主题而精心策划的公共关系活动。公共关系专题活动是社会组织与广大公众进行沟通、塑造自身良好形象的有效途径，因此，国内外许多组织经常采用公共关系专题活动的形式来扩大影响，提高声誉。

在实践中，有些公共关系活动，如公关人员处理日常事务并不需要对活动的目标、过程和手段进行事先的详尽考虑，只有某些特殊的活动形式才需要精心策划。从这个意义上说，公共关系专题活动包括任何具有明确主题、经过周密策划而实施的公共关系活动。

公共关系专题活动对于改善组织的公共关系状态有极为重要的意义。它往往能使组织有重点地树立和完善自身的形象，扩大自己的社会影响，使组织形象出现意想不到的飞跃，是塑造组织形象的有力驱动器。

公共关系专题活动施加影响的对象并非组织的所有公众，而是以其中某一部分公众为重点。在这种情况下，尤其是当组织与公众的关系出现或可能出现不协调时，公共关系专题活动将会起到很好的协调和沟通作用，以便与这部分急需协调的公众保持良好的关系。但是，如果公共关系专题活动的形式选择得当、策划新颖、技巧纯熟，所举办的公共关系专题活动也可能对组织的所有公众，甚至无关的人们产生影响，在社会上产生极大的轰动效应。因此，公共关系专题活动既有利于同某一部分公众进行沟通，又有利于组织在社会中的整体竞争，它是一种目的明确、对象确定、影响深远的公共关系过程。

由于公共关系专题活动具有特殊作用，因此，组织经常有举办这种活动的特殊需求。公关人员在举办活动时，必须掌握一个基本原则：只可成功。成功的专题活动会产生巨大的效应；同样，不成功的专题活动也会产生巨大的效应——负效应。

创新是公共关系专题活动的基本要素。缺乏新意，公共关系专题活动便失去了意义。创造性地利用各种具体的专题形式为组织目标服务，可以构成公共关系专题活动最有价值的部分。成功的公共关系专题活动之所以会产生轰动效应，其原因就在于它的创造性给公众留下了令人难忘的印象。因此，能否成功举办各种形式的公共关系专题活动，不仅是对公关人员综合能力的考验，也是对他们创造力的综合测试。

二、公共关系专题活动的特征

公共关系专题活动是社会组织为了达到某种目的，围绕某一主题，利用某些特定时机开展的专门性公共关系活动，是组织与公众进行沟通的有效途径。因此，国内外许多组织经常采用公共关系专题活动的形式来扩大影响，提高声誉。虽然不同的社会组织、组织发展的不同时期、不同的社会环境、不同的公众类型、不同的公关目的需要有不同形式的公共关系专题活动，但其具有如下共同特征：

（1）有一个明确的主题，具有极强的针对性；

（2）只有经过精心策划才能实现；

（3）通常与某一种类型的公众进行重点沟通；

（4）时间集中，动用的人力、物力、财力较多；

（5）社会参与面广、影响力大、效果显著。

公共关系专题活动施加影响的对象并不是组织的所有公众，只是以其中某一部分公众为重点，但它却有利于提升组织在社会中的整体竞争地位，是一种目的明确、对象确定、影响深远的公共关系过程。

三、公共关系专题活动的原则

1. 选择恰当的时机

开展公共关系专题活动，选择恰当的时机非常重要。如果策划的活动与国内外重大事件或有影响力的重要节日有直接或间接的联系，利用这一事件或节日就能引起社会公众尤其是新闻媒介的广泛关注，从而扩大组织的影响，产生良好的效果。反之，则应避开这一时机，以免受重大事件或节日活动的影响。此外，一些特殊的纪念日、偶然发生的事件往往也是开展公共关系专题活动的有利时机，公关人员是否善于识别和捕捉这些机会，也是衡量公关人员素质的一个重要方面。

2. 采用别致新颖的形式

公共关系专题活动是一项思维和实践相结合的创造性劳动，只有推陈出新的公关活动才有生气。即使采取“古为今用，洋为中用”的方法，也要注意表现形式与手法的变化，还必须与生活节奏吻合。有一座购物中心在开业时采用新奇的公关举措，引起广泛关注，公众参与活动的劲头十足。之后，另一家大型商厦采用了同样的方法，效果却相差甚远，参与人数明显减少。可见，公关活动是一项创造性劳动，它永远应该是新的。

3. 突出公益性，淡化商业性

在策划各种公共关系专题活动时，应有长远眼光，树立服务社会、服务公众的意识，不应只看眼前利益而使活动充满商业气息。一般来说，突出公益性的公关活动，往往能赢得公众对组织的尊敬、好感和认可，从而有利于组织知名度和美誉度的提高，也有利于组织的长远发展。

4. 坚持经济性原则

公共关系专题活动要求高，难度大，占用时间较多，往往要耗费不少资源和财力。在开展活动时，要量力而行，充分考虑到组织自身的经济承受能力，不能为了所谓的声势或追求大手笔，而不顾自己的财力，打肿脸充胖子。其实，只要善于把握机会，具有创新思维，就能做到花钱少、效果好。

四、公共关系专题活动的类型

1. 按形式分类

依据公共关系专题活动开展的形式，公关专题活动一般可以分为以下几种类型。

（1）宣传性公关活动。这类活动借助媒介以信息传播为主要形式，包括举办记者招待会、技术或经验交流会、演讲活动、庆典活动、产品展览会以及编印宣传性手册、举办公共关系刊物、制作并播出塑造组织形象的视听资料、撰写并出版组织创业经历和发展历程的书籍等。通过内外传播，让各类公众了解组织、支持组织，形成有利于组织发展的社会舆论，达到促进组织发展的目的。当组织知名度不高时，为提高组织在社会上的知名度，多采用此种形式。

拓展阅读

传记与公关

经过30多年的改革开放，一批成功的中国企业在市场经济的搏击中，逐渐成长为名牌企业，有些企业甚至已经成为国际著名品牌。撰写、出版组织创业经历和发展历程，以及创始人传记的书籍，成为企业宣传自身形象、阐释企业文化、扩大对外传播、让人们深入而全面了解企业的有效方法。

《联想风云》就是对中国最有影响力的民营企业——联想——20年的历史进行的全面梳理，作者以史学家的深邃目光、思想家的批判意识和文学家的灵动文笔对联想20年的坎坷历程和生存智慧进行了全面总结和剖析，使人们在深度了解联想的同时，也体会到中国社会20年的沧桑巨变。《海尔中国造》采取了分析结合评论的写作方法，将海尔与外国公司作了一系列比较研究，讲述海尔故事，探索海尔成长奥秘，诠释海尔现象，全景展示了海尔如何从中国制造走向世界品牌的发展历程。

《谁认识马云》虽然表面像是对电子商务第一品牌阿里巴巴的CEO——马云的个人记录，但其实书中是通过雅虎中国携10亿美元下嫁阿里巴巴等一系列令国人震惊的阿里巴巴成长故事，让我们认识到“马云必将成为人类利用互联网的杰出代表，阿里巴巴也必将因此成为纳斯达克的太阳”，阿里巴巴可以成为中国与微软、通用电气、沃尔玛匹敌的企业。

（2）交际性公关活动。这类活动以交流感情、增进友谊的人际交往为主要形式，包括招待会、联谊会、座谈会、宴请、接受参观、慰问和专访、书信往来等。通过人与人的接触，进行感情上的联络，为组织广结良缘，建立广泛的社会关系网络，形成有利于组织发展的人际环境。需要明确的是，在开展交际性公关活动中，不要把一切私人交往混同于交际性公关，也不能使用不正当手段，如欺骗、行贿等。社会交际只是公关的一种手段，绝不是公关的目的。

（3）服务性公关活动。这类活动以提供各种实在而优惠的服务为主要形式，如工业企业的售前、售中、售后服务，服务行业全面、周到、细致的优质服务，政府机构的亲民、便民服务等。通过提供优质服务的实际行动来获取社会的了解和好评，建立自己良好的形象。实实在在的行动是这种活动最显著的特征。

拓展阅读

海尔服务，真诚到永远

中国海尔有一句很著名的广告语，叫做“真诚到永远”。海尔总裁张瑞敏解释说：一个企业要永续经营，首先要得到社会的承认、用户的承认。企业只有对用户真诚到永远，才有用户、社会对企业的回报，才能保证企业向前发展。

为了做到“真诚到永远”，海尔对售后服务进行了标准化、程序化设计，并以科学严格的监督考核体系为保证。海尔还投资建立了自己的维修服务体系。因为他们担心如果依靠别人的网络，很难达到海尔的质量与服务要求。更重要的是，海尔将会因此失去与用户沟通、了解需求信息的重要渠道。海尔认为营销的本质不是卖，而是买，是海尔花钱向用户购买信息。当把服务视为企业发展战略的一个关键环节时，这种服务便成为一种自觉、主动和有意识的行为。所以，海尔把服务当成自身战略的重点内容实施。第一个提出“保修”概念，第二个提出“五星级服务方式”，花大力气建立完善的分销网络和服务中心。至今，海尔的售后服务人员达到20 000多人。在大城市有30多个电话服务中心，上万个销售点，可深入多数农村。这样一个强大的服务体系不仅意味着为消费者提供更加方便和快捷的服务，也在不断传递着“真诚到永远”的价值理念。当人们提起海尔，能够自然联想到服务好、值得信赖的企业形象。在同等质量的情况下，消费者仍然愿意多花几百元购买“海尔”的品牌价值，消费者真正购买的就是海尔始终如一的“真诚”。

（4）社会性公关活动。这类活动以各种有组织的社会性、公益性、赞助性活动为主要形式，包括赞助和支持文化、教育、卫生、慈善等公共事业，参与社会的公益活动等，以达到扩大组织影响、提高组织声誉、塑造组织形象、赢得公众支持的目的。

社会性公关活动的形式有三种：一是以企业自身为中心开展活动，如举办各种庆典活动、文体竞赛，邀请员工家属来厂参观，组织员工郊游等；二是以赞助社会公益事业为中心开展的活动，如浙江农夫山泉千岛湖饮用水公司每销售出 1 瓶水，从中捐出 1 分钱为贫困山区的孩子修建体育设施、添置体育器材，为他们实现运动的心愿；三是资助大众传媒举办各种活动，如江苏春兰集团赞助中央电视台举办“春兰杯”我最喜爱的春节联欢晚会节目评选活动、哈药集团制药六厂赞助中央电视台举办“哈药六杯”全国歌手电视大奖赛等。

社会性公关活动从短期来看，往往不能给组织带来直接的经济效益，反而还要支付巨额费用。但从长远来看，它却为组织树立了良好的社会形象，使公众对组织产生好感，为组织创造了一个良好的发展环境。

(5) 征询性公关活动。这类活动以采集信息、舆论调查、民意测验、征集（建议、标志、宣传语）活动为主要形式，包括组织市场调查、产品调查，访问重要用户，征询使用意见，开展各种咨询服务等。

2. 按目的分类

依据公共关系专题活动开展的目的，公关专题活动可以分为以下几种类型。

(1) 建设性公关活动，是在组织创建初期或新产品推向市场初期，为了引起社会关注、提高组织知名度、给公众以良好的第一印象而采取的一种活动模式。

(2) 维系性公关活动，是在组织稳定发展时期，为了维持组织已有的知名度和美誉度、巩固公众对组织的良好印象而采取的一种活动模式。“公众是健忘的”，一个组织的活动只有连续不断地去吸引公众，才不至于被淡忘，否则就有可能为别的组织的活动所替代。

(3) 防御性公关活动，是在组织与公众关系产生摩擦的时候，为防患于未然而提前采取或及时采取措施的一种活动模式。这种公关活动很好地体现了公共关系具有的预警功能。

拓展阅读

核电与民居

位于美国宾夕法尼亚州三里岛的爱迪生公司在岛上建了一家核电厂，为了缓解公众的核恐慌心理，增加公众有关核能的知识，防止公众因对核能应用产生误解而与公司发生冲突、纠纷，公司公关部对公众进行了长时间的宣传，而且向决策部门提出建立教育中心的计划。决策层采纳了建议，在核电厂附近修建了一个核电知识教育中心，向公众展示核电的知识和核电的经济效益，每年有15 000人访问该中心，有效地缓解了公众的核恐慌心理，为核电站的生存和发展创造了良好的外部环境。

(4) 矫正性公关活动，是在组织的公共关系严重失调、组织形象受到严重损害时，为了挽回不良影响，转危为安，矫正受损的组织形象而采取的一种活动模式。

公共关系专题活动种类繁多，形式多样，但强调艺术性、创新性却是一致的要求。公关人员应该根据组织的实际和活动的原则，善于运用自己的智慧去挖掘日常生活中那些常常被人们忽略的细小事件，抓住那些稍纵即逝的公关良机，创造一些点石成金的机会，实现组织的公关目的。

五、公共关系专题活动的筹划

1. 组建一支精干的筹备人员队伍

这支队伍的成员应包括策划人员、管理人员、各环节的实施人员，他们既要有明确的分工，又要相互照应、密切配合。他们要对整个公关活动进行整体构思和策划，制订详细的公关活动实施方案，明确实施人员的岗位职责，以此确保公关活动的顺利进行。

2. 确定目标，设计主题

任何组织在开展公关专题活动前，首先应当分析组织面临的现状，在调查研究的基础上找出组织的现实社会形象，从而确定公关专题活动要实现的目标，并据此设计专题活动主题。主题的设计既要概括公关目标、揭示传播内容，还要能够抓住公众心理、引发公众兴趣。因此，有创意、有特色是公关专题活动主题设计的基本要求。

3. 确定合适的时机

时机对活动效果有极大的影响。时机恰当，活动就会起到事半功倍的效果；反之，不仅会降低活动效果，甚至还会产生负面影响。一般而言，开展公关专题活动时，可以利用“大事”“巧事”，避开“活动”“繁忙”等时间。

“大事”就是社会生活中经常会有一些重大的事情发生，如大型纪念活动、大型体育活动、大型事件等，这些事件社会吸引力强、关注度高、影响面大，绝大多数都可以加以利用。比如G20峰会、世界互联网大会、冬奥会等活动，对许多组织来说就是一次极好的开展活动、展示形象、宣传自我的机会。

“巧事”是指一种异于常规的事情，它有时可能是很小的事情，但由于异于常规，因此其不仅能够吸引人们的注意力，而且往往成为新闻媒介注意的对象，抓住这类巧事往往能做出很有特色的公关专题活动。

拓展阅读

意外的鸽子

美国联合碳化物公司的52层高的总部大楼造好了，公司领导人正在考虑如何向社会公众介绍它。一天，有人在大楼的一个房间里发现一大群鸽子，本来只要打开窗户即可解决问题，然而公司的公关顾问得知后，不让打开窗户，而是打电话通知动物保护委员会，请他们派人来捉。当动物保护委员会来人之后，又通知新闻界，于是电视台、电台、报纸对这一事件都做了详尽的报道。随着“鸽子事件”新闻报道的播发，公司新的总部大楼以及公司的领导人也随之家喻户晓。

这就是利用偶然发生的巧事，策划了一场小小的传播活动以引起新闻媒体的兴趣，从而起到迅速引起人们关注、提高组织知名度的一个成功案例。

避开“活动”，是指在一定时期一些大型社会活动总能够在相当程度上吸引公众注意，如果组织的专题活动在时间上不能主动与这些影响力大的社会活动错开，就会丢失一部分公众，从而影响活动效果。

避开“繁忙”，是指要清楚地了解专题活动目标公众的闲忙规律，主动避开其繁忙时间。因为在目标公众繁忙时开展专题活动，即使他们对公关活动感兴趣，也会无暇顾及，从而使活动效果大打折扣。

4. 选择适宜的方式

每一种活动都可以有多种多样的表现方式，究竟选择哪种方式是决定专题活动能否取得成效的关键环节。选择适宜的方式应遵循的原则是：符合专题活动特定的目标公众的口味，符合社会舆论倾向和公序良俗，能够充分发挥组织自身的优势，适于表现活动的主题思想。

5. 确定邀请的嘉宾和媒介记者

专题活动的嘉宾一般包括有关领导、知名人士、同行代表、社团代表、公众代表、员工代表及媒介记者等。记者的邀请一定要照顾到方方面面，要有报纸的文字记者，也要有广播电台、电视台的摄录记者，还应考虑行业的专业杂志记者等。一旦确定邀请的嘉宾和媒介记者，应提前发出请柬，并在活动实施前两天打电话或派人落实领导人、知名人士、记者等重要嘉宾的出席情况，落实嘉宾到会的交通安排和接待工作。

6. 筹备现场所需的设施

应根据专题活动的需要，提前筹备现场的各种设施，包括现场电源、灯光、音响、摄录机、影像资料等的准备和调试。在活动现场，还应有完善的安全措施并由专人进行负责，对可能出现的意外情况要有预案。

7. 准备活动的各类资料及物品

开展公关专题活动，事先准备好充分而有效的各类宣传资料、新闻稿件等是十分重要的一项内容，如活动标语、横幅、组织介绍（文字的和影像的）、演讲稿、讲话稿、与活动有关的事实材料、针对不同媒介的新闻稿等。

其他需要的物品包括组织徽记，印有组织标记的纪念品、小礼品、签到簿、饮料、坐标，剪彩用的彩带、剪刀，奠基仪式用的铁锹等。

8. 做好预算费用

根据活动的规模、媒介的选择、邀请嘉宾的档次、所要实现的目标等因素，合理编制预算计划。预算不能满打满算，应留有余地，以防活动中出现一些意想不到的事情。通过经费预算，有计划地分配专题活动所需的各项资金，防止超支和浪费，有助于强化活动设计的科学性。

【复习与思考】

请同学们课后搜集一些企业公关专题活动的案例与大家分享。

公共关系专题活动的实施技巧

【情境导入】

汽车赞助哪家强？——综艺节目赞助车型盘点

一款新车上市后，如何才能让消费者知晓？

如果是在早些年的话，可能就只有电视广告、杂志广告、新闻发布会、汽车展览会等这些传统途径。但从2014年至今的汽车市场表现来看，战火已经开始蔓延到了当下热门的电视综艺节目之中。无论是《爸爸去哪儿》《我是歌手》和《中国好声音》，还是近年来大热的《奔跑吧兄弟》，每一档节目都能看到汽车赞助的踪影。

思考：

众多汽车品牌为何涉足各个地方电视台的综艺节目，其目的何在？效果如何？

当组织充分认识到公共关系状态的价值后，就会根据自身需要，自觉地开展有效的公关工作，为组织创造良好的公关状态。这种为树立组织良好形象、协调内外关系、营造发展氛围的公关工作需要采用各种传播方式和手段，赞助活动、庆典活动、新闻发布会、新产品或新技术展览会、开放参观、联谊活动都是有效的公共关系专题活动。

一、赞助活动

赞助活动是指社会组织以不计报酬的捐赠方式，出资或出力支持某一项社会活动或某一项社会事业，以获得一定的形象传播效益的社会活动。

选择最合适的对象，开展最有效的赞助活动，是企业得以发展的有力武器。这里需要指出的是，企业的信誉投资必须选好对象和形式，否则效果不佳有可能会导致经济效益下降。当然，在社会这一综合系统中，任何企业的发展都不能只靠上述几个方面的支持，其他事业的发展，如能源、交通、金融、社会治安、环境保护、社会基础设施建设等，也同样影响一个企业的发展，因而也成为某些企业的赞助对象，企业应酌情选择。

1. 赞助活动的目的

提高组织的知名度，树立组织在社会公众中的良好形象，是企业生存和发展的重要条件。以此为目的的公共关系赞助活动，是创造这一条件的有效手段。赞助活动的目的主要有四个方面：

(1) 出资赞助社会公益事业，为组织经济效益的提高创造社会大环境，故赞助以提高社会效益为重要目的。

(2) 关心和支持社会公益事业，表明组织作为社会的一员，为社会作出了贡献，从而树立组织的良好形象，故赞助以承担组织的社会责任和履行义务为主要目的。

(3) 出资证明组织的经济实力，赢得社会公众的信任，谋求社会公众的好感，故赞助以增进感情的融通为主要目的。

(4) 以赞助活动为手段，扩大组织知名度，使之成为公共关系广告，增强组织商业广告的说服力和影响力，故赞助以扩大影响力为主要目的。

2. 赞助活动的主要对象

(1) 体育事业。对体育事业的赞助不仅可以带动全民体质的提高，而且可以最大限度地提高组织的知名度。

(2) 文化事业。组织赞助社会文化事业，不仅可以培养公众的情操，提高其民族文化素养，而且可以大大提高组织美誉度，提高组织的社会效益。

(3) 教育事业。教育事业是百年大计，赞助教育事业体现了组织的社会责任感，也为组织提供了长期发展的后备力量。

(4) 社会福利和慈善事业。为社会分忧解难，是组织的义务。赞助福利和慈善事业，是组织谋求与政府和社区两大公众群体最佳关系的手段。

拓展阅读

SOHO 中国对哈佛大学的捐助

2014 年 7 月，SOHO 中国董事长潘石屹与哈佛大学签订了金额为 1 500 万美元（约人民币 9 300 万元）的“SOHO 中国助学金”协议一事，引发网络热议。不少人提出疑问，国内致富的地产商为何助学国外而不选择中国高校。该企业 CEO 张欣在接受媒体采访时表示，设立“SOHO 中国助学金”是希望更多中国优秀贫困生能有机会接受世界一流大学的教育，同时，潘石屹也在其认证微博上回应，此助学金只帮助在这些国外学校读书的中国贫困家庭学生。

3. 赞助活动的开展程序

（1）调查研究，确定对象。组织的赞助活动可以自选对象，也可以按被赞助者的请求来确定，但无论赞助谁、赞助形式如何，都应做好深入而细致的调查研究。特别需要指出的是，组织的赞助活动，必须是社会公众最乐于支持的事业和最需要支持的事业。另外，调查研究应该以经济和社会效益的同步增长为依据，重点分析投资成本与效益的比例，量力而行，保证组织与社会共同受益。

（2）制订计划，落到实处。组织的赞助活动应是有计划的公共关系的一部分，在调查研究的基础上，赞助计划应具体详尽。

（3）完成计划，争取效益。在制订计划的基础上，组织应派出专门的公共关系人员去实施赞助方案。在实施过程中，公共关系人员要充分利用有效的公共关系技巧，营造出组织内外的“人和”气氛，尽可能扩大赞助活动的社会影响力。

（4）评价效果，以利再战。企业的公共关系活动应立足于企业的长足发展。因此，对每一次公共关系活动的效果都应该作出客观评价，这样可使今后的活动搞得更好。赞助活动完成后，应该对照计划测定其实际结果。对完成活动的经验应加以总结，对活动的欠缺应指出原因。赞助活动的效果应由自我评价与专家评价共同完成。对评价的效果应有信息反馈报告，在报告中，应将实际效果与计划的比较、成果与不足、问题出现的原因和补救措施、今后的方向等一并纳入。报告将成为以后开展公共关系活动的依据和参考，故应认真对待。

上述周密详尽的计划和持之以恒的努力，必将使企业获得巨大成功，也会带动社会的全面发展。但是，企业必须注意赞助活动的投入产出比，必须根据企业的财力来确定是否应当赞助。在无力赞助的情况下，应注意处理好与请求赞助者的关系，否则会造成矛盾。国外企业在提供赞助时，多遵循如下原则：第一，赞助的对象是非营利性组织；第二，被赞助的活动或团体要有利于本企业的生存和发展；第三，视企业的经营情况，根据财政预算决定支付赞助费用的额度和范围。

4. 赞助活动的注意事项

（1）组织的赞助活动应以组织和组织所面对的社会环境为出发点，制定切实可行的公共关系政策、方针和策略，切忌盲目。对有争议的社会活动和社会事件，要慎重赞助。

（2）组织选择的赞助项目的性质只有与组织自身的特点具有一致性、相近性或联想性，才能达致有效目的。

（3）组织在选择赞助项目和赞助金额时，一定要考虑组织的经济承受能力，不能因为片面追求赞助所带来的社会效益，而忽视组织经费支出的科学性，影响组织今后的运行。

二、展览会

1. 展览会概述

展览会是指组织通过集中的实物展示和示范表演，配之以多种传播媒介的复合传播形式，来宣传产品和组织形象的公共关系专题活动。展览会是较为重要的公共关系专题活动之一，它以极强的直观性和真实感，给观者以强烈的心理刺激，不仅能加深参观者的印象，而且能大大提高组织和产品在参观者心目中的可信度。同时，展览会还可以吸引众多新闻媒介的关注，由记者将展览会的盛况向社会传播，取得更好的宣传效果。所以，展览会是一种集多种传播媒介于一身的宣传形式。

中国十大展会介绍

1. 广交会展馆（广州，别称琶洲展馆，下属中国对外贸易中心，拥有亚洲较大的现代化展馆，居于国内会展行业领先地位）

2. 上海新国际博览中心（上海，由国际著名展览集团联合投资建造，国内外经济往来的重大国际展会平台，上海新国际博览中心有限公司）

3. 中国国际展览中心（北京，建立于1985年，隶属于中国国际贸易促进委员会，首开国内举办国际博览会先河，中国国际展览中心集团公司）

4. 国家会展中心（上海，中华人民共和国商务部和上海市人民政府合作共建，目前世界上面积较大的建筑单体和会展综合体）

5. 国家会议中心（北京，目前亚洲最大的会议中心，隶属于北京北辰实业股份有限公司）

6. 香港会议会展中心（香港，亚洲顶尖的展览及会议场馆，以卓越服务及高规格国际性展会享有盛誉，香港会议展览中心（管理）有限公司）

7. 深圳会展中心（深圳，由深圳市政府投资兴建，集展览、会议、商务、餐饮、娱乐等多种功能于一体的大型会展服务提供商，国际展览联盟会员单位）

8. 厦门国际会展中心（厦门，国有大型综合性会展企业，国际展览联盟国内较早的成员之一，会展业极具影响力的会展企业，厦门会展集团股份有限公司）

9. 昆明国际会展中心（昆明，集展览、会议、餐饮、物业、娱乐综合服务功能于一体的企业，云南会展业龙头企业，昆明国际会展中心有限公司）

10. 武汉国际博览中心（武汉，展会展览十大品牌之一，华中地区规模较大、功能全、规格高的综合会展中心，武汉新城国际博览中心经营管理有限公司）

2. 展览会的作用

展览会通过实物、模型和图表进行宣传，不仅可以起到教育公关、传播信息、扩大影响的作用，还可以使组织找到自我、宣传自我、增进效益。

（1）找到自我。中国有句古话："酒香不怕巷子深。"首先，高质量的产品会得到社会的认可，广大消费者会对其产生偏好，所以"寻香不怕巷子深"；其次，大凡好东西都会驱使消费者自愿为其宣传，这就必然会出现"好酒不怕巷子深"的现象；最后，在自然经济条件下，"独此一家，别无分店"是客观现实，故"独香不怕巷子深"。但是，随着商品经济的高度发展，产品和生产者的垄断现象已不存在，若不借助其他工具，人际传播很难使好酒飘香万里，故"酒香也怕巷子深"。此外，伴随着市场竞争的激烈化，生产者已认识到"质量是后盾，信誉是保证"，故产品的质量差距已大大缩小。因此，"酒香遍地"的局面使消费者很难选择。利用展览会的机会，可以使生产者找到真正的自我，让消费者认识并辨别出这一"真正的我"。

（2）宣传自我。展览会通过实物、文字、图片、图表等客观手段来展现成果、风貌和特征。与其他形式的宣传效果相比，其说服力大大提高，会使社会公众对组织及其产品的信任度大大提高。优质的产品、精美的照片、动人的解说、艺术的陈设，加上轻松的音乐，可以使观众者有赏心悦目之感，从而极大地强化组织宣传自我的感染力。我国曾在澳大利亚悉尼"假日与旅游展览会"上获最佳站台金奖的"中国一条街"，就是以具体、翔实的图片、实物和现场演示，介绍了中国的旅游资源（长城、泰山、布达拉宫等）、民俗及民族手工艺品、美食烹饪等，使参观展览会的观众对到中国旅游的兴趣大增。这足以说明展览会在宣传自我方面的积极作用。

（3）增进效益。公共关系的基本原则是真诚合作、互利互惠。作为一个组织，找到自我、宣传自我是十分必要的。但是，要想最终得利，就必须以真诚的态度为社会和公众服务。展览会在宣传自我、告诉别人"庭院深处有好酒"的同时，要服务社会，为消费者提供购物指导。这里需要强调的是：组织在举办展览会时，必须考虑社会效益，要让消费者受益，要树立为广大公众服务的良好形象，要谋求社会公众的好感与合作，要争取社会效益与经济效益双丰收。正如每年两次的中国出口商品交易会（又称广交会），既展示了我国的改革成果，成为开放的窗口，又推动了经济的发展，带来了巨大的经济效益，是增进效益的典范。

3. 展览会的类型

展览会很多，从不同的角度可以划分不同的类型：

（1）从展览会的性质划分，可分为贸易展览会和宣传展览会。

贸易展览会的特点是既展又销，展出实物，销售商品，目的是做实物广告，树立组织形象，开拓商品市场，促进商品销售，比如“迎六一儿童用品展销会”“迎中秋月饼展销会”等。宣传展览会主要是通过展出组织的照片资料、图表、实物等，让人们接受某一观点、思想和信仰，或让人们了解某一段史实，重点是宣传组织形象。

（2）从展览会的项目划分，可分为综合性展览会和专项展览会。

综合性展览会是一个国家、地区、系统或一个行业的发展缩影，具有广博性，展出的商品种类繁多，参展的组织来自不同行业或地区，例如由鲁、豫、鄂、皖、赣、湘六省联合举办的中部投资博览会就属于这种类型。专项展览会是围绕某一方面专题或某一内容而举办的展览会，其具有专业性和集中性的特点，如住房交易会，凡和住房相关的房产商、装修公司、建材供应商和生产商、家具公司等，都可以参加。

（3）从举办展览会的场地来划分，可分为室内展览会和露天展览会。

室内展览会不受天气影响，举办时间灵活，便于会场布置，因此它在形式上较为隆重，布展较为复杂，费用相对较高。露天展览会最大的特点是布置比较简单，花费较少，但受天气影响较大。一般来说，露天展览会给人的感觉是层次较低。

此外，展览会还可以划分为大型展览会和小型展览会、国内展览会和国际展览会、固定地点展览会和流动展览会、长期展览会和短期展览会等。组织要根据自己的情况和目标，恰当选择展览会的类型，以达到更好的效果。

拓展阅读

酒香也怕巷子深

2015 年 12 月 2 日，“保利茅台会——贵州茅台酒专场”预展在全国农业展览馆开幕。多款珍品老酒亮相京城，引起众多爱酒人士及藏酒家们的极大关注。

作为庆祝“国酒茅台金奖百年”的重要活动之一，预展共计展出 1 666 瓶茅台老酒，拍品时间跨越 20 世纪 50 年代至 21 世纪初。其中多款珍品老酒虽已出厂超过 50 年，但品相极佳，保存完好。展品以年份区分，较完整地呈现了茅台酒的历史底蕴和文化传承。包装不断变化，而酿造工艺始终遵循传统。预展中除了单瓶装老酒佳酿，还有多瓶组合、纪念酒组合、原箱组合等多种规格，并囊括了葵花牌茅台酒、五星牌茅台酒、飞天牌茅台酒等众多品类。

茅台酒历史悠久、源远流长。1915 年，美国人为庆祝 1903 年动工的巴拿马运河终于完成开凿通航，在旧金山举办“庆祝巴拿马运河通航太平洋万国博览会”，茅台酒被选中参展。当时，西方对茅台酒的认识几乎是零，人们对来自中国的茅台酒展位根本不屑一顾。茅台酒被挤在一个角落，久久无人问津。面对这样的尴尬局面，茅台酒展位的工作人员决定要扭转这种受冷落的状况。在博览会的最后一天，一位工作人员心生一计，为了吸引参观者的重视，在展览大厅中央佯装不小心打碎了一瓶茅台酒，顿时，整个大厅完全充满了茅台的酒香。

参观展览的人们立即为这从来没有闻到过的香味所吸引，好奇地相互打听这是什么牌子酒的香味。茅台酒展位的工作人员抓住这一机会，向参观者介绍茅台酒。很快，茅台酒展位就吸引了大批参观者，也因此而受到评委的重视，经反复品尝后一致认定茅台酒是世界上最好的白酒，于是向茅台酒补发了金奖（因为此前已经评出了金奖产品）。新闻媒介也闻风而动，纷纷予以报道。从此，茅台酒跻身世界名酒之列，身价百倍。

4. 展览会的组织工作

展览会为组织开展公关活动提供了一个良好的机会。组织应该充分利用这个机会展示自己的产品，传递必要的信息，加强与社会公众的直接沟通。为使展览会办得卓有成效，组织应认真做好以下工作：

（1）分析参展的必要性和可行性。在举办展览会之前，要分析其必要性和可行性。展览会需要投入较多的人力、物力、财力，如果不进行科学的分析论证，就有可能造成费用开支过大而得不偿失，或因盲目举办而起不到应有的作用。

（2）明确主题。每次展览会都应有一个明确的主题，并将主题用各种形式反映出来，如主题口号、主题歌曲、徽标、纪念品等。必须清楚展览是要宣传产品的质量、品种，还是要宣传组织形象；是要提高组织的知名度，还是要消除公众的误解。

（3）选择地点和时机。地点的选择要考虑三个因素：交通是否便利；周围环境是否有利；辅助系统，如灯光系统、音响系统、安全系统、卫生系统等是否健全等。如果是组织自己组织的展览会，宜选在交通方便、环境适宜、设施齐全的地方。

（4）准备资料，制定预算。准备资料是指准备宣传资料，如设计与制作展览会的会徽、会标、纪念品、说明书、宣传小册子、幻灯片、录像带等音像资料和展览会的背景资料，撰写与制作参展品名目录、参展单位目录以及展览会平面图等资料。

举办展览会要花费一定的资金，如场地和设备租金、运输费、设计布展费、材料费、传播媒介费、劳务费、宣传资料制作费、通信费等。在进行经费预算时，应留出5%～10%作为准备金，以备调剂之用。

（5）培训工作人员。展览会工作人员素质的好坏，对整个展览效果起到关键作用。

因此，必须对展览会的工作人员，如讲解员、接待员、服务员、业务洽谈员等进行培训，培训内容包括展览专业知识、营销技能、社交礼仪、接待技巧等。

三、开放参观

开放组织是公共关系活动中的重要手段之一。它是组织通过直接的人际接触，来传递组织信息，谋求社会公众的好感与信任的最有效手段之一。组织利用开放的机会接待来访者，直接向来访者展开宣传攻势，证实组织存在的价值，同时最直接地了解公众的看法，这样不仅可以得到公众的理解、信任与好感，而且可以做到双向沟通，是提高组织美誉度的最好契机。

1. 开放参观及其作用

开放参观是组织为了让公众更好地了解自己，获得公众对其工作的支持，向公众开放组织所在地供公众参观的活动。对社会公众来说，这种活动是一次参观学习和旅游观光。对组织来说，这种形式可以向公众展示其生产规模、生产环境、生产过程、内部管理、员工形象及组织成就等，让公众亲眼目睹组织的整洁环境和先进工艺、现代化的厂房设备、科学的管理制度、高素质的人员以及为社区和社会所作的贡献，还可以通过公司史、校史等资料向公众全面、立体地展示组织的过去、现在和未来前景。因此，这一方式也是密切公众关系、培养亲和力、塑造组织形象的重要手段。它可以使公众对组织产生兴趣和好感，进而提高组织的知名度和美誉度。日本松下电器公司松下幸之助深有体会地说："让人参观工厂是推销产品的最好、最快的方法之一。"该公司自 1982 年以来，每年都要接待 700 多万参观者。通过参观，公司在他们心里留下了深刻印象，成为该公司产品的忠实顾客。湖南经济电视台定期举办公众开放日，让公众了解节目的制作过程，安排节目主持人与观众进行面对面的交流与沟通，从而与公众建立了良好的互动关系。

拓展阅读

伊利工业园

伊利工业园即内蒙古伊利实业集团股份有限公司，是全国乳品行业龙头企业之一，总部坐落在内蒙古呼和浩特金川开发区，下设四大事业部，所属企业 30 多个，是国家 520 家重点工业企业和国家八部委首批确定的全国 151 家农业产业化龙头企业之一。

风景名胜伊利工业园将引进国际一流的设备和技术，生产高附加值的各类奶制品。新工业园区本着奶源基地、市场建设和工业园区同步发展的原则，并在规划设计和技术装备上实现诸多创新和提升。中国乳业的龙头企业伊利集团不仅在人们喝的奶制品上下足了功夫，他们也把触角伸向旅游业。近十年来，伊利公司打开工业园区之门，迎八方游人入园参观，很多游客在参加了工业园区一日游后，对机器人操作、电脑控制等全过程赞不绝口。

目前，该工业园区已成为国家4A级景区，伊利集团工业旅游的蓬勃发展，不仅提升了企业文化，为消费者“零距离”了解企业的生产经营打开了一扇体验之门，而且已成为企业创造经济效益的重要支撑点。

2. 如何搞好开放组织活动

任何一个组织，特别是企业要想搞好开放组织活动，必须从以下方面予以考虑。

（1）明确目的。组织的任何一次对外开放活动或任何一种对外开放形式，都应确定明确的主题，即通过这些活动要让公众留下怎样的印象、取得什么效果、达到什么目的。常见的主题有：强调企业良好的工作环境，展示企业的先进设备和工艺流程，表明企业是社区理想的成员等。

（2）安排时间。组织对外开放的时间以不影响组织的正常工作为标准，同时要考虑选择公众方便的时候开放。开放参观既可以常年进行，也可以定期进行。定期进行的开放参观宜安排在一些特殊日子，如周年纪念日或者大型机器开工等。同时，还应避免一些对公众更有吸引力的社会活动日期等。

（3）成立专门机构。为使开放组织活动办得有声有色、尽善尽美，最好成立专门的接待机构，配备专业的接待人员，做好解说和接待工作。对接待人员和解说人员要事先进行挑选、培训，使他们熟练掌握参观过程中每一个参观点的解说内容。参观点的员工应佩戴印有个人名字的标牌，并要礼貌、耐心、认真地回答来宾提出的问题。特别是公众关心和感兴趣的问题要认真风趣地给予介绍，尽量给来宾留下深刻印象。

（4）做好宣传工作。如编写通俗易懂的解说词，准备一份简单明了的参观指南，制作拿取方便、印刷精美的企业介绍、产品介绍，搞好环境卫生，做好参观地点的装饰、场景的布置、实物的陈列等工作。参观前可以先放录像、幻灯片，对企业进行简单介绍，帮助观众了解组织的主要概况。

（5）选择参观路线。参观活动不是一种自由随便的活动，不能任由观众到处走动，要提前拟定好参观路线。选择参观路线的要求是既能引起观众的兴趣并保证他们的安全，又不干扰组织的正常工作。如有保密和安全需要，应注意防止观众跨越禁区，以免观众发生意外和影响组织正常的工作。参观路线应有明确的路标，标明观众可能需要的设施，如厕所等。

（6）做好向导工作。参观组织应当有专人做向导工作，有向导陪同参观者沿制定好的参观路线进行参观，并设置明显的路标为参观者指引方向，在人们可能感兴趣的地方，安排专人做集中讲解。

（7）准备好纪念品。观光参观后购买纪念品是大多数公众的习惯，在对组织有了近距离的接触和详细的了解之后，多数公众都会对组织及其产品产生浓厚的兴趣和较强的好感，组织应针对这些参观者设计和提供一些象征组织产品、代表组织形象的小型纪念品以及礼盒包装的企业产品。

拓展阅读

工业旅游不是广告胜似广告

工业旅游是指以工业生产过程、工厂风貌、工人工作生活场景为主要旅游吸引物的旅游。国际上一些著名的生产企业都非常重视通过开展旅游让客户市场了解自己的产品，提高消费者的兴趣和信任感，培养忠诚的消费群体，面对消费者直接获取改进产品的市场信息，同时宣传企业的历史、文化、理念，进而提升自身的品牌形象。特别是一些工业企业建立的博物馆、展览馆，更是集中展示了企业的文化和产品，不仅促进了工业旅游的发展，也在市场营销方面取得了很好的成效。可以说，工业旅游的发展，为企业发展战略确立、品牌形象定位、产品市场营销提供了新的手段和依据，为企业发展发挥了积极作用。以现代汽车工业为例，法国雪铁龙汽车制造公司早在50多年以前就组织客人参观它们的生产流水线，现在以雷诺、标致、雪铁龙三大汽车公司为代表的法国汽车工业企业，已成为吸引旅游者人数最多的工业旅游项目；总部设在斯图加特的德国奔驰汽车公司，不仅将总装配线等现代化生产流程作为重要的旅游项目向外推出，还将穿上工作服、拧几颗螺丝钉、到工厂食堂就餐——亲身体验“奔驰人”的生活作为工业旅游活动内容之一。大众汽车公司还特地建设了一座通体透明的生产车间，全景展示轿车的整个生产过程，这些工业旅游项目都深受广大游客的青睐。

近些年来，我国一些知名企业也认识到开放企业，让公众参观生产流程，开办工业旅游的巨大社会效益，纷纷将这一形式引入企业。国家旅游局还制定和颁布了《全国农业旅游示范点、工业旅游示范点检查标准（试行）》，引导更多有代表性的企业积极开展、申报工业旅游项目。

青岛海尔集团于1999年初推出“海尔工业游”项目，当年到海尔集团参观的中外游客就达到24万人次。“这些参观者对海尔树立企业形象的作用不可小觑。”海尔人说。首都钢铁公司曾经是北京的污染大户，在科技创新理念的推动下，他们对污染问题进行了彻底根治，并开发了“钢铁是怎样炼出来的”工业旅游项目。当游人“趋之若鹜”前往首钢参观现代化炼钢高炉时，首钢的环保新形象脱颖而出。“这比我们做多少广告的效果都好。”首钢的有关负责人自豪地说。北京燕京啤酒集团在几年前就开发了工业旅游项目，成千上万的参观者在看到燕啤的计算机管理系统和世界领先的生产线后，带回去的口碑比任何广告都可信。因为尝到了甜头，燕京啤酒集团准备继续投资，扩大旅游内容。

比做广告花钱少，却比做广告的效果好，这正是越来越多的企业看好工业旅游的真正原因。

四、庆典活动

庆典活动是指组织在其内部发生值得庆祝的重要事件或围绕重要节日而举行的庆祝活动，组织一般将其视为一种制度和礼仪。它可以是一个专题活动，也可以是大型公关活动的一项程序。庆典活动往往给公众留下第一印象。现代组织的管理者应想尽办法利用庆典开展合情合理的活动，让人们自觉自愿地接受组织。显然，这是与现代公共关系主体为建立信誉而扩大知名度、提高美誉度的思路相吻合的。

1. 庆典活动的类型

（1）开幕庆典即开幕式，就是指第一次与公众见面的、展现组织新风貌的各种庆典活动。

（2）闭幕庆典，是组织重要活动的闭幕式或者活动结束时的庆祝仪式。

（3）周年庆典，是指组织在发展过程中的各种内容的周年纪念活动。

（4）特别庆典，是指组织为了提高知名度和声誉，利用某些具有特殊纪念意义的事件或者为了某种特定目的而策划的庆典活动。

（5）节庆活动，是指组织在重要节日时举行、由社会公众共同参与的活动，这里的重要节日可以是传统节日，还可以是西方的节日。

2. 如何开展庆典活动

庆祝也好，典礼也好，都应有充分的准备，凭借天时、地利、人和等条件而开展。现代社会组织可利用庆典的机会越来越多，组织的决策者们应适时选择一些对组织和社会都有利的重要事件或重大节日来开展活动。在准备充分的情况下，一般每年开展 2～3 次就够了。

（1）开展庆典活动需要注意的问题。组织的庆典活动代表了组织的形象，体现了一个组织和其领导者的组织能力、社交水平和文化素质，往往会成为社会公众取舍、亲疏的判断标准。因此，组织在开展这类活动的过程中，一定要注意以下问题：

1）要有计划。庆典活动应纳入组织的整体规划，应使其符合组织整体效益提高之目的。组织者应对活动进行通盘考虑，切忌想起一事办一事。

2）要选择好时机。调查研究是组织开展公共关系活动的基础，庆典活动也应在调查的基础上，抓住组织时机和市场时机，尽可能使活动与组织市场相吻合。

3）要注意科学性与艺术性的结合。公共关系活动是科学推销产品和形象的过程，但要赋予其艺术性的化身，使其更具魅力，这样会有更好的宣传效果，使企业形象更佳。

4）要制造新闻。公共关系活动应能够为公众的代表——新闻媒介所接受，它的反应是衡量活动成功与否的标尺，也是组织形象能否树立的重要环节。所以，庆典活动应尽量邀请新闻记者参加，并努力使活动本身具有新闻价值。

5）要注意总结。组织的公共关系活动应讲求整体性和连续性，作为整体公共关系一部分的庆典活动，应与其他公共关系活动协调一致。为保持组织形象的一体化，保证今后开展活动的连续性，对每一次庆典活动的总结就显得十分必要。

（2）开展庆典活动的工作准备。当然，要把庆典活动办得圆满成功却不是那么容易的，尤其是大型的庆典活动，其牵涉面广，公关人员一定要精心策划、周密实施。具体来说，要办好一次庆典活动，应认真做好以下工作：

1）精心选择对象，发出邀请，确定来宾。庆典活动应邀请与组织有关的政府领导、行政上级、知名人士、社区公众代表、同行组织代表、组织内部员工和新闻记者等前来参加。

2）合理安排庆典活动的程序。庆典活动的程序一般由这样几方面内容组成：安排专门的主持人宣布活动开始，介绍重要来宾，由组织的领导和重要来宾致辞或讲话；有些活动需要安排剪彩和参观活动，安排交流的机会（或座谈、宴请，或安排喜庆、助兴的节目，席间进行交流）以及重要来宾留言、题字事宜（该项活动也可安排在活动开始前）。

3）安排接待工作。庆典活动开始前，应做好一切接待准备工作。接待和服务人员要安排好，活动开始前所有有关人员应各就各位。重要来宾的接待，应由组织的首脑亲自完成，要安排专门的接待室或会议室，以便在正式活动开始前，让来宾休息或与组织的领导交谈、入场、签到、剪彩、留言，这些都要有专人指示和引导。

4）物质准备和后勤、安保等工作。庆典活动的现场，需要有音响设备、音像设备、文具、电源等；需要剪彩的活动，要有彩绸带、鞭炮、锣鼓等；宣传品、条幅和赠予来宾的礼品，也应事前准备好。赠送的礼品要与活动有关或带有企业标志。另外，为了给活动助兴，可以安排一些短小而精彩的文艺节目，这些节目可以组织内部人员表演，也可以邀请有关文艺团队或人员表演，节目力争有特色。

总之，只有做到认真充分、热情有礼、热烈有序，庆典活动才能取得成功。

拓展阅读

京东的第12个“6・18”生日纪念

2004年成立的京东商城到今年已走过了12个年头，每年的6月份是京东的店庆月，俗称红六月，京东在这个月里有多场优惠促销活动，以庆祝京东的生日。

2016年5月20日，京东就在京宣布其第12个“6・18”正式启动，并请来三星、丝芙兰等品牌站台助威。按照京东集团首席营销官的介绍，今年的“6・18”，京东的跨境电商、网络金融、O2O三大板块将开足火力，由此带动上市后首个周年庆的销售狂潮。接下来由刘强东带队，谢霆锋、李娜相继出镜的京东12年庆的品牌广告轮番在各大视频网站密集轰炸。与此同时，京东“6・18”大促广告也铺天盖地砸向各大二三线城市的各类户外广告平台。

6月18日（00：00—24：00）京东当日下单量超过1 500万单，相比去年同期增长超过100%。其中，移动端订单量占比超过60%，卖出粽子800万个、服装800万件、鞋120万件、手机416万部。其中，苹果手机的销售额超过14亿元。

五、新闻发布会

新闻发布会是指以某一社会组织的名义邀请新闻机构的有关记者参加，由专人宣布有关重要信息并接受记者采访的具有传播性质的一种特殊会议。通过新闻发布会，组织可以将有关信息迅速扩散到公众中去。在新闻发布会上，不仅可以公布本组织的一些重大新闻，如方针、政策、措施等方面的新举措，加强公众对组织的认可，而且可以利用新闻发布会的影响力，妥善处理一些棘手问题，以达到澄清事实、说明原委、减少误会、求得谅解等效果。新闻发布会是一种二级传播：首先通过记者招待会，以人际沟通和公众传播的方式，将信息告知记者，然后由记者以大众传播的方式进一步将信息告知社会公众。在这种形式下，实现了社会组织和新闻媒介的沟通，并通过这种沟通，实现了社会组织和广大公众之间的沟通。

新闻发布会具有以下特点：以新闻发布会发布消息，其形式比较正规、隆重，而且规格较高，容易引起社会的广泛关注；在新闻发布会上，记者可根据自己感兴趣的方面及所侧重的角度进行提问，能更好地发掘消息，因此，这种形式下的信息沟通无论是在深度上还是广度上，都比其他形式更胜一筹；新闻发布会往往要占用记者和组织者较多的时间，必要时还需要组织记者实地采访、参观或安排一些沟通活动，如酒会、招待会、冷餐会等，因此会有更多的经费支出，成本较高；新闻发布会对组织的发言人和会议的主持人的要求较高，他们需十分机敏、善于应对、反应迅速、幽默从容等。

1. 新闻发布会的准备工作

召开新闻发布会，准备工作非常重要，它直接关系到新闻发布会能否成功、能否达到预期效果、能否实现预订目标等大问题。一般来说，准备工作包括以下内容：

（1）确定主题。新闻发布会的召开总会有一个具体而充分的理由，比如围绕组织发生的事件和作出的决策来确定，如组织成立、新技术或新产品问世、经营管理方面的重大变革、特殊事件等。

（2）确定邀请对象。公关人员应根据新闻发布会的主题，有选择地邀请有关新闻记者来参加，比如经济类、文化教育类、体育类、社会生活类等。还应根据信息发布的范围来确定媒介的级别，比如是选择地方性媒体、区域性媒体还是全国性媒体。邀请对象一经确定，应提前 7～10 天发出邀请，会前还应电话落实。

（3）选定主持人和发言人。主持人和发言人都必须对将要发布的信息有全面、深刻的了解，对将发布信息的重要性和社会价值有清醒的认识。由于记者的职业要求和习惯，他们经常会在会上提出尖锐、深刻甚至是棘手的问题，这就对主持人和发言人提出了很高的要求。主持人和发言人除应具有较高的文化修养和专业水平外，还应具备思维敏捷、反应迅速、口齿清楚等能力。

（4）准备有关资料。主持人的讲话提纲、发言人的发言稿、答记者问的备忘提纲、新闻统发稿、会议报道提纲、新闻的背景材料以及有关图片、实物、影像材料等，必须在会前做好充分、细致的准备，这样既能保证主持人、发言人有的放矢、口径一致，又能给与会记者提供翔实的资料，方便记者写稿和报道。

（5）编制预算。根据新闻发布会的规格和规模编制可行的经费预算。费用项目一般包括场租费、会场布置、印刷品、茶点、礼品、文书用品、音像器材、邮费、通信费、交通费、餐费等。

2. 新闻发布会的程序

（1）来宾签到及分发会议资料。签到通常不受重视，实际上这一环节可以开发出多种功能，最好安排一位级别较高的主管出面迎宾，一方面可表示主人的礼貌和对会议的重视，让来宾感到备受尊敬和欢迎，另一方面也可以通过寒暄问候，分发材料，加强接触，加深印象。

（2）宣布会议开始。由主持人宣布会议开始，并对新闻发布会的人物、背景、目的等作简要介绍。

（3）发言人讲话。发言要紧扣主题、简明扼要，切忌内容杂、时间长。如果同时有几位发言人，应事先安排好顺序，并在内容上各有侧重。如果涉及专业性、技术性内容，应由职能部门和专家作专题发言。

（4）接受记者采访。在回答记者提问时，应做到简明、准确、态度友善、语言机敏。对不能透露的信息，应婉转地向记者解释，不能简单说“不清楚”“无可奉告”等生硬的话语。

（5）宣布会议结束。主持人应对会议作简短评述，对与会嘉宾表示感谢，传达日后继续合作以及希望与新闻界加强友好往来的愿望。

（6）安排其他活动。会后可配合主题组织记者参观考察，给记者实地采访、拍摄、录像的机会，还可以举行茶话会、酒会、冷餐会、宴会等招待活动，做到善始善终，保持良好形象。

（7）做好效果检测。新闻发布会后，公关人员要及时广泛地搜集到会记者在各种媒体上的报道，并逐一分析，将媒体上的报道对照原拟主题，检查目标是否达到。此外，应就本次活动撰写评估总结报告。

3. 新闻发布会的注意事项

（1）按照程序把握进程。会议议程的安排要详细、紧凑，避免冷场或混乱局面。会议时间不能过长，基本程序完成后，要果断结束。

（2）要把握好会议主题。在新闻发布会期间，可能会面临一些难以预料的复杂局面，比如个别媒体记者提出自己非常关注而与主办方确定的会议主题不相干的问题，对此，主持人要灵活应对，牢牢把握新闻发布会的主题，保证达到新闻发布会的目的。

（3）安排足够的工作人员。会议应有足够的接待、服务、咨询等工作人员，应设立相关工作台，保证新闻发布会井然有序、忙而不乱。

（4）展示组织良好的形象。新闻发布会过程本身就是组织展示其形象的最好时机，主办方要充分认识到这一点。因此，组织要把握好这个机会，要认识到组织发布水平、组织工作人员外在风貌、与会者参观的组织环境等因素都可能直接影响组织形象。

通过上述日程表的内容，我们不难看到，要成功举行一次新闻发布会，计划书必须写得非常翔实、细致，所有细节都应事先考虑到，并按日程逐一落实，这样才有可能保证万无一失。

拓展阅读

新闻发布会与记者招待会的差异

很多时候，人们认为新闻发布会与记者招待会是同一种活动的不同名称。其实，记者招待会虽然与新闻发布会有很多相同之处，比如都是以某一社会组织的名义邀请新闻机构的记者参加，由专人宣布组织的有关重要信息并接受采访，具有传播性质的一种特殊会议。但是，值得注意的是，两者并不完全相同。其区别主要表现在：

第一，召开目的不同。如果组织要向新闻界发布本组织的重要信息，公布或解释某一重要决策，常召开新闻发布会；如果组织要通过新闻界澄清某种误解，或急需解决某一问题而与新闻界沟通，则需召开记者招待会。

第二，信息内容不同。新闻发布会常用于对组织进行正面的宣传报道；记者招待会的内容常常是澄清对组织不利的信息。

第三，沟通方式不同。新闻发布会侧重发布新闻，不一定回答记者的问题，方式上可以是双向沟通，也可以是单向传播；记者招待会以“答记者问”为主要形式，具有双向沟通的特点。

资料来源：刘用卿、段开军：《公共关系学》，重庆，重庆大学出版社，2012。

六、联谊活动

联谊活动是指组织为了与公众增进了解、加深感情，促进信息沟通与合作而举行的公共关系专题活动。联谊活动的形式很多，主要有联欢会、联谊会、文艺演出、舞会等。联谊活动既能给人以美的享受，又能加深组织与各类公众的感情。联谊活动是组织重要的公共关系活动，是创造组织内外“人和”的好方法。

1. 联谊活动的类型

（1）感情型。感情型联谊活动以联络感情为主要内容，如利用节假日、周年庆等机会，出席对方的庆祝活动，互赠纪念品，使双方互相建立起对对方的良好印象，为今后进一步加强联系或合作奠定基础。

（2）信息型。信息型联谊活动以互通信息为主要内容，即双方就各自所掌握的与双方有关的市场信息和其他信息，进行沟通交流，努力使双方在市场变动中保持联系、共同获利。如许多同行业组织组成俱乐部或联谊组织，定期聚会，互通信息。

（3）合作型。合作型联谊活动是以经济合作为主要内容的高层次联谊，是联谊活动成果的最终体现。通过一些生产项目或经营项目的合作，促进双方经济效益共同提高。

2. 联谊活动的基本程序

（1）明确联谊目的，围绕目的策划活动；

（2）编制活动预算，筹措必需的经费；

（3）根据场地、交通、气象、设备等条件，确定活动的时间、地点和场所；

（4）确定应邀对象，发出请柬；

（5）安排活动程序，印刷程序（节目）单；

（6）布置活动场地，安排专人负责接待。

3. 联谊活动的组织

(1) 选择合适的联谊形式。组织联谊活动可以采用单一形式，如组织一次座谈会或举行文艺招待会等；也可以综合几种形式，如座谈会后举办舞会或者宴请后观看电影或文艺演出，还可以在进行其他专题活动时组织联谊，如新闻发布会后举行宴请，展览会期间组织舞会或观看电影等。

(2) 进行独特的联谊创意。策划联谊活动也要注意按照参加联谊公众的心理特点，经常出新，并应具有人情味，突出公众的参与性。如为小朋友举办的联谊活动，可以采用小朋友喜爱的各种卡通人物造型或动物造型；文艺演出增加与公众互动的节目；设计和制作独特、新颖而又经济的联谊纪念品等。

(3) 充分运用联谊技巧。在进行联谊活动的组织工作时，需要掌握一定的礼仪和组织技巧。如正式场合配以正式的服饰，尽早发送请柬和通知，选择合适的时间，精心布置联谊场所，安排好接待和保安工作等。对于为外宾举行的联谊活动，特别要注意符合联谊对象的国家或民族的文化背景和民俗风情。

4. 联谊活动的形式

(1) 舞会。舞会是一种集娱乐和社交为一体的交往方式。有计划地举办舞会，通过企业内部管理人员和职工之间的联谊、企业职工与社会大众之间的联谊，不但可以使职工从中享受娱乐，同时也可以加深职工与管理人员之间的感情以及企业与社会各界的友好关系。舞会因其组织简单、容易被大家接受，而且条件要求灵活、气氛轻松，通常是广受大众欢迎的一种联谊方式。

组织比较正式的舞会要尽早确定时间，并提前一周发送请柬，请柬上写明舞会持续的时间，客人可在舞会期间任意到场或离场。被邀请的客人，在男女比例上要大致相当，对已婚者，一般均邀请夫妻二人共同出席。若客人缺少舞伴，组织者应尽可能帮助解决。舞会场地应宽敞，邀请的总人数应与场地相适应。过多显得拥挤，过少会造成冷场，组织者应尽可能注意。舞池地板要上蜡以保持光滑。舞厅内可用彩带、鲜花和各色彩灯装饰，灯光要柔和。专场舞会应有欢迎标语，并安排简单的仪式。在舞曲安排、环境布置方面，应为客人创造热烈气氛，但装饰不可过于奢华，力求雅而不俗。举行舞会时，可安排乐队伴奏，音乐风格必须使各种年龄的人都能接受。大型舞会可穿插安排短小、精悍的文艺节目。高级别的舞会可备好丰盛的小吃、茶点，随时供客人食用。

(2) 晚会。晚会是通过邀请来宾参加以文艺、体育、游戏、竞赛等多种活动为内容的聚会，是重要的公关活动方式。晚会以其自身的特点，正受到人们的普遍欢迎，并有日渐流行的趋势。晚会也可以是为庆祝传统节日、喜庆佳节所举行的上述内容的聚会。各地在欢度传统佳节、喜庆活动时，大多按照当地的风俗习惯，组织内容丰富、形式多样的欢庆聚会和活动。近些年，随着人们参与社交活动意识的进一步增强，一些企业和社会组织为了扩大横向联系、联络公众感情、提高知名度，纷纷举办或赞助一些大型晚会。

组织一台晚会，应有一个相应的班子。一般来说，由公关部门负责，下设指挥、接待、宣传、保卫、后勤服务等，并逐项落实晚会实施方案。通常，晚会的组织活动包括以下工作：

1）选定节目。节目选定既要从活动的目的与可能出发，又要考虑客人的欣赏习惯与兴趣。一般要选择那些具有客人本国或本民族风格的节目，并要对节目内容有所了解，以免因政治内容或宗教信仰、风俗习惯等问题引起不快。

2）发出邀请。邀请客人要使用较为讲究的请柬，可附带提示一下晚会的主要内容，同时要考虑场地的容纳量。应备有节目说明书，用主客双方文字印刷，提前送达客人。

3）座位安排。一般根据客人的身份事先做好座位安排。观看文艺节目，一般以第七、八排座位为最佳，看电影则以十五排前后为宜。专场演出通常把贵宾席留给主人和主要客人，其他客人可以遵从主办方的安排入座，也可以自由入座。

4）入席与退席。专场演出可安排普通观众先入座，主宾席客人在开幕前由主人陪同入场。演出进行中，观众不得退场。演出结束时，全场起立向演员鼓掌表示感谢，一般观众待贵宾退场后再离去。无论入场、退场，都应保持良好的秩序。

5）献花。许多国家习惯演出结束后向演员献花，但此种安排应主随客便，主人一般不得明示或暗示客人献花，更不应要求客人上台与演员握手，如来宾提议献花、接见或照相，主人要陪同客人一起上台。

（3）宴请。

1）宴请的形式。宴请活动是组织为庆祝纪念日、表彰庆功、答谢合作者等经常使用的一种公关活动形式，它可以是宴会、工作进餐、招待会、茶会等。

宴会为正餐，通常坐下进食，由服务员顺次上菜，是宴请诸形式中最为正式、最为隆重的一种。尤其是晚宴，较之白天举行的宴请更为隆重。

工作进餐是现代交际中经常采用的一种非正式宴请形式，利用进餐时间，边吃边谈工作。这种宴请只请工作人员，不请配偶等与工作无关的人员。工作进餐按时间分为早餐、午餐和晚餐，为便于谈话，常用长桌。

招待会是指各种不备正餐、较为灵活的宴请形式，备有食品、酒水饮料，通常不安排座位，可以自由活动。招待会有冷餐会与酒会两种常见形式。

茶会是一种更为简便的宴请形式，大多安排在正餐时间前（上午 10 时左右，或下午 2—4 时），是请客人边品茶边交谈。通常不设在餐厅，而设在客厅，设茶几、座椅，不排座次。茶会对茶叶、茶具有所讲究，茶具要用陶瓷器皿而不用玻璃杯，用茶壶而不用热水瓶，也可略备小点心。

2）宴请的组织。

a. 确定宴请对象。邀请宴请对象要在兼顾诸如宴请性质、主客身份对等、惯例习俗等多方面因素的基础上加以确定。

b. 确定宴请形式。采取何种宴请形式要视具体情况而定。人数少、规格高的以宴会为宜，人数多的则以冷餐会或酒会更为合适。宴请形式还取决于活动目的、邀请对象以及经费情况等因素。

c. 确定宴请时间、地点。宴请应选择对主客方都合适的时间，尤其宴请外宾时更要注意对方的禁忌。小型宴请应首先征询主宾意见，主宾同意后，时间即被认为最终确定，可以按此时间约请其他宾客。

d. 发出邀请。各种宴请一般均发请柬，这既是礼貌，也会起到对被邀请人的提醒备忘作用。便宴经约妥后也可不发请柬，工作进餐一般不发请柬。请柬内容一般应包括活动的主题、形式、时间、地点、主人的姓名等。请柬一般要提前一至二周发出，以便被邀请人及早做安排，已口头约妥的通常还要补发请柬。需要安排座次的宴请，往往要求被邀请人答复能否出席。对此可在请柬上注明，也可在请柬发出后电话询问对方能否出席。比较隆重、正式的大型宴会，最好先排好席位，并在请柬下角注明席次号。

e. 菜单的拟订。宴请的酒菜应根据形式和规格来选择，选菜不宜以主人的爱好为准，应主要考虑主宾的口味和禁忌。如果个别人有特殊要求，还应给予特殊照顾。大型宴请更应照顾到各个方面，菜肴的道数和分量要适宜，内容要体现当地特色。如有需要，还应印制精美的菜单，一般一桌放置两三份，也可一人一份。

f. 席位安排。正式宴请一般均排桌次和席位。也可只排部分座位，其他人只排桌次或自由入席。席位排定应事先通知每一位出席者，大型宴会还要有人引导，以免发生混乱。

七、举办会议

会议是指有组织、有目的的言语沟通活动方式，有关人士聚集在一起，围绕一个主题发言、插话、提问、答题、讨论，通过语言相互交流信息，表达意见，讨论问题，解决问题。筹划和召开各种会议，利用会议形式来传递信息，沟通意见，协调关系，也是公共关系常用的一种传播方式。会议的形式有例行工作会议、专题性会议、布置工作和总结性会议，以及各种座谈会。会议的时间根据内容有长有短，会议的组织工作也有简有繁。对于那些内容重要、会期较长、会务工作繁杂的会议，公关人员要特别注意，将其办好。

1. 成功举办会议的先决条件

（1）成功举办一次会议应具备的要素如下：

1）确定参加会议的对象。人们之所以举办会议是因为自己单独无法解决某个问题，或是因为仅仅凭借自己的力量无法实现某种利益，与会者的到来能协助问题的解决或利益的实现，因此，选择哪些人与会就成了至关重要的问题。一些会议之所以失败，就是因为参加会议的对象不明确，匆匆忙忙地请来一些人，结果该请的人没请来，不该请的人都来了，必然达不到预期目的。当然，对于难以分辨是否应该邀请的人士，最好采取“宁可邀请，而不排斥”的原则，邀请他们，以免遗漏。

2）确定会议的主题。所谓会议主题，就是会议公开提出的题目或公开打出的“旗帜”。虽然任何会议都是为实现某种目标或利益而举行的，但是很多情况下，它并不作为公开的题目、口号或“旗帜”，而只是隐含在会议的主题之内。因此，会议主题是外在形式，而目的、利益则是会议的内在本质。例如，某高等学校为提高本校在全国高等院校的声望，利用建校 70 周年的机会，请来各界人士和各新闻单位的记者，举办了一次大型联谊会，会议的主题是庆祝建校 70 周年，而内在目的却是扩大学校的影响力。

3）确定会议的目标。首先，会议目标必须书面列明。用书面方式写下会议目标，其好处是：第一，有助于澄清目标内涵；第二，书面目标不易被遗忘；第三，当目标种类繁多时，以书面方式写下来比较容易调和它们之间的潜在矛盾。其次，会议目标必须切合实际，即具有实现的可能。最后，会议目标必须具体而且可以衡量。如某企业因本单位产品不合格率过高，决定开会研讨产品的不合格率。倘若将会议目标定为“探讨如何降低产品的不合格率”，则该目标肯定难以作为与会者提供意见的指南，因为没有具体指出产品的不合格率应该降低多少，以及在多长时间内达到这个结果。但如果会议目标定为“探讨如何在 10 月底之前使产品的不合格率由目前的 5%降到 3%”，则会议目标较为准确。

4）确定会议时间。会议的时间很重要。确定会议时间主要包括两个方面：一是会议召开的时间；二是会议持续的时间。首先，在选择会议时间时，应优先考虑适合自己的时间，这是一种实事求是的做法。其次，也应考虑方便与会者出席的时间。如果与会者对会议时间有所不满，则会议目标的实现势必遭受不利影响。会议时间应该包括起止时间。经验显示，绝大多数会议都只列明开始时间，而无结束时间。这种做法往往使与会者无法对会后的工作预做规划，还可能会使会议的效率大大降低，因为既然没有终止的时间，本来 1 小时可以结束的会议，则可能拖到 3 个小时才结束。因此，每一次会议都必须列明结束时间，而且尽量按照这个时间结束会议。

5）确定会议地点。会议地点也是构成会议的重要因素之一。选择会议的地点包括两个要素：一是大的地理位置，如选择在某个城市或某个地区；二是具体的开会地址，如选定在城市内的某酒店开会。选择会议地点时要考虑到交通是否方便，视听器材、照明通风等设备是否齐全，是否能免于噪声、电话、访客等的干扰，以及食宿条件如何等多方面因素。

(2) 成功举办一次会议应具备的基本条件如下：

1) 与会者必须具有会议的共同目标。会议是众人聚集在一起进行的有组织的活动，因而它实质上也是所有与会者，包括会议举办者和参加者的一种合作。既然是合作，就要求与会者具有共同的目标，至少是在某个问题或某段时期内的共同目标。会议的组织者会有自己的目标，但是如果他们不能在自己的目标与与会者的目标之间找到共同点，那么会议必然会出现分歧，甚至导致会议的失败。因此，在举办会议前，认真调查和研究会议主持人的初衷和与会者的目的，努力寻找共同点，是公关人员的重要任务。

2) 与会议规模相适应的经济、物质条件。会议，特别是大型会议所要求的经济、物质条件比较高，与会者对会议的要求也很高，稍有差错便会引起他们的不满。当然，公关人员在筹办会议时也应量力而行，根据财力确定会议的内容、形式和规模。

3) 制订完善、周密的会议计划。会议是一种有组织的活动，因此，组织者只有对整个活动制订周密的计划，才能使众多的人聚集在一起而不会发生混乱。会议计划应包括会议活动的细节，通常应按照这样的步骤制订计划：第一，列出和分解会议的目标；第二，列出参加会议的人员名单；第三，会议筹备工作的程序与安排；第四，会议本身的目标及活动安排；第五，提出有助于实现会议目标的一些措施；第六，提出衡量会议成效的标准。

2. 会议的准备工作

会议的计划制订后，就要按计划为会议的召开做好准备工作。会议的准备工作应从以下方面着手考虑。

(1) 会址的选定。会址的选择首先要考虑参加会议者到会是否方便。如果会址与参加会议者距离较远，或比较偏僻，必然影响会议的召开。因此，选择会议地点应当包括对如下因素的评估：

1) 理想的会址对绝大多数与会者来说，应该是旅程最短的。

2) 首先要考虑没有打扰、噪音和其他使人分心的因素。许多会议之所以安排在远离办公室的地方，就是要摆脱日常事务，达到集中注意力于会议的目的。当然，适当的通风装置、照明度、音响效果和温度调节等，都是营造良好会议气氛必不可少的重要条件。

3) 与会者桌椅的舒适程度与其注意力持续时间有明显的相互关系。如果会议地点是租来的，应检查那里的设施和器材。

4) 会议室的选择应与会议的规模相适应，组织较高层次的会议，除了会场，还要设有休息室。

(2) 议程的拟定。顾名思义，议程就是会议的程序表。议程所涵盖的除了足以实现会议目标的各种议案，还包括与会者姓名、会议时间以及会议地点等项目。编排议程的时候，最好遵循以下两项原则：

1）按照议案的轻重缓急编排处理的先后顺序，即越紧要的事项越应安排在议程的前段处理，越不紧要的事项越应排在议程的后段处理。这样做的一个好处就是：就算在预订的会议时间内无法将全部议案处理完毕，但起码较紧要的议案可以处理掉。那些不太紧要的议案，可另择时间处理，或是并入下次会议再予处理。

2）应预估第一个议案所需的处理时间，并明确标示出来。如果能这样做，则主持人可让某些人只参与同他们有关的某些议案的特定讨论。这就是说，假如讨论中明示几点的几分到几点几分被分配于探讨某一议案，主持人可以令某些人在涉及他们的议案被讨论前的几分钟再进入会场，也可以令某些人在涉及他们的议案被讨论过之后离开会场。这样做显然可以节省与会者的时间。为让与会者对会议尽早做准备，包括心理准备和实物准备，议程应随会议通知事先发给与会者。虽然并非所有会议都需要正式的议程，但是与会者至少应当事先有所了解以便做好准备。议事日程是受到尊重还是被忽略，与公共关系部对它的重视程度有关。

（3）会议通知的派发。一般的会议通知最好在开会前一个星期寄到与会者手中，因为现代人在安排各种活动时，多半提早一个星期做规划，而且一个星期的时间大概可以做好开会前的各种准备工作。超过一个星期的会议通知比较容易被遗忘。因此，当有必要发出超过一星期的会议通知时，最好在开会前两三天设法再向与会者提醒开会时间。除非是紧急会议，不发出短于一个星期的会议通知，因为太仓促的会议通知，不但令与会者来不及做好会议前的准备工作，而且很容易使他们觉得会议召集人把他们当成呼之即来的人物看待。

（4）会场的布置。布置会议场地，应考虑会议的性质及与会人数的多少。例如，在提供信息的会议里，倘若人数众多，则以不设桌子的剧场式安排为好，即设一个主席台，少数人在主席台上，绝大多数人在台下，类似观众；还有一种设桌子的教室式安排，即其方式类似学校的教室，它适合讲解、说明的场合，也便于听者作记录。在解决问题的会议室，假如人数不多，则最理想的安排是让每一位与会者环绕桌子而坐，这样便于每个人跟其他人进行多向沟通。再如在培训会议里，如人数不多，则可让与会者坐在马蹄形桌子的外圈，这样不但便于与会者与主席之间的沟通，而且便于与会者之间的交流，但若人数众多，则最好将与会者分成若干小组，每一小组聚在同一张桌子周围，这种安排的好处在于方便分组讨论及综合讨论。

（5）会议的视听器材。在会议中，视听器材可以把与会者的注意力在同一时间内集中到共同思考的问题上，而且视听系统能使人们产生更深刻、更持久的印象。事实证明，感官摄入越多，就越能理解、记忆和重视所传达的要点。写在黑板上的事实，比仅仅高声说的事实给人的印象更深刻；用线形、柱形和圆形图表象征性地说明事实，比幻灯片显示的数字或文字更能牢固地印在人们的记忆中；彩色形象比黑白形象更能引起人们的注意；图片、照片和电影能够传达文字或图片所不能传达的真实印象。诸如黑板、翻动的图表、幻灯片和电影胶片、投影仪、录像带和电影、电子黑板等视听器材，能给与会者留下更加深刻的印象。

（6）其他。住宿会议应事先分配安排好房间，落实餐厅就餐问题。在会议结束之前，联系好与会人员返回的车票、机票。会议结束后，要对会议使用的各类文件材料做好整理工作，需发送的文件或简报应提前拟发，各类记录、发言稿及原始材料应立案存档。为使会议开得生动活泼，减轻与会者的疲劳，在日程上要注意合理安排，并适当安排一些娱乐、体育及参观活动。

3. 会议的主持及其技巧

经过上述准备后，会议便可按计划召开。但是怎样才能顺利地主持、控制、领导整个会议呢？

（1）对主持者的要求。有人说：会议的主持者犹如乐队的指挥。我们认为，这句话只说对了一半。会议的主持人固然像乐队的指挥那样具有举足轻重的作用，但是担当会议的主持者比担当乐队的指挥更加困难，因为前者在主持会议过程中需要扮演多种角色，而后者在主持演奏过程中则始终扮演同一个角色。在任何一场会议中，主持人均要扮演多种角色，并进行多种角色的转换。由此可知，要成为优秀的会议主持者并不是一件容易的事。一般来说，一名优秀的主持者应具备以下素质：

1）清晰敏锐的思考。尽管主持者没有必要成为参加会议的人群中思维最清晰敏锐的人员，但若想获得与会者的尊敬，他的思考至少应比大多数与会者更加清晰敏锐。只要会议主持者在会议之前多做准备，他的思考能力一定可以大大提高。

2）善于言辞。主持者对语言应具有高度的掌握能力，以便将自己的思想观念准确无误地表达出来。他必须能够以语言推动讨论，引导与会者的思维方向，以及在会议的各个阶段总结所取得的成果。

3）良好的分析能力。主持者必须懂得如何澄清问题，透视问题的每一个层面，指出每一种意见的利弊得失，以及分辨事情的轻重缓急。

4）抱着对事不对人的态度。主持者必须使每一个与会者的意见都能得到其他与会者的关注。即使主持者本人对某些与会者的某些观点有所偏爱或厌恶，也不应以个人的好恶影响自己对事情的判断。当主持者想提出个人观点时，必须告诉与会者他是站在个人立场发言，而并非以主持者的身份说话。

5）公正。主持者在会议中绝对不应有偏袒行为，如果有这种行为，不但会阻碍进一步的讨论，而且将使与会者甚至被偏袒者对他失去信心。

6）耐心。有些与会者在发表意见时，往往词不达意；有些与会者则可能在大众面前因感到胆怯而回避发言。面对这类与会者，主持者应主动提供协助与鼓励。要做到这一点，主持者应具有高度的耐心。

7）能灵活地应对“挑剔”人物。与会者之中，难免会有少数“挑刺”人物，诸如持有高度偏见者、喜欢垄断发言者、火气特别大者等。主持者必须能够在不冒犯他们的前提下，有效应对。

8）沉着并自我约束。为了鼓励与会者的信心，主持者除了应表现出热忱与果敢的态度，还需要保持沉着冷静，并约束自我。应避免过度张扬，比如不应该毫无约束地发表自己的意见，垄断发言或进行说教，等等。

9）具有幽默感。幽默感对消除紧张气氛，以及使会议顺利进行具有相当积极的作用。主持者在运用幽默语言时，应特别注意避免轻浮或浅薄的话语。

（2）主持技巧。会议的开场十分重要，在会议开始时创造出一种良好的或适宜的气氛是有必要的。会议是众人交流的场合，众人的交流会造成一种超越个人之上的会议气氛，会议的主持者就是这种气氛的管理者。但会议的真正成功需要主持人或管理者在会议中不断做出努力，即需要将会议气氛贯穿会议的始终。

1）讨论。任何会议都是与会者之间思想、观念、感情等的交流与交换，而讨论则是进行这种交流、交换的重要手段。会议主持者的基本责任之一就是鼓励和促进讨论，对某一问题进行讨论就意味着这一问题尚未找到统一的或一致的答案，讨论中应允许各种不同的意见被充分地表达出来，让大家互相取长补短，最终形成一种或几种意见。参加讨论的人员的地位是平等的，不存在谁服从谁的问题，讨论各方都应服从事实或真理。会议的主持者应注意让参加讨论的每一个人都有机会发表意见。讨论中，尽管有主要发言者，但一定要避免出现讨论被某几个人垄断的现象。必要时可限定每个人的发言时间。会议的主持者还应该随时把握讨论的方向，使讨论不偏离会议主题。主持的艺术还表现在通过一些必要的插话、简短的总结使讨论的内容集中在某一个或几个重要的问题上。讨论切忌发言之间没有联系或交流，各唱各的调，讨论的问题很分散，这就无法发挥讨论的正常作用。为保证参加讨论者都有机会发表意见，主持者可将与会者分成若干小组。划分有两种基本方式：一种是将专业、素质、年龄等相近的人分在一起，这种方式有助于讨论焦点的集中，也有助于融洽关系的形成；另一种是将专业、素质、年龄等不同的人分在一起，这种方式有助于从各个角度比较全面地研究问题，避免片面性。

2）提问。主持会议的一项重要技术是善于提出问题。提问可以吸引全体与会者的注意力，也有助于人们深入思考。提问时应注意以下事项：

a. 主持者在提问之前最好先打好提问的腹稿，事先确定提问的范畴与提问的主要内容，这将有助于提问效率与临场发挥。

b. 注意提问的时机。例如，当讨论已涉及某个方面而焦点又不十分明确时，及时地提出问题往往可以使讨论形成高潮；或当主持者意识到某些意见与已经发表的观点相矛盾的时候，应提出问题来激发与会者辩论。

c. 按平常对话的速度提问。太急速的提问容易使回答者感到主持者不耐烦，或带有审问的态度；太缓慢的提问容易使回答者感到无足轻重。

d. 应尽量选择不指名答复和问题，即所谓的的凌空式问题。因为这种问题等于向全体与会者发问，可以使与会者都参与问题的讨论。

e. 必要的时候，主持者可以选择指名答复的问题。提出这种问题之前，主持者应先叫提问对象的姓名，然后再予发问。先叫提问对象的姓名，等于给他一个提醒，使其全神贯注地听取主持者的发问，以便作出有效的答复。主持者切忌先发问，然后指名答复，万一被指名答复者没有记清主持者的问题，他将无从答复，这样不仅会造成会议的场面尴尬，而且主持者需花费时间重新发问。

f. 提出问题后，应给予足够的答复时间。主持者发问之后，答复者一般要历经四个阶段，才能对主持人的问题进行答复：首先，设法弄清楚问题的内涵；其次，思索问题的答案；再次，选择适当的措辞；最后，考虑主持者或其他与会者对该答案可能产生的反应与评价。这四个阶段的构思可能需要一定的时间，比如 10 秒钟或更长。为了填补提问与答复之间的时间空当，主持者可在这段时间将提出的问题简要地写在黑板上。这样做既可以进一步澄清问题的内涵，又可使答复者从容地构思答案。

g. 主持者对答复者的回答应表示竭诚欢迎。主要可通过肢体语言，如点头、微笑或口头语言，如“嗯”“是的”来表示欢迎。也可将答复者回答的重点简要地写在黑板上，表示欢迎。

3）对不同意见的处理。在会议进行中常常会出现不同意见，甚至发生争执。事实上，要想使与会者对会议的所有问题持同一种意见是根本不可能的，也是不应该的。由于与会者的素质、经历、观点等各不相同，他们对问题的认识与解释也就各不相同，因此，意见不一致也是一种正常现象。在处理不同意见时，主持者可采取以下措施：

a. 对争论双方或各方的观点加以澄清。有时，意见分歧的产生是由于对对方的观点有误解；有时争论双方在实质上或大方向上是一致的，存在的分歧仅仅是表述上的问题或是枝节问题。此时，澄清双方的观点有助于消除分歧。

b. 分析构成分歧的因素。在双方意见发生分歧时，会议主持者应尽可能地列出分歧的所有因素，并逐一分析，找出哪些因素是一致的，哪些因素是不一致的。这样做既有助于找到分歧的焦点，又有助于缩小分歧的范围。

c. 将争论的问题作为会议的主题之一，展开全面的讨论。意见不一致并不一定是坏事，因为唯有这样，才能引起大家的思考与讨论。会议的主持者可适当地选择有争议的问题交予与会者讨论，这也是将会议引向纵深的好方法。

d. 如果争议是离题的，则必须立刻制止，并复述会议的目标与讨论的主题。如果分歧确实存在，而暂时又不能弥合，那么就把问题暂时放下，不必争论不休，可以按照会议计划进入下一个议程，不要因分歧而影响整个会议。

4）总结。及时对会议作出总结是会议主持者的重要职责。总结实际上是对会议成果的概括，任何成功的会议都达到了开始时设定的会议目标。会议的成功与否必然要通过总结反映出来。当然，总结可以是分阶段的，即随着会议的进行，及时总结成功的经验、失败的教训。总结时要归纳会议中提出的主要观点、问题，不要遗漏会议的精华。

在任何一次会议里，令与会者最深刻的便是会议结束前几分钟所听到的话语，主持者应该善用这几分钟。主持者的总结最好能够涵盖下列四项内容：复述这次会议的目标；总结这次会议所取得的成果；感谢与会者的参与及他们所作的贡献；必要的时候，宣布下一次会议的目标、时间与地点。在总结陈述之后，与会者在离开会场时，能够真正体会到成就感或贡献感。

【复习与思考】

结合本单元的内容，以你所在院校校庆为主题，4～5人为一组，撰写一份3 000字左右的校庆公关策划方案。要求：紧密结合学院发展成长的背景资料，策划方案可操作性强；充分运用公关专题活动的多种形式（赞助、展览、开放参观、新闻发布会、庆典、联谊等）；语言通顺，逻辑性强，条理清楚，传播效果好。

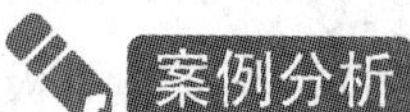

黄豆变成酱油的奇妙旅程

◎案例描述

2014年9月，著名调味品品牌海天酱油携手著名主持人汪涵启动“参观海天酱油阳光工厂”大型活动，活动不到1个月，就吸引了超过150万消费者的踊跃报名。在这场活动中，娅米的阳光城堡——这个于2013年5月刚刚开始运营的工业旅游园区，瞬间吸引了众人的关注。

海天，溯源于“佛山古酱园”，得名于“海天（古）酱园”，距今已有300余年的历史。佛山自古便是五金之乡、艺术之乡，更是中国传统调味产业的发祥地。由于地处珠三角腹地，北回归线横贯东西，气候温暖，阳光充沛，兼之水陆交通便利，商贾往来频繁，早在清代中叶乾隆时期，佛山就已领全国风气之先，催生出传统的酿造业“佛山古酱园”。长期以来，海天酱园以工艺讲究、产品口感醇厚、酱园规模宏大而闻名，它的产品远销省内及港澳地区，演绎了早期佛山制酱业的繁荣发展，也奠定了今天海天味业高起点的发展平台。

目前，海天酱油阳光工厂是全球最大的调味品生产基地，占地超3 000亩，年产量将超过 100 万吨。厂区拥有规模最大、面积约 80 万平方米的天然晒池和发酵大罐；拥有业内最先进的自动包装线 10 余条，单条生产线最高时速达 48 000 瓶以上。创下海天酱油、海天蚝油两个大类的中国第一。海天还率先建成了省级“酿造工程技术研发中心”和“产品检验中心”，拥有行业认可项目最多、最完善的国家认可实验室，是目前世界最大的“航母级”调味品综合性生产基地。

娅米的阳光城堡，是海天专门为广大消费者、游客精心开发的大型工业旅游项目。娅米，即英文“yummy”，美味的意思；阳光城堡，即表达海天坚持传统阳光酿晒的酿造酱油工艺；娅米的阳光城堡，便是海天美味的阳光城堡了。城堡内整条参观线路长达 3 千米，环绕并覆盖整个厂区的核心功能区域，沿途共设置包括“海天全景”“海天史记”“酱园古风”“海天剧场”“极速灌装”“立体彩仓”等在内的 17 个参观景点，海天集团通过在这些展区使用声、光、电等多种辅助手段，向消费者更全面地展示了生产的全过程和企业的科技水平。

进入娅米的阳光城堡一楼大厅，映入眼帘的是一组如梦似幻、色彩斑斓的雕塑群，像一座真的美味城堡。在这里可以体验海天专心打造的梦幻 3D 大片——《美味向前冲》中的场景，并与电影主角娅米小美女和欢乐豆近距离接触，只见娅米或指挥欢乐豆跳高跨栏，或勇敢地守护着海天的明星产品。

随后，在景区内看到的是“酱园古风”，这里是对 300 年前“佛山古酱园”的生动再现。1∶1 的实景还原雕塑，细腻自然的人物动作表情、精致玲珑的小物品、雕刻精致的劳动道具、错落有致的劳动场景，配合背景墙面生动的大型壁画，生动立体地展示了古法酿造酱油从收豆、选豆、煮豆、种曲、制曲、发酵、出油，到远销海内外的全过程。

城堡中的“海天剧场”主要展播 3D 动漫传奇主题大片——《美味向前冲》。在影片中，您将会同娅米、欢乐豆一起，身临其境般地畅游美味、奇幻的阳光城堡，并将形象地了解到“一颗黄豆是如何变成酱油的奇妙旅程”。这既是一部浪漫奇幻的影片，也是一个童话般的美味世界。

城堡里的“极速罐装”景区展示了全球酱油生产最高水平的“海天全自动智能化极速灌装线”的生产实景。多达 10 余条生产线设备沿着百米长的生产车间壮丽排列，单条灌装线的速度最高达每小时 48 000 瓶，让人叹为观止。

城堡内展示的海天“立体彩仓”，是业内唯一的现代化大型立体仓库，外形设计上模拟魔方造型，时尚十足，穿着绚丽的彩色格子外衣，在蓝天白云的映照下分外夺目。彩仓总占地 10 400 平方米，高 30 多米，共有 28 400 个货位，可存储成品 38 000 吨。

尖端品控区展示了目前在中国拥有调味品行业中认可项目最多、最完善的海天国家认可实验室，不仅可以观看到一流的试验检测设备，更可以零距离体验到海天品控人员如何坚持“把控好每一滴酱油的放心品质”。

旋转圆盘区主要介绍了决定酱油质量的一道关键工序——制曲。海天创新引入的塔式圆盘制曲工艺，技术一流，规模宏大。海天制曲所用的大圆盘，每个直径为20米，高7.25米，重达4吨，占地面积为300平方米。一个圆盘的一次制曲量就相当于一个普通酱油厂一年的产量。

沐光之谷展区，介绍的是海天酱油阳光酿晒的过程。海天味业用于天然发酵的玻璃晒池屋和发酵罐总面积超过80万平方米，相当于100个足球场那么大，一排排整齐的玻璃晒池在阳光的映照下犹如一片阳光的海洋。

◎案例解析

食品安全是当下关注度很高的话题，当菜园已经无限远离了人们的生活，大家非常希望能知道自己每天吃的东西是怎么做出来的，这是消费者购买食品时的一种隐性需求。如果一个企业能够将自己产品的生产过程告知消费者，这在无形中会增强消费者对品牌的信任度。继蒙牛、伊利之后，海天味业的工业旅游项目——娅米的阳光城堡，便呈现在广大消费者面前。

娅米的阳光城堡具有与其他工业旅游相似的特点，同时又富有独特的童话色彩和海天特色。娅米的定位是轻松活泼的卡通形象，用它作为城堡主人，带领大家进入海天味业的奇妙世界。

工业旅游是海天味业在与消费者进行沟通的道路上探索的一种新方式，通过工业旅游带动社会对现代工业化、产业化生产的认知和了解。海天味业将调味品生产的全过程主动摆到参观者的面前，高端技术、先进科技、现代化立体仓库……如果不是实地参观，消费者不会想到这些高精尖的东西会和酱油生产息息相关。

小酱油、大智慧，是很多参观者的感想。

◎案例交流与讨论

1. 讨论分析海天味业设计“娅米的阳光城堡”的目的和效果。

2. 思考工业旅游在今天的消费市场中的意义和风险。

3. 从消费者细分的角度，思考海天味业的娅米工业旅游对不同类型消费者所产生的影响。

模块五
对象型公共关系

学习目标

1. 了解组织所面临的各类公众群体。
2. 掌握如何处理组织与各种对象型公众之间的关系。

导引案例

星巴克成功的秘密

星巴克是全球最大的咖啡连锁店，是世界上增长最快的品牌之一，也是《商业周刊》“全球品牌100强”最佳品牌之一。星巴克成功的重要因素是它视“关系”为关键资产，公司董事长霍华德·舒尔茨一再强调，星巴克的产品不是咖啡，而是“咖啡体验”。与客户建立关系是星巴克战略的核心部分，它特别强调的是客户与“咖啡大师傅”的关系。

舒尔茨认识到“咖啡大师傅”在为客户创造舒适、稳定和轻松的环境中的关键角色，那些站在咖啡店吧台后面直接与每一位客户交流的吧台师傅决定了咖啡店的氛围。为此，每个“咖啡大师傅”都要接受培训，培训内容包括客户服务、零售基本技巧以及咖啡知识等。“咖啡大师傅”还要预测客户需求，并在解释不同的咖啡风味时与客户进行目光交流。

认识到员工是向客户推广品牌的关键，星巴克采取与市场营销基本原理完全不同的品牌管理方式。星巴克将在其他公司可能被用于广告的费用投资于员工福利和培训。1988年，星巴克成为第一家为兼职员工提供完全医疗保险的公司。1991年，它又成为第一家为兼职员工提供股票期权的公司，星巴克的股票期权被称为“豆股票”（Bean

Stock)。在舒尔茨的自传《星巴克咖啡王国传奇》中，他写道："'豆股票'及信任感使得职员自动、自发地以最大热忱对待客人，这就是星巴克的竞争优势。"星巴克的所有员工，不论职位高低，都被称为"合伙人"，因为他们都拥有公司股份。

星巴克鼓励授权、沟通和合作。星巴克公司总部的名字为"星巴克支持中心"，这表示对于那些在星巴克店里工作的"咖啡大师傅"来说，公司管理层的角色是为他们提供信息与支持。星巴克鼓励分散化决策，并将大量的决策放到地区层面，这给了员工很大的激励。许多关键决策都是在地区层面完成的，每个地区的员工就新店开发与总部密切合作，帮助识别和选定目标人群，他们与总部一起完成最终的新店计划，保证新店设计能与当地社区文化保持一致。星巴克的经验显示，在公司范围内沟通文化、价值和最佳实践是建立关系资产的关键部分。

另外，客户在星巴克消费的时候，收银员除了品名、价格以外，还要在收银机输入客户的性别和年龄段，否则收银机就打不开。因此，公司可以很快知道客户的消费时间、消费了什么、金额多少、客户的性别和年龄段等。除此之外，公司每年还会请专业公司做市场调查。

星巴克也通过反馈来增强与客户的关系。每周，星巴克的管理团队都要阅读原始的、未经任何处理的客户意见卡。一位主管说："有些时候，我们会被客户所说的吓一跳，但是这使得我们能够与客户进行直接交流。在公司层面上，我们非常容易失去与客户的联系。"

星巴克将其关系模型拓展到供应商环节。现在，许多公司都将非核心业务剥离，这使得它们与供应商的关系变得极其关键，特别是涉及关键部件的供应商。有些公司把所有完成的交易都视为关系，但是真正优秀的公司都认识到，在商业交易和真正的关系之间存在巨大的差别，即是否存在信任，它们都投入大量的资源去培养与供应链上的合作伙伴之间的信任。

星巴克倾向于建立长期关系，它愿意通过与供应商一起合作来控制价格，而不仅仅是从外部监控价格，因此它投入大量的时间与金钱来培育供应商。在星巴克看来，失去一个供应商就像失去一个员工，因为你损失了培育他们的投资。星巴克对合作伙伴的选择非常挑剔，但一旦选择过程结束，星巴克就非常努力地与供应商建立良好的合作关系。第一年，两家公司的高层主管代表通常会进行3～4次会面，之后，每年或每半年进行战略性业务回顾以评估这种合作关系。产品和产品的领域越重要，参与的主管级别就越高。

资料来源：《星巴克：你到底了解多少》，http：//www.wtoutiao.com/p/Y6c74l.html。

思考：

为什么星巴克可以成为世界范围内最大的咖啡连锁企业？它的成功秘诀是什么？请在本模块的学习中寻找答案。

单元一 员工关系

【情境导入】

一次，松下幸之助召见他的销售经理，问道："松下公司是生产什么产品的公司？"

经理不假思索地答道："这还用问吗？是生产电器的嘛！"

松下幸之助勃然大怒，当场训斥了这位经理，说："松下电器公司是培育人才的公司，兼做电器商品的生意。"

这就是松下幸之助"制造松下产品前，先制造松下人"的一贯思想。

只有重视人，把人放到企业经营的最主要的位置上，人的需要才有被考虑的余地。那些把人当工具的企业，是不可能让人有"成长感"，让人得到发展的。在那样的企业，职工要么离心离德，要么怨气冲天。何谈团结一致呢？

同时，职工要有一个共同的价值观。价值观是企业文化的核心。现代企业，要使内部员工团结一致，没有共同的价值观的凝聚，是难以达到目的的。

在日本，几乎所有的企业都在十分显眼的地方张贴"社训"，条文简单明了、内容丰富、含义深远、激励人心。

日立神奈川工厂的社训是：

要站在顾客的立场考虑问题；

要提高自己的人格，以高度的责任感完成任务；

要有一个保证健康、使人愉快的工作环境；

要进行彻底的成本核算，消灭废品。

松下公司的社训是：

彻底认清从事产业的使命，谋求社会的改善与进步，进而贡献于世界文化。

唯有公司每一位成员和睦相处、齐心协力，才有进步和发展的可能，全体员工应本着至诚、团结一致的精神，为社会尽力。

这些社训，绝不是装饰品，而是治厂的格言和经营的灵魂，全公司的职员都要经常温习这些训言，记在心上，体现在自己的工作实践中。

松下公司还为此专门编了社歌，每天早晨，遍布世界各地的松下公司分厂，都无一例外地要在上班前高唱社歌，使职工每天都保持高昂的精神状态。

资料来源：公关客体，http：//www.docin.com/p-514202977.html。

思考：

(1) 有人说：学会做事，首先要学会做人。这与松下幸之助"制造松下产品前，先制造松下人"的思想有什么共同之处？

(2) 如果你是企业的主管领导，你将如何考虑培养员工的价值观和提高员工的群体凝聚力？

一、员工关系概述

员工是组织最重要、最密切的公众。员工是指组织中的职员和工人。员工关系是指组织在管理过程中形成的人事关系，包括组织机构中上下级之间的关系，各个职能部门、科室、班组之间的关系，以及内部员工之间的关系。

员工是组织的主体，是组织赖以生存和发展的细胞，他们的思想和情绪无时无刻不影响组织机制的运行。组织的存在价值和发展目标，组织向社会提供的优质产品和服务，都要通过他们身体力行去实现。某日本经理说过：一群人在一起工作，其效果并不总像数学公式一加一等于二那样简单。两人协力的结果，可能三倍甚至五倍于个人的力量。相反，如果不互相协力，效果可能为零。因此，成功的组织能够激发群体中每一个成员的智慧和潜能，把各种分散的力量聚成一股强大的合力。可见，良好的雇员关系是组织凝聚的黏合剂。

员工是组织形象的设计师和创造者，是组织与外部公众接触的媒介。他们每天工作在生产经营的第一线，他们的衣着、风貌、举止、言行，都是组织形象的体现和象征。他们和蔼可亲的态度，热情周到的服务，正直诚实的美德，将给组织带来无穷的效益。因此，每一个员工都是组织中的“兼职”公关人员。良好的雇员关系有助于培养员工的主人翁责任感，使人人珍惜组织的信誉和形象，从根本上改善和提高组织的素质，使组织真正做到内求团结、外求发展。

拓展阅读

迪士尼的“主人”

美国迪士尼公司非常注意处理员工关系，其宗旨是：使员工有高度的满足感。公司把每一位员工都称为“主人”，如“饮食主人”“保安主人”“市容主人”等，为的是增强员工的使命感，让游客有宾至如归之感。公司不像其他大企业那样日常称呼先生、小姐，而是彼此称呼名字，不分等级，令游乐场充满友善和无拘无束的气氛。迪士尼的行政人员必须每年参加为期一周的“交换角色”节目，他们担任游乐场卖爆米花或收票的工作，亲身体验一线员工的工作。迪士尼公司之所以在员工关系上花这么大的精力，原因就在于它知道服务行业所推销的纯粹是员工的表现。对顾客而言，公司员工就是公司的化身，如果员工心情不佳，干工作只为糊口，终日板着面孔，无疑是自绝客路，受损害的是公司自己。相反，员工对身为迪士尼一分子感到骄傲，热爱工作，善待游客，迪士尼公司的业务必定会一天天发展壮大。

资料来源：http：//www. docin. com/p-239647882. html.

由此可见，现代公共关系首先是促使组织把自身的工作做好，然后才是对外沟通传播。要把自身的工作做好，需要内部员工精诚团结、共同努力。因此，协调员工关系，培养员工的认同感和归属感，增强组织的向心力和凝聚力，就成为公共关系工作的起点。

二、员工关系的处理

1. 加强双向沟通，实现信息共享

信息沟通是指信息在人与人之间、组织与组织之间，通过语言、文字、图形以及感情、态度等形式进行的传递。世间人际关系紧张往往源于误会，而大多数误会又是由于人们彼此之间缺乏有效的沟通。员工作为组织的一分子，如果对组织的情况不了解，特别是对与自己切身利益相关的信息知之甚少，便会产生猜疑、烦恼、对抗的心理和行为，从而造成人们之间的隔阂、争斗和内耗。实现信息共享，既是为了形成良好的人际关系，也是为了使员工在认识上和行为上与组织的根本目标保持一致。

组织内部的信息沟通是多流向的，既有纵向信息传递和横向信息传递，又有交叉式信息传递。

纵向信息传递是指组织内部上下级之间的双向信息交流，即通常所说的“上情下传”和“下情上达”。纵向信息交流可以使组织的意图和职工的要求达到和谐统一，从而上下一心、齐心协力。为此，组织应该充分利用各种传播形式，如组织的杂志、小报或通讯、简报、墙报、广播等，向员工介绍本组织的盈亏情况、领导层的人事变动以及奖金、红利或福利政策，以求得到员工的理解和支持；介绍本组织在生产、技术、质量、销售等方面的困难，竞争厂家的挑战与影响，以及外部对本组织的评价和反映，以求增强员工的危机感和紧迫感，增强员工的斗志和对本组织的忠诚；介绍组织领导和先进人物的工作业绩，以求增强员工对本组织的信心和荣誉感；介绍企业的新产品、新技术和新设备，以求培养员工在信息时代的激烈竞争中保持不败的信念。此外，还需要对员工的情绪、意见、牢骚、要求、流言或建议进行及时的归纳、整理，反映给领导层或有关部门，作为决策和工作的依据。

横向信息传递是指组织内部各部门、各层次之间的平行信息交流。横向信息交流可以沟通各部门之间的信息，拓宽管理人员的视野，支持彼此的工作。员工之间的交流，可以增进友情、团结合作；管理人员之间的交流，可以协调职能、互相支持；领导成员之间的交流，可以彼此体谅、贯彻政策。横向交流的方式很多，如郊游、联谊、体育活动、舞会等，都可以增强员工之间的情感交流。日本人每工作 25 小时，就有 1 小时用于在工作之余同团体内部其他人员的交际。他们认为，工作后的活动可以解决工作上的冲突。

交叉式信息传递是指组织各界人员，不分上级和下属，都以群体一分子的平等身份进行交往。这是一种开放式的交往，它可以打破部门的界限、职务的隔阂，在组织中从上到下创造一种相互理解、相互信任的和谐气氛，使组织充满活力、富有朝气，从而达到“人和”的境界。

拓展阅读

摩托罗拉的沟通会议

以生产手机闻名世界的摩托罗拉公司早在30年前就认识到企业内部沟通的重要性，并不断实践和完善沟通制度。公司管理者注意到，不同职位的人需要不同的沟通方式，完整的沟通系统应该包括上行沟通、下行沟通和平行沟通。摩托罗拉的沟通系统因此分为三部分：一是每月召开的员工协调例会（上行沟通）；二是每年举办的主管汇报会（下行沟通）；三是每年举办的员工大会（平行沟通）。

1. 员工协调例会

员工协调例会是标准的上行沟通途径。在会议中，管理人员和员工聚集一堂，商讨彼此关心的问题。如果沟通过程中，有些问题不能在基层协调会上得到解决，则会逐级反映上去，直到有圆满答复。

2. 主管汇报会

它类似于管理层的述职报告会，所不同的是，主管汇报会面对全部员工。主管汇报会每年举办一次，公司管理层经过一年的工作，把经营的成果和当前的问题整理成报告，对广大员工作个交代。

3. 员工大会

摩托罗拉的员工大会是平等阶层之间的沟通，例如部门经理与部门经理之间、科员与科员之间，大多是不同部门间地位相当的员工。所提问题一定要有普遍性、全局性，有关私人、个人的问题是禁止提出的，对提问必须尽快作答。

通过良好的内部沟通，企业运营效率得到了有效提升。1997年，拥有15万员工的摩托罗拉公司的销售总额达298亿美元，利润额达12亿美元，1997年度《财富》排名第93位，而1996年它还在百名之外（101位）。

资料来源：http：//www. wendangku. net/doc/88a15e5f6f1aff00bfd51e32-2. html.

2. 建立企业文化，增强组织内聚力

企业文化是指一个企业组织及其员工所具有的一整套价值观念体系。它包括相互联系、相互依存的两个方面。就“软”的一方面来看，是指员工的思想意识、精神风貌和价值观念；就“硬”的一方面来看，是指决定企业价值观念的各种具体活动，如技术活动、福利活动和娱乐活动等。企业文化是一种无形的管理方式，它可以使人们改变原来只从个人角度出发的思想意识，树立一种以企业为中心的共同价值观念，从而在潜意识中对企业产生一种强烈的向心力，培养良好的集体意识。具有强烈集体意识的企业成员会对企业所承担的社会职责和企业目标有深刻的理解，从而自觉约束个人行为，使自己的言行与企业整体联系在一起。这样，企业的各项工作就能有机联系起来，合力运转。

日本松下公司的宗旨是："认清我们身负的责任和使命，追求进步，促进社会文明，致力于世界文化的长远发展。"它提出的员工信条是："唯有公司每一位成员和睦相处、齐心协力，才有进步和发展的可能。因此，我们每一个人都要时时刻刻记住这一信条，努力促使本公司不断进步。"它在内部公共关系活动中制定了"松下精神"，即产业报国的精神、光明正大的精神、友好一致的精神、力争向上的精神、礼节谦让的精神、适应同化的精神、感激报恩的精神。松下公司是日本第一家有公司歌曲和价值规范的厂家，企业在日常经营管理中给予员工两种训练：一种是基本的生产技术训练，另一种是独特的"松下精神"的学习教育。每隔一个月，员工至少要在所属的群体中进行 10 分钟的演讲，说明本公司的精神价值观念，以及公司与社会、个人之间的相互关系。正因为如此，"松下精神"成为松下员工牢固不破的价值观念，也因此成为松下公司成功的象征。

可见，内聚功能是企业文化最显著的一项功能，它把员工的意志和行为引向同一目标，并为这个目标而协同工作。同时，具有优秀企业文化的企业，向社会展示其良好的管理机制、经营素质和企业风貌，无形之中向市场提供了可以信赖的信息，这就为企业塑造了良好的整体形象，赢得了良好的市场信誉。

因此，有人将企业的经济与文化作为同一共同体的两个侧面来分析，把企业文化看成相对于经济的另一只"看不见的手"，它能通过明确的经营宗旨、深层次的意识行为准则、悄悄的暗示，渗透于人们的心中，聚集人们的先进意识，使人们获得共识，指导人们的行动，在企业深层的精神文化层面发挥凝聚人心的特殊功能。

3. 掌握用人之道，加强组织的向心力

组织的员工是"社会人"而不是"经济人"，他们生活在复杂的社会机体中，除了经济需求外，还受到社会环境、社会组织及家庭的影响，追求友谊和爱情，要求生活得充实、愉快，渴望受人尊重和实现自身价值。因此，卓越的中外企业，都非常注重满足员工的精神需求。

聚力必聚心，聚心必先尊重人。因此，搞好雇员关系，必须从确立个体价值入手，使团体中的每个成员都能在团体环境中充分展示自己的个性，追求和实现个人价值，这样才能加强每一个成员的向心力，通过许许多多的个体活动，去追求和实现组织的整体目标。日本东京西武百货集团的做法给了我们很大的启示。在公司所属商店的任何一间办公室中，都张贴着一幅既吸引人又令人费解的宣传画：一个巨大的人头像，头上顶着一个小铁塔，塔尖部的空中释放着许多闪电。这就是西武公司的“热情发电图”，意为职工对公司的热情，会化为巨大的智慧，而巨大的智慧就像闪电一样，会给公司的发展带来巨大的动力。西武公司一向以此来激励职工的“自我实现”精神，即“充分发挥才干”的精神需求。为了最大限度地发挥职工才能，公司每年年底都向职工分发一份“自我申告书”，由职工自愿填写。申告书填写的栏目内容是：1）一年来的主要成绩；2）现有工作是否能发挥你的能力，对现有工作是否感兴趣、是否感到满足，对现有工作量、工作难度是否适应；3）对自己的能力进行估计，如分析能力、联想能力、表达能力、持续工作能力等；4）今后一两年内是否打算变换工种，变换什么工种；5）你将来想担任什么职务；6）你希望受到什么教育或研修什么内容；7）你受过什么训练；8）主管领导意见和处理情况。随后，公司通过培训、奖励等多种方法帮助其完成“自我实现”。公司的基本观点是：多数情况下不是人不好，只是没用好。

西武公司的做法很值得借鉴。企业对员工除了给予充分的信任和尊重外，还以各种形式为员工的成长和发展提供机会，充分挖掘人的潜力和调动人的积极性。

4. 创造“家庭气氛”，协调与非正式组织的关系

组织的成功既有赖于管理水平的高低，也有赖于“情感维系”作用的强弱。现代组织非常重视建立“家庭情感”，将浓厚的人情味注入企业管理之中。培养融洽的家庭气氛，即对员工在生产过程以外的时间，从生活的各个方面给予积极的关心，使员工感到置身于组织之中，犹如在家里一样，有一种安全感、舒畅感和归属感。

在组织中一般存在一些非正式组织，如同乡会、同学会、兴趣团体等。非正式组织是一些自由的、松散的人际活动圈子，是以感情为纽带、以共同利益的追求为目的而自发聚合形成的组织。因此，比起自上而下正规化的组织系统，其联系交往更亲密、更有效、更富有弹性。非正式团体在组织管理和公关工作中，一方面具有积极作用，发挥沟通意见、稳定情绪、互帮互学的效应；另一方面也有不可忽视的负面作用，容易传播流言蜚语，带来“哥们儿义气”，削弱正式团体的控制力与影响力。因此，要发挥非正式组织的积极作用，避免消极影响，就要靠公关人员的引导、协调和疏通。

公关人员与非正式组织打交道，首先，要重视意见领袖的作用，因为意见领袖在非正式组织中有号召力和影响力，他们的言谈往往会获得他人的尊重和信任。因此，要利用他们的威信引导这些团体，使他们的行为趋向与组织保持一致，成为正式组织的有效补充。其次，要避免非正式组织的消极作用和破坏作用，就必须加强同非正式组织成员的感情联系，和他们交朋友，使他们信服，而不是被压服。压制只能使他们产生对立情绪，甚至转化为对抗关系。只有利用情感交流和信息沟通，才能形成良好的工作情绪和气氛，形成和睦的人际关系。最后，要注意防止组织内部小道消息的蔓延，因为小道消息的传播会对正式组织的信息传播造成干扰和破坏，从而影响组织的统一和一致。

【复习与思考】

1. 为什么说员工是企业的财富？

2. 在处理员工关系时，你会从哪些方面考虑？

单元二 股东关系

【情境导入】

长虹海外“受骗”风波

2003年3月5日，《深圳商报》刊载《传长虹在美国遭巨额诈骗，受骗金额可能高达数亿》一文。文章称：长虹在美国遭遇巨额诈骗的消息在业内传播甚盛，似乎已成为不争的事实，并且称长虹受骗已惊动了外经贸部。该报记者对此传闻还进行了多方求证，感觉事态确已严重等。长虹迅速寻找到错误消息来源，立即于3月5日晚展开了一系列的公关举措，及时提供给各大媒体一份声明。虽然这份声明有一些简单和模糊，但在一定程度上防止了负面信息的扩散。

然而，尽管3月5日晚长虹进行了一系列公关活动，对《深圳商报》的不实报道进行了“澄清”，但3月6日股市开盘刚一个小时，四川长虹就遭到了突如其来的巨量抛售，股价上演高台跳水，到收盘时股价下跌4.22%，成交量达2 600多万元，创出当年7月以来的巨量，甚至影响了大盘走势。

随后长虹开展了一系列公关活动，提供正确的消息，发表权威说法，并尽可能地重塑企业形象。尤其是长虹依靠与政府的良好关系，请绵阳市委出面说话，使《深圳商报》在显要位置就《传长虹在美遭巨额诈骗，受骗金额可能高达数亿》一文进行了澄清，起到了积极的效果。而长虹公开声称将保留采取法律途径解决“被诈骗”事件，同时邀请律师通过网站和其他途径向股民说明可以通过法律途径向“误报”媒体索赔损失等。

思考：

长虹在第一次危机公关中做错了什么？企业与股东之前存在怎样的关系？

一、股东关系概述

股东，即企业的投资者。股东关系也称金融公共关系或财务公共关系。股东关系所包含的公众对象常见的有五类：第一，董事会，其成员一般是占有股份较多者或社会名流，他们由股东选举出来，代表股东管理企业；第二，持有可转让和买卖股票的“纯粹”的个人股东，他们分散在社会各个阶层，不直接参与企业经营，但关心企业的盈利状况；第三，股东与职工相结合，即职工购买本企业的股票，他们的利益与企业的利益联系最紧密；第四，在我国还有通过国有（或集体）企业之间横向联合或集资而产生的集体性股东；第五，中外合资型股东。一般股东很少参与或完全不参与企业的日常生产经营活动，但具有一定的权利，如选举董事会、制定规章制度、提议修改章程、减少或扩大投资等。股东关系在国外是一种常见的公共关系，由于股东关系涉及企业的“权源”和“财源”，与企业的生存和发展休戚相关，因此处理好与股东的关系就成为企业公关的重要内容。

在我国改革开放的形势下，企业的“财源”及所有制形式也由单一向多元发展。随着企业股份制改造的深入和扩大，随着公众投资意识和投资需求的形成，企业面临着一个重要课题：如何运用公共关系手段去吸引广泛的社会资金来发展企业，如何与广大的股东公众保持有效、良好的沟通以稳定和扩大企业的财源。目前，股份制的实施促使企业的投资多元化、市场化、社会化，从而使企业的投资关系复杂化。没有良好的公共关系，就不可能吸引众多的投资者，也不可能稳住自己的股东。良好的股东关系可以争取现有股东和潜在股东了解企业、信任企业，创造良好的投资环境，稳定和扩大股东队伍，最大限度地满足企业的生产经营对资金的需要，扩大企业的社会财源。如果缺乏良好的沟通，股东一旦成为覆舟之水，企业的形象和信誉就极可能被摧毁。

蓝田危机

蓝田股份曾经是中国证券市场上一只老牌的绩优股，1996 年发行上市以后，在财务数字上一直保持着神奇的增长速度：总资产规模从上市前的 2.66 亿元发展到 2000 年末的 28.38 亿元，增长了近 10 倍，历年年报的业绩都在每股 0.60 元以上，最高达到 1.15 元，即使遭遇了 1998 年特大洪灾以后，每股收益也达到了不可思议的 0.81 元，创造了中国农业企业罕见的“蓝田神话”，被称作“中国农业第一股”“中国农业产业化旗帜”。那么，蓝田集团是如何创造这一“奇迹”的呢？据他们自己说，靠的是生态农业。可农业能有如此高的资金回报吗？蓝田奇迹引起了中央财经大学研究员刘姝威的怀疑。刘姝威从 2001 年 10 月 9 日开始对蓝田集团的财务报告进行分析。刘姝威在研究中发现，蓝田股份的流动比率小于 1，也就是说，它在一年内难以偿还流动债务；而蓝田集团的净营运资金是－1.27 亿元，这意味着它在一年中有 1.27 亿元的短期债务无法偿还。她最后的判断就是，蓝田集团已经失去了创造现金流量的能力，它是一个空壳。所谓的蓝田奇迹，是靠制造虚假报表欺骗股东和银行来实现的。2001 年 10 月 26 日，《金融内参》刊登了刘姝威的 600 字短文。此后不久，国内有关银行相继停止对蓝田股份发放新的贷款。蓝田集团不但不思悔改，反而向地方法院提起诉讼，说刘姝威的研究论文败坏了其名誉，断了其生路。同时，蓝田公司还向刘姝威发出恐吓信，说2002年1月23日就是她的死期。刘姝威只得求助社会舆论，她向100多家媒体发出信件，说明事实真相，在全国引起轩然大波，致使蓝田股份公司的股票一落千丈，变成了垃圾股。2002年1月12日，因涉嫌提供虚假财务信息，蓝田公司董事长瞿兆玉的继任者、董事长保田等10名公司管理人员被拘传。而此前改任中国蓝田总公司总裁的瞿兆玉也接受了有关部门的调查。2002年1月21日、22日及23日上午，生态农业被强制停牌，当天下午全线跌停。

资料来源：http：//www.doc88.com/p-8456062835103.html.

随着股东队伍的迅速膨胀，企业势必倾注更大的精力来处理与股东的关系。对于企业来说，资金就像肌体中的血液，股东则是制造血液的骨髓，失去了骨髓，也就中断了血液来源，企业的生命也就会枯萎。良好的股东关系可以使企业获得雄厚的资金来源，发挥自身的“造血功能”，使企业始终处于朝气蓬勃的状态。建立良好的股东关系，其目的是加强企业与股东之间的信息沟通，提高企业的信誉度、知名度、可靠性和发展能力，创造一种通力合作的融洽气氛和良好的投资环境，以稳定已有的股东队伍，争取潜在的投资者。

二、股东关系的处理

1. 激发股东的主人意识

股东与企业之间，不是单纯的投资—分利的关系。股东从购买企业股票之时起，便与企业有了一种“血缘”关系。一般来说，投资者通过购买和保存企业的股份，表现了他们对某项事业、某个企业的信心和信任，因此，要特别注意和尊重股东的这种感情，把他们看成企业的主人，激发他们的“主人意识”，鼓励股东关心企业活动，把股东利益与企业利益紧密结合起来，使股东成为企业经营活动中的积极成员，这样才能促使他们保持对企业更强烈的投资兴趣。很多企业在发给股东阅读的公共关系杂志上报道公司新产品时，总是客气地宣称：“首先我要把这令人兴奋的消息，奉告各位老板。”这样的字句，从细微处入手，既满足了股东的主人意识，又联络了与他们的感情，使他们能与企业荣辱与共、同舟共济。

2. 让股东成为推销伙伴

股东购买股票，往往不仅表现在他们对企业的信心和信任上，而且有某种程度的情感倾向。因此，股东不仅是企业的投资者，也可成为企业最知己的顾客群，成为与企业同舟共济的推销伙伴。股东结构分布广、影响面大，加上利害相关，一般都对企业有高度的责任感。他们本身可成为企业最知己的顾客群，还会积极鼓动其亲友购买企业的产品，这样就会形成一个可观的潜在市场。所以，应该鼓励和吸引股东积极参与企业的生产与销售活动，充分利用他们广泛的社会关系来扩大产品的销售网络。

要想使股东成为企业的顾客和推销伙伴，必须首先让他们了解企业的产品。为此，许多企业都开展了给股东寄送产品样品的活动。这类活动一方面让股东有机会最先享用企业的新产品，充分显示股东所拥有的“特权”；另一方面，可以通过他们的关系网为企业争取到更多的客户。例如，美国通用食品公司，每逢圣诞节便准备一套本公司的罐头样品，分送给每一位股东，股东们为此份特别礼品感到十分骄傲，也会产生强烈的认同感。他们不仅极力向外人夸耀和推荐本公司的产品，而且在每年圣诞节前，即准备好一份详细名单寄给公司，由公司按名单把罐头作为圣诞礼物寄给他们的亲友们。因此，每逢圣诞节来临，通用食品公司都会额外收到一大批订单。股东们既享受到折扣的优待，公司也赚到一大笔钱。从这个案例中，不难看到股东助销、促销的作用。如果一家公司有 1 000 个股东，每个股东又有 100 个友人，假使每个股东都说这家公司的好话，那么就有 10 万个潜在顾客。这是一个很可观的顾客市场，我们绝不可以忽视股东这个同舟共济的推销伙伴。

3. 与股东保持有效的沟通

建立良好的股东关系，其关键在于保持与股东的有效沟通。沟通的内容有两方面：一方面，公关人员要定期向股东报告企业的经营状况和有关信息，如企业的重大决策、经营上的大政方针、人事上的重大变动、新产品的开发试用、资金的流动状况、股利的分配政策，以及盈利预测和各种有关统计数字，从而增进股东对企业的了解，看到企业的发展前景，保持对企业的乐观态度，愿意持有股票甚至追加投资；另一方面，公关人员还要及时搜集股东本人的情况，他们对企业的态度、意见和建议以及对企业产品和服务状况的评价，他们所知晓的社会对企业的反映，他们的投资兴趣和希望等，并及时把这些信息反馈给决策部门，作为企业经营和公关工作的依据。

为了实现企业与股东之间更好的信息沟通，公关人员通常采用以下沟通方式：

(1) 年度报告。促进企业与股东的信息沟通，年度报告是最主要的手段。年度报告包括财务、生产、销售、人事、行政等计划数字。国外有些企业的年度报告还包括分析国际市场机会，分析自己的产品生产是否与一些社会问题的出现有关，如空气和水的污染等，还向股东传播管理者对公共事务的观点和看法等。

(2) 股东会议。股东会议是一种面对面交流的沟通方式，是由总经理、董事、股东代表、各部部长参加的，一起研究公司情况，关于制定修改长期规划、巨额投资、新产品开发、投放市场时间、定价、设备投资等问题的年度会议。通过这种会议，可以与股东直接接触，信息传播迅速准确，但是一般只有居住地较近而且股份数量较大的股东才能参加，所以企业的决策往往不能全面反映所有股东的意愿。公关人员在召开会议的前一周，要把各种情况和建议邮寄给股东，使他们能有所准备。

(3) 信函。有些公司和企业从股东购买第一张股票开始，就发出欢迎信与他们建立通信联系。美国通用汽车公司就经常采用通信方式争取股东的支持。每位新股东都会收到董事长的欢迎信，信中列举公司的主要产品，并恳请股东多加照顾。在给股东的红利中也附上一封信，写道："通用"是您的公司——请您多多使用及宣传通用汽车产品。

(4) 定期发放调查表。为了及时搜集股东的意见和建议，可采用发放调查表的方式来了解股东的想法，以便使企业决策人心中有数。如蓝鸟公司生产涂银大灯泡供大公司使用，这种产品不可能直接向股东销售，公司便印制了调查表寄给股东，请他们协助征询产品意见并发展销售关系。结果，23%的股东寄回问卷，并附上不少有关产品的意见；还有140位股东表示愿意利用自己的影响争取让一些用户使用蓝鸟公司的产品，甚至将自己所在地的情形调查清楚，向公司报告。

除上述几种沟通手段外，企业还可以利用各种自媒体向股东传输企业信息，也可采用个别访问等方式进行联系。

【复习与思考】

1. 为实现企业与股东之间的关系，公关人员可以采取哪些沟通方式？
2. 处理好股东关系，对于企业的意义是什么？

单元三 顾客关系

【情境导入】

花旗银行的全员公关

花旗银行是世界上最大的银行之一，每天的营业额高达数亿美元，业务十分繁忙。一天，一位陌生的顾客走进豪华的美国花旗银行营业大厅，仅要求换一张崭新的100美元钞票，准备当天下午作为礼品使用。银行职员微笑着听完他的要求之后，立即先在一沓沓钞票中寻找，又拨了两次电话，15分钟后终于找到了一张这样的钞票，并把它放进一个小盒子里递给了这位陌生顾客，同时附上一张名片，上面写着"谢谢您想到了我们银行"。事隔不久，这位偶然光顾的陌生顾客又回来了，在这家银行开设了账户。在以后的几个月中，这位顾客所在的那家律师事务所在花旗银行累计存款25万美元。从这个案例我们可以看到，花旗银行的全员公关意识已内化成每一个员工平时工作中一点一滴的行动，正是员工这种急顾客之所急、想顾客之所想、全心全意为顾客服务、甘作顾客仆人的思想和行为，最终造就了花旗银行这艘金融界的巨轮。

资料来源：http：//www.docin.com/p-506678915.html.

思考：

花旗银行在全员公关的意识下，是怎样处理与顾客之间关系的？

一、顾客关系概述

顾客关系即企业与本企业产品和服务的购买者、消费者之间的关系。在现代社会，顾客关系泛指一切物质产品和文化产品及服务的供应者、生产者与购买者、消费者之间的广泛联系。在激烈的市场竞争中，越来越多的企业努力探寻有效的经营途径，忠诚地以服务顾客为准绳，确定以市场顾客为导向的经营哲学。

拓展阅读

客户满意

“让顾客满意”（Customer Satisfaction，CS）活动在全球兴起，成为20世纪90年代公共关系的重要视点。日本不少公司的墙上都贴着写有“CS”字样的宣传画。索尼、丰田等公司，早在1989年初就分别成立了以总经理为首的顾客满意委员会，对中级管理人员开办了“让顾客满意”培训班，并要求他们定期到“顾客接待中心”等服务窗口直接听取消费者的意见。别国学者的调查也表明，每有1名通过口头或书面形式直接向公司提出投诉的顾客，就有约26名保持沉默的感到不满意的顾客。这26名顾客每个人都可能会对另外10名亲朋好友造成消极影响，而这10名亲朋好友中，约33%的人可能会再把这个坏消息传给另外20个人。换言之，只要有1名顾客不满意，就会导致26＋（26×10）＋（26×10×33%×20），即2 002人不满意。因此，现代企业家必须清醒地认识到：“顾客满意”就是经营，让顾客回到经营的起点上来。

“顾客至上”的经营意识，其核心是使顾客满意。“顾客满意”集中表现在顾客重复购买的程度，这种“重复购买”不仅仅体现在由顾客满意而产生的个体直线效应上，更重要的是体现在由1名顾客的满意而产生的“2 002名顾客”的群体网状效应上。顾客就是上帝，顾客就是效益，谁拥有顾客，谁就拥有发展的机会。

二、顾客关系的处理

1. 塑造为顾客服务的形象

当今世界上经营卓越的组织，不论它们从事的是机械制造业，还是高技术产业，或者是生产汉堡包的食品业和迪士尼乐园那样的游乐场所，都以“服务业”自居，努力塑造为公众提供优质服务的形象，以争取社会各界的信任和支持。例如，法国名牌爱马仕征战百年，经久不衰，这同它树立的良好的服务形象是分不开的。爱马仕商标画的是一辆无人驾驶的四轮马车。据说这个图案的寓意是：马车由主人自己驾驶，产品供顾客自己享用。其目的在于让企业的接棒人触发灵感，务必牢记要使产品适应顾客不断变化的需要。这个百年品牌至今已创出精品 3 万多种，而且仍以每年 300 多种新品的增加速度持续成长，它的成功主要在于能够围绕“马车寓意”而创造服务于公众的形象。

良好的顾客关系是企业发展的原动力，能够给企业带来直接利益。一个企业的存在价值，很大程度上取决于其产品或服务能够被顾客接受和欢迎。

“顾客第一”“顾客至上”“顾客是衣食父母”“没有顾客就没有企业”等，都说明了顾客对企业的重要性。百事可乐公司世界饮料部主任罗杰斯·安瑞说：“如果你确实做到了以顾客为中心，为顾客提供他们所需的服务，那么，其他的一切便不在话下。”沃尔玛创始人山姆·沃顿虽然已去世多年，但是他留下来的为顾客服务的形象至今都影响整个沃尔玛。他有个习惯就是站在店门口。有一天，他看到一个老太太走出沃尔玛时，居然两手空空，于是他就上前问她，这么大一个沃尔玛没有东西可以买吗？老太太说是替孙子来买玩具的，要买一个机器人和一个宇宙战舰，里面没有。于是他就亲自带这位老太太去玩具部买到了她需要的玩具。老太太很高兴地付了钱，抱着玩具走了以后，他把主管叫过来训了一顿：“我付钱给你们当我的主管，是叫你们看住客户，你看着人家两手空空而去，居然没有任何反应？”没想到这后来就衍变成了沃尔玛的一种文化，沃尔玛的主管就特别留意离店顾客，如果顾客手上没有拿东西，就一定要想方设法让顾客满载而归。

2. 提供优质的配套服务

在现代人的消费心理中，产品本身的使用价值固然重要，但产品所体现的审美价值和附加价值将是左右其购买行为的最后因素。顾客购买产品，实质上是在购买他从产品中期望得到的一系列利益和满足。美国市场营销学家里维特教授说过：“未来竞争的关键，不在于工厂生产什么产品，而在于其产品所提供的附加价值：包装、服务、广告、用户咨询、购买信贷、及时交货和人们以价值来衡量的一切东西。”如果企业只注重提供有形的物质产品，而忽视精美科学的包装、真实通达的广告、广泛耐心的咨询、迅速完备的维修等多种服务，它所提供的产品就不是完整的产品，而是残缺的产品。这样的企业对顾客和社会不负责任，在未来的竞争中，必定会失去顾客的信赖，最后陷入生存危机。因此，良好的消费者关系在于把对顾客的诚意贯穿于售前和售后服务的整个运营链条中。在这方面，美国卡特彼勒公司的成功就是一个有力的佐证。

卡特彼勒是一家专门生产建筑机械的公司，该公司在经营中不仅坚持严格的产品质量管理，而且坚持销售真正始于售后。它在世界许多地区都设立了维修站和零配件中心，因此，无论在世界的哪个角落，接到用户电话后的 24 小时内，它都会将零配件送到工地，如需要该公司的技术人员，也可同时赶到。公司规定，如果不能在 24 小时内抵达工地，免收所有维修费用。为了保证做到这一点，该公司为在本国的 93 家经销商和海外的 137 家经销商专门设立了一个配件中心，并在 10 个国家设有 23 处配件仓库，每个仓库负责一个特定区域的零配件供应，所有仓库的零配件供应正好覆盖全世界。在这些仓库里，经常持有 20 万种可维持两个月的零配件存货。公司领导层在工作中力求做到：第一，坚持三个“首先”，即每季度首先检查维修情况，然后才检查生产情况；首先检查配件生产情况，然后检查整车生产情况；在生产中首先安排配件生产，保证维修所需。第二，尽量让用户一次买足施工所需的全部产品，做到配套供应，方便顾客使用。第三，重视售前服务，如主动向用户提供样本、商品目录、实物样品、参考价格表、说明书等，并举办现场展览会和操作表演。虽然该公司的产品普遍比竞争者的同类产品价格高 10%～15%，但用户仍然愿意购买卡特彼勒公司的产品。公司征战全球的奥秘正是“优质的产品＋完善的服务”。

3. 对消费者实行科学管理

对消费者实行科学管理，即把广大而又松散的消费者组织起来，使他们改变盲目被动的消费习惯，形成积极、自觉、科学的消费意识，成为企业产品的主要消费者。这种方法也被称为消费者系列化。这是一种蓄水养鱼的方法，它通过消费教育、消费引导和完善的销售服务，培养本企业的拥护者、爱戴者，培养本企业稳定的顾客队伍和稳定的市场关系。

消费教育的形式很多，主要包括：向顾客和公众编辑发行指导性手册和刊物，举办操作表演会或实物展览会，帮助用户、顾客认识和熟悉新产品的性能、技术等；举办培训班，培训销售人员和顾客以使其掌握使用和保养产品的知识；向报纸、杂志、电台、电视台提供有关新产品的介绍资料；开设咨询服务中心等回答公众的问题。广东格兰仕公司在数年前就已开发生产出了可与世界名牌产品相媲美，而价格仅为其一半的微波炉，但它没有急于抢占市场，而是首先投入了巨大的人力、财力并运用传媒的力量在全国范围内对微波炉的使用特性、产品优势以及维护、保养知识作细致、系统的介绍，并编制了 500 多例微波炉菜谱，仔细介绍微波炉的烹调技法，还派出“格兰仕小姐”到各地市场现场演示，甚至通过听众热线、咨询电话等形式与顾客作深层次沟通，使微波炉这一新产品很快被人们熟悉和接受。格兰仕微波炉不仅在国内市场的占有率稳步上升，还远销 50 多个国家和地区。

要建立企业与消费者的稳固关系，必须先筑塘蓄水，然后将千万条游进塘里的鱼儿奉养起来。上海新兴服装商厦就采用了这种方法。商厦平时非常注意搜集顾客信息，建立顾客档案，维系同顾客的联系。每当换季时节，商厦都会为顾客寄去印制精美的问候卡和彩色时装折页，上面有十几种该店新近推出的时装精品图片。这种贴近人心的问候和富有人情味的软性推销，的确是一种挡不住的诱惑。所以，消费者系列化是一种长期的较高层次的公关活动。所谓“蓄水”就是要坚持不懈、锲而不舍地投入爱，使企业与消费者的关系犹如“鱼水之情”。今后的市场竞争实际上就是对消费者的竞争，得人心者才能得市场。

4. 与消费者保持通畅的信息渠道

企业要建立与消费者的良好关系，就必须与消费者保持通畅的信息交流，以了解和掌握顾客的消费需求、消费心理和消费习惯，做好市场预测。

沟通信息的基本手段有进行舆论调查，利用信息反馈，把有关反馈和信息及时地报告给企业的有关部门，并协同其他部门进行全方位的公共关系活动。如美国的一家公司，公关人员协同企业领导和有关部门，开设了一所“倾听顾客意见学院”，派专职人员搜集、分析、处理来自消费者的意见。美国米利肯公司的经营战略中包括这样一些措施：所有的推销人员都要到生产制造部门实习一段时间；举办“如何站在顾客的角度看问题”训练班；为公司服务部门的人员（如电话总机、发货人员等）举办培训班，利用录像、传真等手段向他们介绍顾客生活和工作实况；公司的高层经理人员也要接受一定的销售训练；全体员工都要通过接受训练来了解消费者使用本公司产品的情况。公司的公关人员还邀请顾客参观米利肯公司的设施，为顾客放映有关米利肯公司发展历史的电影，以增加消费者对公司的感性认识。公司还在消费者中进行范围广泛、内容详尽的调查，调查中特别强调顾客对公司的态度以及对公司各环节做法的反馈，像公司人员接电话用语是否有礼貌这样的细节也在调查之列。

5. 及时妥善处理顾客投诉

在社会中，消费者同组织发生冲突、纠纷和隔阂是常见的事情。如在流通领域中，消费者认为企业在销售产品时，以次充好，以假冒真，刊登名实不符的广告；在服务性企业中，消费者认为服务人员态度粗鲁，服务设施与收费标准不符等。这些现象都称之为侵犯消费者权益，消费者或直接投诉企业，或诉之于司法机关，或通过新闻传播媒介加以披露，于是就发生了企业和消费者关系的纠纷。

在处理消费者和企业的纠纷时，首先要做到善于听取消费者的意见。情绪激愤的投诉者往往会采用偏激的态度、尖锐的措辞，公关人员应平心静气地听取顾客投诉，尽量让他们倾吐不满、宣泄郁闷，这样会起到“降温”和“灭火”的作用。美国通用电气公司、可口可乐公司和英国航空公司，每年都投资数百万美元努力把顾客的抱怨处理好，而这三家公司恰恰属于国际上生意最为兴隆的公司之列。这些公司的经营诀窍之一，就是当遇到不满意的顾客时，即使做不到对他们有求必应，也要尽量向他们作充分的解释，使其释然于胸。这样一来，公司的批评者就会转为忠实的支持者。如今，“平息怒气，和气生财”已经成为国外企业协调顾客关系的最主要手段之一。

另外，不论顾客采用何种批评方式，都要以他们所提的意见为线索，对事实的真相做调查，在查清事实的基础上，与消费者充分交流意见，求同存异，达成谅解。纠纷的处理和解决，要努力使顾客满意。对顾客的承诺一定要及时实施。同时，还要将解决的结果通过新闻媒介加以传播，这样有助于把不利于企业的舆论引导到有利于企业的方向上。

【复习与思考】

1. 简述处理顾客关系的艺术。
2. 何为顾客满意？为何要达到顾客满意？

单元四 社区关系

【情境导入】

英特尔的社区关系

鉴于中国日益扩大的家用电脑市场和对计算机教育的重视，英特尔于1997年在中国启动了全国性的儿童电脑培训项目。小博士工作室是英特尔公司针对青少年教育进行的全球化推广项目，主旨是进一步推动个人电脑在中小学的普及，培养中小学生对计算机多媒体和网络技术的学习兴趣，以及中小学生对互联网的有关知识和实际操作。

1997年至1998年英特尔（中国）有限公司在北京与中国科技馆、在上海与中国福利会少年宫合作分别建立“英特尔小博士工作室”和“英特尔小伙伴工作室”。之后，英特尔（中国）有限公司与各地教委、市团委等机构合作，陆续在中国北京、上海、南京、广州、青岛、济南、成都、沈阳、西安这9个城市的少年宫设立了60～100平方米大小不等的教室作为培训中心，学生可以通过大屏幕投影接受老师的教学。工作室通过少年宫组织招生，周末两天以家庭为单位进行免费的电脑培训。根据学生水平，课程分为电脑基本常识、网络知识、微软视窗系统、网页制作、E-mail操作使用、上网浏览、数字作品制作等。其他时间组织各地区的老师在工作室进行培训，安排OEM厂商组织的培训课程以及机器调整维修，全部培训都免费。

根据各地不同的情况及教学需要，公关公司和市场策划公司以季度为单位设计实施了各种各样的主题培训计划，如春节、植树节、母亲节、父亲节、六一儿童节、暑假、八一建军节、教师节、中秋节、重阳节、国庆节、元旦等，并在北京、上海、广州、青岛与各OEM厂商在近两三年中共同策划并执行了各种活动：“京港澳儿童话真情”“京沪穗儿童科技行”“京津高校校际DIY电脑组装对抗赛”“99之夏电脑新兵营夏令营活动”“99 百校教师学电脑”“迎千禧网页设计大赛”“上海网络少年评比”“手拉手，互联网大行动”“全国首都计算机教师培训”“我爱大自然环保活动”“庆祝北京申奥成功”“西部扶贫电脑课堂”“沪港网络夏令营”“日本科技考察访问”“成都英特尔全国儿童数字化夏令营”“我们热爱和平”。例如，“全国首席计算机教师培训”活动，由上海中国福利会少年宫发起、英特尔公司赞助，于 2001 年 1 月 5 日至 9 日举办了英特尔新世纪助学计划地区首席主讲教师培训活动。来自 21 个省、直辖市的 30 名老师共同参加了这次培训。

活动抓住两点：其一，从“延伸的 PC”概念出发，强调计算机是数据中心，国际互联网是学习的工具；其二，重视作品的内容，而非技术手段，强调使用计算机不是学习计算机本身，而是通过使用计算机去更快、更方便地学习其他自己不懂的东西。2001 年，“英特尔数字化童年活动——环保千里行”于 9 月 30 日至 10 月 5 日展开。学生们由天津出发，乘车途经海河、黄河、淮河、长江、泰山等地，经 8 省 14 市奔赴上海英特尔小博士工作室，进行网络、电脑、环保等活动的交流。

在杭州青少年活动中心的 2001 年暑假科技夏令营中，学生们带上了英特尔新推出的一套 Interplay 互动智能产品，到浙江的嵊泗进行海洋科学考察。用电子显微镜观察、用计算机记录石斑鱼鱼苗的生长情况，并撰写科学考察报告。

在黑龙江，哈尔滨少年宫在全市开展了“小小科学家”活动。以“延伸的 PC”概念为指导，使用 Interplay 互动智能产品与计算机相结合，做出了一系列有质量的科学小报告。

“英特尔—少年宫—工作室”模式从萌芽到发展，为中国青少年素质教育提供了一个新的教育模式，从 1997 年到 2001 年的 4 年间，23 万多个儿童和家庭、26 000 多名老师获得了免费培训。同时，也为英特尔在中国积累品牌知名度、树立品牌形象起到了重要作用。

这是一次跨时漫长、规模庞大的企业公关活动。研究本案例，我们发现英特尔在“工作室”计划实施、推行的过程中，考虑更多的是使众多青少年及其家庭从中受益，同时为中国青少年素质教育创造了一种新模式，实实在在促进了计算机知识在我国青少年中的普及和计算机教育的发展。正是这种以公众利益为前提、为公众利益着想的公关战略思维，使英特尔公司在市场业务推广的同时，树立起了一种对社会负责、关心社会成长和发展的良好企业公民形象。

资料来源：http：//www. chinacpx. com/zixun/21502. html.

思考：

英特尔公司通过什么方法在中国积累品牌知名度和树立品牌形象？

一、搞好社区关系的必要性

社区是一个社会学概念，是指聚集在某一地域中的社会群体、社会组织所形成的一种生活上相互关联的社会实体。

社区关系是指组织与周围同处这一区域的其他组织和个人的关系，所以，也称区域关系或地方关系。在社区中，与组织发生直接或间接联系的社会组织十分广泛，包括地方政府、机关、工厂、学校、商店、旅馆、医院、企事业单位以及众多的居民群众。

拓展阅读

俄亥俄州的大火

美国俄亥俄州某陶器厂，一夜之间被大火吞没，该厂没有买任何保险，看来注定要从俄亥俄州永远消失了。然而，就在失火的第二天清晨，竟出现了颇为感人的场面：工厂的员工、镇上的家庭主妇、茶馆酒店的老板、小商贩及教堂的牧师，都不约而同地聚集到废墟上，清扫残砖碎瓦。在短短的几个月里，大家有钱的出钱，有力的出力，竟在废墟上重新建起一座 3 万平方米的新厂房，陶器厂很快就恢复了生产。

这家陶器厂何以有如此人缘呢？其原因就在于该厂长期以来十分重视与社区公众的关系。正如那句古语所说：远亲不如近邻。社区是组织的根基，对组织的生存与发展起着重大作用，因而构成了组织外部公共关系工作中不容忽视的一个环节。

首先，在现代社会中，组织不是单纯的技术、经济实体，而是整个社会机体中的一分子。组织只有在技术、经营和公共关系三个方面保持平衡、协调，才能获得顺利发展。组织的生产经营活动依赖于社区的各种社会服务，如交通运输、水电供应、治安保卫、邮电通信、消防部门等；职工和家属的日常生活也要依赖于周围的商店、医院、托儿所、学校及其他社会公益部门。因此，搞好社区睦邻关系，不仅可以增强职工的安全感，解除他们的后顾之忧，而且可以为组织的正常运行提供必不可少的外部环境。离开了外部配合，这些生产经营的活动环节就会脱节停顿，组织的信息流、人员流、物流都无法畅通。

其次，组织作为社区公民，要遵守地方的法律规章，如所有的工商企业必须向其所在社区的政府税务部门上缴各类税金；组织的每一项新政策也只有得到地方政府的协助与支持，才能顺利施行。每一个组织都希望地方政府能对自己的生产和经营加以扶持，如提供必要的扶助金，确定合理稳定的利润上缴基数等，以便更好地计划、控制、管理企业，使之正常运营，这都需要一个良好的社区关系。没有这样一个宽松的外部经营环境，政策上、业务上、经济上、生活上的种种矛盾和纠纷都会纷至沓来，给组织增添无尽的困扰。

再次，组织的新职工主要来自周围的居民区，这种就地取“材”的方法，不仅可以节约由外地招工所带来的大量的吃、住、行投资，而且可以帮助消化本地区的待业人员，提高就业率，降低犯罪率，促进社区安定，加深同社区居民的感情联系。因此，提高社区的教育、文化水准，改善社区的生活环境，是组织义不容辞的责任。它不仅能为社区居民造福，而且可为组织本身培养一批素质高、有教养、热心于本组织的后备职工队伍。

最后，组织作为社区的细胞，必然会对社区的机体产生影响。每一个组织都应是繁荣社区经济的主体，担负着创造物质财富、增加有效供给、活跃商品市场、扶助公益事业的重任。社区繁荣了，就能为组织创造良好的生存发展环境，为组织的职工提供良好的生活环境；危害了社区利益，组织将陷入无法生存的境地。

资料来源：http：//www.doc88.com/p-9012096779119.html.

二、处理社区关系的艺术

1. 创办和扶持社区公益事业

社区的公益事业，除了地方财政拨款外，主要依靠社区的企业组织。组织可以通过提供资金和劳务等形式来创办和支持各种公益事业和公益活动，如集资或捐款兴建教育、医疗、体育、卫生、福利等设施，赞助某项文化、体育娱乐活动，参加社区各种义务劳动等。组织的公关部门应该结合本组织的实际情况，做好资助和捐款预算，争取以最少的投资获得最大的效益。

2. 为社区创造良好的生态环境

组织作为社区的一员，应该自觉保护环境，有效控制“三废”，防止社区的空气、水源、土地受到污染。除此之外，组织还应进一步帮助社区美化环境，如文明生产、美化厂区；种植树木花草，搞好社区绿化；修建街心花园，创造舒适怡人的休闲场所；修桥筑路，改善社区交通等。这些活动一定会受到社区居民的欢迎。

3. 为社区增添荣誉

常言道：一斑耀目，全豹闪光。每一个社区都希望自己的区域中能出现一个夺人眼目的标志。如果社区中有成功的企业、生产著名商标产品的工厂、不断创新的高科技企业、财力雄厚的银行、世人瞩目的高等学府、购物方便的百货公司等，也一样会令社区居民感到荣耀。组织作为社区的公民，应该努力为社区争得荣誉和骄傲，使社区居民为有这样的“家庭成员”而感到无比欣慰和自豪。

4. 维护社区的安全

组织应尽力为社区提供就业机会，帮助社区消化待业人员，营造社区和谐亲善的气氛，减少不安定因素。组织还可设立一些专门的治安保卫组织，如消防队、救护队等，协助和配合社区处理一些突发性灾难事故，为社区救死扶伤，排忧解难。

5. 对社区开放参观

组织可以敞开大门，邀请社区各界公众前来参观。要使参观活动具有特色，能够给参观者留下深刻印象，并且能通过开放参观树立本组织的良好形象，增进公众对本组织的了解和信任，清除存在的误解和偏见。

6. 加强社区的情感交流

组织要培养同社区公众的良好感情，必须通过一些有效方式进行沟通，以便及时了解社区的意见和态度，并使组织的意见迅速而准确地传播出去。沟通的方式可以是多种多样的，如邀请地方政府官员以及各企业、商店、居民区中的领导人一起聚会，增进了解，赢得合作与支持；放映电影、录像，举办音乐会、舞会以及体育活动等，丰富社区的文化生活，扩大组织在社区居民中的影响。

组织开展社区公共关系活动，绝不是额外的负担。从长远来看，处理和调节好同社区的关系，是一种战略性投资，最终将为组织的发展带来丰厚的回报。一些企业为了生存发展而在市场上攻城拔寨，实际上是对一个个有形社区的占领。在美国市场日趋饱和的情况下，可口可乐公司的第二任董事长伍德鲁夫提出了一个惊人设想，就是“要让全世界的人都喝上可口可乐”。为了打开国外市场，赢得各国民众的认可，伍德鲁夫制定了“当地主义”战略。他在当地投资建厂，招收当地工人，在缓解当地就业压力和推动当地经济发展的同时，也轻松赢得了当地人的认可。当地人也对可口可乐公司给予了极大的支持和协助，为其创造了良好的发展环境。可口可乐就这样在攻下了一个个社区堡垒之后，完成了“全球可乐王国”的组建。

【复习与思考】

1. 什么是社区关系？
2. 如何维系社区关系？

媒介关系

【情境导入】

奥妙上市

奥妙是世界知名企业联合利华旗下的重要洗涤产品品牌。1993 年，红色装奥妙成为第一个进入中国市场的国际洗衣粉品牌。经过 6 年的发展，“奥妙”成为中国高档洗衣粉市场最有影响的品牌之一。

当时，中国市场上的奥妙洗衣粉共有红、蓝、绿色三种包装，价格与其他同类产品，特别是国内品牌相比高出很多。

1999年，联合利华在华资产重组顺利完成，所有机构的采购、运输、分销系统被统一起来，实现了资源共享，奥妙洗衣粉的间接生产成本大大降低；同时，经过周密的市场调查，联合利华决定针对中国实际的洗涤条件和中国消费者的洗衣习惯，研制开发更具市场竞争力的新产品。

1999年10月，在内部条件成熟的情况下，联合利华决定推出两种新款奥妙洗衣粉，同时对原有价格进行调整——大幅降价，以抢占更多的市场份额。

中国环球公共关系公司受联合利华委托，处理围绕奥妙降价产生的媒介关系事宜。

双方共同认识到日用消费品价格的大幅度变动势必引起新闻媒体的关注，新闻媒体在关注此类事件的过程中，一方面会在客观上帮助联合利华传播"奥妙降价"这一重要信息，引起消费者的关注；但另一方面也可能引发不利于联合利华的舆论，比如"奥妙降价以牺牲质量为代价""奥妙降价冲击国有品牌"等，而这种社会舆论一旦形成，可能会导致联合利华这一重大市场举措的失败。处理好媒介关系，形成有利于联合利华的社会舆论，关系到奥妙降价能否得到市场的认可。因此，媒介关系事关重大。

经过公关调研，中国环球公共关系公司发现，大幅度降价对"奥妙"品牌来说是一把"双刃剑"。降价使奥妙在产品、企业和外部环境三个层面面临着不同的机遇和挑战。

1. 产品层面

(1) 奥妙降价本身就是有价值的经济新闻——新闻媒体的参与，对奥妙新产品的上市有推波助澜的作用，有利于吸引更多的消费者。

(2) 经过长期的品牌形象宣传，奥妙"洗衣专家"的品牌主张已经深入人心。根据1998年央视调查中心和《人民日报》新闻信息中心在全国30多个大中城市的联合调查结果，奥妙不仅市场占有率最大（14.9%），而且还是消费者心目中的最佳品牌。

(3) 奥妙产品的改进经过了严格的市场调查，"全自动"（为全自动洗衣机设计）和"全效"（既适合手洗又适合机洗）产品定位新颖，具有相当的竞争力，以此对消费类媒体提供有价值的信息。

(4) 优质优价是市场的一般规律，奥妙降价有可能使新闻界产生"此奥妙非彼奥妙"的感觉。要说明奥妙如何在保证质量的前提之下降价，需要首先对新闻界进行必要的解释工作。

2. 企业层面

(1) 联合利华于1999年完成了企业重组，企业资源的优化使产品的间接成本下降。同时，成功的重组有可能激发新闻媒体的报道兴趣。

(2) 联合利华企业重组后，奥妙在上海闵行的生产基地停产，联合利华与闵行基地的大量员工提前解除了劳动合同。“下岗”问题非常敏感，处理不好，会造成严重的媒体负面报道。

(3) 在此之前，联合利华家庭及个人用品护理部从未有组织、有系统地与新闻界接触，缺乏固定的专业媒体关系处理人才，处理奥妙降价事件中的媒体关系有一定的难度。

3. 外部环境

(1) 在当今市场环境下，中资品牌洗衣粉价格较低，奥妙降价有可能给媒体造成联合利华降价冲击中资品牌的不良印象。

(2)“太湖污染”事件被曝光后，引发了媒体关于“磷与环境污染”问题的关注，含磷洗衣粉对环境的污染问题引起了社会各界的重视；一些地方性法规相继出台，禁止在该地区出售含磷洗衣粉；环保问题一时间成为洗衣粉领域的一个敏感问题。

奥妙红色装原来全部为无磷产品，而新产品分为有磷和无磷两种。环保问题必将成为奥妙在处理媒体关系方面不可回避的环节。

(3) 奥妙降价改变了市场格局，竞争对手会以各种方式作出反应，有可能使媒体关系协调方面出现意想不到的困难。

综上所述，在处理奥妙降价事件的媒体关系过程中，一方面要利用新闻媒体形成有利于奥妙的社会舆论；另一方面也必须采取有针对性的措施，消除新闻媒体可能产生的误解，防患于未然。

在公关总体策略上，采取不回避、主动迎合、顺势引导的策略。具体如下：

(1) 在第一时间召开新闻发布会（建议为北京、上海、广州三地），邀请全国主要的新闻媒体参加，公布“降价”消息，尽可能回答记者感兴趣的问题，形成一定的宣传规模和强度，同时以事实来消除有可能引发的主观臆断和质疑。

(2) 精心遴选各个地区有影响的媒体及适合的版面、栏目进行信息发布，做到有的放矢，防患于未然。

(3) 针对不可回避的敏感问题提出合理答案，以防止负面报道的产生。

(4) 指定新闻发言人，保证对外信息发布的统一性。

(5) 从不同角度撰写新闻稿，引导媒体形成有利于奥妙的报道思路。

(6) 做好“保卫”工作，防止竞争对手以此问题为由头，干扰新闻发布会的进行。

(7) 在发布会前后，尽可能与媒体充分沟通，增加媒体对奥妙降价举措的认同感。

以新闻发布会为主体的媒体关系协调工作圆满完成，达到了预定的公关目标。

(1) 媒体反响强烈，形成对联合利华有利的社会舆论，没有出现不利报道。

1) 平面媒体。截至新闻发布会结束的一个月内，共收集到 101 篇相关剪报，其中上海 11 篇，广州 13 篇，北京 32 篇，四川 13 篇；还有 32 篇来自全国其他地方的报纸，发稿落实率达到200%。

平面媒体在报道中具有如下特点：

一是没有出现有损奥妙品牌形象的负面报道。

二是报道篇幅大，短时间内形成了新闻热点。《新民晚报》《北京青年报》《南方日报》等主要媒体均在显著位置刊发以“奥妙降价不降质”为主题的报道，《成都商报》甚至进行了4次连载，在四川省内形成了报道高潮。

三是转载文章多，说明社会反响强烈，形成了良性舆论环境。

四是影响深远，《经济日报》记者在题为“老冤家、新市场——跨国公司中国大比拼”的新闻报道中，以“‘奥妙’降价的奥妙”为由头，记述了联合利华与宝洁的竞争，并提到联合利华将突破点选在了洗衣粉市场。这一报道其实并非联合利华的传播策略，只是一段时间内“奥妙”的强劲宣传攻势所致。

2）广电媒体。被邀的电台（3家）和电视台（10家）都及时地发布了有利于联合利华的报道。

3）网络媒体。至少有10篇以上平面媒体的报道发表在各家报纸的电子版上，其中包括《北京青年报》《北京晨报》，天津的《今晚报》，上海的《新民晚报》《新闻报》以及广州的《南方日报》《新快报》等。

（2）销量猛增，奥妙降价成功。在奥妙降价之后的一个月内，其销量大幅上升。调查资料显示，有50%以上消费者的信息来源是相关新闻报道，同时绝大多数消费者认为，奥妙降价的原因是市场竞争，不会影响产品的质量。这说明围绕奥妙降价事件展开的媒介关系协调工作最终取得了成功。

资料来源：http：//wenku.baidu.com/view/1578def24693daef5ef73dd6.html.

思考：

奥妙推出产品新政策时，做了哪些公共关系工作？取得了什么样的效果？企业与媒体之间存在什么样的关系？

一、媒介关系概述

“成也媒体，败也媒体”，这是当前许多社会组织的一个共识。大多数现代公共关系行为，都会涉及媒体关系的协调和处理。有人甚至认为，组织的公共关系在一定意义上就是组织与媒体的关系。

公共关系视角下的媒体关系，也称新闻界关系，即组织与新闻传播媒体（包括报纸、杂志、广播、电视和网络等）以及新闻界人士（记者、编辑等）的关系。媒体作为特殊公众，是公共关系中最敏感、最重要的一部分。这种关系具有明显的两重性：一方面，新闻媒体是组织与目标公众实现广泛、有效沟通的必经渠道，具有工具性，即把媒体作为公共关系沟通与传播的工具来看待；另一方面，新闻媒体及其从业者又是组织必须特别重视的公众，具有对象性，即把媒体作为公共关系的对象来看待。媒体的工具属性与对象属性相结合，决定了媒体关系是一种传播性质最强、公共关系操作意义最大的关系。因此，在实践中，媒体关系往往被摆在组织公共关系的显著位置，新闻传播媒体也被称为“组织传播的首要公众”。

追本溯源，媒体关系的重要性来自媒体固有的属性与功能。从整个人类传播历史来看，媒体每向前发展一步，便是对人类的进一步延伸。这个延伸提升了人类认识、改造和征服世界的能力。在此过程中，媒体也实现了自我拓展，并最终反过来制约人类。由此，媒体成为人类社会的一把“双刃剑”。在媒体异常发达的现代社会，组织的发展更是时刻处在这把“双刃剑”的锋芒之下。因此，对组织而言，建立良性的媒体关系，是为了发挥媒体的正向作用，规避媒体对组织可能造成的损害。

二、组织与媒体建立关系的目的

1. 争取媒体对组织的理解和支持，形成对组织生存和发展有利的舆论环境

媒体是社会信息流通过程中的把关人，发挥着社会守望与环境监测的重要作用，引导乃至控制着社会舆论。因此，组织建立良好的媒体关系，实质上就是在创造好的舆论关系。

2. 通过媒体实现组织与广大公众的沟通，密切组织与目标公众之间的联系

媒体在社会系统中扮演着公众议程设置和地位赋予的角色，组织对目标公众的议题管理、品牌传播和信息发布往往需要依赖特定的媒体或媒体网络，以这种方式实现的传播功效，在很多情况下是其他公共关系传播手段所无法企及的。

组织建立良好的媒体关系，首先必须树立正确的媒体观。正确的媒体观有两方面的含义：一是重视媒体的作用，以积极、主动的心态面对媒体，以“为我所用”的策略整合媒体；二是警觉媒体的“双刃剑”效应，避免媒体对自身发展造成不必要的损害。这种媒体观要求组织不要以消极、回避的态度远离媒体，更不要走到媒体的对立面。

组织建立良好的媒体关系，需要一个基本前提：形成组织与媒体之间的特定共识。

20世纪60年代，美国传播学者格伯纳等人主持了一项有关大众媒体与青少年成长问题的实证研究，提出了著名的培养理论。这一理论的一个核心观点是：共识是社会作为统一的有机体存在的前提，而在现代社会，大众媒体是培养和形成社会共识的基本推动力。一个不能与公众，特别是目标公众形成特定共识的组织，是无法生存和发展下去的，而媒体在其中发挥着桥梁和纽带作用。因此，创造与媒体的共识，是组织与公众达成共识的基本前提。组织、媒体与公众的关系，实际上就是组织创造与媒体的共识，并通过媒体的传播行为最终与公众达成共识的过程。一般来说，媒体关系较差的组织往往

不受目标公众的欢迎，因为三者之间缺少良性互动的共识空间。

三、建立良好媒体关系的方式

1. 为建立良好的媒体关系，组织需要做出的努力

（1）了解自身所处的媒体环境，要在整个媒体系统中，准确划分核心相关媒体（即与组织的生存和发展关系最为密切的媒体）、一般相关媒体（即与组织的生活和发展有一定关系的媒体）和边缘相关媒体（即与组织的生存和发展关系不大，但也可能在特定情况下影响组织舆论环境的媒体），并对其采取有针对性的公共关系策略。

（2）学习相关的媒体运作知识，掌握一定的媒体应对技能，特别是要熟悉核心相关媒体的属性、特点、定位和风格。

（3）在自身传播需求和媒体报道需求之间寻找一个平衡点，亦即以上所说的要创造与媒体的共识，要选择最适合的媒体面向最适合的公众，传播最合适的内容。

2. 组织建立媒体关系的主要方式

（1）日常工作中媒体关系的建立与维护：通过建立媒体数据库、组织媒体联谊会、日常沟通与协调等多种方式，与媒体形成长期、稳定的合作关系。

（2）特定公共关系项目中媒体关系的建立与维护：吸引媒体关注，调动媒体参与，使媒体成为公共关系项目或专案实施的重要渠道。

（3）危机状态下媒体关系的建立与维护：尽量争取媒体的理解、同情和支持，使媒体成为化解危机的重要手段。

关于以上几种方式，著名公共关系专家亚科卡有一段经验之谈：一是要善于与新闻界接近，无论是在顺境中，还是在逆境中；二是要坚持每隔一段时间召开记者招待会，公布生产经营结果，无论是好的结果，还是坏的结果；三是要讲真话，坦率诚实地对待新闻界人士；四是对有意刁难的记者不必恼怒或驳斥，不予理睬也就够了；五是当记者陷入困境需要帮助时，要给他提供诚心实意的帮助，如连夜为记者提供图片和新闻资料等。由于亚科卡善于处理媒体关系，因此在公共关系实践中，他总能赢得80%以上新闻界人士的好评。

无论上述哪一种方式，组织在应对媒体时，要重点把握好两项核心策略：一是协调，二是引导。前者强调组织对媒体的沟通、配合和服务，实际上就是要求组织与媒体形成平等的合作架构；后者强调组织对媒体的影响、把控和改变，实际上就是要求组织以传播者的身份，对传播媒体进行管理和整合。

需要强调的是，组织切忌利用建立起的良好的媒体关系蒙蔽公众——有人称这种蒙蔽为“组织与媒体的共谋”。在信息传播高度发达的今天，没有任何蒙蔽行为是无法揭露的，一旦真相大白于天下，最终受损的将是组织。美国前总统杰斐逊曾说过：“你可

以在短时间内欺骗所有的读者，你可以永远地欺骗一部分读者，但是你不可能永远地欺骗所有的读者。”

【复习与思考】

1. 简述企业与媒体之的间关系。

2. 如何建立良好的媒介关系？

政府关系

【情境导入】

微软与政府的关系

历时数年的以微软为被告的反垄断案终于尘埃落定，在法院和解判决送达后，微软立即作出积极反应，对法院批准微软与联邦政府和九个州达成有条件的和解深表欢迎。微软声称：“这一和解案的裁决结果非常严厉，但很公平。尽管该和解案向微软追加了多项义务，但我们仍能在和解案的基础上继续进行技术变革，向用户奉献划时代的新产品。尽管今后我们将受到来自政府和竞争对手的严密监督，但为了履行应尽的义务，我们将不惜投入时间、精力和资源。”一向骄横霸道的微软被旷日持久的反垄断案搅得焦头烂额，现在总算尝到了委曲求全的滋味。

自 1975 年微软公司创立以来，经过 30 多年的时间，比尔·盖茨创造了一个又一个现代神话，建造了童话般的“微软帝国”。木秀于林，风必摧之。把市场“蛋糕”切掉一大块揣入自己的腰包而欲独吞的微软公司，不可避免地成为众矢之的。没有对手的微软，多年来一直感受到四面楚歌的孤独。以微软中国为例，近十年来，微软中国的公众形象除了“巨无霸”之外就是太张扬，舍我其谁的强势文化在微软中国的身上打上了深深的烙印。人们在为微软的先进技术所折服的同时，也被它的过分张扬和霸道激怒。最为可悲的是，2001 年 12 月 28 日，有史以来中国政府软件采购最丰盛的一顿圣诞大餐摆上桌面时，六家国产软件厂商产品全部中标，而最强大的软件公司微软却未能分到一杯羹，这对微软来说不啻一记闷拳。

称霸世界软件业市场多年、一贯骄横傲慢的微软经过一番包装后，忽然变得“温顺”多了。为了战胜竞争对手，微软公司内部到处可以听见“成为顾客信任的企业”的口号。在中国市场，打开微软中国公司的网页，有几行谦恭的话语令人耳目一新：“微软中国公司深知自己的成功离不开政府部门的支持、业界伙伴的信任和广大用户的厚爱。翘首未来，微软愿与中国信息产业携手，继续努力，共同迈向更加灿烂的 21 世纪。”

微软中国新任总裁唐骏一到任，就以三个著名论断代替新官上任三把火。一是中国方式论："既然我们已在这里安家，当然要做一个优秀的企业公民。我们要用中国的方式跟中国政府打交道，政府是我们的领导，我们要服从领导。"二是合资友好论："合资是一种友好，一种形象。"三是想做雷锋论："要通过加大对中国社会的回报来改变微软形象，学习雷锋做好事。"

尽管这一切都悄无声息，润物无声，但这个世界上最强的企业及其在全球拥有的5万名员工，都在切切实实地发生着变化。因此，任何社会组织都不能忽视与政府的关系。协调社会组织与政府之间的关系，是公关人员开展外部公关工作的一项重要内容。与政府建立良好的关系，常常会给社会组织带来意想不到的效益。

资料来源：蔡恩泽：《微软形象新包装》，载《公关世界月刊》，2003（2）。

思考：

1. 政府在企业经营中起到什么作用？

2. 如何在经营中得到政府的帮助？

一、政府关系概述

政府关系是指社会组织与政府及各职能机构、政府官员和工作人员之间的关系，即组织与政府沟通的具体对象。政府是国家权力的执行机构，是对社会进行统一规划和管理的"大管家"。在政府这个庞大的"保护伞"下生存、发展的社会组织，总是和政府发生着千丝万缕的联系。政府对社会组织的存在和发展有着举足轻重的作用和影响。作为国家权力的执行机构，政府通过对政策的制定和执行，制约和影响着社会组织的活动，例如在经济领域，企业在诸如税务、财政、金融、外汇、审计和统计、海关与贸易进出口管理、物资与能源的监控和调配、干部和人事、价格和市场管理、环境和生态保护、商标和专利、产品鉴定和商品检验等方面都要服从政府的管理。政府作为最具社会影响力和经济实力的社会组织，对某些社会组织的支持、援助和赞赏，往往能使其获得优越的竞争条件和有利的发展环境；而对某些社会组织的批评、制裁，往往也会在社会上造成极大影响。

二、政府关系的处理

1. 与政府部门沟通信息

组织的公关人员应熟悉政府的法令、法规和政策，随时注意其变动和变化趋势，研究其适用范围，注意其变通性和灵活性，并提供给决策部门作参考，使之成为组织决策的依据，使组织的一切活动都保持在政策法令许可的范围内，并随时按照政策法令的变动来修改组织的政策和活动。公关人员可以通过汇编国家各级有关政府部门下达的各种文件、颁布的各种法令，通过密切注意代表国家和地方政府的各种新闻媒介动态、同政府主管部门建立密切联系等方式收集信息。

另外，公关人员还应及时将组织的发展动态通报给政府主管部门，协助发现及纠正政策执行中出现的偏差和失误，同时争取政府的指导和帮助。如果政府的政策与下面的情况不符，亦应及时反映，以求融通。组织应向政府有关部门传达的信息包括组织的基本情况和发展变动，组织的经济地位和技术地位及其对社会发展的影响，组织缴纳的税金及承担的其他社会责任和义务，组织遵纪守法的情况，组织在执行政府计划过程中遇到的困难、发现的问题，组织需要政府部门在哪些方面提供帮助和支持等。

2. 与政府人员广为联系

处理政府关系，需要熟悉政府机构的内部层次、工作范围和办事程序，还要与各主管部门的工作人员增进友谊，保持良好关系。这样可以减少“踢皮球”和“公文旅行”现象，提高办事效率。同时，在某个环节发生障碍时，能及时发现问题并设法予以疏通。

3. 扩大组织在政府部门中的信誉和影响

要想赢得政府的支持，就要争取政府有关部门领导人对本组织的重视。这就需要把握一切有利时机，扩大本组织在政府部门中的信誉和影响，使政府了解组织对社会、对国家的贡献和成就，如利用新厂房落成、新生产线投产、企业周年庆典、新技术或新产品问世等机会，邀请政府主管部门领导及党政要人出席组织的重大活动，主持奠基仪式或落成剪彩，参观新设备、新产品，通过各种专题活动，提高政府部门对本组织的信心和重视程度。组织还可通过新闻媒介向社会公众介绍组织的情况，借社会舆论来影响政府部门的决策。此外，组织还可以同社会知名人士、社会团体的领袖、专家、学者等保持密切联系，让他们了解并理解自己，通过他们的力量争取政府部门的支持。

【复习与思考】

1. 简述政府在组织发展中担任的角色。
2. 如何加强组织与政府之间的关系？

单元七 中间商关系

【情境导入】

联想成功的秘密

我国国有民营企业——联想集团公司自 1984 年以 20 万元起家，至 1997 年营业额为 125 亿元，联想品牌价值为 41.06 亿元，其迅猛发展的势头令世人瞩目。

1993年以前，联想的销售模式为直销。1994年，联想开始建立安全的代理体制。联想的代理队伍日益壮大，到1996年，代理商和经销商就达到500多家。在个人电脑市场上，由于竞争激烈，商家的利润越来越薄，经销商很容易唯利是图，"跳槽"现象时有发生。然而，联想的队伍不但稳定，而且越来越多的经销商加入了联想的代理队伍。那么，联想是靠什么来发展与代理商的合作关系呢？第一，信誉保证。联想对代理伙伴承诺了许多优惠条件：向代理商提供质量可靠、技术领先、品种齐全的产品；建立合理的价格体系和强有力的市场监督体制；通过强大的市场宣传攻势来营造更好的电脑销售氛围；向代理商提供良好的售后服务保障等。联想以实实在在的行动实现自己的承诺，赢得了很好的口碑。第二，保障代理商的利益。许多电脑厂商迫于竞争压力，逐渐压缩流通环节的利润，而联想却在考虑如何保障代理商的利益；通过加强内部管理和运筹能力来降低成本，向市场提供极具竞争力的价格；通过对市场进行强有力的控制和监督，防止代理商违规操作，进行恶性削价竞争，只要代理商坚决执行联想制定的价格，就可以获得较高的利润。第三，与代理商共同发展。将代理商纳入联想的销售、服务体系，也纳入分配、培训体系，大家荣辱与共、一同成长。

资料来源：http：//www. doc88. com/p-7774212192883. html.

思考：

从案例中可以看出是什么样的原因使得联想走向成功的？

一、中间商概述

企业产品的销售有两种方式：一种是直接销售，即由企业自设市场部；另一种是间接销售，即通过中间商居间转手。在我国，主要是通过各级采购供应站、批发商店间接销售产品。按照销售商品的所有权划分，中间商可以分为经销商和代销商；按照销售商品的批量来划分，中间商又可分为批发商和零售商。经销商是指从事商品流通业务并拥有商品所有权的中间商；代销商是指受生产单位委托，从事销售业务但不拥有商品所有权的中间商；批发商出售的商品是整批量的，交易之后商品仍在流通之中；零售商出售的商品是个别的、小批量的，交易之后商品进入消费领域。中间商是联系生产与消费的纽带和桥梁，任何企业组织，生产出来的商品只有销售出去，换回货币，购买生产资料，才能保证再生产的顺利进行，而这一流程必须借助中间商来完成。在商品经济高度发达的条件下，生产的销售过程越活跃，企业与中间商的关系就越显得不可或缺。中间商在生产与消费之间可以简化交易联系，精简流通过程，为生产者缩短买卖时间，顺利实现社会再生产。

中间商不仅是企业产品的重要销售者，而且是企业与消费者之间的重要中介。由于它们比企业更接近顾客，所以常常被视为企业形象的体现者。中间商不一定直接投资企业，但企业的正常运作和健康发展能给它们带来自身发展的希望。企业与中间商之间有着紧密的物质利益联系，这是它们建立良好关系的基础。良好的中间商关系，不仅有助于企业争取合作，而且可以促使中间商为企业传播名誉。

中间商是联结生产与消费的桥梁，还表现在它们渠道广、信息灵，能及时将市场的动向、消费者的反应等信息反馈给生产企业，使企业可以根据市场需求的变化、消费者的要求等重新协调和组织生产，在市场上保持旺盛的竞争能力。

企业还可通过中间商这一桥梁，建立横向经济联合，把国民经济各部门、各行业以及各个企业联结成为一个整体。利用中间商的媒介作用，沟通最终产品的生产厂家与原材料、半成品生产厂家的关系，沟通工业与农业的关系，沟通企业与科研单位的关系，从而促进企业建立起企业之间、工商之间、工农之间、农工商之间、企业与科研单位之间的横向联合体。

二、中间商关系的处理方式

1. 提高企业的吸引力

俗话说：千金买名，万金买誉。名誉是企业的无形资产，良好的声誉和形象可以为企业的产品创造一种消费信念，为产品的流通寻求到稳定而有利的经销渠道。因此，提高企业的吸引力，首先要提高产品的知名度。企业可以凭借举办展览会、展销会，利用权威、名人、新闻舆论的客观评价来为产品造势，从而影响中间商的经销行为。同时，还应通过争创优质名牌产品、努力开发新产品、设计新颖精美的包装等手段，提高产品在市场上的竞争力，从而增强企业对中间商的吸引力，保持稳定合作，共同发展。

2. 为中间商提供便利和服务

争取中间商的友好合作，还要注意尽力为中间商提供各种便利和服务。主要包括：

（1）技术服务。企业应定期为中间商举办产品使用、维修技术训练班，使其掌握和了解产品性能。

（2）销售服务。让中间商了解企业的市场营销战略、产品或商标形象等，以使中间商推销产品的战略和方式能够同企业的营销战略相匹配。

（3）管理服务。企业应帮助中间商建立或改建商店、仓库，改进产品的运输方式，传授商品的储存方法，提高销售管理水平以增加盈利。

（4）售后服务。企业要保证定期定量为中间商提供一定的备件和配件，使用户在产品出现问题时，能够及时得到配件进行维修；还应组织力量，到用户集中的地方介绍产品的使用方法，帮助解决安装修理中的疑难问题。

（5）广告服务。企业还应同中间商联合做广告，利用电视、广播、报刊等媒介工具广为宣传，介绍产品，争取顾客，开拓市场，提高商品的市场占有率。

3. 促进了解，加深友谊

促进和巩固企业与中间商之间的友谊，最有效的办法就是加强双方的信息交流。信息交流的手段有：

（1）销售商期刊（或企业简报）。这是沟通企业与中间商关系的主要工具。内容为企业产品性能、企业经营决策、科研成果、新产品试制以及企业供货政策的介绍。

（2）小册子。企业可不定期地向中间商发行小册子，内容为市场信息、新产品通告、生产动态、商品物资价格等。

（3）年度报告。重点介绍双方一年来生产、经营、销售、盈利的情况。

（4）直接接触。举办招待会、意见听取会、联谊会、协作会等，促进企业与中间商的情感交流。

（5）产品展览。举办新产品展销会，向中间商展示和推销最新成果。

【复习与思考】

1. 简述中间商在组织发展中的地位与作用。

2. 如何构建协调的中间商关系？

单元八 竞争对手公众关系

【情境导入】

互联网三大巨头的关系

在移动互联网时代，以 BAT（百度、阿里巴巴、腾讯）为三大巨头的竞争，形成了三分天下的大战格局，从之前的出租车决赛，到现在以 O2O 竞争为主的 BAT“三国杀”，互联网三大巨头的拉锯战已经到了白热化阶段。

对于业务不断重叠的 BAT 来说，未来的竞争也会不断升级。在 2015 年 IT 领袖峰会的高端论坛环节，腾讯董事会主席兼首席执行官马化腾与百度董事长兼首席执行官李彦宏被问及“BAT 之间是以大战为主，还是合作为主”时，马化腾认为无论竞争还是合作，最终目的是让产业环境更加健康。李彦宏称大家是互融共生的关系，没有那么大的敌对性。

同时，在阿里巴巴董事会主席马云看来，竞争最大的价值，不是战败对手，而是发展自己，“竞争者是你的磨刀石，把你越磨越快，越磨越亮”。在竞争的过程中，选择好的竞争对手，然后最重要的是向竞争对手学习。马云认为，竞争是一种游戏，不是你死我活的事儿。电子商务行业的成熟是多个互联网公司共同发展的结果，只有竞争才会有更快速的发展。

思考：

为什么在竞争如此激烈的互联网产业中，三个巨头依然认为可以有合作的可能，没有绝对的敌对呢？

一、竞争对手概述

竞争对手，是指具有同样业务职能的其他社会组织。它们生产类似的产品，面对类似的公众，分享相同的价值观，处理相同的问题。同行业的社会组织，在商品经济发达的社会中，必然会产生相互争取有益于本组织生存发展环境的矛盾，形成优胜劣汰的竞争关系。一般来说，竞争关系是一种非常难以相处的关系。自古以来，人们始终奉行“同行是冤家”这一信条，常常把同行视若仇敌，水火不容。在今天公关事业日益发达的背景下，那种你死我活、势不两立的关系已逐渐被人们摒弃，一种新型互助共荣的竞赛关系越来越受到现代社会的欢迎。市场竞争是企业发展的动力，企业间的竞争是客观存在的。当产品供不应求时，企业间争夺货源；当产品供过于求时，企业间又争夺顾客。组织在处理同业公众关系上，一定要保持高度的冷静和慎重，要在技术、产品、质量和管理上下功夫，不能破坏全社会共同奉守的道德标准。那种倾轧拆台、造谣惑众的恶劣手段只能导致企业身败名裂。良好的竞争者关系，既表现为相互之间的矛盾和竞争，又表现为相互的理解和支持。双方都为建设良好的竞争环境而努力，做到竞争中求协调，协调中求竞争。

奥迪与宝马斗嘴：一场双赢的游戏

事情的起因是这样的，在加州，奥迪给新 A4 挂了这么一个广告牌子。广告牌上写着：Chess? No，thanks，I'd rather be driving.（下棋？算了吧，我更想去驾驶。）

过了两天，牌子被换下来了，挂上了另一个广告牌，上面写着：Your move，BMW.（该你走了，宝马。）

结果过了几天，宝马真的行动了，用更高性能的车型在奥迪的广告旁边挂上了这样一个广告牌，广告语只有一个词：Checkmate（将军）。

奥迪过了一段时间，在旁边又挂一个广告牌予以回击。这次是奥迪的超级跑车 R8，一句简短的“Think again”（再想想吧）广告语直接把宝马堵住了。这三个广告牌这样挂在街上，奥迪成功借宝马的势去羞辱宝马，还让宝马给买了一块广告牌的单。

后来奥迪觉得杀得不够痛快，想再补一刀，把广告牌换成了“Check Yourself”（将你自己的军吧），语气更具挑衅意味。

后来宝马就把自己的广告牌摘了。这一局，宝马暂输。

之后在洛杉矶，奥迪又想再设一局，于是在洛杉矶又挂了广告语为“Time to check your luxury badge. It may have expired”（亲，是时候检查一下自己的豪车商标了，没准过期了呢）的广告牌。

宝马上次吃了亏，这次聪明了，不正面回击，于是在自己的宣传手册上印上“What an Audi does Well，a BWM Does Brilliantly”（奥迪做得还行的地方，宝马可以做到极致），直接点名道姓掐架奥迪。

随后奥迪 2006 年在南非得了奖，结果宝马做了个平面广告印上了这个：Congratulations to Audi for winning South African Car of the Year 2006.（恭喜奥迪赢得 2006 年度南非年度最佳车奖。）紧接这个图下面印着“From the winner of the World Car of the Year 2006”（发自 2006 世界年度最佳车奖得主）。

奥迪在自己的广告上立即反击：Congratulations to BMW for winning of World Car of the Year 2006.（恭喜宝马赢得 2006 年度世界最佳车奖。）下面印着“From the Winner of Six Consecutive Le Mans 24 Hour Races 2000—2006”（发自 2000—2006 年 Le Mans 24 小时竞速赛赢家）。

曾经有国外媒体发起过投票。在这场战争中，最终胜者是宝马还是奥迪？投票结果势均力敌。这次掐架引来公众的大量关注，大家抱以娱乐化的心态看着奥迪与宝马互相调侃。粉丝为其摇旗呐喊，媒体争相报道，因此，这绝对是一场双赢的战争。以至于奔驰、斯巴鲁等看到了如此掐架后的公众关注度和品牌传播度的急速上升后，也纷纷加入其中。

资料来源：http：//www. wtoutiao. com/a/998519. html.

二、竞争对手公众关系的处理方式

1. 变对手关系为伙伴关系

对手并不等于敌手，但为了竞争而闹得彼此力量抵消、两败俱伤的事例却数不胜数。

竞争对手之间，不光有你消我长、我枯你荣的竞争关系，也有可能成为配合互助、相得益彰的合作关系。从总的趋势上讲，竞争肯定是优胜劣汰，但是在竞争的过程中，同业公众之间真诚合作、共谋发展，却能成倍地提高双方的效益。

2. 讲求竞争道德

经济的发展需要竞争，没有竞争就没有活力。然而，竞争应是质量、技术、效益上的比赛，而不是权术、诡计、手脚上的较量。竞争要讲道德，要寻找对手的长处，弥补自身的差距，任何形式的诋毁谩骂、拆台破坏都只能毁坏自己的声誉。

3. 妥善处理纠纷

企业间的激烈竞争往往使竞争一方岌岌可危。因此，为了反竞争，危机的一方必然采取各种措施，造成企业之间业务纠纷频繁不断。竞争中发生纠纷，首先要冷静分析，然后采取相应对策，要尽可能使矛盾缓和，最后达到平息，彻底解决。千万不可使纠纷激化，把事情搞僵。

【复习与思考】

1. 什么是最佳的竞争对手关系？
2. 如何处理与竞争对手之间的关系？

认真对待各种关系的玛莎百货

◎案例描述

玛莎百货集团（Marks & Spencer）是英国最大且盈利能力最强的跨国零售集团，以每平方英尺销售额计算，伦敦的玛莎百货每年比世界上任何零售商都能赚取更多的利润。玛莎百货在世界各地有 2 400 多家连锁店，“圣米高”品牌的货品在 30 多个国家出售，出口货品数量在英国零售商中居于首位。

早在 20 世纪 30 年代，玛莎的顾客以劳动阶层为主。但玛莎认为顾客真正需要的并不是“零售服务”，而是一些他们有能力购买且品质优越的货品。于是玛莎把其宗旨定为“为目标顾客提供他们有能力购买的高品质商品”。玛莎认为顾客真正需要的是质量高而价格不高的日用生活品，而这样的货品在当时的市场上并不存在。于是玛莎建立起自己的设计队伍，与供应商密切配合，一起设计或重新设计各种产品。为了保证提供给顾客的是高品质货品，玛莎实行按规格采购方法，即先把要求的标准详细定下来，然后让制造商按标准制造。由于玛莎能够严格坚持这种按规格采购之法，使得其货品具备优良的品质并能一直保持下去。

玛莎要给顾客提供的不仅是高品质的货品，而且是人人力所能及的货品，要让顾客因购买了“物有所值”甚至是“物超所值”的货品而感到满意。因而玛莎实行的是以顾客能接受的价格来确定生产成本的方法。为此，玛莎把大量的资金投入货品的技术设计和研发，而不是广告宣传，通过实现某种形式的规模经济来降低生产成本，同时不断推行行政改革，提高行政效率以降低整个企业的经营成本。

此外，玛莎采用“不问因由”的退款政策，只要顾客对货品感到不满意，不管什么原因都可以退换或退款。这样做的目的是让顾客觉得从玛莎购买的货品都是可以信赖的，而且对其“物有所值”不抱有丝毫的怀疑。

在与供应商的关系上，玛莎尽可能地为其提供帮助。如果玛莎从某个供应商处采购的货品比批发商处更便宜，其节约的资金部分，玛莎将转让给供应商，作为改善货品品质的投入。这样一来，在货品价格不变的情况下，使得零售商提高产品标准的要求与供应商实际提高产品品质的行动取得了一致，最终结果就是顾客获得“物超所值”的货品，增加了顾客满意度和企业货品对顾客的吸引力。同时，货品品质的提高增加了销售，玛莎与其供应商共同获益，进一步密切了合作关系。从玛莎与其供应商的合作时间上便可知这是一种何等重要和稳定的关系。最早与玛莎建立合作关系的供应商迪沃斯公司与之合作的时间超过 100 年，向玛莎供应货品超过 50 年的供应商也有 60 家以上，超过 30 年的则不少于 100 家。

在与内部员工的关系上，玛莎向来把员工作为最重要的资产，同时也深信这些资产是成功压倒竞争对手的关键因素，因此，玛莎把建立与员工的相互信赖关系、激发员工的工作热情和潜力作为管理的重要任务。在人事管理上，玛莎不仅为不同阶层的员工提供周详和组织严谨的训练，而且为每个员工提供平等优厚的福利待遇，并且切实做到真心关怀每一个员工。

玛莎的一位高级负责人曾说：“我们关心我们的员工，不只是提供福利而已。”这句话概括了玛莎为员工提供福利所持信念的精髓：关心员工是目标，福利和其他措施都只是其中的一些手段，最终目的是与员工建立良好的人际关系，而不是以物质打动他们。这种关心通过各级经理、人事经理和高级管理人员真心实意的关怀而得到体现。例如，一位员工的父亲突然在美国去世，第二天公司已代他安排好赴美机票；一个未婚的营业员生下了一个孩子，她同时要照顾母亲，为此她两年未能上班，公司却一直发薪水给她。

玛莎把这种细致关心员工的行动化成公司的哲学思想，而不因管理层的更替有所变化。这种对员工真实细致的关心必然提升员工对工作的热情，使得玛莎得以实现全面而彻底的品质保证制度，这正是玛莎与顾客建立长期稳固的信任关系的基石。

资料来源：http：//news. imosi. com/news/20111226/36908. shtml.

◎案例解析

玛莎百货能够在零售行业取得今日的成功，离不开玛莎百货对各种公共关系的重视，它围绕“满足顾客真正的需要”建立企业与顾客的稳固关系，从“同谋共事”出发，建立企业与供应商的合作关系，以“真心关怀”为内容建立企业与员工的良好关系。

◎案例交流与讨论

1. 结合本案例谈一谈玛莎百货是怎样处理对象型公共关系的。
2. 通过本案例，简述企业应该如何处理与客户、供应商和员工的关系。

模块六 公共关系危机管理

学习目标

1. 明确公关危机的含义、特征。
2. 明确公共关系的类型。
3. 学习并掌握危机管理的原理和方法。
4. 了解公共关系的注意事项。

导引案例

青岛天价大虾事件

2015年的“十一黄金周”过去后，有媒体对各地旅游收入情况进行统计，在已经公布数字的15个省区市中，山东省以392.1亿元位列旅游总收入排行榜第一名。令人始料不及的是，山东省的这份成绩单却引起了不少网友的调侃，原因无他，盖因数起宰客事件给人留下了深刻印象，特别是38元一只的大虾。

10月5日，网友肖先生爆料称在青岛市乐陵路92号的“善德活海鲜烧烤家常菜”吃饭时遭遇宰客，说好38元一份的虾，结账时却变成了38元一只，仅一份“蒜蓉大虾”，账单价格就高达1 520元。在报警后，派出所并未有效解决，把皮球踢到物价局，而物价局在接到投诉后以国庆假期不上班为由，对肖先生回复迟滞，最终该事件经过网络曝光、主流媒体评论后，在社会上引起强烈反响。

10月7日，一组以“至少，青岛还有他们”为题的图片，通过当地媒体、官方微博在网络广为发布。所配文字直指报道“放大了事件对青岛形象的影响”，所以，为了表现“山东人也会反抗，这是孔子之乡，俺们都是实在人”，当地推出了这组“多数人在默默无闻地为这座城市付出”的工作镜头。这有点像青岛形象的危机公关，又有点像自说自话的“青岛自信”。这组镜头包括的“多数人”，有救生员、建筑工人，还有安检员、环卫工人、公交车场充电工人等，属于每座城市都四处可见在工作岗位上默默奉献的人，他们确实令人敬佩，但他们的存在并不意味着这座城市就千好万好、完美无缺。

这些年，山东精心打造城市旅游品牌，“好客山东欢迎您”传遍了大江南北、四海内外。而一只38元的“青岛大虾”在一夜之间使投入数亿元打造的“好客山东”的美好印象瞬间变成“山东豪宰游客”的恐怖记忆，“好客山东”品牌毁于一旦。

“青岛大虾”也由此成为网络上频频传播的黑色幽默，比如：车失控了，车主怕赔不起，不敢开车蹭向劳斯莱斯，只好撞飞了路边大爷手里的一个塑料袋，谁知道里头装的是“青岛大虾”……

还有一个被广为转发的段子是：长假期间，王先生到青岛想吃38元一只的海捕大虾，因饭店爆满，他就点了几盘8元瓜子边嗑边等。谁知轮到王先生就餐时，店员却要他先交61万元，原来该店的瓜子不是8元一盘，而是8元一颗！曾夺过全国嗑瓜子速度冠军的王先生非常后悔。后面排队买单的李先生当场休克，他手里紧紧握着小票：米饭3元。

个案性质的宰客事件也会被放大发酵成一个城市的诚信危机和信誉危机，因为它催生出“那地方爱坑人”的解读，进而引发公众对“某地游”的用脚投票式抵制，从而使整个城市形象陷入颠覆危机之中。“青岛大虾”事件显然只是个案，但恶劣影响已经造成，不仅损害了青岛的形象，也殃及整个山东的形象。

思考：

青岛38元一只的大虾为什么会产生如此强大的市场波及力？在这个案例中，青岛的政府部门到底做错了什么，导致恶劣影响持续发酵？请在本模块的学习中寻找答案。

公共关系危机概述

【情境导入】

由一段视频引发的康师傅品牌公关危机

2015年8月2日，一则《台湾良心导游向内地游客揭露康师傅惊天内幕》的视频在社交媒体中热传。视频中一位台湾导游在接待内地游客时细数“康师傅”在内地使用馊水油的斑斑劣迹，表示在台湾基本上找不到康师傅的任何产品，是因为台湾民众在实行一项“灭顶运动”，并奉劝内地游客抵制该品牌。

这段只有短短2分41秒的视频，尽管所披露的数据未经证实，但是引发了众多营销账号的转发和谴责，崔永元、黄安等诸多微博名人也转发了视频。舆论在当天持续发酵。一时间话题被重新热议，甚至在很多自媒体的客户端上可以看到大量民众与消费者抵制康师傅方便面的言论与图片，康师傅又一次被推上了食品安全的风口浪尖。

8月3日上午，康师傅控股有限公司在其官网及官方微博发表声明《康师傅强烈呼吁社交媒体勿沦为谣言的温床!》，并称康师傅在中国大陆生产与销售的产品从未涉及台湾近年来的油品事件，大陆生产所使用的油品安全无虞，对于视频中的“恶意中伤行为”及“个别自媒体社交账号持续煽动及散播谣言”的行为，康师傅要追究其法律责任。

思考:

康师傅此次面临的事件属于什么性质的事件？康师傅所发布的声明是否恰当？

在组织经营过程中，由于决策失误、产品设计与质量问题、公共关系活动违反法规规定、经营人员的态度与水平问题、新闻媒介和竞争对手的误导等，总是会出现一些危机事件。危机是市场经营活动的影子，也是公共关系过程的伴随物。一项调查显示，世界500强企业的董事长和总经理中，约80%的人认为现代组织面对的危机就像人的死亡一样，是不可避免的事情。既然危机不可避免，那么正确处理各种危机事件，就成为公共关系工作的日常性业务。树立科学的危机价值观，掌握公共关系危机的处理艺术与技巧，是有效清除危机影响、开发危机处理资源、塑造组织形象、强化公共关系效用的基本方法。

一、公共关系危机的含义及特征

1. 危机的含义

组织在发展过程中，由于其面临的社会关系千头万绪、错综复杂，组织与公众之间可能会充满矛盾、冲突和纠纷。当这种矛盾、冲突和纠纷在短时间内出现并表现为现实时，就会发生组织所未曾预料的事情。这类事件就是危机。

当前，世界已进入危机高发期。美国的“9·11”事件、巴黎恐怖袭击事件、笼罩全球的“禽流感”威胁就是典型信号。我们应把危机管理上升至国家战略、政府责任的高度来认识，把各种危机的管理都纳入统一的程序和制度中。

危机公关管理是指当某个组织遇上信任、形象危机或者某项工作产生失误时，该组织通过一系列的活动来获得社会公众的原谅和理解，进而挽回影响的一项工作。危机公关管理包括两个方面的内容：一是积极预防，严防危机来临；二是危机一旦发生，立即采取有效措施，缓解危机，尽量避免重大损失。在危机公关中，正确有效的方法就是遵循危机公关的基本原则，立即采取有效措施，缓解危机，尽量避免重大损失。

拓展阅读

复旦大学校庆的"抄袭门"

2015年5月27日，复旦大学110周年校庆日，复旦大学发布了一个名为"To My Light"的宣传片。该片时长4分钟50秒，与传统的高校宣传片形式迥异。在英文叙述背景音下，一名复旦毕业的女性试飞工程师，身穿飞行服漫游校园，最后脱下飞行头盔，开始新的旅程。该片特意选在校庆日发布，并在一周前提前预热，多次发布预告。校方对该片的定位为"美丽科幻＋人性叙事＋硬朗大片"。

在一片点赞后，该片上线当天，有网友发现该宣传片与日本东京大学2014年的宣传片 *Explorer* 有诸多相似。此前，该校宣传部副部长、宣传片制片人回应记者，称"创作剧本的过程是独立的"，但此说法遭到更加广泛的质疑。

随后，事件发展出现了戏剧性的一幕：5月28日下午15时左右，该宣传片已被撤，在复旦大学的官方网站、微博、微信公众号等平台全部下线。复旦大学称将用新的宣传片代替该片，并于18时许在官方微信平台上发布了新版宣传片。连番动作与此前的态度构成强烈反差，舆论质疑、反感的声音越来越大。宣传片的制片人二度回应，并在回应中改了口风，承认较多参考了东京大学的短片，表示愿意坦诚接受公众批评。

5月29日，多方信息汇集形成舆论高峰。一方面，有关复旦大学形象宣传片涉嫌抄袭的新闻持续扩散。《南方都市报》刊发的报道《复旦宣传片被指抄袭东京大学》和《京华时报》发表的新闻《复旦宣传片被指抄袭东京大学——校方连夜发布新片》被各大网站大量转载。此外，多角度的针对性评论也纷至沓来，如"复旦连夜发布新片回避抄袭是下策""复旦大学对'抄袭'宣传片应启动独立调查"等。另一方面，复旦大学的校庆Logo也在当日被曝有抄袭之嫌，称该Logo转面之后与苹果Touch ID标志几近吻合，接连的侵权指控形成叠加效应，再度刺激舆情高涨。

5月30—31日，舆论的声调略微下降。不过，30日在微博平台上，有关最新版宣传片复制慕尼黑工业大学创意的消息备受热议。《华商报》就此发表的题为"复旦新版宣传片再陷'抄袭门'——被指抄袭慕尼黑工业大学"的报道，也被凤凰网、中国网、新浪网等大量转载。31日，复旦大学在官方微博上正式就"抄袭门"道歉，并承诺启动相关调查，引发媒体集中报道，其后涌现新一轮评论热潮，集中于对社会创新能力、高校学术风气和危机应对处置的解读和反思。

2. 危机的特征

(1) 突发性。危机的起始时间一般都比较短，往往是在当事者毫无思想准备的情况下突然发生。因此，危机会给人们带来极大的混乱和恐慌，使之措手不及。

（2）变化性。危机常常变化迅速、纷繁复杂，使人难以预料。这种不可预料性，自然会给当事者处理危机带来种种困难。

（3）严重性。危机不仅给当事者带来了巨大损失，使当事者的工作、生活陷入混乱，而且可能会使公众陷入惊恐，甚至还会给社会带来直接的经济损失。

（4）关注性。危机的爆发性和多变性能够强烈刺激人们的好奇心理，从而成为社会舆论关注的焦点和热点，同时更是新闻媒介的素材和报道线索。

（5）余波性。危机过后，给组织或个人造成的直接损失和间接损失，短时间内难以挽回和消除，有时很长时间后，人们一遇到类似事件还会浮想联翩。

二、危机的类型

一个组织所面临的可能性危机事件是多方面的，有时甚至是无法想象的。因此，了解和分析危机类型，有助于我们科学地解决组织的危机问题。造成组织危机的内外因素有很多，大致有以下几种：

1. 产品危机

产品危机是指企业由于自身失误导致产品质量、外观或服务不能满足消费者的需要，而使产品的信誉急剧下降，销量锐减的危机。

2. 经营危机

经营危机是指由于经营不善导致经济关系失衡，如投资失误、信贷危机等。

3. 管理危机

管理危机是指由于对人、财、物管理不当，导致管理序列失衡，造成恶性事故等。如1984年苏联切尔诺贝利核反应堆泄漏事件。我国近年来有些地方造纸厂、化工厂违规排污，造成周边区域水污染等事件。

4. 违法危机

违法危机是指由于领导或决策者的违法乱纪及其他反社会行为导致的危机。包括以权谋私、作风腐败、诈骗行贿、贪污盗窃、偷税漏税、故意违反政府法令等造成的重大案件等，如南京冠生园陈馅月饼事件、安徽阜阳劣质奶粉案等。

拓展阅读

优衣库视频事件

2015年7月14日晚，一则优衣库三里屯视频的消息在微博热传，微信视频分享和朋友圈恶搞随之跟上。7月15日一早，优衣库三里屯视频门已经火爆整个网络。虽然微博话题已经早早被撤除，视频源也大部分被销毁，但有关这件事的讨论和图片分享却难以遏制。

视频门是策划好的事件营销还是和品牌方无关的突发事件，对此的争议一直持续，大家一直都在关注难脱品牌营销之嫌的优衣库对该事件会如何回应。

2015 年 7 月 15 日 10 点 19 分，优衣库官方微博终于对此事作出回应，并且对该条回应关闭网友评论功能。后警方接群众举报，对该起不雅视频事件进行立案侦查，并对当事人处以依法行政拘留。

5. 素质危机

素质危机主要是指组织内部人员素质低下从而导致的组织生存危机，如人心涣散、领导思想僵化、技术水平低下等造成的危机。

6. 竞争危机

竞争危机是指在激烈的市场竞争中，由于竞争对手或个别敌对公众故意破坏而引起的危机。

7. 自然灾害危机

自然灾害危机是指组织遭遇如地震、洪涝、火灾等自然灾害而产生的危机，如东南亚海啸。

8. 社会环境危机

社会环境危机是指组织生存的国内外社会环境发生重大变化所带来的危机。如美国的“9·11”事件、巴黎恐怖袭击事件、笼罩全球的“禽流感”威胁等。

三、公关危机与危机公关

1. 公关危机

人们通常所说的危机，一般是指由非正常因素引起的某种非常事态，其外延十分广泛，如财政危机、金融危机、经济危机、能源危机、军事危机、管理危机等。

公关危机是各种危机中的一种特殊类型，它是由组织内外的某种非正常因素引发的公共关系非常事态和失常事态，也是一种特殊的公共关系状态。从一般意义上来说，所谓公关危机，是指由于组织内部或外部的种种因素，严重损害了组织的声誉和形象，使组织陷入了强大的社会舆论的包围，并处于发展危机之下的一种公共关系状态。这种状态如果不迅速改变，就会影响组织的生存，所以称为公关危机。

在日常生活中，公关危机事件并不少见：大到某邻国的军舰驶入我国海域且冲撞我国的渔船，小到某品牌的牙签将消费者的牙龈戳破；远到某跨国公司生产的探测器在火星上发生故障而坠毁，近到“青岛大虾”和“哈尔滨天价鱼”事件。凡此种种而引发的危机事件是不同领域、不同层次上的公关危机事件。

公关危机可导致组织与公众关系迅速恶化，组织的正常业务受到影响、生存和发展受到威胁，组织的形象遭到损害，处于高知名度、低美誉度的地位。

2. 危机公关

危机公关并不是常规的公共关系工作，它只在组织发生危机事件时才存在。危机公关是组织公共关系工作的重要内容，在组织的发展道路上，危机事件的出现是在所难免的。特别是现代社会中，在信息知识“爆炸”、社会变动复杂、企业竞争激烈的情势下，更增加了组织危机事件出现的可能性和严重性。及时控制、降低或清除危机事件的不良影响，应是每一个组织公关人员必须认真对待的重大问题。

危机公关是指组织危机的公共关系处理。具体来讲，危机公关就是任何社会组织为了处理给公众带来损失、给企业形象造成危害的危机事件，以及预防、扭转或改变组织发展的不良状态所采取的公关策略与措施，也就是组织从公共关系的角度对危机的产生、发展、变化，采取或实施的有针对性的一系列控制行为，其内容主要是对危机进行预防和处理。

可见，组织一旦出现危机事件，只要对其作出及时、妥善的处理，就能发挥巨大的作用。事实上，不少组织通过危机事件的处理，将危机的不利影响降至最低，甚至将不利影响转化为有利影响。反之，在危机事件出现之后，组织若不能及时采取有效措施进行处理，则可能给组织带来更大的损失。

【复习与思考】

请根据危机的类型，查找应对公关危机的案例，加强了解和学习。

单元二 危机的处理原则与程序

【情境导入】

《一个勺子》的危机与逆袭

2015 年 3 月 10 日，内地著名演员王学兵因涉毒在家中被抓。受其影响，该演员参演的电影、电视剧、广告均被禁播或内容遭大量删减。其中，由陈建斌主创的电影《一个勺子》的定档海报里四个主演一起上阵，当中包括王学兵。但王学兵吸毒被抓后，引起的连锁反应也让影片面临尴尬境地。

后来，片方发布了一款“人生无奈，学好归来”版海报，赢得八方点赞。定档海报中，陈建斌、蒋勤勤、金世佳都身穿黑西装，三人排成一队光脚走过西北荒凉的无人公路。细心者会发现，地上多出了一道影子，这道影子所对应的正是陈建斌和蒋勤勤之间的空位，显而易见，这个位置应该属于王学兵。

"学好归来"，则表达了出品方和陈建斌最美好的心愿，更体现了对王学兵的期望，一款海报既起到了宣传影片的作用，还"趁机"履行了危机公关的使命。该海报一经发出，在朋友圈、微博等自媒体引起强烈反响，被电影圈内奉为经典危机公关案例。

思考：

该电影的片方发行部门为什么要发布一款"人生无奈，学好归来"版海报？该海报是否实现了预期目标？

一、危机处理的原则

危机发生以后，首先应该动用足够的人员和有效的调查手段，迅速查明情况，判断危机的性质、现状、可能后果及影响，制定应急措施。在处理危机时应遵循以下原则：

1. 3T 原则

3T 原则是危机处理的一个法则，有三个关键点，每个点以"T"开头，所以称为 3T 原则。该原则是由英国危机公关专家迈克尔·里杰斯特（Michael Regester）在《危机管理》（*Crisis Management*）一书中提出的，强调在处理危机时必须把握信息发布的重要性。

（1）Tell Your Own Tale（以我为主提供情况）。强调政府牢牢掌握信息发布的主动权。

（2）Tell It Fast（尽快提供情况）。强调危机处理时，政府应该尽快不断地发布信息。

（3）Tell It All（提供全部情况）。强调信息发布全面、真实，而且必须实言相告。

2. 5S 原则

危机公关 5S 原则是指危机发生后，为解决危机所采用的 5 大原则，它由北京关键点传播集团董事长游昌乔创导，包括承担责任原则（Shouldering the Matter）、真诚沟通原则（Sincerity）、速度第一原则（Speed）、系统运行原则（System）、权威证实原则（Standard）。

（1）承担责任原则。危机发生后，公众会关心两方面的问题。一方面是利益的问题。利益是公众关注的焦点，因此无论谁是谁非，企业应该承担责任。即使受害者在事故发生中有一定的责任，企业也不应首先追究其责任，否则会因各执己见而加深矛盾，引起公众的反感，不利于问题的解决。另一方面是感情问题。公众很在意企业是否在意本身的感受，因此企业应该站在受害者的立场上表示同情和安慰，并通过新闻媒介向公众致歉，解决深层次的心理、情感关系问题，从而赢得公众的理解和信任。

实际上，公众和媒体在心目中往往已经有了一杆秤，即企业应该怎样处理，才会使其满意。因此，企业绝对不能选择对抗，态度至关重要。

（2）真诚沟通原则。通常情况下，社会危机的发生都会使公众产生种种猜测和怀疑，有时新闻媒介也会有夸大事实的报道。“以诚相待”是危机管理工作中取信于民、转危为安的最佳手段。

处于危机旋涡中的企业，是公众和媒介关注的焦点。企业的一举一动都将接受质疑，因此，千万不要有侥幸心理，企图蒙混过关。而应该主动与新闻媒介联系，尽快与公众沟通，说明事实真相，促使双方互相理解，消除疑虑与不安。

真诚沟通是处理危机的基本原则之一。这里的真诚指“三诚”，即诚意、诚恳、诚实。如果做到了这“三诚”，一切问题都可迎刃而解。

1）诚意。在事件发生后的第一时间，公司的高层应向公众说明情况，并致以歉意，从而体现企业勇于承担责任、对消费者负责的企业文化，赢得消费者的同情和理解。

2）诚恳。一切以消费者的利益为重，不回避问题和错误，及时与媒体和公众沟通，向消费者说明危机处理的进展情况，重拾消费者的信任和尊重。

3）诚实。诚实是危机处理最关键也最有效的解决办法。我们会原谅一个人的错误，但不会原谅一个人说谎。

（3）速度第一原则。危机发生后，一方面应以最快速度派出有关人员调查事故起因，安抚受害者，尽力缩小事态范围；另一方面应主动与新闻传播媒介，尤其是与在公众心目中具有公正性和权威性的传媒联系，说明事实真相，尽力取得传媒的支持和谅解。

好事不出门，坏事行千里。在危机出现的最初12～24小时内，消息会像病毒一样，以裂变方式高速传播。而这时候，可靠的消息往往不多，社会上充斥着谣言和猜测。公司的一举一动将是外界评判公司如何处理这次危机的主要根据。媒体、公众及政府都密切注视公司发出的第一份声明。对于公司在处理危机方面的做法和立场，舆论赞成与否往往都会立见于传媒报道。

因此，公司必须当机立断，快速反应，果决行动，与媒体和公众进行沟通，从而迅速控制事态，否则会扩大突发危机的范围，甚至可能会失去对全局的控制。危机发生后，能否首先控制事态，使其不扩大、不升级、不蔓延，是处理危机的关键。

（4）系统运行原则。危机的系统运作主要是做好以下几点：

1）以冷对热，以静制动：危机会使人处于焦躁或恐惧之中，所以企业高层应以冷对热、以静制动，镇定自若，以减轻企业员工的心理压力。

2）统一观点，稳住阵脚：在企业内部迅速统一观点，对危机有清醒认识，从而稳住阵脚，万众一心，同仇敌忾。

3）组建班子，专项负责：一般情况下，危机公关小组的组成由企业的公关部成员和企业涉及危机的高层领导直接组成。这样一方面是高效率的保证，另一方面是对外口径一致的保证。

4）果断决策，迅速实施：由于危机瞬息万变，在危机决策的时效性要求和信息匮乏的条件下，任何模糊的决策都会导致严重的后果。所以必须最大限度地集中决策使用资源，迅速作出决策，系统部署，付诸实施。

5）合纵连横，借助外力：当危机来临时，应和政府部门、行业协会、同行企业及新闻媒体充分配合，联手对付危机，增强公信力、影响力。

6）循序渐进，标本兼治：要真正彻底地消除危机，需要在控制事态后，及时准确地找到危机的症结，对症下药，谋求治本。如果仅仅停留在治标阶段，就会前功尽弃，甚至引发新的危机。

（5）权威证实原则。企业自夸往往是没有公信力的，没有权威的认可只会徒留笑柄。在危机发生后，企业需要请重量级的第三者在前台说话，使消费者解除对企业的警戒心理，重获信任。

从管理学角度讲，任何企业都可能要经历来自企业内部或外部的危机，所以，危机管理重在预防和建立危机预警机制上，一个企业能否在危机发生后拟订危机应对计划、快速反应、协调沟通，是验证一个企业是否把“危机管理”当成重要课题，是否遵循客户信任原则、团队合作原则等的重要指标。

拓展阅读

屈臣氏“毒面膜”事件　成功运用危机公关 5S 原则

2012 年 8 月 8 日，一条“屈臣氏面膜疑致顾客死亡”的消息在微博、论坛上广为流传，引发众多网友关注。一时之间，屈臣氏集团旗下的个人护理连锁店就被推上了风口浪尖。这一事件一经发出，屈臣氏就开启了应急机制，受到了业界的一致肯定。综观屈臣氏此次危机处理方式，可以发现是完全符合危机公关 5S 原则的。

承担责任原则

要求企业在处理利益与情感方面，无论谁是谁非都应该先承担责任。在“毒面膜”事件发生后的第一时间里，屈臣氏就主动承担责任。首先下令将涉事面膜全部下架，并将疑致死消费者的同批次面膜送往有关部门进行检测。其次是及时与死亡者家属联系，表示关怀的同时取得家属的配合进行事件调查。可以看出，在处理这件事情上，屈臣氏对这一原则的践行十分到位。公众对屈臣氏的愤怒情绪也会有所缓和。

真诚沟通原则

处于事件源头的企业，它的一举一动都是公众关注的焦点。因而，这时应当遵循真诚沟通原则，积极与媒体联系，给公众一个说法、一个解释。事件发生之后，屈臣氏就主动与媒体联系，并在其官方微博中发布“致媒体函”，态度极为真诚，还说明了处理事件的初步方案。同时，还向消费者发表声明，寻求消费者的客观态度。这一原则的履行，致使三方相互理解，同时消除了公众的焦虑与不安。

速度第一原则

这一原则要求企业在处理危机事件时，以最快的速度控制事态不向恶性方向发展。屈臣氏在应对面膜事件时的表现极为积极，以最快的方式向媒体表明态度，以最快的方式告知消费者面膜下架的情况以及退货情况。同时还以最快的速度公布国家化妆品质量监督检测中心的检测结果，证明面膜没有质量问题。屈臣氏以应对的超快速度赢得了消费者的认可。

系统运行原则

这一原则要求企业在处理应急事件时应该系统操作，切忌顾此失彼。事件发生时，应该保持镇定，透过表面看本质以求最终解决危机。屈臣氏在这方面也做得极好。坏消息一传出的时候，屈臣氏表现镇定，所有事情都在一步步推进，面膜的下架、声明的发布、产品的送检等都有条不紊。

权威证实原则

很多时候，即便自身有很多理由，也都无法将事情辩解清楚。面对“毒面膜”事件，屈臣氏立即将同批次面膜送往相关部门检测，之后公布检测结果，借助权威机构证明产品不存在质量问题。

基于屈臣氏在处理事件上危机公关5S原则的成功运用，有关业内人士表示，“毒面膜”事件的发生不会对屈臣氏造成太大影响。5S原则的成功运用，已经将事件发展的态势控制在了屈臣氏可以掌控的范围内。

3. 其他的危机处理原则

（1）未雨绸缪原则。正如戴维斯·杨所说，“面对任何危机，你的首要目标是尽快结束危机。而比这更重要的是要做到防患于未然”。因此，最成功的危机管理要求组织采取超前行动，及早发现引发危机的线索和原因，预测出将要遇到的问题以及事情发生后的基本发展方向，从而制订多种可供选择的应变计划，将危机扼杀在萌芽状态。

（2）公众利益至上原则。公共利益至上是现代管理的普遍原则，在危机管理中，这一原则的地位显得尤为突出。危机的不可抗性和一般公众在危机面前的脆弱性，迫切需要组织在危机管理中将公众利益作为一切决策和措施的出发点和落脚点。尤其是当危机事件对公众和社会造成损失时，组织必须对受害者表示同情和慰问，及时解决危机带来的困难。这种公众利益至上原则，有助于赢得公众的信任、支持和合作，共同致力于危机的解决。

拓展阅读

作家六六与京东商城的公平之争

2015 年 7 月 11 日，作家六六发了一条微博，称自己在京东商城购买的天天果园水果是烂的，要求退款却被拒绝。作为一名拥有 1 000 多万粉丝的女作家，这条微博一面世，立刻引来大量关注。一个小时后，天天果园即联系六六提出全额退款。六六拒绝后，京东商城和天天果园又相继联系商讨退款，天天果园还邀请六六为其质量监督员。7 月 13 日，六六再次在微博上发表题为“我要的是公平”的文章，拒绝和解。7 月 14 日，天天果园在微博上公开道歉，京东商城进行转发，并表示要加强自身服务。这个事件的处理历时 4 天。

正当舆论趋缓时，王思聪在 7 月 18 日转发六六微博，表示自己也拥有同样的经历。7 月 19 日，京东商城官方微博向王思聪道歉。然而，事情反而引来了更多的质疑：为什么王思聪能得到立刻的公开道歉?

于是，“看人上菜碟”的帽子，就这样戴在了京东商城的头上。

（3）透明度原则。透明度原则即组织在处理危机的过程中要充分利用一切有效渠道与公众保持良好的沟通和不断的接触。当社会危机发生时，往往会伴随出现一定程度的社会恐慌，而这些恐慌很大程度上是由于公众获得的信息不全或者受到歪曲，造成对社会危机的认识偏差所致。所以在发生社会危机时，组织要及时与媒体和社会公众沟通，发布权威信息，让公众了解组织在治理社会危机时，已经采取了哪些措施、危机当前的处理状况以及最新的危机演变情况，将危机的真相公之于众。在非典型肺炎爆发初期，公众缺乏充足的官方信息，因而造成了一定的社会恐慌。随着国家和政府开展的卓有成效的工作，事实真相通过多种渠道向社会发布后，公众又慢慢恢复平静，这就是一个很好的例子。

二、公关危机的策划程序

处理危机的最优化原则就是做好预防和准备工作，居安思危，防患于未然。当然，如果危机已经发生，那么就要掌握主动权，操纵局势，精心策划，化解危机。危机策划的程序是：

1. 迅速成立“危机处理小组”

处理危机事件的关键是临危不乱，这就需要有一个统一指挥的班子。因此，危机出现后，组织要迅速成立“危机处理小组”，其成员可包括政治领导、人事部门负责人、主管部门负责人和公关部门负责人。

2. 果断隔离危机

隔离危机就是切断危机继续蔓延的各种道路，使其不能继续发展和扩大。

危机如同瘟疫，一旦蔓延开来，后果不堪设想。危机处理者如果只是急于处理危机而不隔离危机，危机就有可能失去控制，造成更大的灾难。隔离危机就是切断危机继续蔓延的各种道路，使其不能继续发展和扩大，但不能错误地把危机隔离当成封锁消息。

3. 危机的调查和判断

危机事件发生后，首先应该迅速查明情况，判断事件的性质、现状、后果、影响，为制定对策和措施提供依据。

(1) 查明事件的性质与状况。包括事件的种类，发生的时间、地点、原因，现状和发展情况。

(2) 查明事件的后果和影响。如伤亡人数及严重程度、设施损失状况及价值、破坏程度及范围，以及这些后果已经和即将造成的社会影响。

(3) 查明事件牵涉的公众对象。包括直接、间接受害的公众对象，与事件有关的直接、间接责任或利害关系的组织与个人，与事件处理有关的机构，以及新闻舆论人士等。

4. 制定具体对策

在全面调查了解危机事件情况后，将所获取的信息归类整理、去伪存真、发现研究后，针对不同对象确定相应对策。

(1) 对组织内部的对策。把危机事件的发生和组织的对策宣传告知全体内部公众，使大家团结一心、共渡难关，确定对具体问题的解决方案并及时采取行动。

(2) 对受害者的对策。危机事件发生后，要立即同受害者接触，认真了解其情况和要求，实事求是地承担应该承担的责任，表示慰问和歉意。冷静听取受害者的意见，听取和确认有关赔偿损失的要求。要尽最大可能解除受害者的后顾之忧，从而使之保持心理平衡。在与受害者交换意见时，尽量避免出现为组织辩护的言辞。在处理事件的过程中，要派专人负责与受害者联系，不要因处理事件而冷落他们，要让他们在感情上对组织产生好感。

(3) 对新闻界的对策。危机出现后，要及时成立记者接待机构，集中处理与事件有关的新闻采访工作。

应该统一新闻传播的口径，注意措辞，尽可能用最有利于组织的形式来发布。发布信息的人员最好是组织的单位负责人，以便给记者提供权威的信息。

说明事件要简明扼要，避免使用专业技术术语或晦涩难懂的词句。对于提供给新闻界的信息要真实、准确，公开表明组织的立场和态度，以减少新闻界的猜测；要谨慎传播，在事实未完全明了之前，不要轻易对事发的原因、损失以及其他方面的任何困难进行推测性的表态和报道。对确实不能发表的消息，应妥善说明理由，求得记者谅解，不可简单地以“无可奉告”作为回应。为避免失实报道，重要的事情要以书面的形式发给记者。如果记者发表了不符合事实真相的报道，要尽快向报刊提出更正要求，指明失实的地方，并提供全部与事实有关的材料，派遣重要发言人接受采访、表明立场，要求公平处理。

有一种公关叫湖南卫视，有一种救场叫汪涵

2015 年 3 月 27 日晚，湖南卫视的娱乐节目《我是歌手》第三季总决赛落幕，韩红成为终极歌王。不过，当晚最大的焦点却是孙楠。在第一轮竞演结束即将公布被直接淘汰的歌手时，孙楠突然在现场宣布退出第二轮比赛，主持人汪涵只好临危救场。此事引发的种种口水，成了坊间的“头条”。

当晚，在主持人汪涵准备公布首轮竞演被淘汰歌手时，七位歌手中的六位都在平静地等待结果，此时孙楠举手对汪涵示意“有话要说”，随后他从口袋里掏出一张写好的文稿，语气诚恳地念起来，并宣布退赛。

面临孙楠的意外退场，全场一片哗然，但主持人汪涵并没有打断孙楠的现场发言，在其随后的现场 7 分钟主持词里，他说到这样的经典语句，如“既然我是这个舞台的节目主持人，接下来就由我来掌控一下。首先请导播抓紧时间为我准备一个 3～5 分钟的广告时间，谢谢！我待会儿要用。接下来我要说的这段话有可能只代表我个人的观点，而不代表湖南卫视的立场”，“所谓没事儿，不惹事儿，事儿来了，也不要怕事儿”，“当然，您自然也有权利选择在您认为是对的时刻，依着自己认为对的那个心情作出您要离开的这个决定，所以我相信我们应该尊重一个成熟男人在这一刻作出的决定”，“各位亲爱的观众朋友，真的千万不要走开。还是那句话，真正精彩的时候，或许会从广告之后才开始，马上回来”。

以上这段话，被舆论称为危机公关的教科书，面临直播，面临重要选手的意外退赛，汪涵的这段话，兼顾方方面面，并且有礼有节。

在《我是歌手》第三季“歌王之战”赛后当晚，网友关注的焦点不是赛前大热的李健或者歌王韩红，网友在孙楠退赛的“震怒”中讨伐孙楠没有契约精神，而这股风也仅仅持续了 1 天。随后话题焦点变成事件的最大赢家——湖南卫视，不论是汪涵出色的 7 分钟救场，还是湖南卫视直播比赛的顺畅进行，《我是歌手》第三季决赛收视率市场份额创下新高，且进入新的一周后，湖南卫视一边应对“封杀孙楠”的传闻，一边又抛出“不换歌就换人”的重磅“禁用”令。综观全过程，湖南卫视才是最大的赢家。

(4) 对上级领导部门的对策。事件发生后，应及时向上级领导部门汇报，不能文过饰非，更不能歪曲事实真相混淆视听。事件处理后，要详细报告处理的经过、解决方法以及今后的预防措施。

(5) 对业务或公务往来单位的对策。要尽快传递事件发生的信息，以书面形式通报正在采取的对策，如有必要，可派组织职员到各有关单位去巡回作当面解释。在事件处理过程中，要定期向各界公众传达处理经过。事件给业务往来单位造成的损失，要以书面形式表示诚恳的歉意。

(6) 对组织所在社区公众的对策。要及时进行咨询服务，让社区公众了解真相。对于给社区公众造成损失的，要道歉和赔偿。

5. 消除危机后果

以上对策付诸实施后，还要继续进行坚持不懈的工作，从物资、人身、心理等方面，采取解决措施，妥善安排，尽可能消除危机造成的消极后果。

6. 危机总结

危机过后，组织除了痛定思痛外，还应当对自己在危机中的行为进行评价和反思，写出总结报告，吸取教训，提出防止危机重演的计划和措施。

【复习与思考】

如果一家食品企业出现添加剂违规使用问题，被媒体曝光，请分组讨论处理该事件的方法和程序。

单元三 公关危机的预防、传播管理和形象重塑

【情境导入】

从瘦肉精事件中杀出来的双汇集团

2011 年 3 月 15 日，媒体曝出双汇集团济源双汇工厂的肉类加工品中检测出瘦肉精，当天双汇股票跌停，市值蒸发掉了 103 亿元，接下来是媒体的口诛笔伐、经销商的围门退货、消费者的斥责与愤怒，截至 3 月 31 日影响销售超过 15 亿元。济源双汇工厂处理肉制品和鲜冻品直接损失预计达 3 000 多万元；由于“瘦肉精”事件，双汇改成生猪头头检查，全年预计增加检测费 3 亿多元；按照董事长万隆公布的数字，双汇能够计算的损失已超过 121 亿元。双汇集团用 20 多年时间筑就的放心品牌受到质疑，损失难以估量。

危机爆发的第一时间，双汇集团就作出一系列的快速反应：

3 月 16 日　双汇集团发布致歉声明，同时责令涉事的济源工厂停产自查。

3 月 17 日　双汇集团再就“瘦肉精”事件发布声明，称将召回济源双汇在市场上流通的产品，对济源双汇总经理、副总经理、采购部长、品管部长予以免职。

3 月 20 日　河南省食品安全领导小组办公室通报，济源市政府在全市 7 家双汇连锁店和 59 家双汇冷鲜肉专营店封存猪肉 1 878 千克，抽样 46 个，其中 6 个被检出“瘦肉精”。虽然央视第一个爆出其瘦肉精事件，但随后的央视在《新闻联播》之后的第一条广告就是双汇集团的广告。

3 月 23 日　双汇紧急召开 4 000 多人规模的全国经销商视频会议以应对下架危机，希望能重新启动市场。

3 月 25 日　双汇集团再次召开全国供应商视频会议，试图安抚处境艰难的供应商。

3 月 31 日　双汇召开“万人职工大会”，包括双汇集团所有管理层、漯河本部职工、经销商、部分新闻媒体等万人参加，双汇再次致歉并公布整顿举措。

其中，万人誓师大会最为引人注目，大会主席台背景板上写着：“生死攸关的考验，刻骨铭心的教训。筑牢食品安全屏障，履行企业社会责任。”董事长万隆向消费者再次致歉，并对曝光“瘦肉精”事件的央视等媒体也表达了谢意，期望继续得到在场经销商、供应商、投资者以及金融部门的支持。同时，宣布把“3·15”定为“双汇食品安全日”。他还声明，在近期政府执法部门开展的调查抽检中，双汇产品全部合格，并未检出瘦肉精。

为了消除影响，杜绝类似事件的再次发生，在会议上，董事长万隆宣读了双汇集团的六项决定：1）强化源头控制。执行生猪头头检验，原辅料强化批批检查。2）成立双汇集团食品安全监督委员会，监督企业各个环节。3）建立双汇集团食品安全奖励基金，每年“3·15”做总评。4）建立食品安全举报制度。5）引入“中国检验认证集团”作为独立监督机构进行第三方监测。6）加快养殖业发展，进一步完善产业链，提高企业对产业链上下游的控制力。

思考：

小组讨论今日的双汇集团市场口碑如何。分析在瘦肉精事件中，双汇集团的操作方法。

尽管危机的发生不可预测，但组织的公关危机大多是可以预防的，任何组织都应该重视公关危机的预防工作。一旦发生危机，组织应立即采取有力措施，尽快渡过危机状态，重塑企业形象。

一、危机的预防

在对世界 500 强企业董事长和总经理的调查中发现，这些企业被危机困扰的时间平均为 8 周半，没有应变计划的公司要比有应变计划的公司的被困时间长 2.5 倍；世界 500 强企业危机后遗症的波及时间平均为 8 周，没有应变计划的公司也比有应变计划的公司长 2.5 倍。可见，对危机进行预防是必要的。公关危机的预防是指对公关危机的隐患进行监测、预控的危机管理活动。

1. 全员构建危机意识

危机意识是危机预警的起点。在市场竞争的环境中，通过将“危机意识”引入企业管理，成为企业生存与发展的一个普遍法则。在和平稳定时期，人们往往缺乏危机意识，所以通过模拟危机情势，不断完善危机发生的预警与监控系统，能够使政府和公众培养危机意识，就像不断进行的消防演习一样，通过演练各种可能在实战中碰到的问题以培养消防人员的消防意识，能够使消防人员时刻做好防火的物质准备和心理准备。要坚持“以防为主”方针，在组织内部开展防范危机教育。要经常进行自我检查、自我评价、自我监督。强化居安思危意识，消除危机产生的土壤。

2. 做好危机预警工作

许多危机在爆发之前都会出现某些征兆，因此，应该建立预警系统来及时捕捉这些危机的预兆。建立预警系统可由公关人员协同各个管理部门进行，主要包括加强公共关系信息与组织经营管理信息的收集分析工作；密切注意国家经济政策的变化；加强与重点客户的沟通；经常分析竞争对手的生产经营策略和市场发展情况；定期或不定期进行自我诊断；开展多种调研活动，并在此基础上研究和预测可能引起组织危机的突发事件，将企业危机消灭在萌芽状态。

3. 做好危机预控工作

危机公关中的危机预控工作主要有：建立危机处理小组；指定组织发言人；建立以媒体关系为核心的紧急事件处理联络网；对组织潜在的危机形态进行分类；制定预防危机的方针、政策；为处理每一项潜在的危机制定具体的战略和战术；确定可能受到危机影响的公众；在制订危机应急计划时，多倾听外部专家的意见；写出书面报告；对有关方案进行不断的试验性演习；为确保处理危机时有一批训练有素的专业人员，平时应对他们进行专门训练。

4. 危机管理机制建设

危机管理的关键是建立一个有效的危机管理机制。所谓危机管理机制是指在危机管理基本原则的指导下，组织建立一整套社会危机监测、预防和快速反应的制度和运行机制。危机的发生有一定的演变过程，一般可分为危机前兆、危机发生和危机事后处理这三个阶段。在不同的阶段，行动上应有不同的特点：在危机的前兆期，应具有敏感性，实施有效的预警和监测，进行问题管理，及时识别各种突发性事件前兆信息，并对危机发生的概率作出科学的预测和判断，将危机消弭于萌芽之中；在危机发生阶段，则应根据已有的有关危机管理计划，启用紧急应对系统，在短时间内将事态控制住；在危机事后处理阶段，则应注意妥善处理有关政治影响、经济损失等恢复性问题，更重要的是总结经验教训，以修正政府的日常决策和应急处理系统。

一套完善的危机管理的动态机制可分为危机发生前的危机预防机制和危机发生后的危机救治机制。

（1）危机预防机制。危机预防机制可具体分为危机预警机制和危机预控机制。危机预警机制包括危机迹象的监测、危机迹象的识别、危机迹象的诊断和危机迹象的评价。在这里，组织首先要树立危机预防意识。危机的预控机制包括思想准备、组织准备、物质准备、基础设施准备以及危机处理准备。组织危机预防除了对未发生的危机进行预警之外，还要预测危机解决后未来可能出现的情势，组织应及时收集相关信息，对信息做作科学的判断并预见事件的发展态势，为政府危机管理提供类似平台。

（2）危机救治机制。

1）积极的强制干预。危机的解决固然需要克制，需要妥协，但也需要积极的干预。因为，在危机状态下，决策者会处于一种非理性状态，这使得任何决策都难以像常规情况下一样容易达成妥协和统一，有时还会出现巨大的分歧。因此，除了依靠政治权威、推行强制性的决议之外，决策者别无选择。

2）稳定社会，进行心理救治。对社会来说，危机造成的最大危害在于社会正常秩序遭到破坏并由此引起公众心理的波动起伏，因此，保持稳定的社会秩序，保持原有的社会运行轨迹是首要选择。

3）全员参与。在一个开放的社会，危机管理如果没有社会力量的参与，是不堪设想的。社会力量的参与，一方面可以缓解危机在社会中产生的副作用，使公众了解真相、祛除恐惧，消除危机派生的流言、恐慌等副产品，起到稳定社会、恢复秩序的作用；另一方面可以降低防治危机的成本。

二、危机传播的管理

在处理危机的过程中，组织一定要充分利用舆论，巧妙运用现代传播媒介，把组织驾驭危机的信心和胆略、危机的真相以及处理危机的方法、进展，及时准确地传达给公众，正确引导公众舆论，防止公众因受到误导而引发不利于组织的联想。为此，要在了解组织危机的阶段、特点的同时，做好危机传播管理方案。

1. 组织危机的阶段、特点

组织危机不仅具有突发性和严重危害性，同时具有扩散性。危机常常成为社会舆论关注的热点和焦点，更是新闻媒体报道的最佳新闻素材与报道线索，有时甚至牵动社会各界公众的视线。好事不出门，坏事传千里。一个负面消息的传播足以抵消千百篇正面报道和千万次广告。

正是由于组织危机易扩散和受舆论关注的特征，组织的公关人员在整个危机处理过程中发挥着至关重要的控制危机传播的作用。了解危机传播的阶段特征是处理危机传播管理的前提。

（1）危机酝酿期。危机酝酿期指的是危机的孕育时期。这个阶段的特征是危机有时有一些预兆和端倪，当然更多的危机是难以察觉的，此时如果能察觉的话，危机的火苗有可能被扑灭。危机的酝酿是一个长期的过程，在实践中，危机的爆发只在瞬间，但其隐患却可能经久不息。比如，在员工无礼对待消费者的案例中，可能是思想教育或管理的问题；在产品瑕疵案例中，可以从产品开发、原料采购、质量控制、成品生产和运输等各个环节中找到问题的源头。

（2）危机爆发期。危机爆发期指的是危机的发生时期。危机发生了，这一阶段的特征是危机已经浮出水面，细心敏锐的人肯定可以察觉，而忽视和迟钝则会导致熟视无睹、习以为常。在这个阶段，危机虽已暴露，但可以逆袭。

（3）危机扩散、蔓延期。危机扩散、蔓延期指的是危机发生后，通过媒介、人员、组织的传播，危机不断扩散，受众知晓率爆炸式上升，从传播的角度来说，此时信息的内容趋向复杂化，有准确的，也有不准确的；有目击的，也有猜测的。信息传播渠道也呈多样化特点，有从现场得到的（信息的原始起源），有从相关组织或人员得到的，也有从媒体得到的（比如一些媒体会转载来自其他媒体的信息）。现场的地点、人物、媒体自身、企业自身、相关组织、人物，因为事态的进一步发展，都有可能成为信息传播源。另外，人们的好奇心需要满足，而原因又在进一步调查中，造成信息真空。这时，媒体、公众会从各种渠道来填补，这个时期的特征是危机事态正在发展，本质原因却不一定很明确，现象则在传播中不断复制。

（4）危机减弱、消失期。通过事态的发展、事件的处理、原因的调查，事情有了结果，公众、媒介的关注逐渐减弱，进而消失。

2. 制定危机传播管理方案

在做好危机管理方案的同时，要制定危机传播管理方案，危机传播管理方案的内容和要求如下：

（1）设立一个专门负责危机的发言人。危机发生后，不管是应付危机的常设机构，还是临时组织起来的危机处理小组，均应迅速各司其职，尽快搜索一切与危机有关的信息，挑选一个可靠、有经验的发言人，将有关情况告知社会公众，而他代表的就是组织决策层的意见。

应当注意的是，对外传播的信息只由这一人输出，而不要有多种声音；发言人的讲话态度一定要诚恳、和气。这项工作一般由公共关系部经理担任。

（2）主动与新闻界沟通。危机发生后，新闻界必然要来采访。与其在他们来之后被动地受访，不如自己主动通报给日常工作中经常打交道的新闻单位，并尽量给予采访方面的便利，积极提供新闻参考资料（可公开的或不可公开的）和背景材料，以免他们通过一些非正常渠道去探寻新闻来源。

在与新闻界沟通的过程中，还要注意两方面的情况，即有利的情况和不利的情况。如果竭力掩盖于己不利的真相，一旦被发现，就可能会被怀疑自己是危机的罪魁祸首，得不偿失。这方面的工作与前面发言人的工作并不矛盾，前者代表组织决策层来讲话，后者实际上是为前者讲话提供具体资料和陈述依据等。

（3）公布造成危机的原因。作为最后一步，应坦诚地向社会公众及新闻界说明造成危机的原因，如果是自己的责任，应当勇于向社会承认；如果是别人故意陷害，则应通过各种手段使真相大白，最主要的是要随时向新闻界等说明事态的发展，澄清无事实根据的小道消息及流言蜚语。

拓展阅读

魏则西事件中的百度危机公关

2016年4月12日，21岁的西安电子科技大学计算机系学生魏则西，因身患晚期滑膜肉瘤去世。在弥留之际，他写下“百度，当时根本不知道有多么邪恶”的话语。这一消息在五一小长假期间迅速发酵，由此引发了公众对癌症免疫疗法、搜索引擎百度和三甲医院科室外包的广泛关注和热议。

在此次事件中，百度的公关团队首先在第一时间给予了声明，这份声明一则表达了对魏则西之死的哀痛，二则表示武警北京总队第二医院是一家公立三甲医院、资质齐全，目前已经向发证单位和医院主管部门递交审查申请函，但并未讲明自己在这一事件中应承担的责任，这是百度方面第一次推卸责任。随后，5月4日晚间，又爆出数位知乎网友因为涉嫌帮助百度，被知乎删号的事件，这让百度的负面形象雪上加霜。

随后，百度CEO李彦宏对内部的邮件被公开，整篇话语非但丝毫看不到反省后的措施，反而看到了“被惯坏的百度”追求关键绩效指标考评而被大众诟病。

三、重塑组织形象

危机对任何组织都是一场严峻的考验。有时，危机对一个素质良好的组织来说，是一个塑造组织形象的机会，但是对大多数经历危机的组织来说，不管是否有能力解决危机，其组织形象都会不同程度地受到抑损。正如组织形象的树立过程是一个长期的过程，组织形象的损害也是一种潜在的长期损害，其不利影响会在今后组织的生产经营活动中日益凸显。因此，在恢复时期，公关人员应该在如何重建组织形象上多下功夫，他们应该牢记，只有当组织的形象重新得到建立，组织才能转危为安。一旦组织发生危机，就会失去公众的信任，使组织原先的顺意公众变成逆意公众。同时，组织也会维护长期以来经过艰辛努力建立的良好公关环境和获得的产品市场份额，导致组织美誉度及经济效益下降。因此，如何力挽狂澜并重塑形象，是组织面临的主要问题。

1. 树立重塑组织良好形象的强烈意识

在危机处理中，组织除了平时要有强烈的公关意识外，还必须树立强烈的重建良好公关形象的意识。要有重整旗鼓的勇气和再造辉煌的决心，绝不能破罐子破摔。谨记，只有公关形象重新得以建立，组织才能谈得上进入了良好的公共关系状态。

2. 明确重塑组织形象的目标

组织在恢复形象的过程中，可以根据调查结果来策划重塑组织形象的方法。如果是组织的美誉度受到损害，组织可以采取提高产品和服务质量的方式进行形象的重塑；如果是因为组织与媒体的关系导致的危机，可以采取不断地与媒介进行沟通的方式进行形象的重塑。

重塑组织形象的目标具体来说分为四个方面：第一，使组织公关危机事件的受害者或其家属得到最大的安慰；第二，使利益受损者重新获得作为支持者的信心；第三，使观望怀疑都重新成为真诚的合作伙伴；第四，更多地获得事业上新的关心者和支持者。

3. 采取建立良好形象的有效措施

组织在确立了重塑形象的目标之后的关键是如何采取有效措施，这些措施包括对内和对外两个方面。

对组织内部，一是要以诚实和坦率的态度来安排各种交流活动，以形成组织与员工之间上情下达、下情上达的双向交流，保证信息畅通无阻，增强组织管理的透明度和员工对组织的信任感；二是要以积极主动的态度，动员组织全体员工参与决策，制订组织在新的环境中的发展计划，让员工形成乌云已经散去、曙光就在前方的新感受；三是进一步完善组织管理的各项制度和措施，有效规范组织行为。

对组织外部，一是要同平时与组织息息相关的公众保持联络，及时告诉他们危机后的新局面和新进展；二是要针对组织公关形象的受损内容与程度，重点开展某些有益于弥补形象缺损、恢复公关形象的公共关系活动，与广大公众全面沟通；三是要设法提高组织的美誉度，争取拿出一些过硬的服务项目和产品在社会上公开亮相，从根本上改变公众对组织的不良印象。

四、网络危机公关

西方有一句谚语说得深刻：“危机如死亡与税收一样，是不可避免的事情。”网络作为一种新的媒体形式，使得传统企业危机爆发的速度更快，传播的范围更广泛，引起的争议更大，成为企业危机的助推者。网络既推动了企业危机的发展，又触发了新的危机形式。

【复习与思考】

1. 什么是公关危机？什么是危机公关？
2. 危机处理的原则和一般程序是什么？

失联的 MH370，失声的马航

◎案例描述

北京时间 2014 年 3 月 8 日凌晨 1 时 20 分，由马来西亚飞往北京的马来西亚航空公司 MH370 航班与地面失去联系，机上 239 人中包括 153 名中国大陆乘客。2 时 40 分，马来西亚苏邦空中交通管制台证实航班失联。6 时 30 分，失联航班没能按时抵达北京首都国际机场。8 时左右，马航发布航班失联官方消息。

9 时，中国民航局空管局向新华社记者证实 MH370 航班在越南胡志明市管制区同管制部门失去通信联络，并失去雷达信号，同时客机未进入我国空管情报区。

10 时，中国交通部部长杨传堂在中国海上搜救中心召开紧急会议，宣布立即启动一级应急响应。

11 时，马航公布乘客名单。马航 VP 接受 CNN 访问时表示，本次航班配有 7 小时航油，他们相信到目前为止，飞机航油已经耗尽。马航目前对飞机位置完全没有头绪。

有媒体报道称，越南搜救人员当天在越南南部金瓯省西南 120 海里处发现失联客机信号。随后越南官方予以否认。

8 日下午，马航召开发布会，却比预订时间推迟两小时。发布会仅持续仅 5 分钟，发布的仍是“失去联系”的消息，也未给记者提问机会。主持人离场时现场一片骚动，场外则一片混乱。

马来西亚交通部部长 8 日否认了马航 MH370 航班已经坠毁的消息。

波音公司于 8 日下午发表关于马来西亚航空公司 MH370 航班的声明，对失去联系的马来西亚航空公司 MH370 航班上所有人的家庭致以最深切的关心，并宣布波音正在组建一支团队，以向调查当局提供技术协助。

在 MH370 航班失联 13 个小时后，马来西亚总理纳吉布 16 时就事故情况召开记者会。记者会又因故推迟数小时。

8 日晚，一些媒体报道，失联客机乘客名单中一名意大利乘客并没有登机，其护照于一年前丢失。意大利外交部证实，这名乘客身在泰国。9 日凌晨，奥地利外交部证实，乘客名单中一名奥地利籍乘客也没有登机，人在奥地利，2012 年曾在泰国丢失护照。国际刑警组织当天下午证实，至少两本已在这一机构数据库备案的被偷护照被马航失联客机乘客使用。这一消息立刻引发了人们关于航班遭恐怖分子劫持的猜想。

3 月 9 日 15 时，马来西亚官方称，吉隆坡国际机场现场监控已经锁定使用虚假护照信息登机的乘客画面。马方称用假护照登机的乘客为“亚洲面孔”，晚些时候又否认了这一说法。3 月 11 日，马来西亚警方公布监控视频截图。国际刑警组织证实，两人均为伊朗人，只是他们的目的应该是偷渡欧洲，没有发现与恐怖组织有关联。

与此同时，多国海空搜寻继续，尤其是越南，尽力调动资源，反复查找可疑漂浮物。中国舰船和飞机则在超过 5 万平方千米的茫茫大海上夜以继日地进行拉网式搜寻。

3 月 12 日，马航方面召开与失联乘客家属的沟通会。会上，马航方面公布了领取特殊慰问金需要签订的说明。随后，31 000 元特殊慰问金开始发放。

3 月 15 日，马来西亚总理纳吉布亲自出席发布会，并确认失联客机联络系统是被人为关闭的，而客机航线也是被蓄意改变的，卫星与飞机之间的最后一次通信为 3 月 8 日 8 点 11 分。针对客机的最后位置，纳吉布给出了两种可能，即南部走廊地带和北部走廊地带。

而此前，美国媒体援引客机发动机制造商提供的数据报道，称飞机失联后飞行了 4 个小时，遭马方否认。

3 月 23 日，马来西亚政府称，法国当局当天提供的卫星图像显示，在印度洋南部海域发现可能与马航 MH370 航班有关的可疑漂浮物。

北京时间 3 月 24 日晚 10 时，马来西亚总理纳吉布在吉隆坡就有关失联客机 MH370 的相关进展召开新闻发布会，根据最新分析结果，MH370 客机已坠落在南印度洋，机上无人生还。纳吉布表示，25 日早上会召开新闻发布会公布更多细节。马航已经向家属通报了相关进展，随后纳吉布的声明结束，未透露更多细节。

媒体称，马来西亚总理纳吉布宣布 MH370 航班在印度洋中部坠毁的结论，只是根据 Inmarsat 公司的海事卫星数据分析得出，尚无残骸、黑匣子的有力佐证。

在北京丽都酒店守候了十余天的乘客家属在听到马来西亚官方宣布飞机失事的消息后悲痛欲绝，但鉴于以往马方在调查事件时的反复和滞后表现，一部分家属表示不信任这一说法，只有看到飞机残骸才能确信飞机失事。

25 日上午，乘客家属举着自制标语步行前往马来西亚驻华大使馆举行抗议活动。

下午 3 点半，马来西亚驻华大使在丽都饭店参加家属说明会，家属对昨天马方宣布飞机坠海这一结果向马来西亚驻华大使提出质疑，马方驻华大使表示现在无法回答。家属要求大使现场给马来西亚总理打电话询问，马方驻华大使沉默，只称会转达问题。

◎**案例解析**

从3月8日马航MH370客机失去联系，到3月25日马方公布飞机失事，历时17天，在整个过程中，马来西亚航空公司和马来西亚政府均未采取有效措施进行企业和政府的危机公关，最终失去了企业信用与民众信任。

◎**案例交流与讨论**

1. 结合案例谈一谈你对马来西亚航空公司和马来西亚政府在该次飞机失联事件中的“功过是非”。

2. 通过本案例，试说明在公共关系危机管理中应该如何操作，才能最大限度地挽回企业损失，获取民众信任。

模块七 网络公共关系

学习目标

1. 理解网络公共关系的概念及作用。
2. 了解网络公共关系的发展过程。
3. 理解并掌握网络公共关系的主要手段。
4. 理解并掌握网络公关软文的写作技巧。
5. 认识网络传播原理，掌握网络传播心理。

导引案例

奥斯卡的新印象

如果问起哪部电影获得了 2014 年的奥斯卡最佳影片奖？不见得每个人都能脱口而出。（正确答案是《为奴十二年》）但即便是最严重的“奥斯卡失忆症”患者，也能回想起颁奖典礼主持人艾伦抓拍下的那张在 Twitter 上大火的自拍照，那是一个被载入奥斯卡历史的时刻。

艾伦・德詹尼丝拉上安吉丽娜・朱莉、布拉德・皮特、朱莉娅・罗伯茨、梅丽尔・斯特里普以及詹妮弗・劳伦斯等大牌明星，拍了一张超级抢眼的合照，这一无心之举把老派的奥斯卡颁奖典礼一把推进了数字时代的深水区，它在 Twitter 上获得了 340 万次转发，并给 2014 年奥斯卡颁奖礼带来了近 14 年以来的最佳收视业绩，观众总数达到了4 500 万。

与克雷格・贾丹同为奥斯卡颁奖典礼制片人的尼尔・梅隆表示：“我们打破了收视纪录，我们也玩坏了 Twitter。那一晚，我们沐浴在奥斯卡众神的光芒中。”

思考：

为什么2014年奥斯卡的那张照片在人们心目中留下了如此强烈的印象？在网络时代，企业如果要加深组织在公众中的形象，能否借鉴奥斯卡的例子？请在本模块的学习中寻找答案。

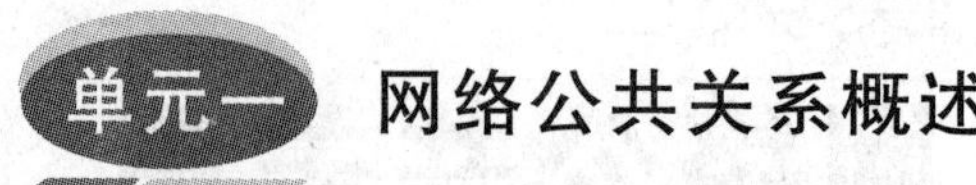

网络公共关系概述

【情境导入】

“兔子新闻”网页

澳大利亚联邦科技和工业研究组织（简称CSIRO）是澳大利亚最大的科学研究所。1995年，CSIRO的科学家正在利用某个岛上的设施进行一个关于兔子瘟疫病毒（RCD）的实验，根据这种病毒研制一种强效生化剂来减少兔子的数量，以避免兔子的泛滥成灾。在CSIRO的研究项目还没有完成时，发生了RCD病毒从实验区外泄事件，在离岛不远的大陆上，这种病毒导致了大批兔子的死亡。

一时间，流言满天飞，大家都在关心这个病毒是如何扩散出来的。媒体、州政府、联邦政府的官员以及养兔专业户都来询问事件真相，一些公众团体的人们担心这个病毒会引起可怕的后果。CSIRO的公关部门每天都会收到来自公众的电话和传真的狂轰滥炸。

整整两周，CSIRO在澳大利亚各地的职员都被搞得狼狈不堪，他们的亲戚、朋友和邻居都纠缠着询问有关CSIRO的问题。这里隐藏着一个危险，如果CSIRO的职员们没有得到准确的信息的话，他们会影响一般的社会公众，人们会更着急。因此，CSIRO的公关人员认为有必要让组织内外的公众充分了解信息。

为此，CSIRO的公关部迅速在CSIRO的网站上建立了名为“兔子新闻”的网页。网页公布不久，电话和传真逐渐减少，而且从此打来电话的人都通过网页的内容，对事件已经有所了解。虽然到1996年中期，兔子瘟疫病毒已经蔓延到了澳大利亚全国各地，但随着网页内容的不断更新，人们却不再像开始那么恐慌了。

CSIRO网站将“兔子新闻”网页保留到了第二年，这主要是因为“兔子病毒”事件在澳大利亚的影响很大，CSIRO对网页的分析表明这个网页也仍然广受欢迎。有了处理“兔子病毒”事件的成功经验，该网页后来还被用来进行关于其他疾病的症状和预防措施的宣传，比如对蝙蝠和企鹅携带的传染病的宣传。

CSIRO第一次利用网络宣传了一个热门事件，网络在协助报道兔子瘟疫病毒事件上起到了积极的作用。从记者反馈给CSIRO公关部的信息来看，网页24小时都开放的信息给记者对事件的报道带来了很大的方便。在回答应接不暇的媒体提问时，CSIRO的职员们发现，记者大多已经查看过网上的资料，而且，媒体报道经常引用CSIRO网页的观点和看法，从而使媒体报道的准确性有所提高。

资料来源：杨加陆：《公共关系学教程》，第二版，上海，复旦大学出版社，2007。

思考：

1. 结合上述材料，分析网络传播的优势。

2. CSIRO处理“兔子病毒”事件的成功经验是什么？

3. 在网络时代，公共关系传播有何新的特点？上述实例对组织在网络时代开展公共关系传播有什么启示？

一、网络公共关系的定义及特点

1. 定义

公共关系简称公关，是指组织预期公众结成的一种客观存在的社会关系。那么网络公共关系如何定义呢？简单地说，就是组织在网络空间中与网络公众结成的一种互动关系。网络公共关系，又称线上公共关系，是指组织为了塑造组织形象、协调沟通组织内外部关系、营造有利的网络运作环境，借助互联网发布组织信息，监测组织网络环境，与网络公众保持互动交流，有效引导网络公众舆论的一系列公共关系活动，从而实现组织的公共关系目标。

随着互联网的普及，宣告了传播方式革命，这正是网络公关的生长点。网络传播与传统传播相比，突出的特征在于其个性化、互动性、信息共享化和资源无限性。由此可见，网络信息传播的方式是全新的，它已集个人传播（如电子邮件）、组织传播（如电子论坛）和大众传播于一体，网络公关也正是对这些传播方式重新进行整合的公关方式。

为了更好地理解网络公共关系的定义，我们应重点把握以下三点：

（1）网络公共关系的手段是互联网及其应用。网络公共关系是因计算机网络的迅猛发展而给传统公共关系带来的一种创新形式，它以互联网作为信息传播的手段来开展公共关系活动，为组织改善自身形象、协调内外部关系提供技术支持。

（2）网络公共关系的最终目的是实现组织的公共关系目标，即塑造组织形象、协调沟通组织内外部关系、营造有利的网络运作环境。网络公共关系与组织的其他公共关系活动相辅相成，共同为实现组织的公共关系目标而努力。

（3）网络公共关系的客体是网络公众。网络空间存在形形色色的“大众群体”，他们经常浏览网页、参与网络活动，没有地域的界限，与网络组织有实际或潜在的利害关系，我们把这样的个人、群体或者组织的总和统称为网络公众，是网络公共关系的目标受众。

2. 特点

网络公共关系就是以网络传播为特点的公共关系实践行为，因此，网络公共关系的特点与互联网的传播特征紧密相连，但就此认为网络公共关系的特征即为网络传播的特征却是以偏概全，不够准确，二者还是有区别的，不能混为一谈。网络公共关系是一种新的传播现象，网络传播则是一种新的传播技术，把一种新的传播现象归结为某种新的传播技术是一个简明的解释，但这种解释极具迷惑性。一种新的传播现象的出现必然是各方面因素相互作用的结果，其中包括技术、文化、社会、经济、政治等方面因素的互动，简单地将新的传播现象归结为某一方面因素的做法都是不合理的。因此，分析网络公共关系的特征，一方面不能简单地将计算机网络的特征理解为网络公共关系的特征，陷入“技术决定论”的误区，比如有人将网络公共关系的特点归纳为传播速度更快，互动性更强，传播多样性和立体化等，这些与其说是网络公共关系的特征，不如说是网络媒介的特征。另一方面，它又呈现出一些与传统公共关系不同的特征。

（1）网络公共关系主体的自主性更强。网络所特有的互动性，使组织在网络公共关系的主动性得以凸显。网络媒介在其归属上，真正可以称得上是一种属于所有公众的“公共媒介”，它打破了传统媒介设立“把关人”“守门员”的权威，赋予社会组织或个人主动发布信息、快速自主表达的功能。

（2）网络公共关系客体在传播中的地位得到提高。传统公共关系的信息传播方式，无论是“一对多”还是“少对多”，信息都是单向流动的，信息发布的组织主宰所发布的信息和信息的性质，受众都是被动地接收来自信息“把关人”过滤后的垄断信息，很难发表自己的观点和意见，无法与信息发布的组织进行交流和反馈。而网络给公众提供了人人都可以发表意见、人人都可以互动交流的平台，在这里，受众与信息发布的组织有着同样的地位。因此，公众在组织公共关系信息的选择与公共关系活动的参与上具有更强的主动性和目的性。

（3）网络公共关系的传播效能大大提升。网络媒介传播速度快、覆盖面广，不受地域限制，大大提高了信息的时效性。而且网络上的传播可以选择双向互动式的“一对一”沟通方式，这种个体沟通方式使网络公众可以在阅读信息的同时与发布信息的组织和其他公众展开讨论，还可以对信息内容进行控制，使组织在传播信息时可以根据个体的不同需要、不同反应程度，提供个性化的信息服务。另外，网络的信息量是传统媒介无法实现的，不仅拥有海量的最新信息，而且包括这些信息被公众进行的二次、三次传播。网络整合的信息表现手法也更具体、更深入、更生动，从而其效能更明显。

（4）网络公共关系的传播时空更广泛。同传统公共关系相比，网络公共关系的传播时空大为扩展。从传播的信息空间来看，网络空间不受版面、播放时间的制约，组织有足够的空间传播内容详尽的信息，并可通过与其他相关信息的超链接，增加信息容量。从传播的地理空间来看，网络公共关系借助互联网平台，彻底打破了区域、国界的限制，为全球化背景下的各种组织开展国际公共关系活动提供了有力工具。从传播的时间来看，在网络上可以全天 24 小时随时发布信息，信息一有更新即可播出，不必为传统媒介的排期问题大伤脑筋，这也提高了网络公共关系的时效性。

二、网络公关的作用

1. 信息反馈

经济全球化条件下，网络可助力一个企业的市场调查更广泛、更深入、更快捷，并且成本更加低廉。运用网络公关进行社会调查和信息传播往往是企业成功策划与竞争制胜的法宝。所谓网络公关调查，就是在各地建立办事处、信息站、分公司、连锁店，通过电脑联网或先进的通信设备，随时反馈信息、获取资料，这已经不是临时运用的方法，而是长期运用的日常性信息管理方法。

拓展阅读

三井物产的情报部门

始建于 1971 年的三井物产环球通信系统，通过其设在东京、纽约、伦敦、悉尼和巴林的 5 个电脑控制中心连接着驻海外 87 个国家和地区的 149 个办事处，通信线路总长达 44 万千米，可环绕地球 11 圈。从里约热内卢到相距最遥远的约翰内斯堡，一个信息行程 4 万千米只需 5 分钟。三井物产的情报信息中心面积达 12.5 万平方米，信息通信系统昼夜 24 小时不停运转，每天传递信息在 5 万件以上。从 1991 年 10 月开始，三井物产将情报调研部独立出来，升格为贸易经济研究所，并进一步完善其各种职能。

资料来源：http：//finance. sina. com. cn/leadership/mroll/20110815/133010317559. shtml.

当然，对大量中小型企业及社会组织来说，依靠自己的力量建立信息网络是不现实的。但信息的社会化、职业化将弥补其不足，通过咨询，任何组织或个人都可以间接利用网络获得所需信息。

2. 沟通协调

在 e 时代，网络公关成为组织与内外公众沟通的主要方式。通过网络，网络公关组织可以及时向内部发布各方面的运作情况，并广泛征求员工的意见和建议，及时反馈给领导决策层，从而大大增强员工的主人翁精神和组织的凝聚力。

组织的外部公众会随着组织规模和经营范围的扩大而越来越难以把握和沟通，但互联网的广泛运用使得这个问题迎刃而解。不少大企业如海尔、长虹、上海宝钢集团、上广电等，都建立了自己的销售服务信息库，利用计算机对售后服务进行一对一管理，顾客如有什么问题，只需打个电话或发一个 E-mail，就会立刻得到厂商的热情帮助。在网络上，企业与公众是“一对一”的关系，采用的是“面对面”的销售，由于减少了营销中的环节（如免除产品新闻发布会、样品展览会、商品广告费等），节约了时间、通信成本、人工成本，降低了价格，企业和公众各得其所。当然，组织还可通过网络聊天、链接等方式嵌入公众网站，加强企业与公众之间的交流。

3. 整合营销

网络营销策略改变了传统的营销渠道，使生产商直面最终消费者成为可能，因此，过去营销渠道的中间商的作用有所削减。网络营销对定价、品牌、广告策略也造成了不容忽视的影响，它以多角度、多板块、多手法来开展营销与服务。高露洁公司认识到“争夺眼球的工作是第一位的”，因此，该公司网站在内容上除了一般企业皆有的公司介绍、历史回顾、全球业务分布、股东投资、经营实绩和企业新闻等栏目外，其主导板块放在“儿童天地”“护理咨询”“专家培训”等核心栏目上。仅以“儿童天地”栏目为例，就可以发现网络营销所带来的广告效应是传统营销所不可比拟的。“儿童天地”栏目以“明亮的微笑，明亮的未来”为标题，设立以牙齿保健为内容的兔医生“没有蛀牙”俱乐部，网站通过各种游戏在方案设计和编辑上的独具匠心吸引儿童的回访率。这种网上教育营销手段更具威力，它以没有语言障碍的绘画艺术建立起与儿童之间的交流纽带，强化品牌辐射力和感召力，让网络使用者在游戏过程中潜移默化地完成了对产品信息和品牌的认识。

企业还可以利用网站培养潜在消费者，通过网站传递企业文化，利用各种网络手段与消费者形成持续联系（如利用电子邮件定期发送服务信息、收集消费者意见、提供技术培训、在节假日发送电子贺卡等），使消费者更好地融入企业之中。

4. 危机处理

网络也是双刃剑。网络的介入，使得危机造成的负面影响也极易扩散，从而造成严重后果。因此，设立预警系统必不可少。有了这个系统，企业便能面对突如其来的公关危机，有条不紊地拿出应对策略，使组织迅速摆脱危机。

欧瓦拉的危机

1996 年 10 月，欧瓦拉果汁公司生产的一批苹果汁不慎被“0517”大肠杆菌污染后流入市场，导致 61 人中毒，其中 1 名儿童死亡。传媒竞相报道此事，该公司的良好形象一落千丈。面对这突如其来的危机事件，公司决策层想到了强大的互联网。他们聘请网络专家在事故发生后24小时内架起了该公司的全球信息网站，清楚地向公众传达了公司的道歉、声明以及补救措施，并向顾客提供有用的网络资源，帮助焦急的消费者连上相关的医药保健网站，寻找有关大肠杆菌的最新医学信息，终于在极短的时间内将事件的危害性降到最低，从而避免了更大的负面影响。

由此可见，要尽一切努力避免企业陷入危机，一旦遇到危机，就应该接受它、化解它。IBM公司将危机公关最基本的经验归纳为六个字：说真话，赶快说。如何赶快说？通过网络公关不失为一条捷径。

三、网络公共关系的发展历史与现状

纵观公共关系的发展历程，我们发现公共关系业的发展与媒介技术的发展密切相关，它随着媒介技术的发展而不断成熟，可以说媒介技术的发展成就了公共关系的发展，而公共关系的发展促进了媒介技术的革新。网络公共关系的兴起源于互联网和电子商务的发展，网络传播方式较之传统传播方式更加适应公共关系发展的需要。世界营销大师科特勒说："过去，企业提高竞争力靠的是高科技、高质量，而现在则要强调高服务、高关系。""高服务、高关系"主要是指公共关系。这句话的意思就是信息化的高速发展使产品的科技含量日益趋同，生产管理的规范化和程序化导致同类产品在质量上难分高下，市场竞争的主要因素已经由有形资产的竞争转变为品牌、形象、商誉等无形资产的竞争，而这些无形资产的形成正是公共关系的目标和方向。

此外，一直处于营销优势地位的广告的影响力正在下滑。据统计，世界上有近80%的人口对广告开始失去信任甚至产生反感，只有不到20%的人口还对广告存在不同程度的信任。与此同时，公共关系业却受到更多青睐，各企业、机构甚至政府都开始开展公共关系业务，因此公共关系业的发展势在必行。

但是，传统公共关系的发展需要新的平台。在互联网时代，网络传播以其高度的互动性、资源的无限性、成本的低廉性及传播的精准性使其具有巨大的优势，集个人传播（如QQ、微信、电子邮件）、组织传播（如BBS、新闻组）和大众传播于一体，具备强大的整合性，并且网络媒介的运作目前正在逐渐规范、成熟，已拥有相当大的媒介影响力，互联网正在成为各界人士获取信息的主要通道。庞大的网民队伍不仅是最具活力的市场消费群体，而且是各类组织梦寐以求的公众资源，是组织形象、品牌塑造的理想目标公众。网络媒介在公共关系传播中的影响力不断增强，如何有效地利用网络媒介的传播力，塑造组织良好的形象，促进组织与公众之间的相互了解，促进组织产品、服务的销售，以及有效预防网络公共关系危机，成为组织必须面对的一个重要话题，这也是网络公共关系兴起的重要原因之一。

互联网以其特有的魅力和强大的传播优势，为组织进行公共关系活动、塑造组织形象、与公众互动沟通等搭建了一个优质平台，网络公共关系应运而生。网络公共关系凭借网络和信息管理的思维，将传统媒介的公共关系延伸到网络上，实现了传统媒介与网络媒介、组织与公众之间的双向互动沟通，帮助组织塑造形象、传播品牌，并且化解危机。它的出现，受到政府、企业等各类组织的青睐并且随着互联网的繁荣而蓬勃发展。大到世界五百强企业诸如 IBM、通用汽车、大众、微软、可口可乐公司、戴尔、惠普、海尔、联想，小到诸如餐饮店、网店，都在借势网络公共关系传播组织形象，提升品牌知名度及建立公众沟通渠道。

美国网络传播学教授谢尔·霍兹在其专著《网上公共关系》中，将网络公共关系发展总结为四个阶段：网络技术科研阶段、互联网商业化阶段、公共关系人员开始接触网络阶段和互联网成为公共关系传播重要渠道的阶段。在这四个阶段中，主要是以网络技术的发展历程为脉络，考虑到网络与公共关系的结合程度，网络技术科研阶段不应该归入网络公共关系发展的历史中。因为在这个阶段，网络的使用基本上只局限在实验室和部分科研人员手上，并没有大规模普及应用，与公共关系也没有产生任何联系。作为在网络公共关系中使用的网络媒介在更大意义上只是一个未来媒介的概念。由此看来，网络公共关系的发展历程，可以总结为三个阶段：

第一阶段，互联网商业化阶段，即互联网逐渐商业化，无意识的网络公共关系活动出现。这个阶段，网络虽然已经介入商业传播，但由于网络技术尚未发展成熟，尚未达到公共关系传播的要求，公共关系人员对其认识也偏少，专业化程度较低。网络仅仅作为一个日常工作联系、交流沟通的简单营销工具，还没有上升到传播的层次。即便在当时已经有先进的组织开始在网络上搭建自己的官方网站用来发布信息，但仅仅是实体组织线下信息的一个网络投射，是传统媒介传播的一个补充，在介绍层面上对组织进行宣传，远未达到传播阵地的公共关系目的。

第二阶段，公关人员开始接触网络阶段，即“网络媒介”的概念逐渐形成，公关人员开始接触网络。网络经过一段时间的技术革新和用户普及，上网意识开始逐步深入公众，“网络媒介”的概念正式出炉，公共关系从业者开始介入网络，并着手举办一些简单的网络公共关系实践活动。组织的公共关系部门开始与网络技术部门交涉，加强组织对官方网站的管理权限，组织网站不再是简单的展示，更多融入了企业形象识别因素。一些传统的公共关系活动也开始在网上寻找实践方式，例如企业组织产品的网络展示、网络新闻、网络公示等。

第三阶段，互联网成为公共关系传播重要渠道的阶段，即随着网络技术的不断发展，“网络媒介”的概念得到进一步深化，网络在传播活动中的作用越来越凸显。公关人员开始重视网络传播，并开始研究各种网络传播工具，不断开发新的网络公共关系实践方式。同时，“网络公共关系”的概念被提出，“网络公共关系软文”“电子邮件公共关系”“微博公共关系”“微信公共关系”“网络危机公共关系”等概念先后出现，网络公共关系活动日趋活跃。

目前，网络公共关系在国内发展的现状是喜忧参半。一方面是中国公共关系业和各类组织越来越重视搭建自己的门户网站和宣传平台，以最快捷的速度向国内外发布组织的信息。不少大的组织已经开始配备专职人员做网络媒介代表，负责处理协调网络媒介传播事项。许多组织的公共关系部门在自己的核心媒介名单里，也开始加入一些主流网络媒介，对核心的网络媒介进行重点沟通与维护。另一方面是大多数公关人员还处在第二阶段，网络公共关系的实践还处在一个探索期，尚未得到广泛应用。很多组织的公共关系部在构建网络公共关系的时候，缺乏系统的操作体系，往往顾此失彼，难以组织有效的立体式网络公共关系，从而使组织公共关系传播效果大打折扣。

【复习与思考】

1. 何为网络公关？

2. 简述网络公共关系的作用。

网络公共关系的主要手段

【情境导入】

加多宝微博公关：“对不起”系列走红

2012年期间，加多宝与王老吉之争充斥着整个电脑屏幕，从商标到渠道，再到广告之争。2013年1月31日，广州市中级人民法院下达诉中禁令裁定书，裁定广东加多宝饮料食品有限公司等被申诉人立即停止使用“王老吉改名为加多宝”“全国销量领先的红罐凉茶改名为加多宝”或与之意思相同、相近似的广告语进行广告宣传的行为。2月4日，因不服“广告语”被禁用，加多宝集团在官方微博发布“对不起”系列微博：“对不起！是我们太笨了，用了17年时间才把中国的凉茶做成唯一可以比肩可口可乐的品牌；对不起！是我们太自私，连续6年全国销量领先，没有帮助竞争队友修建工厂、完善渠道、快速成长；对不起！是我们无能，卖凉茶可以，打官司不行！对不起！是我们出身草根，彻彻底底是民企的基因。”

4条微博图片选用了四个哭泣的孩子，像是受到了极大的委屈，似乎代表加多宝集团有苦难言；自嘲的话语，隐约能够读出加多宝集团对法院裁决的抗议与不服；以道歉为包装，实际突出了自己多年的成绩。加多宝集团以一个弱势者的姿态引来大量支持者，设计的爆炸式力量可见一斑。“对不起”系列微博迅速走红网络。据悉，加多宝集团“对不起”系列微博发布后，截至当晚8时许，该系列微博就被转发逾17万次，覆盖逾3亿粉丝。

思考：

加多宝利用什么方式对公众开展感情攻势从而赢得了公众的诸多同情？

网络公共关系所传达给公众的信息，形式多样，内容丰富，这些内容需由合适的渠道发布出去。目前，主要的网络公共关系手段包括如下六种。

一、网络新闻

网络新闻有广义和狭义之分。广义的网络新闻是指互联网上的综合性门户网站和各类专业性网站所发布的各种有传播价值的新信息；而狭义的网络新闻则是指互联网上的新闻类信息。1994年4月，中国全面接入互联网；1995年1月，《神州学人》杂志成为中国第一家网媒体。从此，网络新闻事业开始蓬勃发展。

1. 网络新闻的特点

网络新闻之所以能在短期内表现出如此旺盛的生命力，这与其自身的优势和特点是分不开的。网络新闻所具有的特点包括如下六个方面。

（1）时效性。新闻是指新近发生事实的报道，因而“新”显得尤为重要。与传统传播方式相比，网络新闻的出现无疑是对新闻时效性进行更好的诠释，由此衍生了一个词语——第一时间。网络新闻的时效性不仅体现在可以第一时间发布、即时发布，也可以轻松获取历史新闻。从理论上讲，网络新闻具有永久性，这些新闻通过各种链接可以得到更好的循环利用。另外，网络新闻可以随时随地接收，不用担心错过时间，便捷且高效。

（2）数字化。数字化是网络媒体存在的前提。无论是文字、图像、声音，网络新闻归根结底都是通过“0”和“1”这两个数字信号的不同组合来表达的。从环保的角度看，数字化网络新闻的兴起在一定程度上降低了纸张的使用量，同样的内容通过网页的方式加以呈现，提高了阅读效率，降低了纸类印刷的使用次数。

（3）多媒体化。与传统新闻在文字、图片、声音、图像等传播方式上的单一性不同，网络新闻整合了报纸、广播、电视三大媒介的优势，实现了文字、图片、声音、图像等传播手段的有机结合，令新闻的立体感更强，更能够还原新闻发生时的真实感，让公众可以多方位、多角度地去审视新闻事件，从而把新闻原汁原味地带给公众，这正是网络新闻的独特魅力所在。

（4）信息的无限丰富性与多样性。传统新闻在时空概念上所传播的信息都是有限的，而网络新闻在信息传输量上具有无限的丰富性，在信息形态上具有纷繁的多样性。

（5）交互性。网络新闻的交互性体现在公众可以随意发表自己的想法及观点，打破了传统媒介新闻信息单向传送的格局，最大程度上体现和满足了公众的能动性，让信息的传播者与接收者进行信息反馈，使交流成为现实，信息的价值自然也就显得更为鲜活。

（6）全球性。网络新闻借助互联网强大的信息传播功能，在传播范围上更是打破了地域的束缚，大大增加了信息扩散的范围。全球互联，信息共享，公众遍及全世界，具有全球性的特点。

2. 发布网络新闻的方式

网络新闻发布以其快捷、高效、鲜活、自由等特性，可以以较少的费用、最快的速度将新闻传播出去。在网上发布新闻可以通过以下三种方式实现。

（1）通过网络新闻服务线发布新闻。许多记者和公众都习惯通过在线网络新闻服务获取信息，组织利用网络新闻服务线发布新闻，可以确保组织将新闻即时传播出去。虽然提供网络新闻服务线的服务商要收取一定的费用，但与召开新闻发布会相比，可为组织节约许多费用，比如招待费、场地费、打印费等。

（2）通过组织自己的站点发布新闻。大多数组织的站点都有新闻稿页面，组织可以在该页面直接面向公众动态发布新闻。如果是重大新闻，还可以放在站点的主页上发布并作相应的标记。新闻稿页面一般包含联系信息，记者和公众能够与组织快速取得联系，增强了新闻稿的互动性，同时新闻稿页面的新闻通过链接，可以获得新闻的发展过程信息、其他站点的相关信息以及图片信息等。

（3）通过相应的新闻组或邮件列表发布新闻。一个简短新闻，诸如出版社的新书预告、计算机公司的新产品及升级信息等，可以在符合主题的新闻组张贴，或者通过组织掌握的邮件列表发布。

二、博客

1. 博客的定义

博客以网络为载体，由开设者个人管理，内容丰富，形式多样，更新速度快，可以与读者轻松地互动交流，是一种现代网络交流方式。博客最初的名称是 weblog，由 web 和 log 这两个单词组成，按字面意思可以解释为网络日记。后来喜欢新名词的人把这个词的发音故意改掉，读成 weblog。由此，blog 这个词被创造出来，音译为“博客”，中文意思是网络日志。中文“博客”一词，既可作为名词，分别指代网络日志和博客作者两种意思，也可作为动词，意思为撰写网络日志这种行为，只是在不同的场合分别表示不同的意思。“博客”有较深的含义：“博”为“广博”；“客”不单是 blogger，更有“好客”之意，看 blog 的人都是“客”。

2. 博客的特点

(1) 开放性。虽然叫作网络日志，但博客具有明显的开放性，它绝不仅是纯粹个人思想的表达和日常琐事的记录，它所提供的内容可以用来进行交流和为他人提供帮助，具有极强的共享精神和极高的分享价值。

(2) 互动性。在网上的博客圈里，公众可以自由交流，并结合线上线下活动，让信息在这些博客圈中迅速扩散。有的可以在很短的时间内被无数博友转载或传递，这种传播速度是大众传播媒介所不能比拟的。博客改变了公众对于互联网情感的认识，改变了公众聚集和交流的方式，也改变了公众相互传播互动的模式。

(3) 个性化。博客由博主自行管理，其内容有的专注于某一特定主题，做出评论或提供新闻，有的则比较像个人日记，记录生活点点滴滴，表达形式也是丰富多彩。博主的个性不同，日志内容、博客界面、文章数量、日志分类、人气指数也迥然有异。同时，博客也越来越自主化，DIY的模式也越来越多，可以真正做成自己理想的模样。博主可以换上心爱的背景图片，使用喜欢的字体颜色，增添动感的特效代码。所以，博客就是博主展示自己个性的舞台，要想博得喝彩，一定要展示自己的个性。

(4) 即时性。博客的即时更新是吸引公众的一个重要原因。现代社会，信息传递超级快速，更新博客就似生物的新陈代谢，生物没有了新陈代谢，也就代表着生命的结束，而博客没有了更新，也同样会失去生命力。因此，只要条件允许，博主就应该坚持实时更新，这是一个积累的过程，长此以往博客的生命力会越来越强。

(5) 便捷性。博客之所以发展迅速，一个重要原因就是便于操作，只要会上网、会打字，就可以轻松拥有博客。在上网注册博客会员时，众多博客托管商在注册会员前都会标明这样的口号：只要花一分钟，轻松拥有博客。这种注册甚至可以称为“傻瓜式”注册。注册完成后，就可以进入博客管理平台，博主可以自由选择模板、设置参数、书写日志、进行发表，操作非常简单，不需要高深的专业知识，所以深受草根一族的青睐。

(6) 可信性。博客是值得信任的，博客的写作者和阅读者会形成一个人际关系联结的群体，也就是所谓的“圈子”。他们可能具有相似的职业领域、相近的爱好或相似的生活背景，总之“圈子”内的人是相互信任的，所以博客才会产生聚合效应，信息才会口口相传。博客自身的传播特点之所以迎合公共关系的需要，是因为它适应了广泛的人性需要。无论组织想怎样改善与公众的关系，公众对它的信任还是有所保留的。博客传播虽然是非正式的，但是它却是交互的，允许公众发表言论，这种互动交流正是当代公众所追求的人际接触。博客公共关系的威力和价值，得到了国内外公司的关注和重视，例如苹果、通用、美国万国宝通银行、IBM、微软、雅虎、迪士尼、马自达等，都开通了博客，它们利用官方博客、员工博客、高管博客与各级各类公众进行互动交流，并注意收集反馈信息，监测舆论环境，收到了很好的公共关系效果。

谷歌化解与微软的官司危机

谷歌（Google）公司聘请李开复负责中国研发中心业务，微软以李开复违反“非竞争协议”为由将其和Google公司告上法庭，微软要求法庭禁止李开复在一年内到Google就职，并要求获得经济补偿。后来，法庭宣布暂时禁止李开复在Google从事和微软相竞争的工作，但允许他到Google中国从事招聘工作。为此，Google专门开通了“Google与李开复博士”的博客（http：//www. kaifuleegoogle. com），作为Google面向中国市场这一事件的公共关系窗口。在“Google与李开复博士”的博客网络日志中包括“诉讼摘要”“法庭记录”和“我们对事件的解读”。同时在该网络日志上，经常通过某位其聘用的律师与公众分享Google对本案的法律观点。此博客的开通引起了公众的强烈反响，传统网络媒介、报纸杂志等纷纷发表文章进行报道。

资料来源：米晓彬：《不可忽视的博客公关》，载《传媒》，2007（8）。

三、微博

1. 微博的定义和特征

微博即微型博客，是一个基于用户关系的信息分享、传播以及获取平台，它由140个字的信息发布、评论、转发、关注、话题、粉丝和音/视频等核心元素构成。用户可以借助手机等即时通信工具及第三方客户端，随时随地与其他用户分享信息、文字、图片、音频、视频、留言评论等，感受全新的信息获取、休闲娱乐与交友沟通方式。

微博所提供的大多数如即时通信、参与话题、群组讨论等服务并非独创，但是微博的可贵之处在于它能抓住现代人的各种需求，并将这些功能汇聚一身。微博的传播特性除了具有其他网络媒介的时效性、便捷性、互动性等特征以外，还有无限传播的特点，即微博的传播方式与传统媒介的线性传播及网络媒介的网状传播效果都不一样，是一种裂变式传播，信息就像细胞裂变一样进行快速扩散。在微博上发布信息，所有粉丝可以即时接收，而且可以转发，同步到其他用户的微博中后，其粉丝同样可以转发，这样在短时间内，一条微博就可以快速扩散。例如，委内瑞拉前总统查韦斯于2010年4月29日发表了第一篇微博，24小时内就吸引了65 000名粉丝，媒体形容这种增长堪比“光速”。

微博不仅是信息发布平台，更是组织与公众近距离接触、产生实时互动的优良平台。因此，利用微博开展组织公共关系活动具有以下特点。

（1）成本低，效果好。微博里盛传一种说法：粉丝数超过十万，就是一份都市报；超过百万，就是全国性报纸；超过千万，就是电视台；超过一亿，就是CCTV。在信息爆炸的时代，注意力就是财富，而创新是注意力的源泉，只要组织能够打造出具有足够吸引力的微博，那么，通过微博的裂变式传播，微博公关就可以收到事半功倍的效果。

（2）个性强，影响大。微博一般都有字数限制，不能超过140字，那么组织就需要用最简短的语言、最新颖的方式来吸引公众关注。除了文字之外，微博还支持图片、音频、视频等，组织的微博公关可以通过多种形式的综合运用来打造独具个性的微博，进而吸引粉丝的关注。

（3）互动好，功能多。微博公关作为一种新的方式，打破权威，为组织与公众提供了一个平等、自由交流的平台。微博公关不仅可以实时与在线公众沟通互动，还可以开展各种微博公关活动，比如在线直播、网上投票、网络调查、有奖竞猜、转发抽奖等。传播组织文化的同时，还可以引导舆论走向，进行舆情监测，调整公关策略，化解组织危机，提升组织形象。

（4）不可控性。组织发布的每一条微博都具有不可控性，一方面为舆论走向不可控。当有多个意见领袖对某一条微博态度表示厌恶时，很可能会引发相关粉丝的追捧而同样对之产生厌恶。《2012微时代危机管理白皮书》披露，在意见领袖参与传播后，关于危机的平均讨论量增加了37倍，平均持续时间延长了6天；每1名认证用户参与，会至少引发40条危机的相关讨论，其导致的总浏览量则更为可观。同时，在微博平台，有不计其数的“僵尸粉”“水军”潜伏其中，如果某条微博遭到恶意中伤并伴随广泛的传播，其损失难以估量。另一方面为影响范围不可控。微博公关的内容，只有自己的粉丝能够第一时间看到，而未关注的群体却看不到。同时，由于微博更新速度快，许多微博会在短时间内被湮没，相较之下，某一事件若被多种媒介报道，微博公关覆盖面的局限性亦呈现出来。另外，使用微博的大多数是年轻群体，对老年群体的信息传播具有局限性。

2. 微博公关与博客公关的区别

微博和博客有着紧密的联系，作为信息传播媒介，它们有着相似的特征。但是，微博公关和博客公关还是有明显区别的，不仅表现为二者信息内容的长短不同，而且表现为二者的传播机制、信息表现形式及传播时效也不同。

（1）信息传播机制不同。博客公关中，组织处于信息传播的主导地位，组织与公众的地位并不完全对等。衡量博客公关效果的一个重要标准是博文的点击数量及评论数量。而微博公关中，组织并不是信息传播的主体用户，而微博公关的效果衡量标准在于其转发率，即便组织所发布的微博信息量再大、信息质量再好，如果不能吸引微博用户的关注并提高转发率，其微博的传播影响力也是极为有限的。

（2）信息表现形式不同。博客公关中最重要的是要传递其文章内容的核心理念，每篇文章都拥有自己独立的篇幅和网页，并且通常表达博主的个人观点，所以其对博客内容有着较高的要求，保证每篇博文的字数和质量必须双重统一。而微博由于字数限制在140个字以内，因此公关人员必须字斟句酌，还要充分利用具有丰富感情的表达方式，避免使用过于机械和严谨的组织新闻或产品的介绍说明。但是，由于微博对所发布信息的字数长度有所限制，因此其更新周期被大大缩短，微博平台上形成了大量的冗余信息。

（3）信息传播时效性不同。博客公关对时效性的要求并不是很高，用户可以直接点击进入博客平台或通过博客平台的搜索引擎获得更多持续性的浏览，还可以通过 RSS（Really Simple Syndication）订阅浏览博客信息。而微博公关十分讲求时效性，每秒钟都会有大量信息即时更新，很少人会关注几天前发布的信息，关键信息也会被湮没在大量的冗余信息之中。

四、网络社区

1. 网络社区的定义

网络社区属于社会学范畴，一般是指一群拥有相同或相似兴趣、爱好、经验的人（如学生、上班族等），或是有一定知识和技能的专业人士（如软件程序员、营销人员、医生等），通过电子邮件、即时通信软件、新闻小组、聊天室或论坛等方式组成一个社区，让参与该社区的成员进行沟通、交流、分享信息。例如，BBS 论坛、贴吧、群组讨论等网上交流空间。由于这种社区不需要固定的聚会时间及实体的聚会地点，而是建立在虚拟的网络环境之中，因此又称虚拟社区或在线社区、电子社区。虚拟社区与现实社区之间无疑存在共同之处，比如都有一定的人群，都是一个空间单位，都存在人与人之间的互动，都是社区成员沟通交流的场所。两者最大的差异表现在虚拟社区更强调作为“共同体”的功能或精神方面的因素，而不关注其地域属性。

2. 网络社区的特征

（1）成员的相近性。网络社区是有相同爱好、经历或专业相近、业务相关的网络用户聚会的场所，大家围绕一个共同感兴趣的话题进行交流。

（2）成员人际关系的脆弱性。网络社区的成员都可以自由选择自己的身份、立场、交流方法，并伴随明确的隐秘性，互动中选用一定的符号作为自己的代表，隐匿部分真实身份，成员之间一般从未谋面，因此，网络社区的人际关系显得比较脆弱。进出社区相对来说比较容易，所以社区的群体流动比较频繁。

（3）多元中心化。在传统的社区论坛中，版主是无冕之王，掌控论坛中每一个帖子，因此版主意志中心明显。而在新型的网络社区中，如校内网、开心网、Facebook等，每一个用户拥有自己的空间，不再受“版主意志”的左右，这样就有效避免了中心化的出现，形成了去中心化的趋势。而当某些用户的空间被大众关注和喜爱的时候，又出现了不同于“版主意志”的多元中心化。因此，网络社区实现了中心化与去中心化的平衡。

此外，网络社区往往带有明显的主题倾向，这就为组织开展网络公共关系提供了很好的平台。网络社区成员的相似性，在一定程度上起到了对公众进行分类的效果，这将有助于提高公共关系工作的针对性和效率；在网络社区中，组织可以发布最新动态，宣传组织的价值观和组织文化；组织还可以通过与社区成员的互动，让公众更深入地了解组织文化；社区成员的现身说法及亲身体验，更具有说服力，更能影响其他社区成员对组织文化的理解与认识，塑造组织形象；组织还可以执行信息监测功能，实现对市场动向、组织形象、产品形象等信息的监测和危机的预防、控制等。因此，网络社区公共关系也是组织开展公共关系工作的新阵地，需要组织给予足够的重视和应用。

五、网络视频

网络公共关系之所以备受推崇，其重要原因之一就是多样化的表现形式，相较于网络新闻、博客、微博等其他网络公共关系手段，网络视频更直观、更生动。网络视频是指由网络视频服务商提供的，以电脑或移动设备为终端，以 WMV、RM、RMVB、FLV 及 MOV 等流媒体为播放格式，可以在线直播或点播的声像文件，包括各类影视节目、新闻、广告、Flash 动画、自拍 DV、聊天视频、游戏视频、监控视频等。

网络视频将文字、声音、图像、动作四者的传播有机结合起来，给人最大限度的真实感。作为传播媒介，与电视相比，网络视频的保持周期更长，既可以在线直播，也可以点播，不用担心错过播出时间而无法观看。另外，网络视频的制作和发布更为快捷和方便，不用经过电视台的严格审查。因此，网络视频成为组织网络公共关系常用的手段之一。当然，要想得到不错的传播效果，网络视频的制作是重中之重，组织公共关系人员可以寻求专业公共关系公司的协助。

例如，百度浏览器曾推出过一条名为“生命诚可贵，性急不是罪”的视频，幽默的文案，搞笑的配音，加上漫画画风，上线 4 个月，这个视频在优酷网获得了 610 万次的点击量。

六、搜索引擎

互联网为我们提供了海量信息，已经超过了用户的接受范围，那么如何快速、准确地找到自己想要的信息呢？一般都会通过搜索引擎来完成，比如谷歌、雅虎、百度、搜狗等，都是知名的搜索引擎。搜索引擎是指根据一定的策略，运用特定的计算机程序从互联网上搜集信息，在对信息进行组织和处理后，为用户提供检索服务，将用户检索的相关信息展示给用户的系统。搜索引擎在收入网页的时候把上面的字词进行索引，当用户键入关键字词搜索时，搜索引擎就会搜索索引，将其中带有这个关键字词的网页反馈给用户。在整个过程中，搜索引擎是完全自动的，搜索索引则是由人来操作管理的。

在网络公共关系中，组织发布的各种信息要想快速被用户发现，需要借助搜索引擎的检索功能。如果搜索引擎能够更多、更有效地抓取组织发布的信息内容，那么对于组织的好处是不言而喻的。在网络公共关系中，一方面，公关人员要努力增加组织信息在主要的搜索引擎、分类目录中获得被收入的机会，并且尽可能地获得好的排名，从而为用户快速、准确地找到目标信息提供便利；另一方面，搜索引擎也是研究网站用户行为的一个有效工具，通过对网站用户搜索行为的深度分析，对于进一步制定更为有效的组织经营策略具有重要价值。

除以上网络公共关系手段之外，组织也要注意微信等即时通信平台的崛起和应用，因为据中国互联网络信息中心（CNNIC）的统计，2013 年微博、社交网站、论坛等互联网应用的使用率较 2012 年有所下降。类似即时通信等以社交元素为基础的平台应用则发展稳定：在 2013 年，整体即时通信用户规模在移动端的推动下提升至 5.32 亿，较 2012 年底增长了 6 440 万，使用率达 86.2%。与传统即时通信工具、社交网站相比，以社交元素为基础的平台不仅拥有更强的通信功能，还增加了信息分享等社交类应用，为用户提供了诸如支付、金融等内容的综合服务，最大限度地增强了用户黏性，保证了用户规模的持续增长。

网络公共关系之所以能够大显身手，正是因为综合运用了网络新闻、博客、微博、网络社区、网络视频、搜索引擎等各种网络媒介，令社会组织与相关公众可以在网络环境中充分交流。综合运用以上工具，结合多媒体技术，就会带给公众视觉、听觉的多重享受，并形成“一对一”的个性公关，使组织与公众进行一对一的交流，保证信息完全被公众接受，同时能够及时得到公众的反馈信息。这样既能提高公众对信息接收的主动性，又能加深公众对组织信息的记忆度。互联网的快速发展，将人类带入了全民网络时代，也把公共关系带入了网络公关时代，新一轮的公共关系发展浪潮已经搭乘网络快车向我们飞奔而来。

【复习与思考】

1. 论述网络公共关系的手段。
2. 简述微博与博客的区别。

单元三 公关软文的写作技巧

【情境导入】

格兰仕“豆腐块”打天下

梁庆德，格兰仕的创始人，20世纪90年代初，他使得最初只有7个人的乡镇企业，利用公关软文将格兰仕的品牌植入公众内心，最终成为微波炉市场的品牌领导者。

格兰仕成立之初，没有足够多的钱打广告，面对对微波炉了解甚少的国内消费者，梁庆德决定在中国发动一场规模浩大的微波炉“启蒙运动”，写了“微波炉做菜1 000法”，在全国十几家地方小报上刊登，后来全国报纸都疯狂转载这些“豆腐块”式的文章。格兰仕的知名度也随着媒体的转载直线上升。

后来格兰仕索性联合了150多家报纸，以栏目合作的方式，介绍微波炉怎么用、有什么好处、怎么保养等。随后，格兰仕组织国内外专家编写微波炉的系列知识丛书，免费发放了100万册。此外，他们还制作了数百万张光盘用来进一步普及微波炉的知识，微波炉火了，格兰仕也火了。

即使在十几年后的今天，只要提起微波炉，人们最先想起的依然是格兰仕!

资料来源：徐茂权：《网络营销决胜武器：软文营销实战方法、案例、问题》，4页，北京，电子工业出版社，2015。

思考：

格兰仕使用了什么方法提高了自己的知名度？这些方法在网络时代有了哪些新的应用和形式？

一、软文的概念

软文是相对于硬性广告而言，由企业的市场策划人员或广告公司的文案人员负责撰写的“文字广告”。软文是指通过特定的概念诉求，以摆事实、讲道理的方式使消费者走进企业设定的“思维圈”，以强有力的针对性心理攻击迅速实现产品销售的文字（图片）模式。与硬性广告相比，软文之所以叫软文，精妙之处就在于一个“软”字，好似绵里藏针，收而不露，克敌于无形。等你发现这是一篇软文的时候，你已经冷不丁掉入了被精心设计过的“软文广告”陷阱。软文追求的是一种春风化雨、润物无声的传播效果。如果说硬性广告是外家的少林功夫，那么，软文则是绵里藏针、以柔克刚的武当拳法，软硬兼施，内外兼修。软文营销才是最有力的营销手段。

二、软文与广告文案和新闻稿的区别

软文一般泛指所有含有软性宣传的文字内容，这个大的概念大家都能理解。但重点是弄清楚软文与广告文案、新闻稿的区别。

广告是一个大的框架，涉及很多方面。其中，涉及文字方面的描述可统称为文案。例如：广告图片旁边要有广告说明文字，这是文案；电视广告要先写出文字脚本，这是文案；一个网站要有一个广告语，这是文案；一个公司要有企业简介，这是文案。

而在文案的范围里，完整的一篇宣传性文章就是我们常说的软文。和广告语、广告图配字、广告脚本等零散形式不同，软文是一篇完整的文章（即围绕一个主题详细展开，能让读者获得这个主题的详细信息）。当然，这篇文章必定要包含需要宣传的内容，比如说产品哪里好、服务为什么棒、公司是做什么业务的等。

另外，在文案的范围里，完整的一篇新闻性文章就是我们常说的新闻稿。和软文无拘无束的主题不同，新闻稿必须有新闻时效性。当然，和软文一样，新闻稿一般也会包含一些需要宣传的内容。这也是人们总习惯性地将软文等同于新闻稿的原因。

所以，区分软文和新闻稿，就看文章里是否有新闻事件。比如文章内容涉及公司获奖信息、公司最新活动、公司人事的重大变动、公司业绩报告等，这些则为新闻稿；比如文章内容涉及公司产品评测、公司发展计划、公司人物采访、公司模式分析等，这些则为软文。

在认识上明确之后，运用起来就会更有规划。比如要写的是新闻稿，就必须以新闻事件为重点，然后才可以把宣传内容糅进文章里，绝不能本末倒置。或者，如果是写软文，就只要围绕宣传主题来写即可，不用顾虑文章有没有时效性。

三、软文的作用

1. 可以降低企业的广告成本

网络广告的成本往往是非常高的，比如百度竞价虽然比较精准，但是同行点击会占据一部分广告费用，从而加大广告费用的耗损。一般来说，硬性广告可以获得较好的流量，但是针对的用户群体不够精准，而且广告的费用很高。一篇或者一系列软文的价格远远比竞价或者硬性广告的费用低得多，而且一篇好的软文别人会免费帮助转载，扩大软文的传播范围。同时，一篇好的软文会制造许多话题来引导别人讨论和与别人产生共鸣，让用户主动接收企业的信息。

2. 可以辅助 SEO

如果把软文发布到新闻源或者是权重比较高的网站上，就有机会在上面留下链接来指向目标网站，这样既可以提高网址的曝光率，又可以提高高质量外链的数量，而且可以引导权重的传递。如果在文章中合理嵌入相关关键词，可以增加被别人搜到的机会。

3. 可以提高和打造产品、品牌知名度

企业品牌，需要使用软文提高知名度，精心打造的好的软文能够让读者不知不觉对企业产生好的印象，让广大读者对产品产生信任感，产品的知名度逐渐上升，品牌效果也就逐步体现出来了。

4. 提高网站流量

一篇优质的软文，为网站带来的流量是惊人的，而且软文所带来的流量的转化率往往都是比较高的，可以间接提高网站产品的销售量。

四、软文的类型

（1）新闻报道型：以媒体记者身份发出，直接介绍企业实力、品牌形象，具备官方属性和权威性。以官方口吻报道，配以官方媒体传播平台，有助于大大增强报道的真实性、权威性、不可辩驳性，从而有力提升企业实力、企业正面形象，同时增强真实性、可信性。

（2）用户体验型：以一般用户或者第三方的切身真实体验，传播品牌或产品的优点、正面形象、企业实力、服务质量等。这种方法能悄无声息地对消费者和潜在客户产生良好的影响。

（3）故事讲述型：以讲故事的口吻，娓娓道来，能起到“随风潜入夜，润物细无声”的作用。

（4）专访、采访型：通过访谈可以深入各个方面宣传品牌信息。当然，这种软文类型只有当所采访的对象达到了一定的高度才可以实施，否则就有“王婆卖瓜，自卖自夸”的嫌疑。

（5）评论、批评型：以正面或者争议评论为主。为了打击竞争对手，有时会采取负面评论。

（6）利用网络事件、民生热点型：目前，网络热点新闻报道层出不穷，只要拥有敏锐的洞察力，就能把其中一些拿为己用，前提是能找到热点和自身业务的关联性。这是制造事件营销的最好载体。

（7）网络热帖型：这种类型现在利用得比较多。网络上有很多流传广泛的帖子，具备非凡的传播能力。我们在进行软文创作时，可以对这些网络热帖进行巧妙的加工，然后进行二次传播。这个加工强调巧妙，不露任何蛛丝马迹，不能太牵强。

（8）“傍大款”型：尽量把自己和行业内的巨头、领先企业相提并论，从而达到借势目的。

（9）总结归纳型：对一些话题和问题进行归纳性总结，然后把自己巧妙地融合进去。比如“2009年十大……”之类。

五、软文的写作技巧

写好软文首先要有自己的亲身体验，这样的软文写出来才有内容，才容易引发他人的共鸣，特别是写自己知道的、经历过的、平时工作过程中的一些发现、心得和经验。同时也要从消费者的角度出发去探索、去发现，只有理解他们所想的、所需要的，才能真正吸引他们。

1. 多看他人文章

自己的经历总有被写完的一天，当黔驴技穷时，不妨换个角度，多看他人的文章，分析文章中提出的一些观点或者方法，以及文章中提出的一些思路，不能只顾闷头写。同时在吸收经验之余，给自己写作找到灵感的源泉。看他人的文章时，也可以借鉴他人的文笔、写作思路，纳百家之长补己之短。

2. 多看行业新闻

欲知天下事，就必须多听、多看。现代社会是一个资讯社会，互联网又是社会发展的热点，每天都有日新月异的变化或者各种让人瞩目的事件，这一切都是写软文、写心得的好来源，通过关注行业内的焦点新闻和事件，写出自己的感受和评论。

【复习与思考】

1. 什么是软文？
2. 软文的类型有哪些？

单元四 网络公共关系的传播过程、传播心理与传播技巧

【情境导入】

从《穹顶之下》和Duang看网络传播

2015年2月，前央视记者柴静自费拍摄的雾霾深度调查《穹顶之下》，在各大视频网站上线后，引爆了公众的关注与讨论。在微信、微博等社交网站上，更是引发了病毒式传播和全民刷屏。视频推出当天，就在优酷网获得600万次的播放量，被点赞6万多次，48小时内全网播放量达到惊人的2亿人次，《穹顶之下》跨平台的穿透力和引发的探讨，堪称2015年第一场“全民热议”。

Duang，主要是用来描述某种事物加特技后产生神奇效果的状态。2004年，成龙代言某洗发水，其中就有这个象声词，而一句“拍这洗头水广告的时候，其实我是拒绝的”曾引发一场热议。2015 年 2 月 24 日前后，与当时热门的《我的滑板鞋》神同步，该广告再次被网友挖出来进行新一轮恶搞，形成了诸如“梅西假摔版”“贿赂版”等多个版本。2 月 26 日，“Duang 是什么意思”已成为微博排名第一的热搜词。

资料来源：http：//tech. comnews. cn/jnhb/2015 - 03 - 02/64267. html.

思考：

为什么这些事件可以在网上得到广泛而快速的传播？公众在接收、转发和讨论这些事件时又存在什么心理？

公共关系活动的过程，就是社会组织同公众之间进行信息传播和沟通的过程。因此，公共关系工作从本质上来说就是一种信息传播活动。公共关系传播就是指社会组织借助一定的载体和途径，将信息有计划地与公众进行交流和沟通的活动，网络公共关系传播就是社会组织借助互联网技术平台的传播活动。因此，网络公共关系传播特征与互联网的传播特征紧密相连。

一、传播过程

传播过程就是信息的传送、交流或取得共识的过程。有关传播理论，在本书模块二公共关系要素中作了详细的论述。网络公共关系的传播过程与传统公共关系的传播过程相比，主要的区别是公共关系传播过程的各个要素，即网络公共关系的传播主体是网络化的社会组织，传播客体是网络公众，传播渠道是网络媒介，如图 7—1 所示。

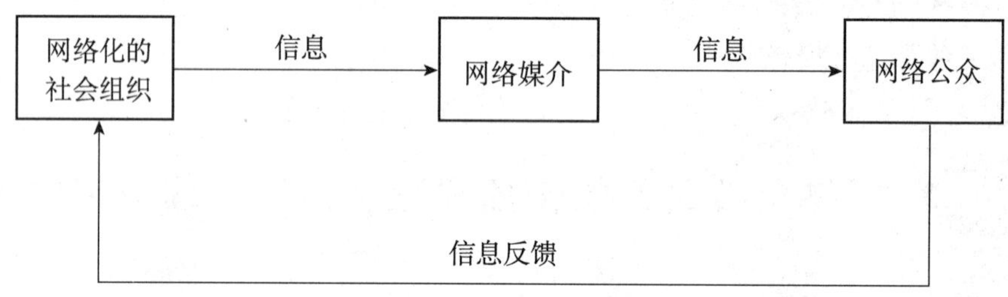

图 7—1　网络公共关系的传播过程

网络化的社会组织，通过网络媒介把相关信息传递给网络公众，网络公众在接收到相关信息后可以进行实时反馈。社会组织依据反馈信息对自身的公共关系策略和经营行为进行调整，这是一个信息循环传播的过程。在这个循环传播过程中，网络化的社会组织在传播上更具能动性，可以更有效地掌控话语权；网络公众在传播中的地位也显著提高，不再是被动地接收信息，也积极反馈信息，与组织互动；网络媒介与传统媒介相比，不再充当“把关人”的角色，其快捷、高效、低价、覆盖面广及形式多样的特点，使其传播效能也大大提升；而真正成就这个循环传播过程的，则是网络公共关系的信息反馈更及时、更便利，这一点是基于互联网的技术支持实现的，组织能够更方便地获取受众反馈，大大改善组织的公共关系信息流程与控制系统，并及时调整公共关系策略，以适应环境的变化。

这些要素上的变化，都要求社会组织及其公关人员在开展网络公共关系活动的时候，更注重把握网络公众的心理特点，注重网络传播技巧，综合运用各种网络媒介，实现公共关系目标。

二、传播心理

网上公共关系的一个鲜明特征是虚拟性，网络的匿名性使得网络群体关系是短暂的、松散的和缺乏承诺与约束的，因此，这种虚拟性使得网络公共关系的传播心理发生变化。

1. 集体无意识

网络群体相较于普通社会群体来说，其结构更为松散，但是由于其自发性较强，其集体心理相比普通社会群体也更为强大。古斯塔夫·勒庞在《乌合之众》中描述道："进入群体的个人，在'集体潜意识'机制的作用下，在心理上会产生一种本质性的变化，就像'动物、痴呆、幼儿和原始人'一样，这样的个人会不由自主地失去自我意识，完全变成另一种智力水平十分低下的生物。"这段话虽然有点极端，但却在一定程度上准确地描述了群体心理最大的特征：个性的消失和集体无意识的产生。当人们处于群体中时，集体心理会使个体的思想和行为产生变化，而由于网络平台的虚拟性，网民的真实身份完全隐匿，不受现实社会身份的影响，这使得集体心理的表达更加直白与强烈。

2. 传染现象

在网络互动中，很多人对事件激烈高昂的情绪很容易感染到其他一些人，这就是群体心理的传染现象。因为网络平台的快速传播，以及不同网络平台关注人群的高度同质化，所以个体更容易被传染，无论是情绪还是行为，被传染的速度更快和程度更深。

3. 群体弱智现象

在网上有过两则关于农产品的谣言：一则称生吃西红柿相当于抽二手烟，另一则称江西宜春的早稻由于拔苗助长，不宜食用。这两则谣言短时间内在网民群体中被大量转发，对相关农产品造成了负面影响，给众多农民带来了极大损失。其实，谣言的分辨是很简单的，但在转发扩散的过程中却没有受到质疑。古斯塔夫·勒庞将此类现象称为"群体中的智力泯灭"，他认为，即便是那些公认的智力卓越者，只要几个人聚合在一起，形成一个群体之后，在他们的专长之外同样会表现出群体的所有特点。他们所看到的事情往往会遭到严重的歪曲，真相也会被与它无关的幻觉取代。由于网络群体的"智力泯灭"，其易传谣言的特点也比较突出。

4. 从众心理

在心理学中，从众是指由于群体压力而引起的个体行为或信念的改变。而群体规模、一致性、凝聚力、地位等因素都是影响个体从众心理的重要因素。在网络世界里，网络个体的从众心理表现得也十分明显，比如多数网络集体事件中的个体都是盲目跟风，最后对事件发展起到了推波助澜的作用。从众是生存的本能，从众心理的产生主要是由于认知失调和对孤独的惧怕，群体压力会让人产生生理或心理的失调，而从众是减少失调的一种有效方法。

5. 情绪的激化

在网络上，我们经常看到一些素不相识的人为了别人的私事而群情激奋，这正是群体心理的一个重要特征。在网络群体中，这种感情和行为的表现更为夸张。群体的感情很单纯，一旦表现出来，通过暗示和传染过程而迅速传播，就会呈现出巨大的力量。在这样的情绪下，群体变得偏执，不容易接受外来意见。如果是不良情绪，一旦由群体的力量表现出来，就会显得更加夸张，甚至形成网络暴力。例如，在猫咪有约论坛，两位网友发帖称自家猫咪被邻居捉走并扒皮吃掉，引起网民公愤，短时间内就有大量网友跟帖表示极大愤慨，有大量言论谴责该邻居。之后事态升级，网友们“人肉”搜索该邻居，公开此人及其家人身份证号、车牌号等，给该邻居的生活造成了极其恶劣的影响。

6. 责任感的弱化与分散

在群体中，责任感被弱化与分散，因为人多势众而产生的力量感，会使群体表现出孤立的个人所不可能有的情绪和行为。匿名的网络空间给人们提供了接触更多人的机会，群体成员在交往的数量上可以达到前所未有的广度，对他们而言，群体就是正义，数量就是道理。他们认为，在网络匿名性和高度自由的情况下，无须为自己的过失承担责任，群体成员无须考虑自己言语的影响，社会责任感由此丧失，也正是由于责任感的弱化与分散，群体感情的失控一触即发。

三、传播技巧

网络公共关系的传播首先要结合传播的信息内容慎重选择具体的传播工具，其次要考虑网络公众的心理特点和交流信息的习惯方式来设计传播形式，具体来说有以下八个方面值得注意。

1. 内容要新

网络传播的重要特征就是信息传播快。不少网络公众已养成在网上寻求最新信息的习惯，因此，组织进行网络公关，不仅要在第一时间发布信息，还要及时更新信息。这样，既能满足公众的需求，又充分掌握了话语权。

2. 事实要真

组织在网络公共关系中要时刻保持清醒的头脑，发出的信息要真实可靠、实事求是、有一说一。虽然网络信息失真的现象较为严重，但是组织切不可存在侥幸心理，轻视公众的智慧，发布虚假信息欺骗公众，否则只能自食恶果。

3. 形式要活

在网络公共关系中，要想吸引公众的眼球，就要在传播形式上下功夫，比如：利用字体、颜色的设计冲击公众的视觉神经；巧用超链接让组织信息在不同类型的空间内转移；图文并茂，增强信息的可信度；用语平民化，增强信息的可读性；等等。总之，网络给每个社会组织提供了一个自由展现自己的舞台，在这个舞台上，能不能博得关注与喝彩，需要组织自己努力。

4. 情理结合

在公共关系传播过程中，传播活动是在四个层次上进行的，依次是信息层次、情感层次、态度层次和行为层次。其中，信息层次是最基本的层次。一般社会组织就是依靠向公众传播信息来逐步建立信誉的。一个优秀的公关人员，往往从情感入手，通过真情实感去打动公众，进而改变公众的态度，引导公众的行为，达到公众对组织支持和合作的目的。

5. 因人适宜

公关人员要把握公众心理，根据公众的不同需求和认知习惯采取不同的传播策略和手段。在传统的公共关系中，对公众的刻画是粗线条的、群体式的。先进的互联网技术让组织有能力获得关于公众方面更详尽的资料，发送个性化信息，使得公共关系个性化成为可能。从传播技术的角度而言，传播双方必须有共同的经验范围，这是双方进行沟通的基础。共同经验范围越多，沟通时的共同语言也就越多，传播效果也就越好，信息的分享程度也就越高。如果双方毫无共同经验的范围，则传播沟通根本无法进行，也就是我们常说的“到什么山唱什么歌，用什么钥匙开什么锁”的道理，公关人员要遵循因人适宜律，克服“以自我为中心”的传播模式，树立“以公众为中心”的传播观念。

6. 旁敲侧击

研究表明，越是没有明显目的和倾向地宣传某一观点、事实，组织的影响力越大，传播效果越好；如果组织明显地宣扬某一观点、事实，影响力反而降低。越是宣扬与组织的自身利益密切相关的问题，组织的影响力就越会降低；相反，如果宣扬与组织自身利益无关的问题，影响力反而提高。这一点提示我们，组织开展公共关系活动可以采用旁敲侧击的战术，比如发起公益活动或借他人之口扬己之名等。

7. 重视草根

一个草根的力量是微不足道的，但是，千百万草根的“长尾”智慧不容小觑。今天，众多的草根群体加入网络的报道和评论中，强化了网络舆论的影响力，并推动着社会的决策和进步。对于网络公共关系来说，面对量大而分散的网络公众往往感觉无从下手，“意见领袖”就成了牵一发而动全身的关键。特别是那些出身“草根”的“意见领袖”，往往有着更强的可信度和更大的影响力，因此培养为自己代言的“意见领袖”，利用这些“意见领袖”引导网上舆论，是网络公共关系的技巧之一。

8. 建立预警

网络舆论的预警工作是控制舆论发展的重要手段，更是制止不良网络舆论蔓延的关键。只有做好对网络舆论的预警，才能及时掌握网络舆论发生、发展的主动权，了解动态，提前介入，将不良舆论置于萌芽状态。为此，可以利用搜索引擎、网络舆情监控系统等作为组织的耳目，从每天海量的网络言论中敏锐地发现潜在危机的苗头，为相关职能部门下一阶段的有效应对赢得宝贵时间。

【复习与思考】

1. 如果你的公司发布了一个新产品，你打算如何通过网络设计新产品介绍？
2. 一个事件是如何在网络上发酵的？

案例分析

百事可乐“把乐带回家”系列微电影——猴年六小龄童篇

◎案例描述

自2012年起，百事可乐便主打“把乐带回家”系列新春广告。每一年的春节，百事可乐都给人们带来了不少欢乐，而2016年的百事可乐新春广告却突然改弦易辙。虽然已经做了5年，但充斥着情怀因子的这一年，注定不平凡。

2016年百事可乐“把乐带回家”的主题是“一家猴戏千家乐，四代猴王百年传。这个猴年，让我们一起把乐带回家”。整个策划大致分成微电影和猴年纪念罐两个部分。为迎合2016年这个欢喜猴年，百事可乐特邀六小龄童亲自参与创作并演绎了一部充满“猴王情怀”的微电影。片中的六小龄童一改往日观众熟知的“美猴王”形象，以章家猴戏接班人的真实身份出镜，讲述了从田间地头到电视荧屏，章家四代人坚持用猴戏把快乐带给千家万户的故事。

从内容上来讲，一来在中国人过猴年这个文化语境中提到六小龄童真的很动人，二来确实从来没有人讲过这段事儿。从情节上来讲，有各种“亲情牌”和“回忆杀”，再加上戏曲精神、中国人的传承观念、六小龄童作为一个演员的敬业精神，都是往泪点上戳的猛料。从拍摄手法上来讲，故事采用了第一人称的记叙方式，这样可以大大提高故事的真实性和感染力，而且故事节奏有卖点且小高潮不断，着实吸引人，“有些人，一站上舞台就下不来了”，让人浮想联翩。

这部微电影一经推出就在微博、朋友圈等社交类网站引起了极大的反响。据统计，该广告在朋友圈曝光1.03亿次，小视频播放量达2亿多次。

百事可乐在HTML5界面中嵌入趣味游戏，进一步加强了品牌与用户的互动，并与京东商城“猴王纪念罐”购买页面相关联，让沉浸在广告故事中的用户直接跳转购买。从传递品牌故事到完成销售转化，整个过程一气呵成。2小时内，5万个“乐猴王纪念罐”便被抢购一空，并在电商平台上被炒到80元一罐，堪称情感营销新典范。

◎案例解析

“情怀”是这一年不管是广告主还是公关人，乃至所有人都躲不开的关键词。它是一种对梦想的坚持，是一种精神动力。因此，在“把乐带回家”的基础上，百事可乐这次更是要人们把有着浓浓中国情怀的“猴王精神”带回家。

“内容才是王道”，这句话永远不会褪色。同理，快乐和团圆也是新年永不褪色的故事主题。虽说互联网时代大家都在一味追求创新，但需要做传统的时候，就要做传统的事。“潮流，就是一个不断循环往复的过程”，传统一直都是一种潮流。2016年，是猴年。一切与猴相关的人和事逐渐会成为人们的话题中心。

基于对市场的解读和对人群的洞察，此次百事可乐的新春广告，不仅为其注入了中国文化元素，而且将广告的本土化沟通进行到底。朋友圈和微博的病毒式扩散，最后顺势推出了“猴王纪念罐”可乐，实现了线上传播与线下覆盖的全面配合。

资料来源：http：//mini. eastday. com/a/160419203845052-2. html. http：//www. meihua. info/a/65735.

◎案例交流与讨论

1. 通过分析影响网络传播的手段，讨论百事可乐猴年“把乐带回家”微电影成功的原因。

2. 通过案例分析，试说明怎样才能扩大网络传播的效果。

模块八 公共关系语言艺术

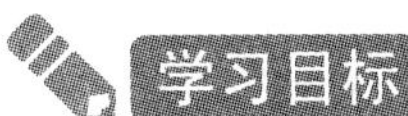

学习目标

1. 掌握公共关系的语言技巧和基本方法。
2. 了解人体语言的特性与行为特征。
3. 明确公共关系的人际交往技巧。
4. 了解公共关系与演讲的关系，演讲的特征、作用、种类。
5. 熟悉演讲者应当具备的素质和能力。
6. 掌握公众的心理特点。

导引案例

《寒门再难出贵子》的成功

在日益发展的经济社会，人际交往必不可免，书店里各类口才、演讲、语言表达的书籍卖得火热。2013 年开始，安徽卫视与能量传播联合推出节目《超级演说家》，这是中国首档原创新锐语言竞技真人秀节目，到目前为止，已有三季。该节目通过演讲、思辨，完成对选手的选拔与排名，致力于寻找中国会说话的人，通过会说话的人有效地向受众传达信息，达到教育目的。尤其是第三季，在各大地方卫视的各类娱乐节目的包围中，该节目甚至提出了“说的更比唱的好”的说法。

2014 年，在第二季《超级演说家》的节目中，冠军选手刘婷婷于夺冠前的最后一次演讲题目为：寒门再难出贵子。此次演讲为现场投票，几位征战到最后的选手都通过现场演讲和语言公关来说服观众与媒体代表，向冠军冲刺。

刘婷婷在最后一战的现场的第一句话是：“在演讲开始之前，我先问现场的各位一个问题，你们当中有谁觉得自己家境普通甚至出身贫寒，想要出人头地就得靠自己？你们当中又有谁觉得自己是有钱人家的小孩?”

接下来，她通过自嘲“我们家就是寒门，不，我们家都没有门”，开始了酣畅淋漓的自我奋斗解析，并顺便讲起了自己奋斗路上遇到的激励与不平，在演讲的最后，她的言语气吞山河、慷慨激昂。内容如下：

> 寒门也是能出贵子的，只是需要更努力而已。“努力奋斗”这四个字很简单，但是很多人都做不到，他每天都在抱怨贫富差距，每天都觉得不公平，每天都在问凭什么。不要再问凭什么了，那些官二代、富二代，他们一出生能凭的东西就有很多，但是我们凭的只有自己。每次我遇到无法解决的困难的时候，我就会到北京的大街上走一走，看着人来人往我就想，刘婷婷，在这个城市里你真是一无所依，你除了自己什么也没有，那就单枪匹马杀出一条血路来吧。别人靠爹靠妈靠全家做到的事情，你要是一个人就能做到，你就太牛了。
>
> 演讲的最后我想说：亲爱的朋友，其实我们大部分人都不是出身豪门，都是要靠自己的。你要相信命运给你一个比别人低的起点，是希望你用你的一生去奋斗出一个绝地反击的故事，这故事不是一个水到渠成的童话，没有一点人间疾苦。这故事是有志者，事竟成，破釜沉舟，百二秦关终属楚；这故事是苦心人，天不负，卧薪尝胆，三千越甲可吞吴。

资料来源：根据安徽卫视《超级演说家》节目内容整理。

思考：

安徽卫视的节目《超级演说家》何以斩获如此强大的市场影响力？刘婷婷在最后的决战中的取胜法宝是什么？请在本模块的学习中寻找答案。

单元一 有效沟通中的语言技巧

【情境导入】

李佳的烦恼

李佳是一位刚从名校管理学专业毕业的硕士，出任某大型企业制造部门的经理。李佳上任后，就对制造部门进行改造。李佳发现生产现场的数据很难及时反馈上来，于是决定从生产报表上开始改造。借鉴跨国公司的生产报表，李佳设计了一份非常完美的生产报表，从报表中可以看出生产中的任何一个细节。

每天早上，所有的生产数据都会及时地放在李佳的桌子上，李佳很高兴，认为她拿到了生产的第一手数据。只是没过几天，生产部门出现了一次大的品质事故，但报表上根本没有反映出来，李佳这才知道报表的数据都是随意填写上去的。

为此，李佳多次开会强调认真填写报表的重要性，虽然每次开会刚结束的几天内可以起到一定的效果，但过不了几天，又回到了原来的状态。对此，李佳怎么也想不通。

思考：

李佳这种烦恼产生的根本原因是什么？应该如何解决此类问题？

开展公共关系离不开人际交往，因为所有的公共关系活动都必须靠人来实践，大量的公共关系工作是通过组织的公关人员与公众的交往行为实现的。因此，公关人员必须掌握人际交往方面的理论和艺术。戴尔·卡耐基曾说过：一个企业家的成功只有15％是靠他的专业知识，而85％是靠他的人际关系与领导能力。

生活离不开交往，交往离不开说话。一句热情得体的话，可以暖人心田，而一句尖酸刻薄的话，则可以招来嫉恨。礼貌友好的谈话艺术常常可以沟通信息、交流思想和表达情感，给人的生活和事业带来不可低估的影响。因此，公关人员在讲话技巧方面应力求解决以下几个问题。

一、公关语言中的“倾听”

倾，用尽（力量）；听，用耳接收声音（信息）。简而言之，倾听就是细心听取，它是沟通的重要方式。

1. 为什么要倾听

倾听，既是对公共关系双方的尊重，也是对公共关系信息进行积极主动的搜寻。公共关系中的倾听是以听到的信息为前提和基础。从这个意义上讲，“听”比“说”更重要。因为“听”可以更真实地了解对方的立场、观点、态度，明白对方的意图和需要，甚至探测到对方小组成员之间的意见分歧等，从而决定应该向对方说什么。

人往往喜欢表现自己，更喜欢别人倾听自己。一旦有人倾听，说者更热情、更起劲，而倾听者将得到更详尽的信息。卡耐基就曾经说过：“专心听别人讲话的态度，是我们所能给予别人的最大赞美。”倾听他人说话的好处是别人将以热情和感激来回报你的真诚。这应该成为公关人员的座右铭。由此可见，倾听在公共关系中是必需的，但要做好却不容易，因为倾听受许多因素的影响。

2. 影响倾听的因素

既然倾听如此之重要，那为什么我们不能很好地倾听，以致常会出现“偏听”“少听”“漏听”“误听”等现象呢？分析其原因，主要有以下六个方面：

（1）大部分公关人员认为只有说话才是自己表达、说服对方的唯一有效方式。若要掌握主动，便只有说。

（2）公关人员在对方讲话时，只注意与己有关的内容，或只考虑自己头脑中的问题，而无意去听其他内容。

（3）公关人员精神不集中或思路跟不上对方，或在某些观点上与对方的看法不一致时，不愿听。

（4）公关人员受知识、语言水平的限制，特别是专业知识与外语水平的限制而听不懂、听不明白等。

（5）思维定式常常妨碍公关人员很好地倾听。因为无论别人讲什么，人们总会自觉或不自觉地与自己的经验套叠在一起，用自己的方式去思考、理解。

（6）由于公关日程安排紧张或长时间磋商，公关人员得不到充分休息，导致精神不佳、注意力下降，进而影响听的效果。

3. 怎样倾听

英国公关学家比尔·斯科特指出，倾听取决于公关人员的积极态度、相互影响、集中精力和恰当提问。可见，倾听就是积极倾听而不是消极倾听，即不仅要尽可能完整地接受说话者的话，而且要理解他的情感；不仅要认真地听，而且要适时地问。所以，公关人员要想做到积极倾听，就要做到以下五点：多听、全听、恭听、记录、适时复述与提问。

（1）多听。多听是公关人员必须具备的一种修养。多听不仅是尊重对手的具体体现，而且是了解对方、获取信息、发掘事实真相和探索对方动机与意见的重要手段。听虽然表现为保守的防御，但也为抓住时机进行反攻打下了良好的基础。听是一种只有好处而没有坏处的让步，而这种让步给我们带来的一定比我们付出的要多。在公关活动中我们说得越少，对方说得越多，那么我们就听得越多，进而我们在公关活动中就越容易成功。

（2）全听。公共关系中听是重要的，而全面、完整、准确地听取对方讲话的内容，理解其含义更重要。为此，公关人员一要抱着积极的而非消极、排斥的态度去听。在公关活动中，对方的发言有时不太合理，甚至难以让人接受，但作为一名公关人员，应有耐心听下去的涵养，不要动辄表露出反感和厌恶，甚至故意不听，因为这样做对公关不利。二要做到保持旺盛的精力，集中精神地听。三要克服先入为主的心理，耐心地听，而不要急于反驳。四要站在公关对方的立场上去听全、听透。

（3）恭听。最廉价的让步就是让对方知道我们在洗耳恭听。在公共关系中，为了表达出对说话者的尊重、关注和兴趣，要做到全神贯注地听。如何表示我们的恭听呢？可使用目光接触或报以赞许性的点头，配合适当的面部表情，向说话者表示我们的关注，切忌心不在焉地玩弄手机或翻阅文件资料，甚至拿着笔乱写乱画等。这会使说话者乃至公关对方整体感觉到我们的不耐烦，同时由于我方并未集中精神地听，很可能会遗漏一些说话者想传递的信息。

(4) 记录。无论记忆力多好，做笔记是公关过程中必不可少的。一方面，有了笔记不仅可以帮助记忆，而且有助于在对方发言完毕后，就某些问题向对方提出质询。另一方面，听众记笔记或者停笔抬头来看看发言者，会对发言者产生一定的鼓励作用。

(5) 适时复述与提问。把握公共关系的技巧是多听少说，避免中间打断说话者。然而，这不等于听着就不说，相反，恰如其分的说包括复述与提问，这些都是积极倾听的具体要求。因为这样一来可强制自己倾听而不走神，二来可使说话者知道你在倾听，三来可以检验自己理解的准确性。

不能否认，说话者也会利用讲话的机会向你传递错误的信息或是对他有利的情报。这更需要倾听者保持清醒的头脑，根据自己所掌握的情况，不断进行分析、辨别，确定哪些是正确的信息，哪些是错误的信息，哪些是对方的烟幕，进而了解对方的真实意图。

总之，倾听是公共关系沟通的重要组成部分。要想掌握公关技巧，就必须学会倾听，善于倾听，这是对一名优秀公关者的基本要求。

二、公关语言中的“善问”

提问是公共关系中双方沟通的一种基本手段和重要途径，是公关的重要内容。公共关系中，灵活得体、针对性强、适度适时的提问，可以引起对方的注意，为对方的思考提供既定的方向；可以继续让对方提供我方不了解的资料；可以追踪对方的实力、动机、意向、需求、策略等；可以传达我方的感受，借以传递信任、引起思考；可以控制公关方向，使话题趋向于结论。提问能起到知己知彼、有的放矢、掌握主动的作用，因此，要获得公关的成功，必须“善问”。

1. “善问”的要诀

公共关系中，“善问”的要诀有四点：注意提问的对象、明确提问的内容、选择提问的时机、巧用提问的方式。

以上四点是一个有机整体，既相互联系，又相互制约。如对方坦率、耿直，提问就要简洁；对方爱挑剔、善抬杠，提问就要周密；对方羞涩，提问就要含蓄；对方急躁，提问就要委婉；对方严肃，提问就要认真；对方活泼，提问可以诙谐。又比如你希望别人注意你的话题，就可以运用发问，甚至运用连续提问的方式，把对方的叙述引导到你希望的结论上。而且，因为提问的对象、内容和时机最后也落实在提问的方式上，所以提问的方式又是“善问”的关键。

拓展阅读

要问“什么”，不要“为什么”

在公共关系中，用“什么”开头，可以引导对方在心里盘算的理由，套出对方的要求和利益所在；而用“为什么”开头，却只能问出一个概括性的答案。因为“为什么”这句话一说出口，威慑力很强，对方会极力防卫，以免情绪失控。

资料来源：[美] 戴尔·卡耐基：《突破谈判的“瓶颈”》，北京，蓝天出版社，2002。

2. 常见的提问方式及其应用

“善问”是公共关系沟通的关键点之一，而“善问”的关键是依据提问的对象、内容和时机等，选择适当的提问方式。公共关系中常见的提问方式及其适用范围如表8—1所示。

表8—1　公关提问的主要方式及其适用范围

类型	特点	适用范围
启发式提问	开放性	适用于畅所欲言的议题
选择式提问	限制性	适用于需要对方明确回答的议题
证实式提问	证明性	适用于需要证实我方理解准确与否的议题
延伸式提问	扩散性	适用于需要进一步探求对方信息的议题
引导式提问	可控性	适用于需要对方认同的议题

(1) 启发式提问。这是一种没有特定限制的开放性提问，只要求对方就有关议题表述意见。比如问：“贵公司对本公司的产品质量有什么看法？”或问：“请问贵方需要我公司提供哪些售后服务？”这种提问方式可以启发对方对某个问题的思考，并作出提问者希望得到的回答。它适合在公共关系中需要对方就某些问题畅所欲言时使用。

(2) 选择式提问。这是一种把我方所能提供给对方考虑的几种可能性议题列举出来，让对方在有能力控制的范围内作出选择性回复的提问方式。比如问：“贵方是愿意开新闻发布会，还是乐意写新闻通稿交付媒体朋友呢？”这种提问的特点是限制对方的回答范围，有意识、有目的地让对方在所限制的范围内作出回答。它能帮助提问者获得较理想的答案，一般用于我方的某些观点或方案需要对方明确回答之时。

(3) 证实式提问。这是一种要求对方对问题和观点作出进一步具体的解释与说明的提问方式。比如问：“你刚才说我们可以选择粤菜类餐厅开年终尾牙会，这是不是说可以在天地粤海这样的餐厅？”这种发问方式一般用于我方需要对方就某一意见或先前所述事实作出更明确、更具体的证实与确认，以使双方在某方面获得共识和可靠的结论。

(4) 延伸式提问。这是一种针对对方的某些表态，通过发问进一步深入探索以求获得更多的信息，巩固并扩大公关成果的提问方式。比如问：“贵方已表示如果我方承销

3 000 吨的话，可按定价的 20%的折扣批货。如果我方答应承销 5 000 吨，是否可以按更大的折扣批货?”

(5) 引导式提问。引导式提问是指发问本身已包含我方观点的暗示性发问。比如问：“讲究信誉和商业道德的厂家都不会以次充好、降低产品质量，是不是?”问者其实已把答案包含于问句本身。这类问句所暗含的判断常常是一个双方都默认的常理，具有很强的可控性，对方除了表示赞同外，别无选择。因此，它常常用于我方需要加强观点的合理性并促使对方认同之时作出结论。

3. “善问”的注意事项

公共关系中的“善问”要达到预期效果，就必须根据公关情势有针对性地选择提问形式。除此之外，还必须做到：1) 预先准备好问题；2) 避免提出那些可能会影响对方让步的问题；3) 既不要以法官的姿态来询问对方，也不要接连不断地提问题；4) 提出问题的句式应尽量简短；5) 提出问题后应缄口不言，耐心地等待对方的回答。

拓展阅读

何为最佳的问?

问：在公共关系中，提问、回答、解释、辩论等形式何者最佳?

答：喜欢提问的人好奇心重，进步也快；热衷于回答问题的人自信心强，也可能自以为是；解释会使自身限于细节问题；辩论令人感到富有挑衅性、攻击性。由此可见，提问是较佳的沟通方式。

三、公关语言中的“巧答”

公共关系中的提问通常是主动的，回答是被动的。一般来说，回答必须遵循所提问题。正是这一点，人们普遍觉得回答公关问题不是一件容易的事。因为不但要根据对方的提问来回答，还要把问题尽可能地说明白、讲清楚，使提问者的问题得到圆满的答复。更重要的是，回答代表着一种承诺，所回答的每句话都包含责任，这就给回答问题的人造成了一定的精神压力。但是，在现实的公共关系中，回答问题又是不可避免的，因此，掌握公关问题的答复方法与技巧是很有必要的。

1. 答复的方法

(1) 顺应前提答复法。对方提出的问题明确，且符合我方利益，我方公关人员可以定向反馈。这种答复的关键是把“前提”理解透彻。如对方问：“下一步我们是否应该商谈保险问题?”如果其他条款都已落实好，且我方也认为讨论保险问题有必要，就可以回答“可以”。

（2）更正前提答复法。对方的问话内涵不确切，我方无法定向回答，答复时就需要更正前提。如对方问：“你打算如何处理这次的广告概念抄袭事件?”我方答复时可说：“如果情况属实的话，计划通过×××来解决问题。”

（3）更换前提答复法。这是当我方不愿意回答对方提出的问题时采用的一种答复方法。如对方问：“贵方打算出什么价?”我方回答：“如果想买的话，我方一定来找贵方。”

（4）否定前提答复法。以否定对方的观点、态度和倾向作为答复。如对方问：“贵方是否同意5月份以前交货?”我方回答：“不。我方有具体困难。”

2. 答复的技巧

（1）让自己获得充分的思考时间。回答问题前必须谨慎，对问题要进行认真的思考，要做到这一点就需要充足的思考时间。一般情况下，公关人员对问题答复的好坏与思考时间成正比。正因为如此，有些提问者会不断催问，迫使你在对问题没有进行充分思考的情况下仓促作答。这种情况下，作答者更要沉着，不必顾忌公关对手的催问，而是转告对方你必须进行认真思考，因此需要时间，或者要求对方把问题再复述一遍，如“先生，请您把问题再说一遍好吗”，这样可以为自己赢得时间。

（2）恰当运用模糊语言——不答而答。在商战中，为了防止对方限定我方的答话范围，常常得跳出圈外，采用模糊语言来应对。如在公共关系中，你被要求表达而自己认为时机未到时，你可以这样回答：“可以。待我向总经理通报一下情况后，我将以最快的速度转告贵方。”表面上是答应了，而事实却是否定。这种以积极的态度和模糊的语言相结合的表达方式所构筑的防线，对方是难以攻破的。

（3）以反问的形式回答异议。反问法是回答公关对手异议的一种良好的应变方法，公关对手提出的异议大凡都得回答。若以陈述句的形式提出一些事实，这些事实还会引起进一步的异议。若以反问的形式回答异议，非但不会引起新的异议，反而可以迫使公关对手自己回答自己的问题。如对方说：“我方只能这样做了。”我方可反问：“为什么这样做呢?”或对方说：“我接受不了你的做法。”我方可反问：“为什么?”诸如此类的反问可以化解对方的攻势，扫除交易的障碍，把公关导入可以达成交易的渠道。

（4）以美化方式回答问题。在公共关系中，经常会碰到一些难以回答的问题。提问者本身也未必在寻求答案，只是带着点自我吹捧的心理向你发问，以显示自己的高明。如果我方已察觉到对手的这个弱点，就可以用美化方式回答问题，并在赞美中换上另一个话题。

（5）不要彻底回答所提问题。在答话时，将对方的问题有意缩小，只回答问题的一部分，或者对回答的前提加以修饰和说明，这样回答既可以明显避开对方的发问主题，又可以避免一下子把对方的注意力吸引到矛盾焦点上来。

（6）有时可以利用沟通中的误解将错就错。在沟通的过程中，我们知道沟通的误解随时存在。事实上，在公共关系中，由于双方在表述与理解上不一致，错误理解对方讲话意思的情况也是经常发生的。当对方对我方的答复产生错误理解，而这种理解又符合我方利益时，我方不必去更正对方的理解，而应该将错就错、因势利导。

公关过程中讲的话不必也不可能全部为真。有经验的公关人员都有这样的体会：在公关过程中，对任何问题的准确回答不一定是最好的回答。有时候回答得越准确，越显得被动和愚蠢；半明半隐，似是而非，搪塞转题，反而使自己转为主动。只有在极为必要又有确切把握且对自己有利的情况下，才可考虑作准确而完整的回答。

总之，公共关系中的应答技巧不在于回答对方“对”或“错”，而在于应该说什么、不应该说什么以及如何说，这样才能产生最佳的效果。

拓展阅读

交谈的忠告

1. 有一个好的开头——首先可谈一下自己的处境，接下来再问关于别人的问题。
2. 对他（她）说的话表现出兴趣。
3. 微笑并镇静地显露出信心。
4. 提出一个可讨论的问题，而不是仅用“是”和“不是”就能回答的问题。
5. 保持目光交流。
6. 总比别人先行一步。
7. 不要被别人的地位吓倒。
8. 要诚实，要表现出真挚——发展长期关系。
9. 灰心时要有耐心，恼怒时要有宽容心。
10. 坚定不移——知道你想要什么，坚持到达成协议。
11. 同情别人——设身处地为他人着想。
12. 说话要简洁，显得渊博。
13. 倾听！
14. 不要害怕要求别人把话讲明白。
15. 看懂身体语言——如紧抱双臂意味着自卫和难以说服。

资料来源：[英] 菲利普·霍尔登：《杰出经理指南》，周洁译，235 页，北京，商务印书馆国际有限公司，1999。

四、公关语言的赞扬技巧

一个人不管是通过语言还是通过行为，只要表达出对别人优点和长处真诚的肯定和喜爱，都可以说是赞扬或是赞美，它是一种堂堂正正、正大光明的处世艺术。

任何人都要学会赞扬，这是获得别人喜欢的重要途径。它是表达你对对方尊重的最直接手段，同时也表现出你的自信和勇气，以及为人处世的练达与宽厚。心理学家阿拉森的实验表明：在人际交往中，人们总是倾向于喜欢那些在心理上能给自己带来快乐的人，喜欢那些同样也喜欢自己的人，这是心理的相悦性。因此，赞扬在人际交往中起着举足轻重的作用。学会赞扬需要把握以下几个原则。

1. 真诚是赞扬的前提

人们常说："精诚所至，金石为开。"赞扬需要真诚。赞扬能够被对方接受的前提是赞扬必须是发自内心的。如果虚情假意地赞扬，就如一个人皮笑肉不笑，会让他人感到不自在，甚至反感。举个简单的例子：为了迎合一个外貌欠佳的女子，你赞扬道："你长得太出众了，太美丽了!"那恐怕只会使她感到被羞辱，从此不再同你交往。这种没有诚意的赞扬给人言不由衷、虚情假意的感觉，极易破坏人际关系。因此，赞扬要发自肺腑，要真正欣赏对方，然后才会赞扬对方。

2. 赞扬对方引以为荣的闪光点

每个人在成长的过程中，都经历了很多事情，其中不乏自己引以为荣的闪光点，对于这些事情，每个人都渴望得到别人较高的评价，如果能够得到别人衷心的肯定和赞扬，往往会令自己感到自豪。因此，避开对方的弱点，找到闪光点加以赞扬，能够增进友谊，促进交往。

例如，对于一个身材矮小、其貌不扬的商人，可以称赞其擅长经商之道，头脑敏捷。对于一位军人或将军，其引以为荣的往往是赫赫战功。像这样择取闪光点加以赞扬，会让对方忘记自己的不足，增强信心，感到自己的价值。对一个人来讲，外貌、身材、气质、品德、经历、业绩等某一方面或某几个方面很优秀，便会成为其闪光点，值得别人称赞。

3. 赞扬要实事求是

赞扬要恰如其分，如果称赞不得法，即使是很真诚的赞扬，也会遭到排斥。任何人对自己的闪光点都有一个预期，这也是别人称赞他的最低标准。比如某人是一位在国内名声不错的医生，他至少期望别人称赞他为"有名的大夫"或"权威"；如果称赞他为"小有名气"，则不大合他的口味。但称赞又不能太离谱，不能称他为"国际知名的医生"，这实际是给他定目标，而不是称赞。因此，适当的赞扬应当是在对方原有期望的基础上略加提高，这样既不会贬低别人，也能满足对方，又不至于令其飘飘然，从而达到最佳效果。

同时，赞扬的言辞不能太笼统，否则会给被赞美者虚无缥缈的感觉。例如，“你很不简单”“你的能力很强”等，这些不能具体言明优点的赞美，很容易使被赞美者从心理上对你的赞美产生质疑，从而感到你赞美的虚伪，甚至有阿谀奉承、溜须拍马之嫌。如果能具体到某一方面，更翔实一些，则说明你对对方了解至深，对其为人、成绩、品德等仰慕已久，这样会使其在心理上对你产生信赖和亲近感，进而拉近彼此之间的心理距离。

4. 赞扬要适应环境

赞扬要与所处的特定环境相适应，要根据时间、地点、双方谈话内容等因素的不同，选择适当的语言材料和手段，寻求以最佳的表达方式加以赞扬。如两个异性相遇，在相互问好后，男性说：“认识你很高兴，你很漂亮!”对方会很高兴，但如果双方在谈一个很严肃的话题，男性突然来一句“你很漂亮”，则就会使对方难以接受，因为这样的赞扬不符合语言环境。因此，赞扬的言辞要和谈话的内容相关，表现要自然得体。

5. 间接赞扬可能收到奇效

赞扬也可以采取间接的方式。一个善于赞扬别人的人往往更加喜欢运用间接称赞别人这种婉转的方式。假借别人的口来赞扬一个人，既传达了第三者的善意，也能表明自己的赞同立场。间接赞扬的另一种方式是通过赞扬与他人有密切联系的人、事或物，来表达对那个人的赞扬之意。间接赞扬往往让人相信你更加真诚，从而有可能收到意想不到的效果。

五、公关语言的劝说技巧

劝说是一门艺术。常言道：“话有三说，巧说为妙。”不同的谈话方式其效果往往大不一样。“触龙说赵太后”的故事众人皆知。在现代社会，我们虽然不需要做得像臣子劝说君王那样，但在工作、生活中，如果能将婉言规劝用得恰到好处，则会对人与人之间的沟通、理解大有帮助。

1. 以退为进

在说服对方发生困难时，劝说者可以先绕开话题，作些适当的让步，消除对方的对立情绪，使其放下戒备心，然后因势利导，以退为进，陈述利害。

正如古人所言：“将欲取之，必先与之。”这样往往能达到预期的效果。我国春秋时期的齐相晏子最擅长使用这种方法。《晏子春秋》记载，齐国人有人得罪了齐景公，景公大怒，命人将他绑起来，至于殿下，召集武士来肢解他，有敢劝谏的，定斩不饶。晏子左手持头，右手磨刀，仰面问景公道：“你知道古代贤明的君主要肢解人时，从哪里开始下刀吗?”景公顿时明白，说：“把这人放了吧，过错在寡人。”

2. 逻辑诱导

在劝说别人时，寻求双方态度上的一致性，往往是进行有效劝说的重要基础，这对减弱对方的戒备心、化解对方的对立情绪、增进相互间的理解起着关键作用。当双方有了共同点之后，再以它为前提，运用逻辑推理，层层递进，因势利导地说出令对方口服心服的结论，从而达到改变对方态度的目的。比如，电影《南征北战》里有一段高营长劝说张连长不要有急躁情绪的戏。高营长说："我也想打一个冲锋，一下子把蒋介石的800万军队都打败，可是不行呀。我们是小米加步枪，而敌人是飞机加坦克。这就要求我们饭一口一口地吃，仗一个一个地打。"这段话入情入理，说得张连长心服口服。

3. 类比借喻

在劝说时，采用类比借喻的方法，既可以使道理讲得形象易懂，又往往能够化解对方的心理戒备，使其在不知不觉中受到暗示，引起思索，获得启发，从而改变原有的态度。比如，春秋时期，晋国要借道虞国以伐虢国，虞国大夫宫之奇向虞僖公谏曰："虢，虞之表也，虢亡，虞必从之……谚所谓'辅车相依，唇亡齿寒'者，其虞，虢之谓也。"宫之奇用"辅车相依，唇亡齿寒"的类比，来借喻虞、虢两国之间的关系，建议不要让晋国借道。无奈，昏庸的虞僖公不听，最终导致虞国被晋国灭掉。此外，"螳螂捕蝉，黄雀在后""鹬蚌相争，渔翁得利"等，都是很好的类比例子。

4. 分散注意

倘若劝说对象刚愎自用、固执己见，这时，直接劝说往往会受到挫折，很难叩开对方的心扉。在这种情况下，可以采取间接、迂回的方法，即直话曲说，转移对方的注意力，削弱对方的戒备心，使其在不知不觉、毫无防备的情况下，接受劝说者的观点。

例如，罗斯福在当选美国总统前曾任海军要职。一次，他的朋友问他关于某军事基地的建立计划，这是个很让人为难的问题。当时，罗斯福环顾了一下四周，低声说："你能保密吗?"朋友赶紧说："当然能。"罗斯福松了一口气："那么，我也能。"那位朋友知趣地笑了笑，也就不再问了。

六、公关语言的否决技巧

在拒绝或否定别人时，往往容易伤害对方的自尊心。因此，在拒绝别人时，谈话的艺术表现在拒绝对方时能否保留对方的面子，维护对方的自尊心。下面谈谈在拒绝对方时应该注意的几个问题。

1. 选择适宜的谈话场合与环境

在拒绝或否定别人时，最忌讳在大庭广众之下或有第三者在场，因为这样容易让对方难堪，伤及自尊心。一般来讲，倘若当众否决对方，不管否决者说得多么有道理，对方都会产生强烈的戒备和防卫心理，误认为否决者有意伤害或羞辱他，从而与否决者情感破裂、行为对立，甚至耿耿于怀、记恨在心。比如，有的妻子总是爱当着别人的面指责自己的丈夫，而丈夫在此时往往甚是恼火。再如，有些家长总是当着外人的面批评自己的孩子，这也是比较失策的举动，它会使孩子与家长之间产生一种对立的情绪。

2. 否决或否定之前，最好先肯定对方的优点

善意的拒绝或否定是为了让对方改正错误，而不是为了刺伤对方、羞辱对方。因此，在否决对方时，要讲究方法。要尽量把话说得婉转、迂回，富有人情味，使对方在没有戒备心的情况下接受你的观点。有些场合，直接否决对方很容易伤害对方，如果先承认对方的优点，在得到对方情感认同的情况下，再指出对方的不足，这样对方更容易接受，而不容易招致对方的防范和反感。

3. 否决对方时，要给对方台阶下

在否决对方时，要想避免难堪，不伤及自尊心，就要设法给对方找个台阶。比如，一位顾客来到商店退西装，店员检查出西装有洗过的痕迹。聪明的店员没有当面揭穿，而是说："太太，是不是您的家人不小心搞错了，把这件西装送去洗了呀？我也有过类似的经验：我外出的时候，洗衣店的人来了，我丈夫稀里糊涂地让人把才洗过的衣服和其他衣服一起带走了，和您这情形完全一样，是吗？您看，这上面有洗过的痕迹。"顾客看了证据，无话可说，心里倒有些感谢那个店员给了她一个台阶下。

七、公关语言的道歉技巧

在人际交往中，人们往往会在有意无意间开罪他人，造成不愉快，伤及彼此间的友好情谊。冤家宜解不宜结，那么，怎么化解呢？——学会道歉。道歉，就是向对方表达你内心深处真诚的歉意。而歉意的表达需要把握一定的技巧，否则难以取得良好的效果。

1. 勇于承担责任

道歉首先要有承担责任的诚心和勇气。道歉不是一件丢脸的事情，反而更体现一个人良好的人品与修养。切记道歉并不是耻辱，而是真挚、诚恳和有勇气的表现。不但我们普通人，就是一些历史名人有时也需要道歉。英国首相丘吉尔一度对美国当时的总统杜鲁门印象很坏，但后来他找了个机会向杜鲁门道歉，形式很巧妙："总统先生，我以前低估了您，实在对不起。"丘吉尔以赞誉的方式道了歉。"负荆请罪"的故事中，人们不仅佩服蔺相如的"有容乃大"，更佩服廉颇"有过则改"的勇气和负荆的赤诚。有人道歉时"犹抱琵琶半遮面"，左一个"因为"，右一个"假设"，强调种种客观因素，或将责任推到他人身上，说"要不是他……我不会……"，而很少扪心自问是否有愧。这样的道歉自然苍白无力，无法让人生出谅解之情。道歉要有廉颇负荆请罪那样的诚意，有了诚意，才会有说"对不起，我错了，请原谅"的勇气。

2. 善于把握时机

道歉要善于把握适当的时机，应选在对方心平气和、有喜事临门心情较好的时候。人逢喜事精神爽，这时，对方更容易接受你的道歉，与你握手言欢、重归于好。当然，时间宜早不宜迟。道歉要善于选准适当的地点，最好是亲自上门道歉，或约对方到一个环境幽雅、安静的地方，双方都能平心静气，自然也就容易推心置腹、开诚布公地谈心，化干戈为玉帛。

3. 巧于借物传情

当岸与岸相隔时，聪明的人发明了桥和船，两岸相通；当心与心相隔时，我们也应巧借外物表达心意。如果直接致歉不合适，不妨在适当的时间打个电话或写封言辞诚恳的信，向对方表示歉意。当然，也可以请一位彼此都信任的朋友、同事或领导代为转达歉意，待日后时机适宜时再登门赔礼道歉。例如：甲不小心伤害了乙，他感到很内疚。于是，乙生日那天，甲到学校广播站为乙点了一首歌，并说："乙，对不起，我真的不是故意的，你能原谅上周惹你生气的朋友吗？今天是你的生日，我祝你生日快乐，前程似锦!"乙听到广播后很感动，立刻登门致谢，两人和好如初。

4. 贵在持之以恒

也许你的失误给了对方刻骨铭心的伤害，这时，你要有诚心，更要有耐心。一次道歉不行就两次，两次不行就三次。濒于失去耐心与信心时，你要站在对方的立场想一想：要是我，能轻易原谅深深伤害自己的人吗？滴水尚能穿石，只要你能敞开心扉真诚地对待对方，精诚所至，金石为开，朋友间就再也不会有解不开的心结。

八、加强公关沟通的有效途径

没有沟通就没有公关，公关过程是双方就某项商务项目为达成共同协议而进行往来的一个沟通过程。进行沟通的关键是倾听、善问、巧答。应该说这些都是很有效的，但是沟通是处理"人与人之间的问题"，而处理此问题的最佳时机是在它成为问题之前。换句话说，在没有展开公关行为之前，就应该与公关对方建立个人的或组织的良好关系，以促进彼此的友谊，缓和双方在公关过程中可能出现的对立情绪。这是其一。其二，在工作之外与公关对手建立了个人交情，还可能得到难以收获的其他信息。至于如何与公关对手建立个人交情，可对以下几个环节加以运用。

1. 记住名字

戴尔·卡耐基认为，人最关心的是自己，而且也希望他人关心自己。如果你有一张和别人合拍的照片，你首先关心的是你自己照得怎样。你最先看到的肯定是自己。听人家说话也是一样，希望别人的说话中会谈到你。人们往往以对方关心自己的程度来决定自己关心对手的程度。

人们关心自己是具体的、多样的，其中，看重自己的名字是一个极其重要的方面。如果我们在与公关对手一次偶然或短暂的交往后，就能准确、迅速地说出对方的名字，不仅是一种友善的表示，也给对方传递了一个信息——他在我们心中的位置。对方会因此而心生感激。正如卡耐基所说："记住别人的名字，而且很轻易就能叫出来，等于给予别人一个很巧妙而又有效的赞美。"这个赞美有利于营造良好的沟通氛围。所以，要想成为一名成功的公关人员，必须善于沟通，要努力记住公关对手的名字。

那么，怎样记住别人的名字？除了予以重视、工作细致外，最好的办法就是建立名片档案，注明初始时间、地点、关键事项等。俗话说：好记性不如烂笔头。有了这些名片及其相关信息，并适时加以温习，就能帮助我们记忆公关对手的信息。

2. 私下接触

实践表明，通过私人关系、私下接触进行沟通，最易了解对手的实力、爱好、个性，最易与之建立良好的、长久的个人友情。公共关系可利用的私人关系有同学关系、战友关系、朋友关系、老乡关系和亲戚关系等。私下接触既可以在公关活动前进行，也可以在公关活动期间的"业余时间"，包括在休会、就餐、娱乐时有意识、有目的地进行。私下接触的形式多种多样，除了侃热门话题这个简便的形式外，一般有设酒席宴请、安排娱乐活动、组织旅游观光、进行家庭拜访和赠送礼物等形式。

（1）酒席宴请。请客吃饭是人们日常交际中不可缺少的一种形式，也是公共关系沟通的重要途径。特别是公关期间，有些问题摆在公关桌上很难解决，放在酒桌上却很容易解决。其原因在于公关桌上紧张、激烈、对立的气氛影响着双方，双方都在为争取对方让步而作努力。即使对方作出的让步既符合本方利益又可尽快促成交易，但对方也会碍于某方面的原因而难以当场决定。然而，在轻松、愉快的酒席环境里，人们交谈随意、活跃，双方少了戒备心理，许多人在对方的盛情款待下易于变得大度、慷慨。尽管酒席上的承诺不等于公关协议商定的条款，但至少可以找到问题的突破口。如果能掌握好时机，乘胜追击，杯中承诺就会是合同中的条款。

（2）娱乐活动。邀请公关对方参加娱乐活动，也不失为沟通的一种形式。目前被作为沟通形式的娱乐活动主要有切磋棋（牌）艺，打网球、保龄球、高尔夫球，唱卡拉OK和跳舞等。定期或不定期地邀请客户参加娱乐活动，是现代商务活动比较流行的沟通形式。这里需注意：1）切勿忘记自己的沟通者身份，在娱乐场所要警惕自己先为周围的环境所吸引而进入角色，反而把客户放在一边。如在打保龄球时，聪明的做法是：客户打了好球，可称赞几句；打坏了，要给对方以安慰；不会打的，要解除对方的拘谨感，边教边打，这样特别能增进双方的情感。2）要遵守球场和娱乐场所既定的规则和礼节，照顾沟通对象要在规则和礼节允许的范围内进行，否则客户会感到无意义或玩得不开心。3）自己打完一球后，不能以懒散的姿态在一边踱来踱去或与他人闲聊，这样显得对客人不尊重；应该站在客户身旁，对他打球表示关注。4）切忌在娱乐时谈生意。客户打球兴趣正浓，而你却偏偏不知趣地谈生意，会令客户感到心烦，可能还会暗想你的邀请是明显的“等价交换”，从而降低了你邀请的价值。

（3）旅游风光。目前越来越多的商务活动都会安排游览名山大川的活动，认为这是增进友谊的一种较好的形式。其依据是：1）它使双方接触的时间延长，白天游览、就餐，乃至晚间休息都在一起，是深交的极好时机。2）从心理学角度讲，到异地欣赏大自然的景色、名胜古迹、历史文物，既可增长知识，又可陶冶情操，此情此景，可使人忘记烦恼、心旷神怡。

（4）家庭拜访。家庭拜访包括到公关对方成员的家里访问，参加其家庭的重要活动，如婚礼、丧事、过生日等。把公共关系沟通活动渗透到家庭，可收到意想不到的效果，此举正被越来越多的企业采用。

（5）赠送礼物。公关人员在拜访交谈的过程中，可以根据不同对象有意识地馈赠一些礼品，表示友好，联络感情，借以减少公关桌上的争论，使双方易于沟通，从而推动公关朝着有利于自己的方向发展。定制小礼物，诸如旅行杯、装饰画、有公司名称的钥匙扣或其他纪念品，往往会在公关活动中起到重要的作用。但是，公关人员在馈赠礼物时，既要见机行事（礼物不在贵重，而在于恰到好处），又要符合法律规定，尤其在国际商务活动中，要注意了解东道国的国情、风俗，以免弄巧成拙，甚至引起麻烦。

【复习与思考】

请各位同学针对本单元的内容，自省吾身，分析研究自己平日里的言语行为是否得当，自己的朋友中是否有言行楷模者，其优点又在何处。

单元二 人体语言的交际功能

【情境导入】

别对我撒谎

风靡一时的美国电视剧《别对我说谎》（*Lie to Me*）是由美国福克斯广播公司出品，该剧的灵感来源于行为学专家保罗·艾克曼（Paul Ekman）博士的真实研究以及畅销书《说谎》（*Telling Lies*），每集剧情为一个简短的故事。该剧通过剧中的卡尔·莱特曼博士对人的面部表情和身体动作的观察，探测人们是否在撒谎，从而还原事件真相。其中的一些台词广泛流传于世，如：

（1）如果一个人说话时一边的肩膀抖动，则表示他对自己的话很不自信，他在撒谎！

(2) 吃惊的表情在一个撒谎者的脸上持续的时间如果超过1秒，那他确实是在假装，在撒谎！吃惊的表情，只能持续1秒。

(3) 说话者在听到你的话后，如果嘴角、鼻子、眉毛微微上扬，表示他对你很不屑。

(4) 如果一个人用手来掩盖自己的眉毛以及眼睛，表示他感到很羞愧。

(5) 说话时，眼睛向左下角看，表明其在撒谎。

(6) 如果被怀疑的人在回答你的问题时，只是简单地回答"嗯""是""不错"，则表示他在撒谎，因为他根本不知道你说的是什么，只好拿一些简单的词来搪塞你。

(7) 有时，撒谎的人为了验证自己的谎言是不是骗过了你，他会跟你有更多的眼神交流，而不是那种所说的"说真话的人，会用眼神来交流"。

(8) 眉头蹙起，表示悲伤。

(9) 如果一个人翘起了下巴（可能伴随着眉头紧皱），则表示尴尬。

(10) 让撒谎者按时间顺序把事情的发生经过说一遍，如果他说得很顺利，让他再倒叙一遍，这样他会立马露馅，因为他很快就会忘记自己刚才说的话。

思考：

从案例可以看出，谎言是可以通过观察人们的外部肢体细节表现体察出来的。请问在公关活动中，公关人员应该注意自己的哪些细节行为？

人体语言所表达的意识大多属于理性层面，它往往不能直率地表露出一个人的真正意向，这就是所谓说出来的言语并不等于存在于心中的语言。因此，要了解说话人的深层心理，单凭语言是不行的。对于每一个公关人员来说，在人际交往中应该学会解读，掌握和运用好人体语言，提高交际水平。

一、人体语言的特性和表现功能

人体语言是以人的动作、表情、界域以及服饰等为工具来传递消息、表达思想感情的一种伴随语言。它是一种无声的语言，又称体态语、身姿语、动作语或非语言交际等。

1. 人体语言能真实、可靠地反映出人的心理状态和性格特征

精神分析心理学派的一个重要发现就是通过无意识的行为动作能够了解和发现人们的心理状态和性格特征。这是因为：一方面，人的行为动作是其性格思想和人格特性的反映；另一方面，人的动作是其大脑活动的外露。也就是说，人体语言大多发自内心，是难以压抑和掩盖的。因此，它比有声语言更具有真实性和可靠性。比如，胆怯、性格内向的人讲话时，往往双肩紧并、下垂，腰部弯曲，一副紧张、卑屈的模样；而果敢、外向的人在讲话时，往往挺胸、收腹，一副泰然自若、信心十足的样子。又如，抬头、

挺胸、紧握拳头往往表现一个人做事的决心和自信。这些动作有时比言辞表达更加有力。

2. 人体语言能反映出人们的真实感受和内在需要

人体语言常常在不知不觉中反映出人们最真实的感受和需要。久别重逢的亲人见面，互相凝视、微笑、流泪、拥抱，都表达了无限的思念和喜悦。男、女之间的眉目传情，表达了彼此之间"心有灵犀一点通"。一个单位里两个关系不错的人，其中一个人的一举一动，另一个人马上心领神会，这体现了双方之间的一种默契。这时，人体语言所传达的信息是有声语言难以准确表达的，正所谓"只可意会，不可言传"。

3. 人体语言具有强烈的表现力，能弥补有声语言的不足

在实际生活和交往中，我们还经常遇到难以用语言直接表达的拒绝，或其他不便说出口的事情，而人体语言恰好能弥补这一不足。例如，当家中有客人时，如果小孩又唱又跳地只顾自己玩耍，父母企图阻止孩子而又碍于客人的面子不好直接训斥，往往会用目光暗示孩子，使孩子由于害怕而停止喧哗。这样既不影响大人之间的谈话，又不会使孩子在客人面前下不了台。假如客人突然抬腕看表，这一动作暗示他想离开、告辞。这时，如果主人注意到这一信号，可能会说："时间过得真快啊，您很久没来，再待一会儿吧?"而客人急于离开但又碍于主人的盛情挽留而难以拒绝时，客人就很可能会把身子移到椅子边上，这一细微的举动进一步表示他真的想走，而且巧妙地表达了对主人盛情挽留的拒绝。

4. 人体语言具有感染力和吸引力

在交往中，一个人留给他人的第一印象是十分重要的。第一印象的好坏常常取决于他的风度和气质，包括他的面部表情、动作和手势。而一个人的风度和气质大多是由人体语言表达出来的。在现实生活中，有人看上去很洒脱，有人却显得呆板无神；有人风度高雅，有人则形态猥琐。这种印象和形象都是由人体语言传达出来的。因此，我们说动作的人体语言具有感染力和吸引力。

二、人体语言的一致性和矛盾性

人体语言在人际交往中的用途很广泛，其动作和姿态表现的含义也很丰富。但是在运用人体语言进行社会交往时，还要了解到人体语言既有一致性的一面，也有矛盾性的一面。充分认识到人体语言的这种两面性，可以使我们捕捉到人体语言所反映的真实信息，避免判断失误。

1. 人体语言的一致性

人体语言的一致性是指人的动作、行为在反映他的思想时，符合既定的风格和习惯。人体语言的一致性包括两个方面。一方面是姿态与姿态间、动作与动作间配合的一

致性，即人体语言自身的一致性。比如，一个人愤怒的时候，其行为表现应该是怒目圆睁、嘴唇紧闭和握拳的动作。眼、口、手这三个部分的动作表达的是同一个含义——愤怒。这就说明人体语言自身具有一致性，人体语言反映的含义是真实的。另一方面是人体语言与有声语言的一致性。这个一致性是建立在前一个一致性基础上的，也就是说，如果人体语言是自然的，各个动作之间是协调一致的，那么，人体语言所表达的信息就会与他的有声语言所表达的信息相一致；反之亦然。

2. 人体语言的矛盾性

人体语言的矛盾性即不一致性。它包含两层意思：一是指人体语言本身的不一致性，二是指人体语言与有声语言的不一致性。所谓人体语言本身的不一致性，就是指身体所做出的各个动作、姿势不协调，给人一种不舒服、猜不透的感觉。造成这种不一致的原因大概可归为两种：一是因撒谎或隐瞒什么而导致心虚；二是因置身于陌生的环境或与陌生人打交道而感到拘谨。

所谓人体语言与有声语言的不一致性，是指某人说的和其人体语言所表现出来的含义不一致，也就是我们平常所说的“口是心非”。这是我们在人际交往中经常遇到的情况。一般来说，人体语言更能真实地反映一个人的真情实意，人体语言比有声语言更为可靠。如果你想验证一个人说的话是否真实，那么他的人体语言往往是更好的验证工具。比如，我们要判断一个人是不是在说谎，可以观察一下他的面部表情是否尴尬、不自然，或者脸红；他的眼睛是否左顾右盼、不敢直视，或者低眉垂目地看着地面；他的手是否掩口、摸鼻、抓耳，或者不知道该放在哪里。

当然，判断一个人的人体语言是否具有一致性，是一个比较复杂的过程，这需要认真观察、分析和比较，还要在不断的实践中提高自己掌握人体语言的能力。这样，你就会从这种无形的交流中体会到人体语言神奇而美妙的魅力。

三、交往中更需要的人体语言

人体语言作为一种传情达意的交际工具，它的使用有一定的常规与习惯可循。了解这些不仅有助于理解别人的意图，而且能够使自己的表达方式更加丰富，表达效果更加直接。下面介绍几种常见的以及在交际中常用的人体语言。

1. 目光

目光是最富表现力的一种人体语言，不能小看这简简单单的“一眼”。有的人在与陌生人打交道时，往往因为不知把目光怎样安置而窘迫不安。如果死死盯住对方的眼睛或者身体的任何其他部位，不仅极不礼貌，而且会显得神情呆钝。当然，东瞟西瞅，又显得太漫不经心。与人谈话时，彬彬有礼的做法是眼睛里放射出温和而亲切的目光，既不咄咄逼人，又无怠慢敷衍之意。做到这一点的要领是彻底放松精神，把自己的目光放虚一些，不要聚焦于对方脸上的某个部位，而是好像在用自己的目光笼罩住对方整个人。

在社交场合，像斜视、瞟、瞥以及鄙夷或不屑的眼神最好不用，这往往是一种狭隘和无礼的表现。盯视的目光一般用于非人的景物上，如果盯视一个人，则会有两种不同的含义：一种是把人视为非人，显示出轻蔑和挑衅；另一种是表示对对方的惊奇、重视和倾心。

拓展阅读

视觉阻断

视觉阻断（Eye-Blocking）是一种非语言反应，通常会在人受到威胁或者碰到自己不喜欢的事物时发生。当我们不希望看到这些不喜欢的事物时，大脑会发出如上命令。很多情况都属此例，如轻蔑别人时，人可能会眯起眼睛、抬起下巴（此时眼睛自然会半闭）；再如羞愧时，会不自觉地用手遮住眼睛的范围。蔑视的实质是对对象的不耐烦，欲离开；羞愧的实质是觉得对象正在给自己某种压力。这些都属于“视觉阻断”。

在调查波多黎各一家旅馆的纵火案时，侦探就利用了视觉阻断行为。那是一宗惨案，有 97 人丧生。一名保安立刻成为怀疑对象，因为火势就发生在他的管辖范围内。警察问了他几个细节性问题，以确定案发时他在不在现场，譬如失火前后身在何处，是否参与纵火等。

警察仔细观察了他回答每一个问题时的表情，希望能够获得一些泄密信号。后来发现，只有在被问到起火时他身在何处，他的眼睛才眨动了一下，而被问到其他问题时都没有任何异常反应。这让警察知道真正的问题出现在他的不在场证明上，但这并不能说明他与纵火案有关。最终，他不得不承认，案发时自己离开岗位去见了在旅馆工作的女朋友。不幸的是，三名纵火犯趁机进入了他的管辖区，酿成了惨案。

资料来源：［美］乔·纳瓦罗、马文·卡尔林斯：《FBI 教你破解身体语言》，长春，吉林文史出版社，2009。

2. 手的动作

（1）握拳，表示向对方挑战，或者增强自己的决心或自信心。

（2）在交谈或开会等场合，用手指或铅笔敲打桌面，或在纸上乱涂乱画，都是利用小幅的手指动作表示对对方的话题不感兴趣、不同意或不耐烦的意思。

（3）两手指尖并拢置于颌下的动作是在向对方传达自己充满自信的信号。

（4）手掌意味着坦率和开放，手背意味着控制和封闭。与人谈话时，将手插入口袋，是为了隐藏“手的语言”，不让对方看出自己的内心活动，也是不信任对方的表现。

（5）手指指点。谈话时，伸出食指向对方指指点点是一种很不礼貌的举动，这表示对对方的轻蔑与瞧不起。西方人尤其忌讳别人的指点。

（6）挥手招呼人。如果远远地向一个人发出召唤的手势，正确而有礼貌的做法应该是高抬手臂，手心朝下，轻挥手腕。如果手心朝上，并拢的四指向内侧摆动，这种招呼人的架势容易让人想到一个颐指气使的人，无礼而蛮横。

3. 站姿与坐姿

在公共场合站立时要挺直，坐下时要端正。斜站、歪坐或半靠半坐在桌旁或椅子上都是不合乎社交礼节的。在人多的场合，要与别人保持一定的距离站立，因为每个人在下意识里都有私人领域，你若走得太近会令他感到被侵犯，双方都会感到窘迫或不快。与人谈话时，不论是坐下还是站立，都要将自己的身体正对着对方，这是一种起码的尊重与礼貌。斜侧着身子只会显得你好像并不太愿意与对方谈下去。

4. 模仿体语

模仿体语就是通过对他人形体动作的重复、模仿，达到彼此之间的交流和沟通。在日常生活中，模仿体语几乎随处可见，别人伸手与你相握，你也伸手回握；别人见你点头致意，你也点头；别人对你笑一笑，你也冲他笑一笑；宴席上，别人起立举杯祝酒，你也随之站起；别人排队等候，你也会排在后面；别人出门送别客人，你也会与他一起送别等。模仿别人的体态不但有协调性的因素，而且带有礼节性。比如，在比较正式的宴会上，平时吃饭过快或狼吞虎咽者，为了礼节起见而调控自己的吃饭速度以约束自己的餐桌行为，从而显得更有礼貌。

5. 交谈中的人体语言

（1）避免同他人坐得太近或太远。

（2）不要用手挖耳朵、鼻子，不要剪指甲，不要揉眼睛、挠头发，不要玩手指或跺脚。

（3）不要将双手搂在头后，或将椅子向后翘起。不要将双臂交叉抱在胸前，也不要将双腿叉开伸向远处，或者来回抖动大腿。不要跷二郎腿，并将跷起的脚尖冲着他人。

（4）避免打呵欠，伸懒腰或打盹。

（5）讲话时嘴中不应有食物，不要斜着眼睛讲话。

（6）切忌对着别人喷吐烟雾或烟圈。

（7）不要总看手表，要多注视谈话者的眼睛。

6. 迎宾送客的人体语言

（1）见面时面带微笑，握手时热情亲切，不可毫无生气或一副冰冷相。

（2）客人进门，起立表示欢迎，避免坐着用手示意客人入座。

(3) 客人告别时，要送出门外。人少时或遇不常见的客人时最好握手告别。人多时或常客可以挥手作别。

(4) 客人走出门后，应轻轻关门，切忌用力将门“砰”的一声关上。

7. 进餐时的人体语言

(1) 进入餐厅时，不可看到空位就屈身坐下，要等服务员引领，示意后再入座。入座时，要调整好椅子的位置，避免开始吃饭后再来回挪动座位。

(2) 入座后，不要随意脱上衣、解领带。应该避免将胳膊肘放在餐桌上，讲话时动作不要太大，也不要边讲话边用餐具指点他人。口中有食物时不要说话，若其他人都停下聊天，自己也不要再独自继续吃，应与其他人保持一致。

(3) 不要站起来取菜，喝汤嚼菜时不要发出声响。吃饭速度不能太快，切忌狼吞虎咽。

(4) 服务员上酒时，应该将身体略向左倾斜，上菜时应该将身体略向右倾斜。给别人斟酒要倒八成酒，吃西餐时饮酒切忌一饮而尽。

【复习与思考】

讨论并举例说明人体语言的特征和表现。

 公共关系的演讲艺术

【情境导入】

习近平主席的新年贺词

2014 年、2015 年、2016 年新年前夕，国家主席习近平连续三年通过中国国际广播电台、中央人民广播电台、中央电视台发表新年贺词。习主席的新年贺词，朴实、真切、耐读、可亲，既振奋人心，又充满温情，体现了大国领袖的胸襟和情怀。

2014 年的新年贺词有三大关键词：改革、希望、梦想。在短短 759 字的新年贺词中，专门谈改革的就达 182 个字。5 次提到“改革”，3 次提到“希望”，3 次提及“梦”(“梦想”“中国梦”)。

2015 年的新年贺词则使用了网络用语来点赞，并出现四个全面，提出“我们要让全面深化改革、全面推进依法治国如鸟之两翼、车之双轮，推动全面建成小康社会的目标如期实现”，“我们要继续全面推进从严治党，毫不动摇转变作风，高举反腐的利剑，扎牢制度的笼子”。同时，不忘缅怀悲情事，送来美好祝福。

2016 年的新年贺词提及中国 2015 年发生的一系列重大公共事件，既有申冬奥、赢诺奖等骄傲喜事，也有长江客轮翻沉、天津爆炸、深圳滑坡等灾难事故，用新闻事件梳

理一年，让今年的新年贺词有了更多的“忆苦思甜”的人情味儿。同时还提出了5个核心词：民本之心、和平之心、悲悯之心、事业之心、担当之心。

思考：

请同学们搜集三次新年贺词的具体内容，讨论研究其行文和演讲技巧。

公共关系活动中，公关人员经常要“抛头露面”，在一些公共场合，诸如信息发布会、交易会、展销会、欢迎会、庆祝会、恳谈会上发表演讲，而演讲的成功与否对整个活动的成败至关重要。因此，作为一名合格的公关人员，必须熟知演讲方面的有关知识和技巧，并能灵活地加以运用，成为一个演讲行家。

一、演讲者与听众

演讲的本质是演讲者运用语言等艺术手段对听众施加信息影响的行为过程。因此，演讲者和听众是演讲活动中最根本、最主要的两个因素。无论缺少哪一方，或者双方不协调、不沟通，都不可能完成演讲任务，达到演讲目的。不论对演讲者还是对听众来说，都应该做到知己知彼，既要懂得怎样做一个优秀的演讲者，又要十分重视研究怎样做一个好听众，并弄清二者之间的关系。

1. 演讲者

演讲者是在听众面前就某一问题发表自己的意见、主张，或者阐述某种事理的人，是演讲系统的主体，在演讲活动中处于主导地位。一个演讲会对听众乃至社会产生怎样的影响和作用，首先取决于演讲者，取决于演讲的内容和艺术表现。演讲作为一门综合艺术，演讲技巧的发挥与演讲者内在的基本素质、基本技能密不可分，它是演讲成功的前提和基础。没有这个基础，也就谈不上良好的演讲技巧，演讲技巧正是演讲者内在素质的集中显现。因此，我们在研究和探讨演讲技巧的同时，要着重强调演讲者的基本素质。

2. 演讲者必须具备的基本能力

（1）敏锐的观察力。敏锐的观察力体现在三个方面：准备演讲时，有了敏锐的观察力，演讲者就能从普普通通的生活中获取大量素材，通过分析和判断，从中发现能反映生活的本质和社会的主流；在演讲中，有了敏锐的观察力，演讲者就可以了解听众的表情、心理及场上气氛的变化，及时调整演讲的内容、方式、节奏；在演讲后，有了敏锐的观察力，演讲者就可以从周围的反映中综合分析自己演讲的成败得失，以使自己的演讲臻于成熟。

（2）丰富的想象力。在撰写演讲稿和试讲的准备阶段，演讲者在进行思维和记忆活动时，若能同时对演讲时的情景（如听众的反应、场上的气氛等）进行一定的想象，并据此进行调整（如设计不同的开场白），不但有助于提高讲稿的质量，而且可使演讲更加贴近现场气氛。很多成功的演讲者在演讲的准备阶段都善于对实际演讲的情景进行大胆想象，有一些演讲者在演讲过程中表现出来的“急智”实际上并不是急中生智，而是事先设想到某一情况并且已经做好准备的结果。

(3) 较强的记忆力。演讲者在演讲前的准备阶段，通过博览群书来吸取丰富的知识，掌握大量材料和信息。写演讲稿时，凭借记忆力，才可以如囊中取物一样，迅速、准确地组织文字。在演讲中，也要靠记忆力，才能将演讲稿的主要材料、观点、事例等牢记于心。只有这样，讲起来才能口若悬河、滔滔不绝。

(4) 良好的表达力。演讲者必须具备良好的口语表达能力。演讲稿写得再好，表达不出来，同样做不了演讲家。当然，口语表达能力不是天生的，可以经过后天培养、训练而成就。一般通过读讲法的训练，都可以使表达流利顺畅、抑扬顿挫。所谓读，就是默读、朗读、快读；所谓讲，就是在任何场合、时间、机会，都勇于去讲去练，久而久之定会提高。良好的表达力要从日常生活的沟通做起，不但用词要注意，内容更要简单易懂。

(5) 清晰的思维能力。思维能力是人类最重要的认识能力，也是人的智力的核心。“言为心声”，演讲的内容就是演讲者对问题思考的结果。演讲者能否以理服人取决于其思维品质的优劣。作为演讲者，清晰的思维能力主要包括以下几点：思路清晰、逻辑严密，让人听后不会觉得前后矛盾；有一定的独立性和灵活性，特别是在同一主题的演讲中，独到的思维角度将给人耳目一新的感觉，能很好地吸引听众的注意力；清晰的思维能力还表现为思维活动迅速正确，能机智地处理各种发生在演讲过程中的偶发事件。

(6) 激情能力。著名演讲家艾伯特·胡巴德鲁说：“在演讲中赢取观众信任的，是演讲的态度而不是讲稿的内容。”演讲者在演讲时表现出来的激情对演讲的成功起着关键性作用，尤其体现在“风暴演讲”这一靠激情震撼听众的演讲法中。这一方面是因为演讲者对演讲的热情将对他自身的行为产生巨大的动力作用，可以让演讲者完全投入演讲当中；另一方面是因为演讲者一走上台便成为全场注目的焦点，此刻听众的情绪尽握手中，由于情感具有感染功能，因此演讲者的感情投入是带动全场气氛的关键一环。闻一多先生的《最后一次演讲》之所以鼓动人，正是因为他把自己燃烧的情感、火热的激情诉诸演讲当中。一提起马丁·路德·金的《我有一个梦想》，人们头脑中浮现的也首先是演讲者那炽热的感情、澎湃的激情。

(7) 善于运用各种表情的能力。演讲者要让听众了解自己的思想，与自己的情感产生共鸣，除了利用语言这一手段之外，还要善于运用各种表情手段。人的表情有三种：面部表情、身段表情和言语表情。这三种表情在人际沟通中起着非常重要的作用。从面部表情来说，应做到顺乎自然而富于变化，一颦一笑，都要和演讲的内容合拍，尤其要注意发挥眼睛的作用，做到能用眼睛说话。从身段表情来说，主要应做到能配合演讲的内容。运用各种手势动作，首先要了解各种手势的作用。一般来说，自然而平稳的手势可助演讲者平静地说明问题，急剧而有力的手势可助演讲者升华感情，稳妥而含蓄的手势可助演讲者表明心迹。言语表情主要是指语调的高低、语速的快慢。声音是演讲者与听众的沟通媒介，演讲者要善于结合演讲内容和听众的反应，让感情决定声音的变化起伏，并达到“以情托声”的目的。

没有人生来就是演讲家，只有经过不懈的努力和有计划的训练，才有可能成为优秀的演讲者。演讲是一个人的知识才华和心理素质的集中展现，而知识必须经过后天的积累才能渊博起来，心理素质更是在实践锻炼中才能得以完善。所以，要成为一个优秀的演讲者，还需要具备“自信”这一性格特征：相信你自己，只要有心，并练之有法，你一定会做得更好！

3. 演讲者必须重视演讲态势和仪容仪表

做好演讲或即兴发言，主要靠好的语言功底，还要辅以美的演讲态势。态势是指仪表、姿态、神情、动作诸方面，包括眼神、手势、身体动作、步伐移动等。讲，是有声语言，给人以听觉形象；演，是无声语言，给人以视觉形象。俗话说，“花好还要绿叶扶”。如果说有声语言是红花，无声语言则是绿叶。光“讲”不“演”或光“演”不“讲”，都不称其为演讲，只有动静结合、有机融合，才能构成完整的演讲形式。唯声、色、姿、情相得益彰，方能称作上乘的演说。演讲者的风度、仪表、神态，应给观众留下最佳的第一印象。心理学理论“晕轮效应”认为：一个人给别人的第一个印象往往是人们对其作出判断的依据。如果你见到一个人衣着整齐、表情自然，则会认为此人做事细心、有条有理，进而会想这个人一定有责任心，你就必然会在心里产生最初的中意的感觉，并且还会联想到此人会有这样或那样的能力。

登台讲演时，仪容不能不修边幅、肮脏邋遢，而要整洁大方有风度，但切忌过分修饰。服装应该同身份相称，要针对特定的演讲环境来决定演讲时自身的仪表、衣着和态势。演讲者的外部表象，即仪表、衣着、态势，是被听众直接感受的，它对演讲的效果乃至成败会有直接影响。有关社会心理学的研究表明，听众往往会将演讲者的仪表、衣着等，与自己的仪表、衣着相比较，以自己的仪表、衣着、态势作为评判演说者的标准。所以，演讲者的仪表、衣着要尽可能接近听众或与其保持一致。如果是在高雅的宴会上，听众衣冠华贵，演讲者衣衫不整、举止粗俗，就难登大雅之堂了。而在沸腾的工地或偏僻的乡野，西装革履的白面小生登台，就必定会拒听众于千里之外。

4. 听众

真正的演讲必然是演讲者与听众的两极合璧。听众作为演讲的一大要素，不仅有很强的能动性，而且是演讲活动的旨归。听众的临场反应，往往是演讲质量、效果的一种直接、现实的客观评价。

（1）了解和掌握听众是演讲活动的基础。听众是演讲活动不可缺少的重要方面。演讲是演讲者与听众的双向交流活动。演讲者是信息的传播者，听众是信息的接收者。演讲者离开了听众，就失去了对象，演讲活动则无法进行。

了解和掌握听众是实现演讲目的的客观要求。演讲的目的是说服听众改变态度并按照演讲者的意图去行动。这就要求演讲者了解听众的心理、要求和希望，以及对你所讲观点的态度，这样你才能有的放矢地做好演讲。

听众在演讲活动中虽处于客体地位，但也绝不是被动的“接收器”，而是具有主观能动性的积极参与者。如果听众对演讲内容有极大兴趣，便会采取积极、热情的合作态度；反之，则会采取冷漠甚至敌视的态度，演讲就不会成功。因此，演讲者必须在了解听众的基础上，力求触动听众的兴奋点和创造欲，以实现最终目的。

可见，成功的演讲者既要使演讲成为听众的一部分，也要使听众成为演讲的一部分，而其中的首要任务便是了解和掌握听众的心理特点。

（2）听众的心理特点。听众对信息的接收具有选择性。听众听演讲是用听觉、视觉器官及大脑进行认识的一种综合心理活动，它是在已有经验、知识和心理期待的基础上进行的，因而具有极强的主观色彩和选择性。首先是选择性注意，即只注意那些他们已知的、有兴趣、有关系或渴望了解的部分；其次是选择性记忆，即容易记住那些自己愿意记住的信息，忘记那些自己不喜欢的信息；最后是选择性接收，即愿意接收那些与自己一致的观点。

听众对演讲的态度受自身影响。对同一演讲者的同一内容，听众由于受自身态度的影响而采取不同的态度。

听众都有特殊的心理需要。每个听众听演讲的心理需要都与切身利益密切相关。有希望长知识的，有希望开眼界的，有希望解决实际问题的……

听众心理是独立意识与从众心理的矛盾统一。即听众心理既有独立思考、不唯书的独立的一面，又有受其他听众影响从而改变自己看法的一面。

演讲者只有充分了解听众，掌握听众的心理特点和需求，才能有效征服听众，发挥演讲的作用，顺利实现演讲目的。

二、公共关系演讲的技巧

1. 演讲开场白的技巧

任何形式的演讲，开场总是关键。在演讲开始后的几分钟或者几秒钟内，听众通常会决定是否接受演讲，是否听下去。应该指出的是，准备演讲从来不是从开头入手，而是应当先确立演讲的目的，然后围绕目的收集材料，并将材料加以组织整理，最后才是着手准备开场白。只有这样，才能更好地选择正确而恰当的开头方式。那么，做好演讲的开场白有哪些技巧呢?

(1) 开头要能吸引听众的注意。演讲开头成败的关键在于能否吸引并集中听众的注意力。演讲时获取听众注意力的方式随题材、听众和场景的不同而变化，一般可以运用事例、轶闻、经历、反诘、引言、幽默等手段达此目的。

(2) 开头要为听众解释关键术语。如果说演讲的成功与否取决于听众能否理解演讲中的某些术语或概念，那么在演讲开头，对关键术语加以解释就显得格外重要了。

(3) 开头要为听众提供背景知识。演讲时，演讲者被认为是专家或权威。因此，如果听众对演讲的主题不熟悉或是知之甚少，那么很有必要在开头部分为听众讲述与主题有关的背景知识，它们不仅是听众理解演讲所必需的，而且可以体现出主题的重要性。

(4) 开头要为听众阐述演讲结构。演讲时，应当利用开头部分对演讲内容加以概述，让听众了解演讲的中心思想和结构。特别是当演讲的主题很复杂，或是专业性较强，或是需要论证几个观点时，这样做就能使演讲显得清楚并易于理解。

拓展阅读

约翰·麦克基里卡迪的演讲开头

汉诺威信托制造公司的主席及总裁在一次演讲的开头中十分明了地陈述了他演讲的结构及范围：

女士们，先生们，晚上好。我很荣幸地应科里曼主任的邀请，来参加这个在我国很有权威的商业论坛——在见解上它可以与底特律和纽约的经济俱乐部相提并论。

首先，我将对最近的国内经济形势加以展望。我认为它并非人们有时所想象的那样严峻。

其次，谈谈近期欧佩克（OPEC）的经济增长对国际经济增长的影响——对包括我们自己在内的许多国家来说是件痛苦的事，但又是完全有办法应对的。

再次，对总统的能源建议作几点评论，我认为它既令人鼓舞，又令人失望。

最后，我将就演讲逐渐成为一种时尚和必要的现象以及美国的现状谈一点个人看法。

(5) 开头要向听众说明演讲目的。在大多数情况下，演讲的开头应揭示演讲目的。如果做不到这一点，那么听众要么会对演讲失去兴趣，要么会误解演讲的目的，或者甚至怀疑演讲者的动机。

(6) 开头要能激发听众的兴趣。从本质上说，听众是很现实的，他们只有在感到能从演讲中有所收获时才会专心去听。演讲的开头应当回答听众心中的“我为什么要听”的问题。

拓展阅读

唐纳德·罗杰斯的演讲开头

在对美国会计协会罗切斯特分会的一次演讲中，演讲顾问唐纳德·罗杰斯通过表达他对听众的关心而激发起了他们的兴趣：

我今晚要演讲的题目是“信息的透露”。确定这个题目之前，我先是查阅了本地的会计年鉴分册和全国会计协会的学术专刊，然后又询问了我的同事亚历克斯·莱文斯顿和戴夫·汉森，今晚来听演讲的人都有哪些？他们希望我讲什么？他们告诉我在座的各位都是些很热心的人，希望我的演讲有趣而富有启发性。因此，我将告诉大家一些有用的知识，同时也希望我的演讲简明扼要，并留给大家一定的提问时间。

（7）开头要能争取到听众的信任。有时候，听众可能会对演讲者的动机产生疑问，或是与演讲者持相反的观点。在此类场合——特别是想改变听众的观点或行为时——要使演讲成功，就需要建立或是提高听众对演讲者的信任感。杰弗里和彼得森两位专家针对这个问题提出了下面几条建议：承认分歧的存在，但是着重强调共同的观点和目标；对那些连演讲还没有听，就对演讲者的名声和所作所为进行攻击的行为加以驳斥；否认演讲的动机是自私的和个人的；唤起听众的公德心，让他们仔细倾听。

2. 演讲开场白的形式

演讲开场白的形式有以下几种类型：

（1）开门见山型。这是最常见的一种开头方式。演讲一开始就直截了当地切入主题，简明爽快地讲清论题，使听众明晰演讲的重要内容，从而抓住听众的注意力，使其聚精会神地围绕主题展开联想。

（2）楔子导入型。在演讲之前，用一段与演讲正题有关的话，来调动听众的感情和思想，引起听众的兴趣和关切之后再展开正题。这段话可以是一个有趣的故事，一个事实、一则笑话、一个比喻或一段名言等。

（3）悬念吸引型。演讲者在演讲开始前，先提出一些能调动公众想象力、思维能力的问题，以便引起他们对演讲的注意。悬念的设置要与演讲的内容相呼应，让公众在猜想中逐渐进入演讲的主题。讲到这里，听众一定在想：到底发生了什么事，非请他去救命不可？他又不是医生，怎么去救命？这个巧设悬念的开头，势必吸引听众仔细听下去。

（4）轻松幽默型。在演讲开始时，演讲者故意讲一些与主题看似无关的、诙谐幽默的话，调动听众的情绪。幽默是智慧和信心的表现，运用得好，会为演讲增添魅力。

（5）感情趋近型。演讲者为了在心理上与公众拉近距离，注意找一些公众熟悉的、关乎他们切身利益的话头开始。

（6）先声夺人型。演讲者事先估计听众会从某个方面思考问题、得出结论，故意在演讲开始时就主动提出来，然后立即进行反驳，用先声夺人的方式强调自己的观念，显得非常有力。

（7）临场发挥型。演讲者结合演讲时的环境、场合、气氛，就地取材，即兴发挥。

（8）赞扬听众型。赞扬听众的开场白，会令听众感到非常高兴，是活跃气氛、加强演讲者与听众的联系和缩短双方心理距离的较好方式。

三、演讲的口语表达技巧

演讲的语言从口语表述的角度看，必须做到发音正确、清晰、优美，词句流利、准确、易懂，语调贴切、自然、动情。

1. 发音正确、清晰、优美

以声音为主要物质手段的演讲，对语音的要求很高，既要能准确地表达出丰富多彩的思想感情，又要悦耳爽心、清新优美。为此，演讲者必须认真对语音进行研究，努力使自己的声音达到最佳状态。

一般来说，最佳语言必须具备如下特点：

（1）准确清晰，即吐字正确清楚，语气得当，节奏自然；

（2）清亮圆润，即声音洪亮清越，铿锵有力，悦耳动听；

（3）富于变化，即区分轻重缓急，抑扬顿挫，真情流露；

（4）有传达力和穿透力，即声音有一定的响度和力度，使在场听众都能听真切，听明白。

演讲时的常见毛病有：声音颤抖，飘忽不定；大声喊叫，音量过高；音节含糊，吐字不清；声音忽高忽低，音响失调；机械式朗诵，生硬呆板。所有这些，都会影响听众对演讲内容的理解。

要达到最佳语言效果，一般来说，要做到如下几点：

（1）字正腔圆。字正，是对演讲者的基本要求，演讲者要读准字音，读音响亮，送音有力。读音要符合普通话声母、韵母、声调、音节、音变的标准，严格避免地方口音和误读。读错或发音不准，一方面直接影响听众对一个词、一个句子，甚至整场内容的理解，另一方面也直接影响演讲者的声誉和威信，降低听众对演讲者的信任感。腔圆，即声音圆润清亮，婉转甜美，富有音乐美。

（2）分清词界。词分单音节和多音节。单音节词不会割裂分读，而多音节词则有可能因被割裂而引起歧义。例如：“一米九个头的冯骥才伫立在空荡荡的山谷里”，这句话中的“一米九个头”本意是“一米九的个头”，念时应为“一米九/个头”，如果词界划分不当，很容易误读成“一米/九个头”，把“个头”（身材）一词割裂为“个”（量词）和“头”（名词）两个词，从而产生歧义。演讲者如出现这种错误，便会令人忍俊不禁。

（3）讲究音韵搭配。汉语讲究声调，声调能产生抑扬急缓的变化，本身就富有音乐美。好的演讲往往平仄错落有致，抑扬顿挫，悦耳动听。

1）双音节化。汉语中的一些单音节词表达意义复杂、深刻，如果能改成双音节就会明白、通俗。并且双音节响亮明朗，有顿挫变化，易于表现语言的音乐美。

2）注意押韵。如果在适当的地方有意押韵，更能产生一种声音的回环美与和谐美，讲起来上口，听起来悦耳，似有散文诗的风韵。

3）平仄相间。汉字一字一调，高低升降，起伏变化。作为平声字的阴平、阳平变化不大，比较稳，易听清楚；仄声字的上声、去声变化大，声音短促，音感强烈。二者要相间配合，使音节起伏变化。此外，恰当运用象声词和叠声词来渲染烘托，也能收到声情并茂的功效。

2. 词句流利、准确、易懂

听众通过演讲活动接收信息主要诉诸听觉作用。演讲者往往借助口语来发出信息，口语与书面语之间有比较明显的差距。有人说，书面语是最后被理解，而口语则须立即被听懂。与书面语相比，口语具有以下特点：

（1）句式短小。演讲不宜使用过长的句子。

（2）通俗易懂。要使用常用词语和一些较流行的口头语汇，使语言富有生气和活力。

（3）不过多作某些精确的列举，特别是过大的数字，常用约数。

（4）较多使用那些表明个人倾向的词语，诸如“显而易见”“依我看来”等，并且常常运用“但是”“除了”等连接词，使讲话显得活泼、生动、有气势。当然，讲究表意朴实的口语化，绝不能像平常随便讲话那样任意增减音节，拖泥带水，结结巴巴，这样便损伤了口语的健康美，破坏了语言的完整性。

3. 语调贴切、自然、动情

语调是口语表达的重要手段，它能很好地辅助语言表情达意。同样一句话，由于语调轻重、高低、长短、急缓等的不同变化，在不同的语境里表达的意思会差异很大。

一般来讲，表达坚定、果敢、豪迈、愤怒的思想感情时，语气急骤，声音较重；表达幸福、温暖、体贴、欣慰的思想感情时，语气舒缓，声音较轻；表达优雅、庄重、满足的思想感情时，语调前后弱中间强。只有这样，才能绘声绘色，传情达意。

语调的选择和运用，必须切合思想内容，符合语言环境，考虑现场效果。语调贴切、自然，正是演讲者的思想感情在语言上的自然流露。所以，演讲者要恰当运用语调，事先必须准确地掌握演讲内容和感情。

四、演讲的势态语言表达技巧

所谓势态语言，简单地说就是用表情说话。势态涉及仪表、姿态、神情、动作等诸多方面，包括站姿、坐姿、眼神、手势等。在演讲中，“讲”主要指有声语言，给人以听觉形象；“演”主要指势态语言，给人以视觉形象。势态语言在演讲中起辅助有声语言表情达意的作用。演讲只有在口语表达的同时，辅以相应的势态语言，才能构成真正的完整的艺术形式，才能使演讲更富有形象力和感染力，才更易于为听众所接受。演讲的势态语言运用技巧包括以下几个方面：

1. 演讲时的位置

演讲者所在之处以位居听众注意力容易聚集的地方最为理想。位居听众注意力容易汇集之处，不但能够提升听众对演讲的关注，而且具有增强演讲者信赖度和权威感的效果。

2. 演讲时的姿势

演讲时的姿势也会带给听众某种印象，例如堂堂正正的印象或者畏畏缩缩的印象。虽然个人的性格与平日的习惯对此影响很大，不过一般而言，仍有方便演讲的姿势，即所谓“轻松的姿势”，要让身体放松，不要过度紧张。过度紧张不但会表现笨拙僵硬，而且对于舌头的动作也会造成不良的影响。诀窍之一是张开双脚与肩同宽，挺稳整个身躯。另一个诀窍是想办法扩散并减轻施加在身体上的紧张情绪。例如，将一只手稍微插入口袋中，或者手触桌边、手握麦克风等。

3. 演讲时的视线

在大众面前说话，就表示必须接受听众的注视。当然，并非每位听众都会对演讲者报以善意的眼光，但是，每一位演讲者却不可以漠视听众的眼光或避开听众的视线来说话。尤其当你走到麦克风旁边，站立在大众面前的那一瞬间，来自听众的目光有时甚至会让你觉得刺痛。克服这股目光压力的秘诀，就是一面进行演讲，一面从听众当中找寻对自己投以善意而温柔目光的人，并且无视那些冷淡的目光。此外，把自己的视线投向强烈“点头”以示首肯的人，这对巩固信心也具有效果。

4. 演讲时的面部表情

演讲时的面部表情无论好坏，都会带给听众极其深刻的印象。紧张、疲劳、喜悦、焦虑等情绪无不清楚地表露在脸上，这是很难由本人的意志加以控制的。演讲的内容即使再精彩，如果演讲者的表情总显得缺乏自信、畏畏缩缩，演讲就很容易变得欠缺说服力。控制面部表情的方法首先是“不可垂头”。人一旦“垂头”，就会给人“丧气”之感，而且若视线不能与听众接触，就难以吸引听众的注意。另一个方法是“缓慢说话”。说话速度一旦缓慢，情绪即可稳定，面部表情也得以放松，进而全身上下也能够为之泰然自若起来。

5. 演讲时的手势运用

在演讲中，手势以多变的姿态造型传递演讲者潜在的心声，交流演讲者内心的微妙情感；手势又由于其鲜明的灵活性，协助演讲者丰富其演讲内容。手势的运用，一要注意力度，二要表现思想情感，三要得体、自然大方。在这方面，列宁为我们树立了典范，他演讲时的独特手势，不仅充分表现了这位无产阶级革命导师的宽广胸怀和恢弘气魄，给人以充满信心、勇往直前的印象，而且多年来一直被世界上许多画家、雕塑家临摹再现，深深铭刻在亿万人民的心中。

6. 演讲时的服饰和发型

服装也会给观众留下各种印象，尤其是东方男性总是喜欢穿着灰色或者蓝色系列的服装，难免给人过于刻板无趣的印象。轻松的场合不妨穿着稍微花哨一点。如果是正式场合，男士一般来说仍以深色西服、无尾晚宴服以及燕尾服为宜。发型也可以富于变化。男性的长发和光头各自蕴含其强烈的个性，而鬓角的长短也被认为是个人喜好的表征。

在各种势态语言的运用中，演讲者都要注意做到轻松自如，避免僵硬死板；动作优美、准确到位，不拖泥带水；动作幅度适中，不要过分夸张或矫揉造作。

五、演讲控场的技巧

控场就是演讲者在整个演讲过程中都能把握主动，对现场实施有效控制，无论听众、环境、自身等因素发生什么变化，都能采取应变措施来排除障碍，使演讲顺利进行，取得预期效果。控场能力的高低是衡量演讲者水平高低的重要标志之一。

演讲过程中可能出现的意外情况很多，演讲者应该根据现场的具体情况采取相应的措施。

1. 出现怯场情绪

怯场情绪是演讲表达的一种常见的心理障碍，它往往导致演讲者紧张过度、手足无措，严重的甚至无法保证演讲的顺利进行。从心理学角度分析，演讲怯场主要是因为缺乏自信、怕忘讲稿、害怕强者、准备不足、听众干扰、环境影响等。在美国曾经有人做过“你最怕什么”的心理测验，测验结果让人吃惊不已，因为人们最怕的竟是“当众说话”，而死亡问题只列第六位。要克服怯场情绪，应努力做到以下几点：

（1）要有强烈的成功欲。演讲者如果对成功缺乏强烈的欲望和追求，内驱力必然不足，在行动上就会表现得消极冷漠。而演讲者一旦具有强烈的成功欲，就会对演讲效果高度关注，进而关注演讲内容的构成、演讲方法与技巧的运用、听众的有关情况、演讲进程中的反应等一系列问题，直到准备完善，充满自信，这时上台演讲才不会感到胆怯和紧张。

(2) 要有充分的自信心。充满自信才能卸下演讲时的心理负担，才能在良好的心理定式作用下，以满腔的热情来应付演讲现场可能出现的各种复杂情况。对于初学演讲的人来说，培养和建立自信，可以从以下几方面着手：一是选择自己关心、能显示自己特长的内容，这样讲起来有深切感受，能焕发出激情，即使忘了内容，也自然有话接下去；二是假定听众“一无所知”，这有利于增强演讲者的勇气和信心，也有利于演讲者较好地调动和发挥多方面的演讲才能。

(3) 要有完善的内容准备。常言道：有备无患。演讲者只有做好充分的准备，才能产生自信，才能临场冷静自制。演讲内容没有准备好就仓促登台，面对那么多的听众，必然会有怯场心理。一般来说，演讲的准备包括三个方面的内容：一是确定论题，撰写演讲稿；二是理清思路，熟记演讲内容；三是自我理解体味，透彻把握主题。其中最重要的是第三方面，即彻底了解自己所要讲的话。如果演讲者发表的观点是自己深思熟虑后得出的结论，而这个结论又是再三推敲确信无疑的，那么演讲者就会坚信自己的观点是有道理的，在演讲的时候就不会怯场了。

2. 出现冷场情况

冷场是指在演讲过程中，听众对演讲兴趣不高、反应冷淡，出现交头接耳、打瞌睡、看书报、心不在焉，甚至不断有听众离开会场等不利局面。明智的演讲者应及时调整策略以扭转局面，将控场的主动权始终掌握在自己的手中。对这一局面的控制，通常有三种技巧：

(1) 变换话题。放弃原来准备的内容，针对现场观众感兴趣的内容作即兴演讲，以调动听众情绪。

(2) 运用幽默。以逗笑、提神的话语、神态、动作、语调等调整听众情绪，活跃现场气氛，吸引听众注意，待现场气氛活跃后，再接着原有思路讲下去。

(3) 缩短内容。将原有内容作调整或压缩，只挑选精彩、关键之处讲，从而减少冷场时间。

3. 出现起哄等混乱场面

演讲过程中，由于演讲的内容不符合听众的口味，引起听众的烦躁情绪；或演讲水平不高，满足不了听众的期待；或有些听众有意找茬，存心与演讲者作对等，都有可能导致喧哗、起哄、喝倒彩、吹口哨、鼓倒掌等混乱场面的出现。一旦出现这种情况，演讲者必须镇定、从容，表现出自信，并针对出现混乱场面的原因，实施有效控制。比如及时调整内容，改变表达方式，尽可能与听众的兴趣吻合；在演讲中坚持真挚坦诚，用诚恳、和善与努力来赢得听众的理解和尊重，以此来控制场面，确保演讲能顺利进行。

4. 演讲内容与别人重复

有时在一个演讲会上，几个人的演讲内容相同，自己准备的内容别人先讲了，这时如果还按照原稿继续进行，就不可避免会出现冷场，因为没有比重复更令人感到枯燥乏味的事了。这时可以采取几种方式：一是主题不变，换一个角度来加以阐述；二是只讲原稿中的精华部分，并引出新意，深化开去；三是丢掉原稿，另选主题，当然这种做法对演讲者的要求非常高，必须具有即兴演讲的素质。

5. 演讲观点遭到听众质疑

在演讲过程中，可能有些听众对演讲者所讲的观点有疑问、不赞同、不理解，甚至意见相左，并且当面提出质疑和反驳。出现这种情况，即使听众的观点不正确，演讲者也不能发火、生气、抵触，不能不予理睬、拒绝回答，或直接否定、批驳斥责，更不能令其离开、与之争吵。遇到这种情况，演讲者应该采取迂回战术：或先找出一个双方都赞成的共同立场来说；或先肯定对方一些合理的地方，然后一步步亮出自己的观点并充分加以阐述；或采用征求意见的方法，由浅入深，慢慢疏导。如果有些问题演讲者确实回答不了，或无法与听众沟通，也可以提出演讲结束后与对方个别交流或另行探讨。使用这些方式化解难题，不仅可以帮助演讲者摆脱窘境，顺利完成演讲，还能产生良好的“悦服”效果，显示演讲者富有文化教养。

【复习与思考】

1. 举例说明演讲的作用。
2. 结合自己的实践，谈谈如何培养演讲能力。

捐款态度与红十字会信任危机原因分析与假设

◎案例描述

一、中国红十字会在丑闻事件前的运营状况

截至2010年底，中国红十字会有31个省（自治区、直辖市）红十字会和新疆生产建设兵团红十字会以及铁路、商业等2 334个地级红十字会、2 860个县级红十字会、9.5万个红十字会基层组织团体、12万个会员单位，志愿者113.2万人，会员总数达2 398万人，其中青少年会员达1 549万人。中国红十字会已建立社区红十字服务站点16 000多个，博爱超市500多个。中国红十字会在服务社会、医疗救助、抗震救灾、服务奥运、参与世博会等工作中也作出了积极贡献，多次受到党中央、国务院和中央军委的表彰。

二、负面事件之前人们对红十字会的看法

红十字会是为大众服务的，在灾难面前，我们可以看到红十字会积极募捐善款，提供物资储备，并且他们还组织大量志愿者到灾区服务，照顾受伤人员，使他们在绝望和灾难中看到希望，使他们明白无论何时都有人在默默关心着他们，与他们同在。2004

年3月10日是中国红十字会成立100周年的日子。《人民日报》发表评论员文章评价道：作为从事人道主义工作的社会救助团体，100年来中国红十字会发扬人道、博爱、奉献的红十字精神，为社会、为人民、为国家作出了不可磨灭的贡献，书写了可歌可泣、感人至深的历史篇章。

三、部分丑闻事件

（1）2008年汶川地震天价帐篷事件。

（2）2011年4月15日，新浪微博流传出一张付款单位为“上海市卢湾区红十字会”的餐饮发票照片，金额高达9 859元。

（3）2011年6月，郭美美事件。

（4）2011年6月28日报道，审计发现中国红十字会多笔资金存在问题，包括虚假列支抽检费、新闻稿发布服务费等，超标采购金额达420万元。

四、负面事件后的运营

（1）2013年12月14日，中国红十字会首次发布全国红十字系统财报，财报显示财务总收入为38亿元，社会捐赠收入比去年降低1.5亿元。（中国之声《全国新闻联播》报道）

（2）一些公司集团与中国红十字会停止一切合作，如网易公司。

（3）中国红十字会第九届理事会第三次会议暨红十字在行动报告会在京召开。发言人表示，2012年全国各级红十字会共募集款物41.98亿元。据介绍，受郭美美事件的影响，个人捐赠额非常少。

五、红十字会在事件中的语言

（1）2011年6月24日，中国红十字会网站挂出严正声明：“对于个别歪曲事实，企图混淆视听，别有用心的网民的所作所为，我们表示极大的愤慨，保留依法追究其责任的权利。”

（2）严正声明之后，网民不断发现中国红十字会黑幕的蛛丝马迹，黑幕不断曝光。

（3）伴随着漏洞百出的谎言，中国红十字会开始从严正的立场撤退。2011年7月4日，中国红十字会秘书长王汝鹏先生以个人之名义，在其博客上发表《自问自答工作语录》，披荆斩棘，逆流而上，为中国红十字会危机公关，此时语气委婉很多。但这种“委屈而痛心”的问答最终也没有得到认可。

◎案例解析

1. 从心理学角度对个人捐款减少的分析

将捐款个人或组织在丑闻事件之前的情况分为以下四种情况：

（1）本就愿意捐助，真心想帮助需要帮助的人。

（2）有意愿捐助，但是考虑到自身生活水平不是很好，捐款时会有些许犹豫。

(3) 本身不愿意捐助，但是因为某些原因不得不捐，比如一些学校组织的强制性捐款活动和社会上有些公司不得已的捐赠。

(4) 为了自身的良好形象或者企业形象进行捐赠。

2. 丑闻事件之后，对捐款方的态度或者心理作出的假设

(1) 仍然同以前一样，相信中国红十字会，将爱心善款交给中国红十字会处理。

(2) 对中国红十字会产生怀疑，但是仍然热心公益，因此另辟蹊径，通过其他方式进行捐助。例如：自己组织团体捐助。

(3) 正好为自己的不捐款找到合适的理由。

◎案例交流与讨论

1. 为什么会在短时间内密集爆出各种关于中国红十字会的丑闻？

2. 民众对中国红十字会不信任的原因何在？

3. 中国红十字会在问题出现后，其发布的语言内容是否合适？是否起到了预期的作用？

模块九 公共关系礼仪

学习目标

1. 掌握仪容礼仪规范。
2. 掌握仪表礼仪规范。
3. 掌握介绍礼仪规范。
4. 掌握握手礼仪规范。

导引案例

面试礼仪

一次某公司招聘文秘人员，由于待遇优厚，应者如云。中文系毕业的小李前往面试，她的背景材料可能是最棒的：大学四年中，在各类刊物上发表了3万字的作品，内容有小说、诗歌、散文、评论、政论等，还为6家公司策划过周年庆典，英语口语极为流利，书法作品也堪称佳作。小李五官端正，身材高挑、匀称。面试时，招聘者拿着她的材料等她进来。小李穿着迷你裙，露出藕段似的大腿，上身是露脐装，涂着鲜红的唇膏，轻盈地走到一位招聘者面前，不请自坐，随后跷起了二郎腿，笑眯眯地等着问话。孰料，三位招聘者互相交换了一下眼神，主考官说："李小姐，请下去等通知吧。"

思考：

你认为小李的衣着适合面试场合吗？在面试场合，什么样的仪容是合适的呢？请在本模块的学习中寻找答案。

单元一 个人形象礼仪

【情境导入】

小节的象征

一位先生要雇一个没带任何介绍信的小伙子到他的办公室做事，先生的朋友挺奇怪。先生说："其实，他带来了不止一封介绍信。你看，他在进门前先蹭掉了脚上的泥，进门后又先脱帽，随手关上了门，这说明他很懂礼貌，做事很仔细；当看到那位残疾老人时，他立即起身让座，这表明他心地善良，知道体贴别人；那本书是我故意放在地上的，所有的应试者都不屑一顾，只有他俯身捡起，放在桌上；当我和他交谈时，我发现他衣着整洁，头发梳得整整齐齐，指甲修得干干净净，谈吐温文尔雅，思维十分敏捷。怎么，难道你不认为这些小节是极好的介绍信吗？"

思考：

为什么这个小伙子受到先生的认可与肯定？你认为这些细节重要吗？

中国有"文质彬彬，然后君子"的古训，仪容是个人涵养的外在表现。为了维护自我形象，有必要修饰仪容。

一、仪容礼仪

1. 仪容的基本要求

仪容，通常是指人的外观、外貌。其中的重点则是指人的容貌。在人际交往中，每个人的仪容都会引起交往对象的特别关注，并影响对方对自己的整体评价。在个人的仪表问题之中，仪容是重中之重。仪容的基本要求是洁净、卫生、自然、端庄、秀丽、赏心悦目。

2. 化妆

化妆，即运用化妆品和工具，采取合乎规则的步骤和技巧，对人的面部、五官及其他部位进行描画、修饰，增强立体印象，调整形色，掩饰缺陷，表现神采，从而达到美容的目的。化妆是指人们在政务、商务及社交生活中，以化妆品来修饰自己，以达到振奋精神和尊重他人的目的。化妆的基本程序如下：

（1）束发。先把头发扎起来，以免滑落到脸上，影响化妆。

（2）清洁面部皮肤。在未涂敷底色之前，必须将面部皮肤的不洁之物除去，才能开始化妆。除去面部油污的方法，一般有油洗和水洗两种。如果条件允许，最好是油洗，即选用洗面奶、洁面乳这类油质皮肤清洁剂洗面。它的优点是既能除去面部油污，使面部洁净，又能保护皮肤，免除肥皂等碱性物质对皮肤的不良刺激。

（3）用爽肤水轻拍面部和颈部，然后抹一层隔离霜，使未经化妆的面部洁净而滋润。

（4）打底粉。用少量粉底涂在脸上，再用化妆棉将粉底仔细抹匀，一直抹到鬓边。

（5）画眉毛。在修眉的基础上，根据脸形画眉形。眉毛由眉头、眉峰、眉梢三部分组成。一般来说，如果是脸形较长的人，眉形以平直为佳，眉梢略向下弯。如果是脸形较圆的人，眉头要适当提高，眉峰稍明显一点，以起到修正脸形的作用。如果是脸形较方的人，眉峰要画得稍突出一点，使脸形显得活泼一些。

（6）画眼线。用黑色眼线笔在上、下睫毛线上画眼线，这样眼睛就显得炯炯有神，使人增添活力。

（7）扫睫毛。用睫毛卷，从睫毛下侧面上扫两次，待干。当扫下睫毛时，可先用睫毛捧扫一次，再用干净的睫毛刷轻扫。

（8）画唇形，首先在原来的唇线上搽粉底，再打粉，然后用唇笔画出所设计的唇形。在上下唇中涂上珠光唇彩，以增加光泽。

图 9—1 为入门梳妆台。

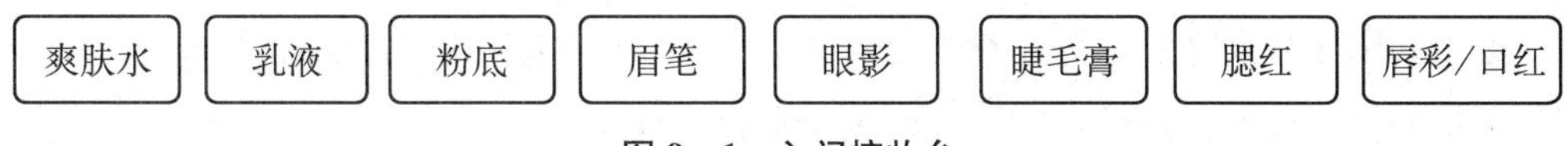

图 9—1 入门梳妆台

二、服饰礼仪

服饰礼仪是人们在交往过程中为了相互表示尊重与友好，达到交往的和谐而体现在服饰上的一种行为规范。在社交活动中，人们可以通过服饰来判断一个人的身份、地位、涵养。通过对服饰礼仪规范和服饰表现功能的掌握，人们借助服饰可提升个人仪表和气质，展示个体内心对美的追求，体现自我的审美感受，达到内在美和外在美的统一。

拓展阅读

服饰与场合

小刘和几个外国朋友相约周末一起聚会娱乐。为了表示对朋友的尊重，星期天一大早，小刘就西服革履地打扮好，对着镜子打上漂亮的领结前去赴约。北京的八月天气酷热，他们来到一家酒店就餐，边吃边聊，大家好不开心！可是不一会儿，小刘已是汗流浃背，不住地用手帕擦汗。饭后，大家到娱乐厅打保龄球，在球场上，小刘不断为朋友鼓掌叫好，在朋友的强烈要求下，小刘勉强站起来整理好服装，拿起球做好投球准备。当小刘摆好姿势用力把球投出去时，只听到“嚓”的一声，上衣的袖子扯开了一个大口子，小刘十分尴尬。

1. 着装的TOP原则

TOP是三个英语单词的缩写，它们分别代表时间（Time）、场合（Occasion）和地点（Place），即着装应该与当时的时间、所处的场合和地点相协调。

时间原则：一年有春、夏、秋、冬四季的交替，一天有24小时变化，显而易见，在不同的时间里，着装的类别、式样、造型应有所变化。比如，冬天要穿保暖、御寒的冬装，夏天要穿通气、吸汗、凉爽的夏装。白天穿的衣服需要面对他人，应当合身、严谨；晚上穿的衣服不为外人所见，应当宽大、随意。

场合原则：衣着要与场合协调。与顾客会谈、参加正式会议等，衣着应庄重考究；听音乐会或看芭蕾舞，则应按惯例着正装；出席正式宴会时，则应穿中国的传统旗袍或西方的长裙晚礼服；而在朋友聚会、郊游等场合，着装应轻便舒适。

地点原则：从地点上讲，置身于室内或室外，驻足于闹市或乡村，停留在国内或国外，身处于单位或家中，在这些变化不同的地点，着装的款式理应有所不同，切不可以不变应万变。例如：穿泳装出现在海滨、浴场是人们司空见惯的，但若是穿着它去上班、逛街，则非令人哗然不可；在自己家里接待客人，可以穿着舒适而整洁的休闲服，而如果是去公司或单位拜访，穿职业套装会显得专业。

2. 西装服饰礼仪

西服以其设计造型美观、线条简洁流畅、立体感强、适应性广泛等特点而几乎成为世界性的通用服装，可谓男女老少皆宜。西服的选择和搭配是很有讲究的。选择西服既要考虑颜色、尺码、价格、面料和做工，又不可忽视外形、线条和比例。西服不一定非要料子高档，但必须裁剪合体，整洁笔挺。选择色彩较暗、沉稳且无明显花纹图案，但面料挺括的单色西服套装，适用场合广泛，穿着时间长，利用率较高。西服穿着的礼仪包括：

（1）注意变通法。西服有成套服装、三件套装、两件套装和不配套服装。虽然西服设计严谨，但它的穿法并非一成不变，而是可以变通的。当然，只有遵循一定的规律，才能显示其艺术魅力。例如，参加一些重要活动、宴会、高级会议、工作，或进行礼节性的拜访，人们穿上套装西服显得端庄、严肃、认真、诚恳，有利于工作的开展和事业的成功。日常生活中，一般性的会见、亲朋好友的走访、旅游、舞会场合，就我国国情而言，穿着不配套西服也很不错，而且显得人轻盈洒脱，不拘一格，充满活力。西服套装可以拆开，变通为不配套穿着的西装；不配套的西装也可巧妙地配成具有特殊韵味的套装。

（2）注意配色方法。西装的配色很讲究，尤其是人在穿西装时，V形领口区的配色，即衬衫、领带、西服三者的配色。配色是否优美恰当，是否讲究艺术性，直接关系到西服的穿着效果。配搭西装的衬衣颜色应与西服颜色协调，不能是同一色。白色衬衣配各种颜色的西服效果都不错。正式场合男士不宜穿色彩鲜艳的格子或花色衬衣。衬衣袖口应长出西服袖口 1 厘米～2 厘米。穿西服在正式场合必须打领带，其他场合不一定都要打领带。打领带时，衬衣领口的扣子必须系好；不打领带时，衬衣领口的扣子应解开。

拓展阅读

领带的起源

领带起源于日耳曼。日耳曼人居住在深山老林里，茹毛饮血，披着兽皮取暖御寒，为了不让兽皮掉下来，他们用草绳扎在脖子上，绑住兽皮。这样一来，风也不会从颈间吹进去，既保暖又防风。后来，他们脖子上的草绳被古代西方人发现，逐步完善成了领带。另有人认为领带起源于海边的渔民，渔民到海里打鱼，因海上风大且冷，渔民就在脖子上系上一根带子，防风保暖。渐渐地，带子成了一种装饰。保护人体以适应当时的地理环境和气候条件，是领带产生的一个客观因素，这种草绳、带子便是最原始的领带。

（3）注意面料的一致性。虽然西服套装具有变通性，可以灵活穿着，随时选配成套装，但它是有一定的规律的，在服饰面料方面也具有协调性。特别是在出席各种公众场合的宴会、谈判、舞会等，要注意西装、衬衫的选配，以免有失仪表。

（4）西服纽扣。西服纽扣有单排、双排之分：双排扣西装应把扣子都扣好。单排扣西装一粒扣的，扣上端庄，敞开潇洒；单排扣西装扣两粒扣的，只扣上面一粒扣是洋气、正统，只扣下面一粒扣是牛气、流气，全扣上是土气，还不如敞开来得潇洒、帅气，全扣和只扣下面一粒不合规范；单排扣西装三粒扣的，扣上面两粒或只扣中间一粒都符合规范。

（5）西装的上衣口袋和裤子口袋里不宜放太多的东西。穿西装时，内衣不要穿太多，春秋季节只配一件衬衣最好，冬季衬衣里面也不要穿棉毛衫，可在衬衣外面穿一件羊毛衫。穿得过分臃肿会破坏西装的整体线条美。

3. 套裙着装礼仪

套裙是西装套裙的简称。其上身为一件女式西装，下身是一条半截的裙子。女式西装最早是由男式西装演变而来的。前者只不过是后者的一个“变种”而已。然而一旦将潇洒、刚健的西装上衣与柔美、雅致的代表女性化服装的裙子组合到一起，二者便刚柔相济、相得益彰，套裙也因此脱颖而出。

（1）套裙的选择。一套在正式场合穿着的套裙，应该由高档面料缝制，上衣和裙子要采用同一质地、同一色彩的素色面料。在造型上，力求为着装者扬长避短，所以提倡量体裁衣、做工讲究。上衣注重平整、挺括、贴身，较少使用饰物和花边进行点缀。裙子要以窄裙为主，并且裙长要及膝或者过膝。套裙的上衣和裙子的长短是没有明确规定的。一般认为，裙短不雅，裙长无神。套裙的色彩以冷色调为主，应当清新而雅致，以体现着装者的典雅、端庄和稳重。藏青、炭黑、茶褐、土黄、紫红等稍冷一些的色彩都可以，最好不选鲜亮抢眼的。有时两件套套裙的上衣和裙子可以是一色的，也可以是上浅下深或上深下浅两种不同的色彩，这样形成鲜明对比，可以强化它留给别人的印象。同色的套裙，可以用不同色的衬衫、领花、丝巾、胸针、围巾等衣饰加以点缀，显得生动活泼。另外，还可以采用不同色彩的面料，来制作套裙的衣领、兜盖、前襟、下摆，这样也可以使套裙的色彩看起来比较跳跃。为避免杂乱无章，一套套裙的全部色彩不应超过两种。正式场合穿的套裙，可以不带任何图案，要讲究朴素而简洁。以方格为主体图案的套裙，可以使人静中有动，充满活力。一些以圆点、条纹图案为主的套裙，也可以穿着，但不能把花卉、宠物、人物等符号作为主体图案。套裙上不要添加过多的点缀，否则会显得杂乱而小气。

拓展阅读

美中不足

一天，黄先生与两位好友小聚，来到某知名酒店。接待他们的是一位五官清秀的服务员，接待服务工作做得很好，可是她面无血色、无精打采。黄先生一看到她就觉得心情欠佳，仔细留意才发现，这位服务员没有化工作淡妆，在餐厅昏黄的灯光下显得病态十足。上菜时，黄先生又突然看到传菜员涂的指甲油缺了一块，他的第一个反应就是“不知是不是掉在我的菜里了”。但为了不惊扰其他客人用餐，黄先生没有将他的疑虑说出来。用餐结束后，黄先生呼唤柜台内服务员结账，而服务员却一直对着反光玻璃墙面修饰自己的妆容，丝毫没有注意到客人的需要。自此以后，黄先生再也没有去过这家酒店。

（2）套裙着装的注意事项。

1）套裙鞋袜的选择。用来和套裙配套的鞋子，应该是皮鞋，并且以黑色为宜，也可以选择和套裙色彩一致的皮鞋。袜子，可以是尼龙丝袜或羊毛袜。但鲜红、明黄、艳绿、浅紫色的最好别穿。袜子的颜色以肉色、黑色、浅灰色、浅棕色居多，并且最好是单色。

2）要穿得端端正正。上衣的领子要完全翻好，衣袋的盖子要拉出来盖住衣袋或披、搭在身上。衣扣一律全部系上，不允许部分或全部解开，更不允许当着别人的面随便脱下上衣。

3）套裙应当协调妆饰。穿着打扮通常讲究的是着装、化妆和配饰风格统一、相辅相成。穿套裙时，为了维护好个人形象，不能不化妆，但也不能化浓妆。配饰不宜多，应合乎身份。

4）注意场合。女士在各种正式活动中，一般以穿着套裙为好，尤其是在涉外活动中。其他情况就没必要一定穿套裙。当出席宴会、舞会、音乐会时，可以选择和这类场合相协调的礼服或时装。这种高度放松的场合里，还穿套裙的话，会使你和现场环境显得格格不入，还有可能影响别人的情绪。外出观光旅游、逛街购物、健身锻炼时，当然是休闲装、运动装等便装最为合适了。

5）兼顾举止。套裙最能够体现女性的柔美曲线，这就要求你举止优雅，注意个人仪态。当穿上套裙后，要站得又稳又正；就座以后，要注意姿态；走路时不能大步奔跑，步子要轻且稳。

【复习与思考】

请同学们为自己设计一个职业形象，包括发饰、面容、着装等。

单元二 介绍礼仪

【情境导入】

介绍

约翰·梅森·布朗是一位作家兼演说家，一次他应邀去参加一个会议，并进行演讲。演讲开始前，会议主持人将布朗先生介绍给观众。下面是主持人的介绍语：

先生们，请注意了，今天晚上我给你们带来了不好的消息。我们本想要求伊塞卡·马克森来给我们讲话，但他来不了，病了。（下面嘘声）后来我们要求参议员布莱德里奇前来，可他太忙了。（嘘声）最后，我们试图请堪萨斯城的罗伊·格罗根博士，也没有成功。（嘘声）结果我们请到了约翰·梅森·布朗。（掌声）

思考：

1. 以上介绍存在什么问题？

2. 在交际场合中进行介绍应注意哪些规范？

介绍是指从中沟通，使双方建立关系。介绍是社交场合中相互了解的基本方法。通过介绍，可以缩短人们之间的距离，以便更好地交谈、更多地沟通和更深入地了解。在日常生活与工作中常用的介绍有以下几种类型，即自我介绍、为他人介绍和集体介绍。

一、自我介绍

在日常生活和工作中，人与人之间需要进行必要的沟通，以寻求理解、帮助和支持。介绍是最常见的与他人认识、沟通、增进了解、建立联系的方式。它是经过自己主动沟通或者通过第三者从中沟通，从而使交往双方相互认识并建立联系的一种社交方法。

1. 自我介绍的时机

自我介绍的时机包括以下几种场合：

（1）因业务关系需要相互认识，进行接洽时可自我介绍。

（2）当遇到一位你知晓或久仰的人士，他不认识你，你可自我介绍："××（称呼），您好！我是××单位的（姓名），久仰大名，很荣幸与您相识。"

（3）第一次登门造访，事先打电话约见，在电话里应自我介绍。

（4）参加一个较多人的聚会，主人不可能一一介绍，与会者可以与同席或身边的人互相自我介绍。自我介绍前应有一句引言，以使对方不感到突兀，如"我们认识一下吧，我叫×××，在××公司公关部工作"。

（5）在出差、旅行途中，与他人不期而遇，并且有必要与之临时接触时，可适当自我介绍。

（6）初次前往他人住所、办公室，进行登门拜访时要自我介绍。

（7）应聘求职时，首先需作自我介绍。

2. 自我介绍的形式

社交场合中，自我介绍有如下几种形式：

（1）应酬式：适用于某些公共场合和一般性社交场合，这种自我介绍最为简洁，往往只包括姓名一项即可。例如："你好，我叫××""你好，我是××"，如此即可。

（2）工作式：适用于工作场合，它包括本人姓名、供职单位及部门、职务或从事的具体工作等。例如："你好，我叫××，是××公司的销售经理""我叫××，在××学校读书"。

（3）交流式：在社交活动中，希望与交往对象进一步交流与沟通。它大体应包括介绍者的姓名、工作、籍贯、学历、兴趣及与交往对象的某些熟人的关系。例如："你好，我叫××，在××工作。我是××的同学，都是××人。"

（4）礼仪式：适用于讲座、报告、演出、庆典、仪式等一些正规而隆重的场合，包括姓名、单位、职务等，同时还应加入一些适当的谦辞、敬辞。例如："各位来宾，大家好！我叫××，是××学校的学生。我代表学校全体学生欢迎大家光临我校，希望大家……"

（5）问答式：适用于应试、应聘和公务交往。问答式的自我介绍，应该是有问必答，问什么就答什么。

二、为他人介绍

为他人介绍又称第三方介绍，是指由第三者为彼此不相识的双方相互介绍、引见的一种介绍方法。在一般情况下，为他人介绍都是双向的，即第三者对被介绍的双方都作一番介绍。有些情况下，也可只将被介绍者中的一方向另一方介绍。但前提是前者已知道、了解后者的身份，而后者不了解前者。在为他人介绍中，为他人作介绍的人一般是社交活动中的东道主、社交场合中的长者、家庭中聚会的女主人、公务交往活动中的公关人员（礼宾人员、文秘人员、接待人员）等。

1. 为他人介绍的时机

为他人介绍的时机包括以下几种情况：

（1）在家中接待彼此不相识的客人。

（2）在办公地点接待彼此不相识的来访者。

（3）与家人外出，路遇家人不相识的同事或朋友。

（4）陪同亲友前去拜会亲友不相识者。

（5）本人的接待对象遇见其不相识的人士，而对方又跟自己打了招呼。

（6）陪同上司、长者、来宾时，遇见其不相识者，而对方又跟自己打了招呼。

（7）打算推介某人加入某一交际圈。

（8）受到为他人作介绍的邀请。

2. 为他人介绍的形式

在社会交往中，在为他人作介绍时，由于实际需要不同，介绍时所采取的方式也会有所不同。常见的介绍方法有：

（1）一般式。也称标准式，以介绍双方的姓名、单位、职务等为主。这种介绍方式适合正式场合。例如：“请允许我来为两位引见一下，这位是××公司主任王刚先生，这位是××集团副总裁贺宏先生。”

（2）引见式。介绍者所要做的是将被介绍者双方引到一起即可，适用于普通场合。例如：“两位互相认识一下。大家其实都在同一个单位工作，只是平时没机会认识，那我先失陪了。”

（3）简单式。只介绍双方姓名，甚至只提到双方姓氏，适用于一般的社交场合。例如：“我来为大家介绍一下：这位是贺总，这位是许总。希望大家合作愉快。”

（4）附加式。也称强调式，用于强调其中一位被介绍者与介绍者之间的特殊关系，以期引起另一位被介绍者的重视。例如：“您好！这位是××公司的营销部主任汪洋先生，这是小儿王伟，请各位多多关照。”

（5）推荐式。介绍者经过精心准备再将某人举荐给某人，介绍时通常会对前者的优点加以重点介绍。通常适用于比较正规的场合。例如：“这位是李峰先生，这位是××公司的刘朋董事长。李峰刚从国外留学回来，如果您有兴趣就和他聊一聊。”

（6）礼仪式。这是一种最为正规的为他人作介绍的方式，适用于正式场合，介绍语气都更为规范和谦恭。例如：“王女士，您好！请允许我把××公司的总经理王小东先生介绍给您。王先生，这位是××集团的生产部经理王玲女士。”

3. 为他人介绍的顺序

介绍时，要坚持受到特别尊重的一方有了解对方的优先权的原则，即介绍有先后顺序。在社交活动中，为他人作介绍的先后顺序大体上有六种，即：

（1）把男士介绍给女士，这是“女士优先”精神的具体体现，也是最常见的一种方式。唯有在女士面对尊贵人物时，才允许有例外。

（2）把晚辈介绍给长辈，即优先考虑被介绍人双方的年龄差异，通常适用于同性之间。

（3）将客人介绍给主人，它适用于来宾众多的场合，尤其是主人未必与客人个个相识的时候。

（4）把未婚者介绍给已婚者，它仅仅适用于对被介绍人非常了解的前提之下。

（5）把职位低者介绍给职位高者，它适用于比较正式的场合，特别适用于职业相同的人士之间。

（6）把个人介绍给团体，当新加入一个团体的人初次与该团体的其他成员见面时，负责人要是介绍他与众人一一相识太费时间，此刻往往会采取这种方式来避免麻烦。如果想认识每个成员，那么应在适当的时间相互作自我介绍。

以上几种方式，基本精神和共同特点是“尊者居后”，即应把身份、地位较低的一方介绍给相对而言身份、地位较为尊贵的一方，以表示对尊者的敬重。

4. 为他人介绍的仪态

在为他人介绍时，介绍者应该热情、诚恳，身体姿态文雅、大方。无论介绍哪一位，介绍者应手心朝上，手背向下，四指并拢，以肘关节为轴，指向被介绍者一方，并向另一方点头微笑，切不可用手指指来指去。必要时，可以说明被介绍一方同自己的关系，以便介绍的双方增进了解和信任。

介绍者在为双方作介绍时，被介绍的双方均应起身站立，面带微笑，目视被介绍者或对方，显出高兴、专注的样子。介绍后，身份高的一方或年长者，应主动与对方握手，问候对方，表示非常高兴认识对方等。身份低的一方或年轻者，应根据对方的反应作出相应的回应。如果一方主动伸手与对方握手，对方应立即将手伸出与之相握。当双方身份相当时，主动、热情地对待对方是有礼貌的表现。在一方作了介绍后，如果另一方摆出一副看不起对方、装腔作势应付对方的架子，则是十分失礼的。

三、集体介绍

集体介绍是为他人介绍的一种特殊形式，被介绍者一方或双方都不止一人。

1. 集体介绍的时机

集体介绍的时机包括：

(1) 规模较大的社交聚会，有多方参加，各方均可能有多人，为双方作介绍。

(2) 大型的公务活动，参加者不止一方，而各方不止一人。

(3) 涉外交往活动，参加活动的宾主双方皆不止一人。

(4) 演讲、报告、比赛，参加者不止一人。

(5) 会见、会谈，各方参加者均不止一人。

(6) 婚礼、生日晚会，当事人与来宾双方均不止一人。

(7) 举行会议，应邀前来的与会者往往不止一人。

(8) 接待参观、访问者，来宾不止一人。

2. 集体介绍的顺序

进行集体介绍的顺序可参照为他人介绍的顺序，也可酌情处理。

(1)“少数服从多数”原则。当被介绍者双方地位、身份大致相似时，应先介绍人数较少的一方。

(2) 强调地位、身份。若被介绍者双方地位、身份存在差异，虽人数较少或只一人，也应将其放在尊贵的位置，最后加以介绍。双方都是单位的话，一般要把地位低的一方先介绍给地位高的一方。所谓地位低的一方一般就是东道主，所谓地位高的一方一般则是客人。在为集体与个人作介绍时，先把个人介绍给集体。因为个人比集体人少，所以其地位低。

(3) 单向介绍。在演讲、报告、比赛、会议、会见时，往往只需要将主角介绍给广大参加者即可。

(4) 人数多的一方的介绍。若一方人数较多，可采取笼统的方式进行介绍。例如：“这是我的家人”“这是我的同学”。

(5) 人数较多时各方的介绍。若被介绍的不止两方，需要对被介绍的各方进行位次排列，排列的方法为：1) 以其负责人身份为准；2) 以其单位规模为准；3) 以单位名称的英文字母顺序为准；4) 以抵达时间的先后顺序为准；5) 以座次顺序为准；6) 以距介绍者的远近为准。

集体介绍如果是为了使各方人员在参加活动中能尽快融合、密切合作，如商务谈判，多方人员共同完成一项课题研究，多方抽调人员组成临时机构等，则需要每个人作自我介绍。如果只是集体的聚会，没有密切合作的任务，聚会后就散了，则可以一般性地简单介绍一下。在集体介绍中，即使需要每个人都作自我介绍，也要十分简短，通常只报一下姓名与职务即可。

【复习与思考】

请同学们课后练习自我介绍、为他人介绍、集体介绍。

握手礼仪

【情境导入】

握手，是政策，是政治

尼克松1972年2月来中国访问的时候，周总理制定了一个接待方针，叫“不冷不热、不卑不亢”。最后下来握手，总理握手也是非常正常的握手。两国没有外交关系，没有群众欢迎场面，所以对媒体来说，就是给一个评价，即这次接待是符合礼仪的。1979年，戈尔巴乔夫来中国访问的时候，这在当时是很重要的一次访问，叫高级会晤。该会晤是在戈尔巴乔夫和邓小平同志之间进行的。邓小平同志跟他谈了一个很重要的问题，就是结束过去，开辟未来。但是中苏关系也不可能恢复到20世纪50年代这样的水平上。所以邓小平同志指示外交部对这件事要多关注，但在礼仪上要注意不能过热。他指示外交部，和苏方谈论礼仪安排的时候，跟苏方讲清楚，和戈尔巴乔夫见面的时候，只握手不拥抱，握手是简单礼仪，拥抱更亲密。如果拥抱的话，则表示两国关系很亲近。邓小平同志的指示非常重要，必须和苏方谈清楚这个问题：我们东方人只是习惯握手，最早我们还作揖。苏方的礼宾司长也很理解，回去报告。这个例子说明礼仪的问题是政策，是政治，不是简单的形式。这里包含深刻的政策、政治内容。

思考：

这个案例中，礼仪和政治有联系吗？是否应该在不同的政治场合运用不同的礼仪？

作为见面和告辞时的握手礼节，被大多数国家采用。握手礼节除了是大多数国家相互见面和离别时的礼节外，还含有感谢、慰问、祝贺或相互鼓励的意思。

一、握手的次序

根据礼仪规范，握手时双方伸手的先后次序一般应当遵守“尊者先伸手”原则，即应由尊者先伸出手来，位卑者只能在此后予以响应，而绝不可贸然抢先伸手，不然就是违反礼仪的举动。其基本规则如下：

1. 男女之间握手

男士要等女士先伸出手后才握手。如果女士不伸手或无握手之意，男士应向对方点头致意或微微鞠躬致意。男女初次见面，女方可以不和男士握手，点头致意即可。男女握手时，男士要脱帽和脱右手手套，如果是偶遇，匆匆忙忙来不及脱，一定要道歉。女士除非与长辈握手，一般可不必脱手套。

2. 宾客之间握手

宾客之间握手，主人有向客人先伸出手的义务。在宴会、宾馆或机场接待宾客，当客人抵达时，不论对方是男士还是女士，主人都应该主动先伸手。而在客人告辞时，则应由客人先伸出手来与主人相握，在此表示的是“再见”之意。

3. 长幼之间握手

长幼之间握手，年幼的一般要等年长的先伸手。和长辈及年长的人握手，不论男女，都要起立趋前握手，并要脱下手套以示尊敬。

4. 上下级之间握手

上下级之间握手，下级要等上级先伸手。但涉及主宾关系时，可不考虑上下级关系，主人应先伸手。

5. 一个人与多人握手

若是一个人需要与多人握手，则握手时亦应讲究先后次序，由尊而卑，即先年长者后年幼者，先长辈后晚辈，先老师后学生，先女士后男士，先已婚者后未婚者，先上级后下级，先职位身份高者后职位身份低者。

值得注意的是：在公务场合，握手时伸手的先后次序主要取决于职位、身份。而在社交、休闲场合，它则主要取决于年龄、性别、婚否。

拓展阅读

握手礼仪的来历

相传在刀耕火种的年代，人们经常持有石头或棍棒等武器，陌生者相遇，双方为了表示没有敌意，便放下手中的武器，并伸出手掌让对方抚摩掌心。久而久之，这种习惯便逐渐演变为今天的握手礼节。当今，握手已成为世界上最为普遍的一种礼节，其应用范围远远超过鞠躬、拥抱等。

二、握手的方式

握手的标准方式是行礼时行至距握手对象约 1 米处，双腿立正，上身略向前倾，伸出右手，四指并拢，拇指张开与对方相握。握手时应用力适度，上下稍微晃动三四次，随后松开手来恢复原状。具体应注意如下几点：

1. 神态

与人握手时神态应专注，热情、友好、自然。在通常情况下，与人握手时，应面含微笑，目视对方双眼，并且口道问候语。切勿三心二意，敷衍了事。如果在此时迟迟不握他人早已伸出的手，或是一边握手，一边东张西望，目中无人，甚至忙于跟其他人打招呼，都是极不礼貌的。

2. 力度

握手时用力应适度，不轻不重，恰到好处。如果手指轻轻一碰，刚刚触及就松开，或是慵懒地缓慢地相握，缺少应有的力度，会给人勉强应付不得已而为之之感。一般来说，手握得紧表示热情，男人之间可以握紧，甚至另一只手也加上，包括与对方的手大幅度上下摆动，或者在手相握时，左手又握住对方胳膊肘、小臂甚至肩膀，以表示热烈。但是注意既不能握得太使劲，使人感到疼痛，也不能显得过于柔弱。对女性或陌生人，轻握是很不礼貌的，尤其是男性与女性，握手应热情大方，用力适度。

3. 时间

通常是握紧后打过招呼即松开。但如亲密朋友意外相遇，或钦慕已久而初次见面，或至爱亲朋依依惜别，或衷心感谢难以表达等场合，握手时间可长一点，甚至紧握不放，话语不休。在公共场合，如列队迎接外宾，握手的时间一般较短。握手时间应根据与对方的亲密程度而定。

三、握手与性格

美国著名盲聋女作家海伦·凯勒曾说："我接触的手，虽然无言，却极有表现力。有的人握手能拒人于千里之外……我握着冷冰冰的手指，就像和凛冽的北风握手一样。而也有些人的手充满阳光，他们伸出来与你相握时，你会感到很温暖。"由此可见，握手传递的性格方面的信息是何等丰富。

握手方式与性格特点大致可分为七种类型：

1. 控制式

即用掌心向下或向左下的姿势握住对方的手。采用这种握手方式者想表达自己的优势、主动、傲慢或支配地位。一般具有说话干净利落、办事果断、高度自信的特点，凡事一经自己决定，就很难改变观点。

2. 谦恭式

即用掌心向上或向左上的手势与对方握手。采用这种握手方式者往往处于被动、劣势地位，处世比较谦和、平易近人、不固执，对对方比较尊重、敬仰，甚至有几分畏惧。

3. 对等式

即握手时两人伸出的手心都不约而同地握在一起。这种握手方式比较友好，适用于很遵守游戏规则的平等的竞争对手。

4. 双握式

即在右手相握的同时，再用左手加握对方的手背、前臂、上臂或肩部。加握部位越高，其热情友好的程度也就越高。这种握手方式热情真挚、诚实可靠。

5. 捏手指式

即只捏住对方的几个手指或手指尖部。女性与男性握手时，为了表示自己的矜持与稳重，常采用这种方式。如果是同性别的人之间这样握手，就显得有几分冷淡和生疏。

6. 拉臂式

即将对方的手拉到自己的身边相握。采用这种握手方式者往往过分谦恭，在他人面前唯唯诺诺，轻视自我，缺乏主见与敢作敢为的精神。

7. 死鱼式

即握手时伸出一只无任何力度、质感，不显示任何积极信息的手。采用这种握手方式者生性懦弱，或对人冷漠无情，待人接物消极傲慢。

【复习与思考】

学生在课后练习握手礼仪，注意表情、话语、手势、仪态的配合。

单元四 名片礼仪

【情境导入】

遗落的名片

2010 年 4 月，新城举行春季商品交易会，各方厂家云集，企业家们济济一堂，华新公司的徐总经理在交易会上听说衡诚集团的崔董事长也来了，想利用这个机会认识这位从未谋面又久仰大名的商界名人。午餐会上他们终于见面了，徐总彬彬有礼地走上前，说："崔董事长，您好！我是华新公司的总经理，我叫徐刚，这是我的名片。"说着，便从随身带的公文包里拿出名片，递给了对方。崔董事长显然还沉浸在之前与人的谈话中，他顺手接过徐刚的名片说"你好"，便草草看过，放在了一边的桌子上。徐总在一旁等了一会儿，见崔董事长没有交换名片的意思，便失望地走开了……

思考：

你认为崔董事长这么做对不对？正确的做法是什么？

名片是名片，又称卡片，在中国古代称名刺，是标示姓名及其所属组织、公司单位和联系方法的纸片。名片是新朋友互相认识、自我介绍的最有效方法。交换名片是商业交往的第一个标准式动作。名片也是现代社会必不可少的社交工具。两人初次见面，先互通姓名，再奉上名片，单位、姓名、职务、电话等便历历在目，既回答了一些对方心中想问而有时又不便贸然问出口的问题，又使相互之间的距离一下子拉近了很多。在社会交往中，掌握名片的有关礼仪是十分重要的。

一、名片的来历

作为礼仪之邦，中国古代就有这种功能类似于现在的“名片”。清代学者赵翼在《陔馀丛考》卷三十“名帖”中说：“古人通名，本用削木书字，汉时谓之谒，汉末谓之刺。汉以后虽则用纸，而仍相沿曰刺。”按照他的说法，汉代的名片是木质的。上面墨书文字，称作“谒”，汉末改为“刺”，汉以后随着造纸术的发明和推广，名片虽改为纸制，但仍沿用了“刺”这一名称。

名片在中国古代一直被使用，时至明清，使用更为广泛。每逢春节，商人们都要制作大量的红纸名片，上书商号，除夕之夜派人广为散发，不管认识与否、有无来往，见门就塞，以示恭贺新春。这里面当然有“多多光临”的意思，收到名片的人家就把它贴到墙上，以烘托喜庆的气氛。

现代交往中，名片已不仅仅用于拜访。在交往中，人们用它作自我介绍、介绍友人相识或托人取物，也可以作为简单的礼节性通信往来，表示祝贺、感谢、劝慰、吊唁等。随着社会文明的发展，小小的名片在人们之间的信息传递中扮演了一个不可缺少的角色。正如一位名人所说：“在现代生活中，一个没有个人名片，或是不会正确使用个人名片的人，就是一个缺乏现代意识的人。”

二、名片的规格、材质与色彩

名片一般是 10 厘米长、6 厘米宽的白色卡片。我国经常使用的规格略小，长 9 厘米，宽 5.5 厘米。如无特殊需要，不应将名片制作得过大，甚至有意做成折叠式，给人标新立异、虚张声势之感。印制名片，最好选用纸张，并以耐折、耐磨、美观、大方的白卡纸、再生纸、合成纸、布纹纸、麻点纸、香片纸为佳。至于高贵典雅、纸制挺括的刚骨纸、皮纹纸，则可量力而行，酌情选用。必要时，还可覆膜。印制名片的纸张宜选庄重朴素的白色、米色、淡蓝色、淡黄色、淡灰色，并且一张名片一色为好。

三、名片的内容

名片上应该印上工作单位、姓名、身份、地址、邮政编码等。工作单位一般印在名片的上方，社会兼职紧接工作单位排列下来；姓名印在名片中央，右旁印有职务、职称；名片的下方为地址、邮政编码、电话号码、传真、E-mail地址等。名片的背面一般都印上相应的英文，作为对外交往时用。但也有些名片在背面印上企业、公司的简介、经营范围、产品及服务范围以方便客户和用作宣传。很多企业有标准的员工名片格式，有的要加印公司的标志，甚至企业经营理念，并且规定名片的统一规格、格式等。

四、名片的用途

对现代人来讲，名片是一种物有所值的实用型交际工具，其用途是多方面的。在人际交往中，名片的用途一共有如下几种。

1. 自我介绍

初次会见他人，以名片作辅助性自我介绍，效果最好。它不但可以说明自己的身份，强化效果，使对方难以忘怀，而且可以节省时间，避免含糊不清。

2. 结交朋友

没有必要每逢遇见陌生人便上前递上自己的名片。主动把名片递给别人，便意味着对对方的友好、信任和希望深交之意。巧用名片，可以为结交朋友“铺路架桥”。

3. 维持联系

名片犹如袖珍通信录，利用它所提供的资料，即可与名片的提供者保持联系。正因为有了名片上所提供的各种联络方式，人们的“常来常往”才变得更加现实和方便。

4. 业务介绍

公务式名片上列有归属单位等项内容，因此，利用名片亦可为本人及所在单位进行业务宣传，扩大交际面，争取潜在的合作伙伴。

5. 通知变更

利用名片，可以及时向老朋友通报本人的最新情况。如晋升职务、乔迁新居、变换单位、电话改号之后，可以将新名片交予老朋友，以使彼此联系畅通无阻，对方对自己的有关情况了解得更加充分。

6. 拜会他人

初次前往他人居所或工作单位进行拜访时，可将本人的名片交由对方的门卫、秘书或家人，转交给被拜访者，以便对方确认“来系何人”，并决定见与不见。这种做法比较正规，可避免冒昧造访。

7. 简短留言

拜访他人不遇，或者需要请人转达某件事情时，可在名片上写下几行字，或一字不写，然后将它留下，或托人转交。这样做会使对方“如闻其声，如见其人”，不至于误事。

8. 用作短信

在名片的左下角，以铅笔写下几行字或短语，寄交或转交他人，如同一封长信一样正式。若内容较多，也可写在名片背面。

9. 用作礼单

向他人赠送礼品时，可将本人名片放入其中，或将之装入一个不封口的信封中，再将该信封固定于礼品外包装的上方。后者是说明“此乃何人所赠”的标准做法。

五、名片的交换

要使名片在人际交往中正常地发挥作用，还必须注意名片的交换方法。遇到以下几种情况时，需与对方交换名片：一是希望认识对方时，二是被介绍给对方时，三是对方提议交换名片时，四是对方向自己索要名片时，五是初次登门拜访对方时，六是通知对方自己的变更情况时，七是打算获得对方的名片时。

1. 递交名片

名片的持有者在递交名片时动作要洒脱、大方，态度要从容、自然，表情要亲切、谦恭。应当事先将名片放在身上易于掏出的位置，取出名片便先郑重地握在手里，然后在适当的时候得体地交给对方。

递交名片的姿势是双手递过去，以示尊重对方。将名片放置手掌中，用拇指夹住名片，其余四指托住名片反面，名片的文字要正向对方，以便对方观看。若对方是外宾，则最好将名片上印有对方读得懂的文字的那一面面向对方，同时讲些“请多联系”“请多关照”“我们认识一下吧”“有事可以找我”之类友好客气的话。

递交名片的时间，应当根据具体情况而定。如果名片持有者与人事先有约，一般可在告辞时再递上名片。如果双方只是偶然相遇，则可在相互问候得知对方有与你交往的意向时，再递交名片。

与多人交换名片时，要注意讲究先后次序，或由近而远，或由尊而卑。一定要依次进行，切勿采取“跳跃式”，当然也没有必要像散发传单似的，站在人流拥挤处随意滥发名片。

2. 接受名片

接受他人名片时，应恭恭敬敬，双手捧接，并道感谢。接受名片者应当首先认真阅读名片上所显示的内容，必要时可以从上到下、从正面到反面重复看一遍，还可把名片上的姓名、职务（较重要或较高的职务）读出声来，如“您就是张总啊”，以表示对赠送名片者的尊重，同时也加深对名片的印象。然后把名片细心地放进名片夹、笔记本或工作证里夹好。在别人给了名片后，如有不认识或读不准的字要虚心请教。请教他人的姓名，丝毫不会降低你的身份，反而会使人觉得你是一个对待事情很认真的人，增加对你的信任感。

接受名片时应避免马马虎虎地用眼睛瞄一下，然后顺手不经意地塞进衣袋；避免随意往裤子口袋一塞、往桌上一扔；名片上避免压东西、滴到菜汤油渍；避免离开时把名片忘在桌子上。名片是一个人人格的象征，这些行为是对名片主人人格的不尊重，会使人感到不快。当然，在收到了别人的名片后，也要记得给别人自己的名片，因为只收别人的名片，而不拿出自己的名片，是无礼拒绝的意思。

3. 索取名片

如果没有必要，最好不要强索他人名片。若索取他人名片，则不宜直言相告，而应委婉表达此层意思：可向对方提议交换名片，或主动递上本人的名片；向尊长者索要名片时，可以询问对方：“今后如何向您请教？”向平辈或晚辈索要名片时，可以询问对方：“以后怎么与您联系？”反过来，当他人向自己索取名片时，自己不想给对方时，不宜直截了当，也应以委婉的方式表达此意，可以说“对不起，我忘带名片了”或“抱歉，我的名片用完了”。

六、名片的存放

1. 名片的放置

在参加交际活动之前，要准备好名片，并进行必要检查。随身携带的名片最好放在专用的名片夹里，也可放在上衣口袋里。不要把名片放在裤袋、裙兜、提包、钱包里，那样既不正式，又显得杂乱无章。在自己的公文包以及办公桌抽屉里，也应经常备有名片，以便随时取用。在交际场合，如感到要用名片，则应将其预备好，不要在使用时再去找。

参加交际活动后，应立即对所收到的他人名片加以整理收藏，以便今后利用方便。存放名片的方法大体有四种：按姓名的外文字母或汉语拼音字母顺序分类，按姓名汉字笔画的多少分类，按专业或部门分类，按国别或地区分类。若收藏的名片甚多，还可以编一个索引，用起来就更方便了。

2. 名片的利用

随着人际交往的不断深入，还可在收藏的他人名片上随手记下可供本人参考的资料，使其充当社交记事簿。在收藏的他人名片上可记的有利于人际交往的资料有：

（1）收到名片时的具体情况。包括收到名片的地点、时间，以及是否与对方亲自交换等。在国外有一种做法，即把名片的右上角向下折，然后使其恢复原状，它表示该名片是对方亲自与自己交换的。

（2）交换名片者个人的资料。例如性别、年龄、籍贯、学历、专长、嗜好等。这既可备忘，也可充作资料。

（3）交换名片者在交换名片后变化的情况。例如单位、部门的变化，职业的变动调任，职务、头衔的升降，联络方式的改变等。

【复习与思考】

学生事先以5～6人为1组，各个小组模拟设置几种不同的情景：为自己设计模拟名片，不同身份之间的递名片、接名片，名片的正确保存。

单元五 座次礼仪

【情境导入】

王先生的座次对吗

某公司王先生年轻肯干，点子又多，很快引起了总经理的注意并拟提拔其为营销部经理。为慎重起见，决定再进行一次考查，恰巧总经理要去省城参加一个商品交易会，需要带两名助手，总经理选择了公关部杜经理和王先生。王先生自然同样看重这次机会，也想借机表现一下。出发前，由于司机小张乘火车先行到省城安排一些事务尚未回来，因此他们临时改为搭乘董事长驾驶的轿车一同前往。上车时，王先生很麻利地打开了前车门，坐在驾车的董事长旁边的位置上，董事长看了他一眼，但王先生并没有在意。车上路后，董事长驾车很少说话，总经理好像也没有兴致，似在闭目养神。王先生一路上觉得董事长和总经理都不太高兴，也不知道原因。

思考：

你认为董事长和总经理不高兴的原因是什么？王先生的正确座次在哪里？

在商务活动中，位次的排列往往备受人们关注。位次的含义是“在先权的次序”，所以位次的实质是在先权，即谁先谁后的问题。在外交实践中，位次也称礼宾次序，如果安排不当会引起不必要的争执和交涉，甚至影响国家关系。位次是否规范，是否符合礼仪的要求，既反映了商务人员自身的素养、阅历和见识，又反映了对交往对象的尊重和友善程度。

一、座次礼仪的基本理念

1. 内外有别

礼仪规矩更多用于招呼客人和正式场合。家庭成员、熟人和自己人之间不必太过严格。例如，没有哪位老公在家整天对太太说“坐”“请坐”“请上座”。

2. 中外有别

国内政府会议及公务场合，座次讲究颇高。一般商务场合及国际交往中，座位以右为尊。而中国人常说男左女右，体现出男尊女卑的传统观念，女性地位不高。但外国朋友如果看到中国人的结婚照片（男左女右），反而会以为女主人的地位很高。

3. 遵循规则

社交活动要按照约定俗成的做法。国际交往中，要按照国际惯例进行表达。如国内许多地方选举，通常以候选人姓氏笔画多少来排序，而国际会议则是按照拉丁字母顺序。如联合国大会上各国的发言顺序，就是按照各国国名的首字母顺序排列的。

二、轿车座次礼仪

按照国际惯例，乘坐轿车的座次安排常规是右高左低，后高前低。具体而言，轿车座次的尊卑自高而低是后排右位—后排左位—前排右位。

司机的右后边即对角线的位置一般认为是最受尊敬者的位置，因为比较安全。

如果由主人亲自驾驶，以驾驶座右侧（副驾驶位）为首位，后排右侧次之，左侧再次之，而后排中间座为末席。主人夫妇驾车时，则主人夫妇坐前座，客人夫妇坐后座。接送高级官员或明星等知名的公众人物时，主要考虑乘坐者的安全和隐私。

三、宴请座次礼仪

餐饮礼仪可谓源远流长。据文献记载可知，至少在周代，饮食礼仪已形成一套相当完善的制度，并逐渐成为体现一个国家文明与礼仪的重要标志。

作为汉族传统的古代宴饮礼仪，自有一套程序。主人折柬相邀，迎客于门外。宾客到时，互致问候，引入客厅小坐，敬以茶点。现代较为流行的中餐宴饮礼仪是在传统与参考国外礼仪的基础上发展而来的。其借西方宴会以右为上的法则，有一定的座次、上菜等程序。这些程序不仅可以使整个宴饮过程和谐有序，更使主客身份和情感得以体现和交流。现代餐桌礼仪中，女士虽然地位得到极大提高，但是在面临“尊老”和“女士优先”时，中方一般选择的都是“尊老”。此外，虽然现时流行是以右为尊，但部分宴会依然是按照传统形式以左为尊。

1. 设一个主陪

（1）只有一个主人招待来宾，没有专门设定副陪，这种情况比较普通，宴请的场合比较随意（见图 9—2）。

（2）当客人较少且主宾比较突出的情况下，可以让其他陪客者交叉分布于宾客之中，这样能够对不同的宾客进行周密服务，强调对不同的宾客都非常重视（见图9—3）。

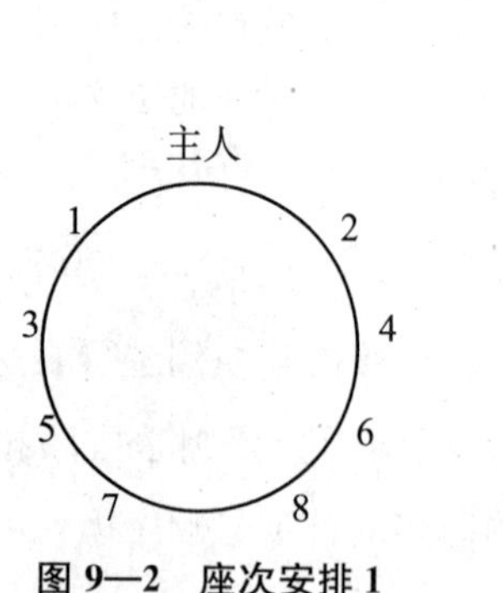

图 9—2 座次安排 1

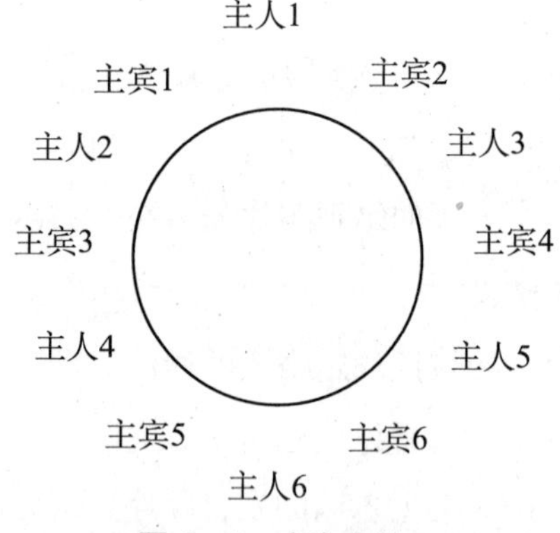

图 9—3 座次安排 2

2. 设两个主陪

（1）按普通的宴席来讲，一般主陪在面对房门的上方中间位置，副主陪在主陪的对面，1 号客人在主陪的右手，2 号客人在主陪的左手，3 号客人在副主陪的右手，4 号客人在副主陪的左手，其他可以随意（见图 9—4）。

主位
1
2
5
6
8
7
4
3
第二主位
（女主人）

图 9—4 座次安排 3

（2）当男主人为第一主人（主陪），女主人为第二主人（主陪）时，这时如果第二主宾为女性，第一主宾和第二主宾分别位于男主人（主陪）和女主人（主陪）的右侧就座（见图9—5）。

（3）也可以把第一主宾和第二主宾按照右高左低的原则安排在男主人的两侧，而把第三和第四重要的客人也按照右高左低的原则安排在女主人（主陪）的两侧（见图 9—6）。以上主人（主陪）的位置是按普通宴席分配的，如果场景有特殊原因，应视情况而定。

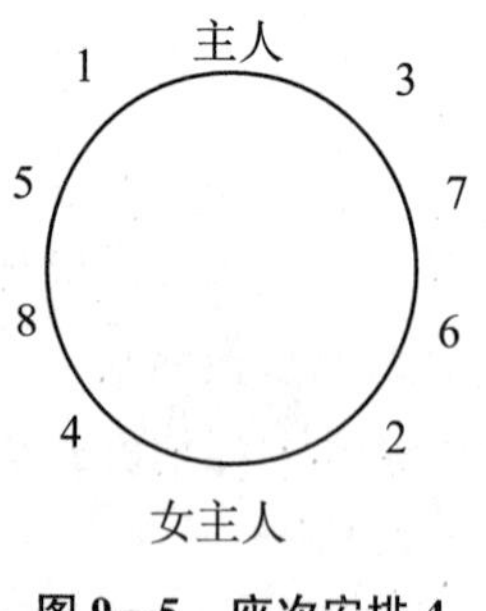

图 9—5 座次安排 4

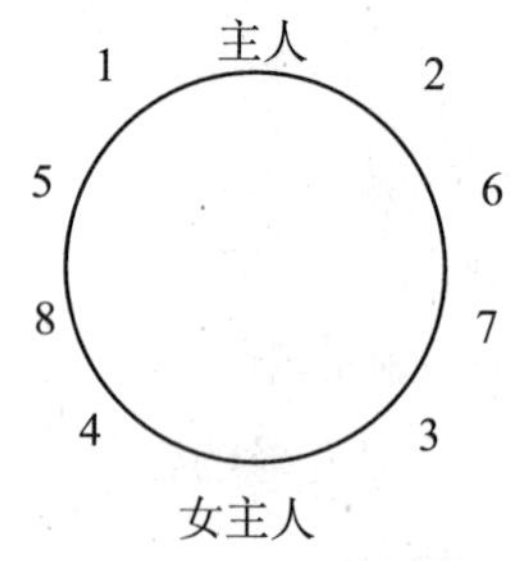

图 9—6 座次安排 5

四、西方座次安排

西方常用的餐桌有长桌、方桌和圆桌。桌子的设置方法通常由用餐人数的多少和场地的大小决定。有时，还会以之拼成其他各种图案，常见的有一字形、T 形、倒 U 形和开口朝下的 E 形（见图 9—7）。人们所用最常见、最正规的西餐桌当属长桌。

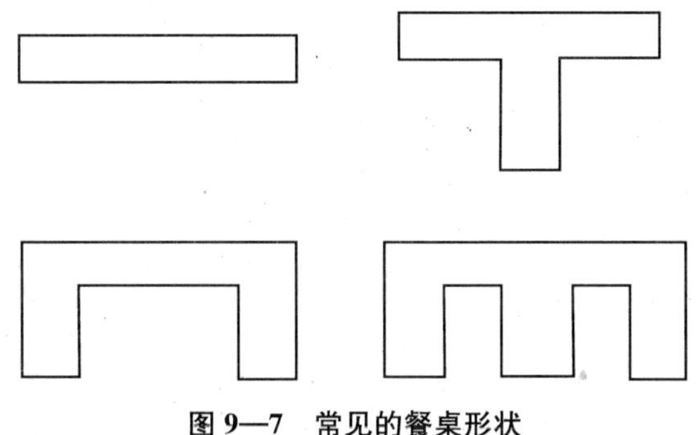

图 9—7 常见的餐桌形状

1. 长桌

以长桌排位，一般有两种主要办法：一是主人面门而坐。男、女主人在长桌中央对面而坐，同样的道理，也是以右为上，按照男、女主人右侧依次排列，餐桌两端可以坐人，也可以不坐人（见图 9—8）；二是男、女主人坐于席之两端，客人坐两旁，以最近女主人之右手为上，左手次之，同样以男主人之右手为上，左手次之（见图 9—9）。

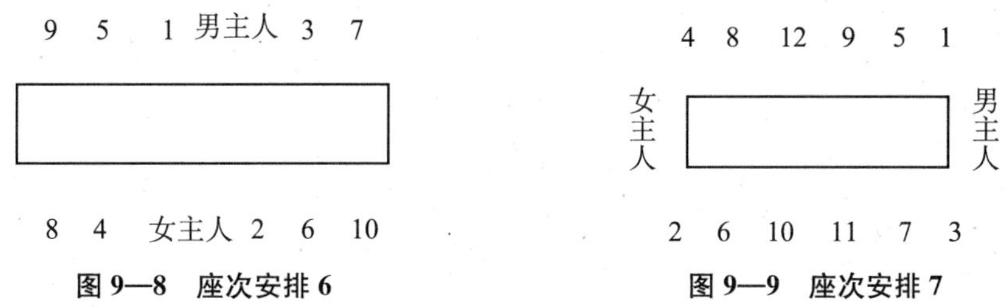

图 9—8 座次安排 6　　图 9—9 座次安排 7

2. 方桌

以方桌排列座次时，就座于餐桌四面的人数应该相等。在一般状况下，一桌共坐 8 人，每侧各坐两人的状况比较多见。

3. 桌子是 T 形或门字形

桌子是 T 形或门字形时，横排中央位置是男、女主人位，身旁两边分别为男、女主宾座位，其余依序排列。由此可见，西方人安排座位，不管桌形如何，均按照女士优先和以右为尊的原则。

五、桌次安排

多桌宴请时，各桌要有一位主桌主人的代表就座，其位置应与主桌主人同向。各桌座次的尊卑以距离所在桌主人的远近而定，近者为尊，远者为卑同样讲究以右为尊，即在主人右侧的为尊，左侧的为卑。排列桌次的具体讲究有三：

第一，以右为上。当餐桌为左右时，应以居右之桌为上。此时的左右是根据室内“面门而上”的规则确定的（见图 9—10）。

第二，以远为上。当餐桌距离餐厅正门有远近之分时，通常以距门远者为上（见图 9—11）。

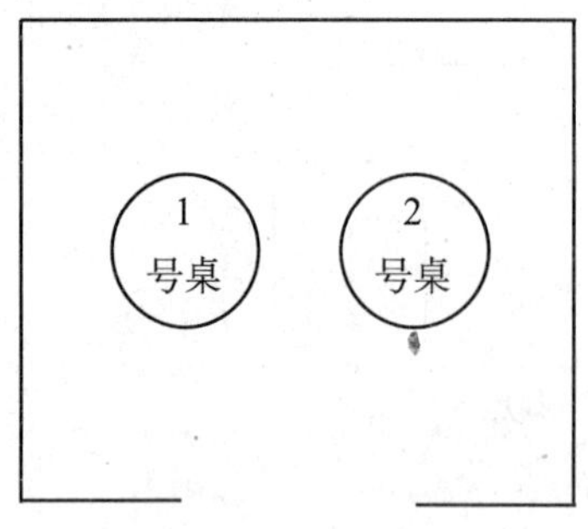

图 9—10　桌次安排 1

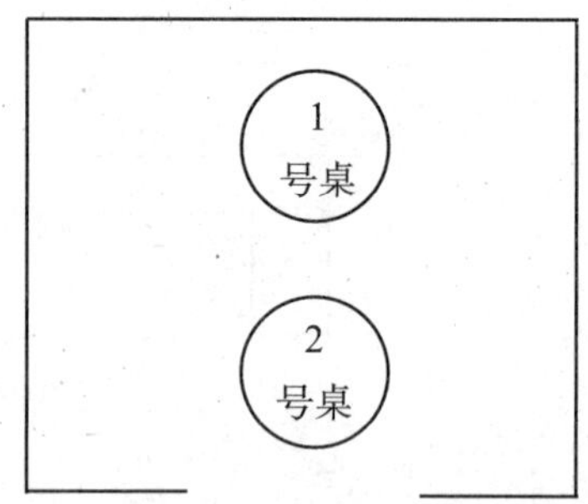

图 9—11　桌次安排 2

第三，居中为上。当多张餐桌并排排列时，一般以居中者为上（见图 9—12 和图 9—13）。

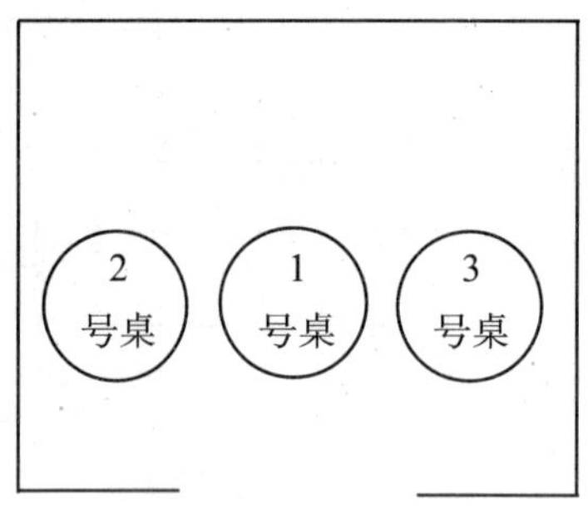

图 9—12　桌次安排 3

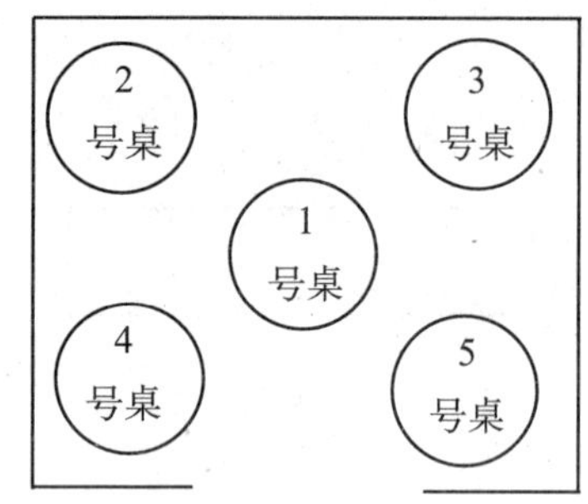

图 9—13　桌次安排 4

在大多数情况下，以上三条桌次排列的常规往往是交叉使用或同时使用的（见图 9—14 和图 9—15）。

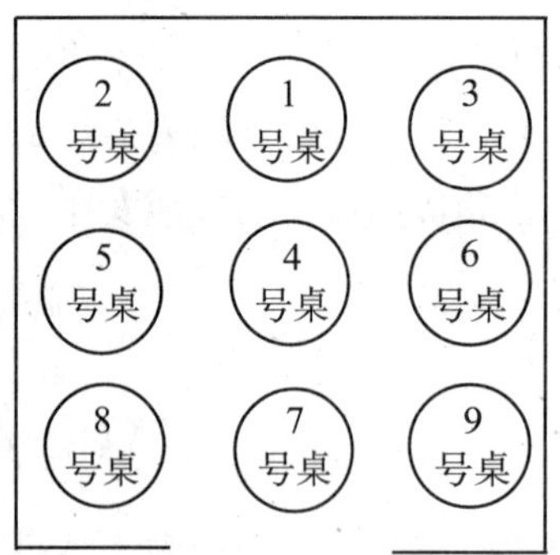

图 9—14　桌次安排 5

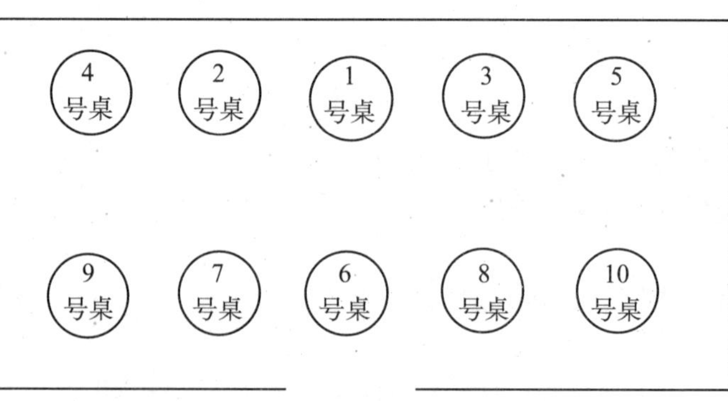

图 9—15　桌次安排 6

六、宴请座次安排的原则

目前，我国以中餐圆桌款宴，有中式及西式两种座次安排方式。两种方式不一，但基本原则相同。一般而言，必须注意下列原则：

（1）面门为主。即主人之位应面对餐厅正门。有两位主人时，双方可面对面而坐，一人面门，一人背门，其中面门者地位高于背门者。

（2）好事成双。根据传统习俗，凡节庆宴会，每张餐桌上就座的人数应为双数。

（3）各桌同向。通常宴会上的每张餐桌上的排位均大体相似。

（4）以右为尊。桌席的安排，以右为尊，席次的安排也体现以右为尊、以左为卑的原则。一般以主人的右侧为上，主宾应在主人右侧之位就座。如男、女主人并座，则男左女右，以右为大。如席设两桌，男、女主人分开主持，以右桌为大。宾客席次的安排亦然，即以男、女主人右侧为大，左侧为小。

（5）职位或地位高者为尊。高者坐上席，依职位高低即官阶高低排位，不能逾越。

（6）职位或地位相同，则必须依官职传统习惯排位。

（7）遵守外交惯例，依各国的惯例，当一国政府的首长，如总统或总理款宴外宾时，则外交部长的排名在其他各部部长之前。

（8）女士以夫为贵，其排名的次序与其丈夫相同。

（9）与宴宾客有政府官员、社会团体领袖及社会贤达等的场合，则依“政府官员——社会团体领袖——社会贤达”为序。

（10）欧美人士视宴会为社交最佳场合，故席位采用分座原则，即男女分座，排位时男女互为间隔。夫妇、父女、母子、兄妹等必须分开。

【复习与思考】

如果你是一家公司的接待人员，在乘坐轿车、中餐宴请、西餐宴请中如何安排以下人员就座：张总经理、李副总经理、营销总监王璇（女）、生产总监张志、来公司洽谈业务的某公司李总经理和刘副总经理以及营销经理孙丽。

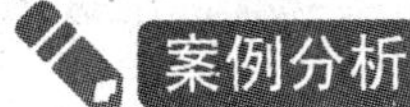

王峰错了吗？

◎案例描述

王峰在大学读书时学习非常刻苦，成绩也非常优秀，几乎年年都拿特等奖学金。为此，同学们给他起了一个绰号——“超人”。大学毕业后，王峰顺利获取了在美国攻读硕士学位的机会，毕业后又顺利进入美国公司工作。一晃7年过去了，王峰已成为公司的部门经理。今年国庆节，王峰带着妻子和女儿回国探亲。一天，在大剧院观看音乐剧，刚刚落座，就发现有3个人向他们走来。其中一个边走边伸出手大声地叫："喂！这不是'超人'吗？你怎么回来了？"这时，王峰才认出说话的人正是他的高中同学贾征。贾征大学没考上，自己跑去南方做生意，赚了些钱，如今在上海注册了公司当起了老板，今天正好陪着两位从香港来的生意伙伴一起看音乐剧。这对生意伙伴是他交往多年的年长的香港夫妇。

此时，王峰和贾征彼此都既高兴又激动。一阵寒暄之后，贾征才想起了王峰身边还站着一位女士，就问王峰身边的女士是谁。王峰这才想起向贾征介绍自己的妻子。待王峰介绍完毕，贾征高兴地走上去，给了王峰妻子一个拥抱。这时贾征想起了该向老同学介绍他的生意伙伴。大家相互介绍、握手、交换名片和简单的交谈后，就各自回到自己的座位上观看音乐剧了。

◎案例解析

礼仪是一个人的思想道德水平、文化修养、交际能力的外在表现。在舞会、宴会、剧院、会议等正式场合，每个人的言行举止是个人素质与修养的综合表现。彬彬有礼、落落大方有助于我们和熟悉的朋友共叙友情，并结识更多的朋友。拥有良好的职场礼仪，对个人来说，有助于塑造自我形象，赢得尊重和友谊，从而顺利开展各项工作。在公众场合，我们应在"敬人、自律、适度、真诚"的原则上进行人际交往，告别不文明言行。否则，可能会导致宾主双方陷入尴尬，引起对方反感。在社交场合，座次礼仪、介绍礼仪、握手礼仪的规范可以帮助我们树立良好的个人形象，愉快地和人相处。

◎案例交流与讨论

1. 结合案例谈一谈你对公关礼仪的理解，并思考公关礼仪在生活中有哪些具体体现。

2. 通过本案例，试说明贾征、王峰在礼仪方面的不妥之处。

3. 分组讨论贾征、王峰符合礼仪规范的具体做法是什么。

模块十 国际公共关系

学习目标

1. 了解对外交往中的国际公共关系内容。
2. 了解国际公共关系的目标。
3. 了解国际公共关系活动内容。
4. 了解国际公关礼仪和外事原则。

导引案例

“习大大”的外交足迹遍布全球　“彭麻麻”的光环效应带热国产品牌

习近平主席的外交足迹遍布全世界，以大范围的地理位移勾勒出一幅彰显国际格局的地缘大地图，以新思维的话语表达建构起体现中国特色的外交总战略。

如果说与大国之间的关系协调体现了中国国际身份的新调整，那么习近平主席对周边国家和发展中国家的密集访问，则一再强调了新中国自成立以来即一直恪守的原则与立场，既体现了“己欲达而达人”等中华优良传统，也彰显了“和平共处五项原则”等新中国外交传统。习近平主席的每一次出访都传递了富有时代气息的外交理念和中国作为传统大国的外交特色，每一次亮相，习近平主席的沉稳睿智和彭丽媛的优雅得体，无不赢得一片赞扬之声。

《人民日报》微信公众号以“【傲娇】彭丽媛：第一夫人加分‘软实力’”为题刊文。文章写道：习近平和彭丽媛的组合，把每次外事访问都演变成了一场“‘习’卷当地，魅‘丽’不减”的中国风。

文章说，彭丽媛的美丽、大方、雍容、典雅，为中国外交增添了亲和、温暖和魅力，也令中国的国家形象更具感染力、号召力和凝聚力。彭丽媛作为第一夫人，其魅力已经成为一项宝贵资源，是国家软实力的重要组成。

美联社这样评价：一位国际社会人气较高的第一夫人，将有效提升中国的国际形象，并助力中国赢得国际舆论的支持。

新加坡《联合早报》早在习主席夫妇出访前，就在《彭丽媛：中国的新名片》一文中称，彭丽媛显然具备了胜任中国新时代第一夫人的实力。在 30 多年的演艺生涯中，彭丽媛见过无数大场面，靠自己的实力征服过无数观众。正因如此，彭丽媛的第一夫人之旅尚未开启，已引起万众期待。

《纽约时报》曾在一篇专门描写彭丽媛的文章中称她形象好，在中国享有盛名。文章说，20 多年来，彭丽媛一直在春节联欢晚会盛装出场，歌唱爱国歌曲。近期，彭丽媛致力于公益事业，比如慰问汶川地震的幸存者等。

美国《大西洋月刊》对彭丽媛的评价也充满赞赏，文章称“彭丽媛具有第一夫人的全部特征：习惯公众的注目，有一种平易近人的美丽，拥有盛名……”

《时代》周刊摘登了各界对彭丽媛外交形象的普遍赞誉，称赞彭丽媛是“现代女性”和“外交偶像”，“提升了对国家的信心”。《时代》稍早前也在其网站发表文章，特别关注彭丽媛的外交行程。文章认为，彭丽媛作为第一夫人的“首秀”，实际上是在提升中国的国家形象和软实力。

韩国《东亚日报》评价习主席夫妇出访韩国，标题就提及四次都是单身到访的奥巴马和第一次到访就带夫人一起来的习近平。舆论认为，从这一方面也可以看出，这一次习近平访问是打了一张感情牌，是加分的。

在印度，媒体对于中国“第一夫人”彭丽媛也是不吝笔墨大加赞扬。印度《经济时报》称，彭丽媛的出席，令艾哈迈达巴德和新德里的行程变得活跃起来，体现了中国的“软实力”。该报的一篇文章称：“如果只有习近平主席和莫迪总理在河边荡秋千，那是一场稍显沉闷的会见。有了尊敬的彭丽媛女士，就变成了一次多姿多彩的户外活动。”在新德里，彭丽媛弯腰吻男孩的情景，也在印度引起一阵轰动。

从首次以第一夫人身份陪同习近平主席出访俄罗斯起，彭丽媛一直在外交礼仪场合大秀国货，服饰、穿戴、赠送的礼物，几乎都是国内的“土品牌”，赢得大批民众赞誉，被媒体称许为“借第一夫人平台宣传国货”的范例。

彭丽媛也是中华文化的最美代言人。彭丽媛在参观澳洲新南威尔士大学时，在孔子课堂教学生说普通话、书法、剪纸和刺绣。在 APEC 领导人非正式会议期间，彭丽媛邀请部分经济体领导人或代表的夫人参观世界文化遗产颐和园。在颐和园水木自亲殿内，她与各领导人或代表的夫人，观看了景泰蓝、花丝镶嵌、雕漆等非物质文化遗产展示，并请夫人们体验景泰蓝的制作流程，尝试着为景泰蓝花瓶点蓝。夫人们纷纷惊叹景泰蓝工艺的精致和繁复。在亚信峰会期间，彭丽媛邀请出席亚信峰会的国家领导人夫人参观金山农民画、面塑、顾绣、木版水印、扎染等展示，欣赏少儿歌舞《茉莉花》、昆曲《牡丹亭》选段、沪剧与二胡《燕燕做媒》、太极·古琴《高山流水》、京剧选段《梨花颂》等演出。

思考：

请学生分组讨论和分析习近平主席的出访地图和出访顺序，并思考彭丽媛的这种“国家软实力”是如何构建的，效果如何。

单元一 对外交往中的国际公共关系

【情境导入】

《亚洲基础设施投资银行协定》将带来发展新机遇

北京时间2015年6月29日，《亚洲基础设施投资银行协定》在此间正式签署。该协定的签署引发海外各界人士热议，他们纷纷表示，亚投行的成立将为推动亚洲各个国家和地区的基础设施建设以及助力经济发展起到巨大的作用。

英国广播公司（BBC）刊文指出，当前亚洲地区基础设施需求量巨大，亚投行投入运行后，将与其他投资机构形成互补关系，为亚太地区低收入国家提供更多投资，解决其基础设施建设方面的资金需求。与此同时，参与亚投行的国家涵盖亚洲、大洋洲、欧洲、拉丁美洲和非洲五大洲，这是中国国际地位提升的表现。

英国《金融时报》FT中文网刊文认为，大多数当前遇到经济困境的欧洲国家对亚投行非常支持，因为其拥有巨大的潜力，可通过基础设施建设将欧亚经济联系到一起。此外，亚投行未来投资的项目将有助于改善周边国家的经济水平，更高的收入水平将促使总体经济需求上升，有助于亚洲国家共同体的建立与发展，同时也将加强中国与邻国之间的经济联系。

法国多家媒体在第一时间报道了亚投行协议的签署情况，并对协议内容进行了简要概述，着重关注了亚投行内部各国的出资比例、投票权分配等问题。有当地媒体分析认为，法国加入亚投行是“向未来投资”的决定。首先，这一举措体现了法国与中国在“构建新型世界经济格局与秩序”问题上的共同观点；其次，法国未来将进一步加强对亚太地区，尤其是对华经贸合作的力度与水平，亚投行无疑为双边合作提供了更加广阔与开放的共赢平台。

除此之外，法国业界人士还对欧洲国家参与亚投行的整体情况予以一定关注。法国巴黎银行分析师认为，亚投行内部的投票权分布比较均匀，西方国家在亚投行同样拥有少数投票权以行使否决的决议，内部权力均衡机制有助于亚投行未来发挥更大的作用。

俄罗斯驻华大使杰尼索夫表示，俄罗斯加入亚投行并成为创始成员国，成为继中国、印度之后的第三大出资国，这具有非常具体和切实的意义，而不仅是一种政治姿态和团结的表现。

俄罗斯交通部部长索科洛夫表示，亚投行正式运营后将有效推动俄罗斯的基础设施建设。俄交通部准备与各联邦主体一同起草一批更专业、更高质量的项目。

德国科学与政治基金会亚洲课题组主任汉斯·君特·希尔佩特认为，当前亚洲有巨大的基础设施建设需求，中国牵头成立的亚投行可加强该地区的融资竞争，提高未来亚洲基础设施投资效率和质量。

德国发展政策研究所世界经济和发展融资部主任彼得·沃尔夫表示，目前全球共有约 50 家国家性、国际性发展银行和发展金融机构，但仍无法满足全球基础设施融资需求。他认为，未来亚投行与欧洲投资银行可就具体项目共同融资。此外，亚投行的运行机制充分借鉴了现有多边开发银行的成功经验和做法，且更为精简、高效。

思考：

亚投行的建立，对亚太地区的经济、政治方面的影响有哪些？对中国在世界经济格局中的地位将产生哪些影响？

从全球经济、贸易、科技发展的实际状况来看，投资国际化、生产国际化、经营国际化以及经济一体化发展，使一国经济不可能超然于世界经济和贸易之上，参与国际竞争已成为一国国民经济发展不可或缺的重要组成部分和企业生存、发展的关键。加之国际经贸领域竞争日趋激烈，企业参与国际市场活动险象环生，因此，国际公共关系作为现代国际经营的重要手段，日益受到高度重视，在全球范围内形成了一股方兴未艾的热潮。

一个国家的任何组织都可以开展国际关系活动，特别是国际业务多的企业更需要国际公共关系活动。了解国际公共关系的发展历史与现状，有助于我们加深对国际公共关系的理解。

一、国际公共关系的概念

国际公共关系是指一个社会组织，如政府部门、企业或事业单位等，在与他国公众的交往中，通过国家间的各种信息传播活动，增进本组织与他国公众之间的了解和信任，维护和发展本组织的良好形象。

国际公共关系有两个重要特征：跨国界活动与非国家性质。

国际公共关系与国内公共关系不同，它是对外交往中的公共关系，需要进行跨国界活动。虽然它在应用公共关系基本原则与方法上与国内公共关系基本相同，但它并不是国内公共关系的简单延伸，因为它面临比国内复杂得多的公众，即在宗教信仰、文化背景、受教育程度、语言文字和风俗习惯上各不相同的公众，而且这些公众生活在迥异的环境中。国家之间存在利益冲突的政治和经济集团，存在激烈的国际市场竞争，甚至存在局部冲突和战争，因此，国际公共关系与国内公共关系相比，是一种更复杂和高级的公共关系。

国际公共关系需要进行跨国界活动，因而与外交有相似之处，特别是在使用的调查研究方法和活动方式上与外交有相似之处，但两者也不完全相同。外交工作以国家和国家关系为对象，国际公共关系则具有非国家性质的特征，它的工作对象是他国公众，而不是国家。

二、国际公共关系的产生和发展

随着社会的发展，每个国家都在设法提高参与国际经济、技术合作与竞争的能力，国家之间需要更多的理解、信任、合作。

第二次世界大战以后，世界各国公共关系发展极快。1947 年，美国公共关系协会成立，同年，加拿大成立了全国性的公共关系协会；1948 年，英国公共关系协会成立，这一切很快促成了公共关系走向国际舞台，跨国性的公共关系组织应运而生；1955 年，第一个国际性公共关系组织——国际公共关系协会成立；1959 年，欧洲公共关系联盟成立。与此同时，各国的跨国公司纷纷建立公关机构，各国海外机构和办事部门也开始注意国际公共关系技巧的运用。为什么第二次世界大战以后国际公共关系会得到如此之快的发展呢？我们可以从战后政治、经济以及传播手段的变化予以说明。

第二次世界大战以后，世界政治形势的格局发生了变化，这也导致政治交往形势朝多元化、多层次的方向发展。各国政府和民间的体育与文化交流、经济交往不仅不断增加，国家之间相互依赖的程度也在不断提高。各国为保持其影响，不得不从对抗转向对话，从相互排斥转向相互合作，因此国际组织的作用也相应增强。

第二次世界大战以后，国际贸易障碍纷纷清除，伴随着人民生活水平的不断提高，消费需求和消费结构呈现多样化，世界范围内的各类组织，尤其是经济组织之间的竞争性增强，地区性经济贸易逐渐被全球性经济贸易取代，跨国公司不断出现，世界正从分散经济向聚合经济发展。在今天这个世界上，若想为本国、本组织谋利，首先要拓展视野，从国际角度考虑各种问题。

世界各国市场竞争日趋激烈，各国的市场销售都围绕着一个关键的问题展开，那就是如何使市场销售策略能适应各国普遍的市场环境，做到四个“适当”：适当的产品、适当的地点、适当的时间和适当的价格。要使出口产品能适应各国消费者的需求，就需要了解当地的民俗、市场特征、消费者的特点乃至文化环境、社会结构等问题。同时，还必须将本国和本组织的情况告知其他国家的公众，增加透明度，以便吸引更多的外商来本国投资，购买本国产品。

当今世界各种先进的大众传播手段为人们进行大规模的频繁交往提供了技术保证，使各类社会组织能更精确而及时地与世界各国公众建立联系、沟通信息，形成有效的信息反馈网络，并在当今瞬息万变的社会环境中提高自身的反应与调整能力。这一切使开展国际公共关系活动成为必要，同时也使这种活动的有效开展成为可能。

国际传播交流侧重使用在海外有影响的传播媒介。而最重要的传播领域是金融领域和外交领域。随着各国金融与外交的发展，国际公共关系日益成为公共关系的重要部分。

随着全球经济一体化的步伐加快，世界各国及地区皆不可避免地卷入国际市场。一方面，跨国公司从数量到经营范围，发展都非常迅猛；另一方面，对外贸易及服务活动也成为每一个国家国民经济的重要组成部分。在这一形势的推动下，国际公共关系势必成为有关组织跨国经济业务的主要活动。在此情形下，国际公共关系在世界范围内迅速发展起来。

解读“9·3”阅兵背后的国际关系

中国在世界格局的变动中奋发崛起，在东亚—西太平洋地区政治角力的中心舞台，进行了一场规模宏伟、史无前例的大阅兵。

2015年9月3日的阅兵目的在于铭记历史、缅怀先烈、珍爱和平、开创未来，捍卫当年以千万生命为代价所换来的和平，巩固地区国际秩序，同时也正如西班牙《世界报》报道所说的：“9月3日的阅兵是中国重申其‘大国地位的一刻’。”

习近平向全世界表明中国的态度：“无论发展到哪一步，中国都永远不称霸，永远不搞扩张”，“永远不会把自身曾经经历过的悲惨遭遇强加给其他民族”，这是中国对世界的承诺。

西方国家对待中、俄阅兵的态度明显不同

阎学通教授指出：此次阅兵，西方大国领袖虽然没有亲自参加，但对比今年5月莫斯科的阅兵，毕竟没有采取集体抵制。他认为这个区别意味着“故意与中国为敌的政策在国际社会中已属于政治不正确了”。而在笔者看来，造就区别看待中、俄阅兵的原因，既有两国日渐拉大的实力对比，也与两国在与西方国家交往过程中的方式、策略迥异相关。

中国经济历经30多年的高速发展，如今虽增速放缓，但在习近平主席的领导下，中国的国际影响力日益加大，军事实力加速提升（从此次阅兵武器装备高达84%的更新率即可见一斑)。而由于受制于脆弱的经济基础，即便俄罗斯在普京的铁腕治理下能够对西方的步步紧逼作出强力回应，但终究“内功不到、底气不足”。

在策略上，在西方“拳手”面前，俄罗斯在克里米亚问题上寸步不让、刺刀见红，强硬回应西方军事威胁与经济制裁。中国在处理主权领土问题时，刚柔相济、进退有方：在坚持“主权在我、外国无权干涉我内政”的大前提下，紧要关头不失时机地释放特定的缓和信号，以便调整我国与诸声索国及域外大国的互动节奏与“振幅”，从而保持战略张力与外交弹性。

阅兵折射出中韩战略互信进一步增强

此次阅兵，除了习近平主席外，最受中外媒体关注的来宾领袖大概非韩国总统朴槿惠莫属。

中韩加强战略互信将使中国在处理东亚事务上更有优势，即：1）使美国在远东的重要战略盟友趋向中立；2）更坚定中韩联手反对日本否定侵略历史行为的决心，防止其走军国主义道路；3）客观上也促使半岛局势趋向稳定。

笔者认为，从目前的发展趋势，尤其是结合此次阅兵两国领袖间种种充满战略互信与默契的言行可见，中国将在稳定半岛乃至东亚局势方面发挥更重要的作用。

中国当下仍应保持战略审慎

见三军将士阔步向前、军威浩荡，听领袖宣言铿锵有力、掷地有声，怎叫人不心潮澎湃?

阅兵已然成为外界了解中国军事能力的窗口，中国战略打击力量的不断提升也应当被国际社会广泛了解，并且成为其全面对华认识的一部分。

如果把此次阅兵看作一次国际社会的“民意测验”，以此体察人心、评估形势，那么我们可以初步得出这样的结论：西方大国对我国心有不甘但又不愿或不能公开对抗；中等国家面对奥巴马的“好意劝说”陷入纠结和犹疑，中国有争取美国传统盟友并在一定程度上将其“中立化”的可能，这或将成为未来数十年中国外交（尤其是周边）战略的突破点和有力抓手。

值得注意的是，中国发展军事的目的在于维护地区和平、保护国家安全；中国积极与世界各国发展外交关系的目的是促进经济合作、实现互利共赢。中国在国际事务中发挥愈加重要的作用并不意味着对霸权的渴望，中国人民不希望自己的国家成为新的帝国，习近平主席“裁军 30 万”的承诺便是对中国捍卫和平的诚意的最有力证明。

三、国际公共关系的基本原则

因为国际公共关系的最大特点是与国外组织及公众打交道，因此，其活动的开展除了应遵循一般的公共关系活动原则外，还应考虑它本身的特点及我国的具体情况，从而制定一些有针对性的特殊措施。

1. 具备全球眼光

当今的世界是一个变化的世界，在这个变化的过程中，国际社会的相互依赖和彼此影响，要比以往任何时候都深刻和广泛。国际公共关系作为在国际领域内开展的公共关系活动，以全球性的眼光来思考和看待公共关系工作所涉及和参与解决的问题，不仅是国际公共关系得以存在的先决条件，也是开展国际公共活动的一个基本原则。从事国际公关工作的机构和人员，怎样才能具备全球眼光呢？国外公共关系界人士认为：第一要充分了解国际政治、经济形势的变化和发展趋势；第二要关注人类社会共同面临的重大问题，诸如全球经济发展的不平衡、国际金融市场波动、生态环境保护、恐怖组织活动、威胁人类生存的艾滋病的传播等问题；第三要重视现代科学技术的发展，尤其是新传播媒介和技术的运用；第四要掌握公共关系理论研究的新成果和公共关系实务发展的新动态。

当代国际公共关系的发展不再仅仅局限于作为社会组织的一种管理功能，它在人类社会的一些重大问题上正发挥着日益积极的作用。在1991年和1992年世界最佳公共关系大赛上，美国保护臭氧层工业联合会实施的保护全球环境的信息交流公共关系项目和肯尼亚的非洲医疗研究基金会针对艾滋病传播开展的促进边境社会医疗保健运动，之所以受到国际公共关系界评委和联合国官员的好评，正是因为这样的公共关系活动从全球角度考虑问题，从而具有十分积极的国际意义。

2. 重视地方特色

一个变化的世界必然是一个多样化的世界，承认世界的多样性，尊重各国、各地区的地方特点，是开展国际公共关系活动的另一个基本原则。

所谓地方特点，一般指政治制度、法律法规、生活水平、文化传统、风俗习惯、交往语言、宗教信仰、礼仪禁忌等。了解和研究各国、各地区的地方特点，对于成功开展国际公共关系活动至关重要。要做到这一点，公共关系从业人员应该注意以下几方面的问题：第一要承认人类社会的多样性和差异性，善于在求同存异的基础上开展各方面的工作；第二要以理解和包容的态度，深入研究和平等对待各种地方特点，防止和避免产生这样或那样的偏见；第三要通过实践活动摸索和积累经验，通过学习增长见识。

尊重地方特点也要求国际公共关系活动具备地方特色。凡真正具有民族特色的，往往也具有世界性。我国近年来各地举办的种种带有浓厚地方文化特色的“节”或“会”，如潍坊国际风筝节、上海国际电视节、哈尔滨冰灯节，之所以能成为一种颇为有效的国际招商活动，对外宣传地方经济优势，大大提高地方知名度，就是因为它们开发、利用和突出了地方特色。

3. 遵守国际惯例

每个行业都有自己的成文和不成文行规，国际公共关系领域自然也不例外，遵守与公共工作有关的国际惯例，是开展国际公共活动的又一基本原则。

国际公共关系协会早在 1961 年就有了《国际公共关系协会行为准则》，1965 年又在雅典通过了《国际公共关系道德准则》。这两个文件对国际公共关系从业人员的行为规范提出了一些原则性的要求，如注重信息的真实性和充分的交流、尊重和维护人类的尊严、对社会和公众利益负责等，所有国际公共关系工作者都应遵守这两个准则。

此外，国际公共关系领域还有一些不成文的国际惯例，例如，在向社会公众广泛传播信息的过程中，注意保守组织或客户的商业机密；公共关系职业性服务机构要在公平竞争的基础上寻求公共关系项目，不得向自己已有客户的竞争对手提供服务。这些通过人们长期的公共关系实践形成的国际惯例，国际公共关系工作者同样必须遵守。

四、国际公共关系在中国

1. 国际公共关系在中国的兴起与发展

党的十三届三中全会以前，我国虽然尚未提出国际公共关系理论业务，也无专门的公共关系组织部门，但却存在实际上的国际公共关系工作实例，特别是中国的民间外交，其在实践中就是遵循了国际公共关系的实务原则——双向沟通，争取国外广大公众的了解与支持，树立新中国的良好形象。

20 世纪 80 年代，随着中国改革开放步伐的加快，公共关系理论与实践传入中国。公共关系研究、教育从 1985 年以后迅速发展，各种公共关系协会、学会、研究会相继成立。1987 年，中国公共关系协会成立。1991 年 4 月，中国国际公共关系协会宣告成立。

随着中国公共关系的发展，尤其是中国公共关系市场的发展日益明朗，中外公共关系交流自 20 世纪 80 年代后半期进入了一个新的发展阶段。近年来，国外一些大型公共关系公司的高级管理人员陆续来华访问，他们与中国公共关系界接触和交流的侧重点是了解中国公共关系市场的发育程度，探讨在中国市场进一步发展的机会，使中国公共关系界有机会与国际公共关系协会建立密切联系，也使国外同行有机会更全面地了解中国公共关系发展所取得的成就。经过多年发展，我国已成为政治和经济大国，与全球有着密切的政治、经济联系，这又使我国的国际公共关系上了一个新的台阶。

2. 合作共赢是新型国际关系之根

2015 年 3 月，“两会”期间，政府工作报告重点强调了建立“新型国际关系”。2013 年 3 月，国家主席习近平和普京会晤时，强调要“建立以合作共赢为核心的新型国际关系”。2015 年 2 月，中国外交部长王毅在联合国安理会的公开辩论会上发言时表示，中国呼吁世界各国将冷战思维“扔进历史垃圾堆”，在平等合作的基础上构建国际关系。从建立“中美新型大国关系”到建立“新型国际关系”，“两会”再次提出了中国政府建立“合作共赢新型国际关系”的治国理政新战略布局。

建立新型国际关系是我国对当前国际秩序的基本看法。建立新型国际关系与“四个全面”，展现了我国政府治国理政的战略布局。“新型国际关系”的特点是“合作共赢”，这是中国国际关系理论的重要创新。

“新型国际关系”顺应了世界多极化、经济全球化、社会信息化、文化多样化的时代潮流。冷战结束后，“国际关系”进入一个新的阶段。人类发展也进入了一个新的历史时期，建立“新型国际关系”的要求应运而生。中国主动提出构建“新型国际关系”，意在解惑释疑，破除不符合时代潮流的旧思维，充分发挥中国在世界上的大国作用，推动世界和平与发展。

新兴国家迅速崛起，由新兴经济体演化成一股强大的政治、经济的综合力量，多极化日渐呈现，各国既相互合作又相互制衡，急需建立一种新型的国际关系和政治秩序。而这种新的政治秩序必然要打破传统霸权的阻滞与挑战。

经济全球化极大地增强了各国之间，特别是大国之间的经济相互依存度，形成“你中有我、我中有你”的新型经济关系。但是要成为名副其实的“命运共同体”，将是一个远大目标，是一个逐渐使合作成为主流的历史发展过程。在这个过程中，各国既合作又竞争，必须顺应发展规律，共同努力，通力合作，同舟共济，相互支持，转变经济结构，加强金融监管，协调宏观经济政策，反对各种形式的贸易投资保护主义，建立国际经济新秩序，以实现命运共同体。

信息技术的迅猛发展正在改变人类的传统思维方式，信息的时效性正在突破传统的信息传输模式，世界已经进入一个信息科学技术大爆炸时代，几乎没有人可以垄断信息的控制和拓展。相反，信息技术却把人类的生活空间缩小了，互联互通正在改变人类的生产、生活模式、技术传导、资源配置模式。“寸有所长，尺有所短”，科学技术已经不再为少数国家所垄断，特别是在经济全球化过程中，人类必须打开国门，接纳更先进的科学技术和生产模式，在资源的分配上只有互通有无、平等交换，才能和平相处、共同发展。

世界各民族文化传承、宗教信仰、经济发展、资源配置、政治体制不同，因此，在建立命运共同体的过程中呈现出诸多差异。建立命运共同体必须排除“文明冲突”的影响，更不能企图运用一种所谓的“优秀文明”消灭所谓的“落后文明”。世界文明发展了几千年，各种文明都有其生存的土壤和存在的必然价值，只有相互学习、相互理解、相互尊重、求同存异，尊重世界文明的多样性，才能共同促进人类文明的繁荣进步。人类必须顺应文化多样性的历史潮流，世界上没有任何放之四海而皆准的发展道路和模式。尊重文化的多样性、价值观的差异性是发展新型国际关系的基础。构建新型国际关系只有在“合作共赢”的理念上求吻合，才能真正形成命运共同体。

建立新型国际关系和经济新秩序是一个长期目标，应以渐进式改革，以放宽发展中国家的话语权、参与权和规则共同制定权来实现。经济全球化与经济摩擦纠纷是发展过程的必然产物，只有通过相互理解、协商，破除贸易保护主义，才能实现共赢。人类对生存环境的保护已经不再是哪一个国家可以单独解决的问题，只能通过共同合作治理的方式来实现，这也同样要求我们确立新型国际关系和命运共同体。

【复习与思考】

小组讨论和分析当今中国所面临的国际政治、经济关系现状。

国际公共关系的目标

【情境导入】

盘点登陆纽约时代广场的中国广告

美国纽约时代广场是曼哈顿的心脏地带，也是最为繁华的娱乐购物中心，年均游客流量 4 000 万人次，人员流量 1 亿人次，其被视为“吸引全球目光”的最佳窗口之一，素有“世界的十字路口”之称。作为全球最受瞩目的商业核心地段，其周边大屏广告已经成为全球高端品牌展示的首选目标，也成为中国卓越品牌走向世界的优质平台。近年来，越来越多的中国广告片出现在这里，已经形成中国品牌“占领”纽约时代广场之势。

(1) 2011 年 1 月，《中国国家形象片》在纽约时代广场大屏播放，以“中国红”惊艳亮相，吸引了世界传媒的关注。

(2) 2011 年 7 月，新华社广告牌亮相纽约时代广场。

(3) 2011 年 8 月，以“典型中国，熊猫故乡”为主题的成都市城市形象宣传片第一次登陆纽约时代广场大屏。此后，桂林、张家界、井冈山、青岛、丽江等旅游胜地和北京、上海、江苏、福建等 30 多个省市的形象片相继亮相纽约时代广场。

(4) 2011 年 9 月，有着“天下第一村”美誉的江苏省华西村形象宣传片亮相美国纽约时代广场。

(5) 2014 年 10 月，百度输入法 iPhone 版亮相“世界十字路口”纽约时代广场大屏，以极具中文表达特点的文案“Hi，约吗”约请华人使用自家输入法。

(6) 2014 年 11 月，随着天猫“双十一购物狂欢节”脚步声的临近，中国时尚彩金珠宝领导品牌宏基等众多企业携手天猫，登上纽约时代广场。

(7) 2014年11月，1号店“11·11”脱光底价广告牌亮相“世界十字路口”——纽约时代广场中国大屏，把国人熟悉的光棍购物节推向全世界。

(8) 2014年12月25日圣诞节，P2P网贷平台——金信网，强势登陆纽约时代广场，这不仅是国内优秀P2P企业的行业首秀，也是引领中国杰出互联网金融品牌走向世界的开端。

思考：

为什么中国政府、企业多次选择去美国纽约时代广场做公关宣传？其目的何在？

一、国际公共关系的目标与分类

国际公共关系目标是指在一定时期内能控制一个社会组织的公共关系活动全过程的总目标和指导实施方案中的各个具体目标。确定公共关系目标是编制公共关系计划的关键步骤。组织的公共关系活动将围绕并为实现这些目标而运营。国际公共关系目标与国内公共关系目标相比，更重视和强调跨国界目标。

国际公共关系目标与国内公共关系目标在分类上基本相同，从实现目标的内容与时间上，一般可确定为四类。

1. 长期目标（总目标）

长期目标是涉及组织长远发展和经营管理战略等重大问题的目标，它与组织的整体目标一致。例如，就个体而言，我国的某一企业如何让国外公众了解企业的性质、规模、特色、经营范围、产品等，如何提高产品在国外的知名度、美誉度，如何扩大与国外企业的交往、贸易、合作等；就整体而言，如何让全世界、让各国人民更多地了解改革开放的中国，了解中华民族，从而促进中国和世界各国的友好往来、经济贸易与平等合作。这就是国际公共关系的长期目标和总任务。长期目标的时间跨度一般在5年以上。

2. 近期目标（具体目标）

近期目标是为实现长期目标而制定的具体实施目标，内容具体，有明确的指向性，并实际指导公共关系的具体活动。常见的是年度工作目标（有些目标需几年时间才能实现），或需近期实现的较大的具体目标。

3. 一般目标（分目标）

一般目标是依据各类公众的权利要求、意图、观念或行为的同一性而制定的目标。它是构成总体形象的要素，也是为实现近期目标而制定的具体分目标。

4. 特殊目标

特殊目标是针对那些与组织目标、发展及利益相关的特殊公众或其特殊要求制定的具体目标。特殊目标具有特殊的指向性。

例如，M 跨国公司经过调查研究，决定在 S 国投资建设一个现代化面粉厂，并垄断当地面粉供应市场。集中垄断当地面粉供应市场是长期目标。为实现这一目标，要建立近期目标：1）投资建厂；2）生产管理科学化；3）交通运输通畅；4）通过公共关系手段，树立企业信誉；5）收购 S 国国营面粉厂。

在近期目标中，有的又有两个分目标（一般目标）。如交通运输通畅目标的两个分目标是：1）了解当地铁路、公路、海运的实际情况，以决定主要运输手段（海运）；2）确保运输通畅的关键问题是与 S 国政府有关部门的关系。在实现第二个分目标的过程中，确立某部长为特殊目标。部长作为决策的关键人物，对于其本人的公共关系活动来说，其身边的某个特殊人物是关键人物，也是公共关系特殊目标。

建立公共关系目标，可以画出公共关系目标图（见图 10—1）。在画出公共关系目标图后，应确立公共关系的重点工作和重点公众。规定实现目标的时间（这是公共关系的第二步，即制订公共关系计划），并分清问题的轻重缓急，排列目标次序。如图中近期目标包括五个方面：投资建厂、科学管理、交通流畅、树立信誉、收购当地面粉厂。显然，投资建厂是第一步；有了工厂才能进行科学管理，这是第二步；有了产品，交通需通畅，这是第三步；流动问题解决了，就要在公众中树立信誉，解决销售问题，这是第四步；在上述几步运转良好的情况下，才有可能收购当地面粉厂，这是第五步。在上述五个步骤（近期目标）实现以后，组织的长期目标，即垄断当地面粉供应市场的目标亦可实现。

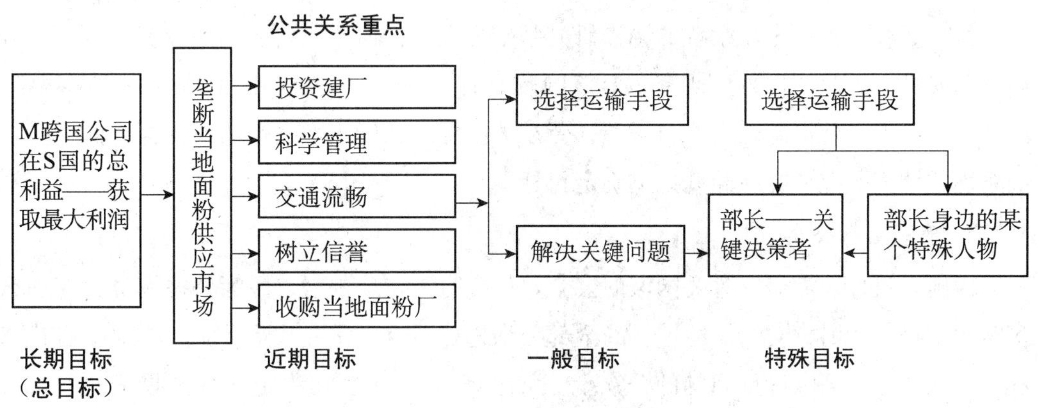

图 10—1　目标管理示意图

在近期目标中，投资建厂是第一步，也是公共关系的重点。为此，经过周密的调查研究，与当地政府谈判并达成协议；M 跨国公司在当地投资建厂，免费为 S 国磨面粉，20 年后该厂免费归 S 国政府所有。S 国政府同意税率优惠（免税若干年），并规定小麦磨成面粉后，剩下的麸皮归 M 公司。其实麸皮是制造某种贵重药品的重要原料，其价值大大高于面粉，麸皮由该公司运往欧洲销售。这样，M 公司在 5 年内即可收回投资成本，在其后15年内收获净纯利润；而S国政府在20年后，也将拥有一座现代化面粉厂，此项目对双方都有好处。

二、确定目标原则

1. 调查研究

我们常说，没有调查就没有发言权。调查研究是搜集情报和信息的系统方法，是有效公共关系的基础。调查研究可以使目标确立在真实、客观的基础上，可以减少确立目标过程中的不确定性因素，可以检验对公众情况和公共关系的假设，使目标准确而有效。

仍以M跨国公司为例：该公司设想在S国设厂，但能否确立此目标呢？经过调查研究发现：

（1）S国在某年大选后，执政党实行对外开放政策，建立自由贸易区，采取许多优惠政策，具有投资建厂的有利外部社会环境。

（2）S国东北部有一个港口是个天然良港，曾是某大国的重要军事基地，港阔水深，十分方便。

（3）S国只有一个国营面粉厂，设备陈旧，无法与M跨国公司竞争，M跨国公司投资建厂后有可能吞并S国的国营面粉厂，垄断S国面粉供应市场。

M跨国公司在以上调查研究的基础上确立了“在S国投资建厂和垄断S国面粉市场”的目标。

目标必须建立在全新系统的调查研究基础之上，任何企业要在国外投资、设厂、开店，都要进行系统的可行性研究，对该国政府有关法律、规定，特别是海关税率规定、利润分成方法、外汇管理、原料来源、劳动力状况、工资水平及市场预测等方面进行全面系统的调查研究，并在此基础上确定目标。

2. 确定重点公众

为确立目标，需研究有关国家的公众，但应有重点地进行。因为公关人员没有那么多时间、物力和财力对组织所涉及的全部公众进行研究。研究的重点应放在那些有代表性的公众和组织面临严重问题的公众上。如上述M跨国公司决定在S国投资建厂，投产后生产发展顺利，但面临严重的交通运输问题。该公司决定大力发展海运，但S国政府中负责此项业务的部门从中阻挠。通过调研发现，该部部长是个关键人物，于是，该公司把此部长作为重点公众，确定此人为公共关系特殊目标。

3. 有针对性

由于国际公共关系面对世界上200多个国家和地区，各个国家和地区之间的文化背景、语言文字、受教育程度、宗教信仰、风俗习惯差别很大，因此，公关人员只能有针对性地做公共关系实务，否则犹如跨入茫茫大海，无法涉足，无法确立目标。

首先，有针对性地确定目标国家。M跨国公司确定在S国设厂，就开始有针对性地了解S国公众的有关情况，如历史传统、风俗习惯、生活方式、消费需求及S国的社会、政治、经济情况，发现其特点和规律，在此基础上确立公共关系目标。值得注意的是，在国外，公司虽然是经济活动的主要对象，但对当地政局也应十分关心，应经常了解各个党派不同的经济主张，分析政局发展趋势，预测政府的稳定性、执政人物变换的可能性等，因为这些变化可能对本组织（企业）在当地的利益产生巨大影响。

其次，有针对性地确定特定公众。如上例中M跨国公司根据重点公众原则，确定某部长为公共关系特殊目标，然后针对该部长本人进行系统而全面的调查研究。在此基础上，发现该部长年轻、有为、果断、未婚，目前有个女朋友，两人关系十分亲密。于是M公司在确定该部长为公共关系特殊目标后，又确定其女朋友为特殊目标，针对其女朋友开展公共关系工作，并通过她与该部长接近。M公司的经理来到该部长女朋友家里，让她邀请该部长吃饭，以东方式富有人情味的公共关系手段，亲手做了十几道菜，使该部长深受感动。双方在此间实现了沟通，该部长了解到M公司的困难，于是下令船运对M公司开绿灯，解决了M公司的交通运输问题。在发展中国家，处理公司与当地政府关系时，有针对性地开展特殊公共关系目标（重点公众）工作，建立友谊，是行之有效的办法。

4. 国际公共关系目标与组织整体利益目标一致

国际公共关系活动的最终目标是树立组织的良好形象，这与组织的整体利益是一致的。如我国政府部门的国际公共关系目标，就是维护社会主义新中国的光辉形象，发展与各国及其人民的友好关系，创造和平的国际环境，以利于我国的现代化建设，这与我国总的战略目标利益一致。作为企业来讲，国际公共关系活动的目标就是树立企业在国外的信誉，发展和占领国际市场。这与企业要获取利润的整体目标是一致的，也是为其服务的。如对M跨国公司来讲，在S国投资建厂的总利益就是获取最大利润，垄断当地面粉供应市场是公共关系活动的总目标，垄断市场和获取利润是一致的，实现垄断，也就是取得了最大利润。

三、目标确立前的调研

在公共关系活动中，通过调查研究，掌握和了解社会环境不仅是首要步骤，而且是最困难的一步。对国际公关人员来讲，面临的困难就更多了。但是，国际公关人员的责任之一就是客观、准确地提供信息、分析判断，并在此基础上确立公共关系目标。为了达到这一目的，国际公关人员必须在日常工作中十分重视调查研究，充分利用电脑等现代科技手段，使日常调研科学化和系统化，充分占有调研资料，尽可能成为公共关系对

一、国际公共关系活动的内容

1. 建立公共关系活动的内容

国际公共关系工作的基础就是建立内外部信息传播网络，其要求是双向、畅通和高效。在驻国外的本组织代表处设立的公共关系部或代表应负责此项目业务，它应具有情报中心和办公室协调的职能。在信息网络的要求中，畅通与双向是最基本的，高效是更高层次的。

内部信息网络的主要目的是建立组织机构内部领导与员工、员工与员工之间的沟通。内部信息网络十分重要，但不是国际公共关系的工作重点。

外部信息网络的主要目的是促进组织与社会环境（国外环境）、外国公众之间的沟通。这是国际公共关系的工作重点。外部信息网络面较广，但应有重点，也就是外交上所说的“广交朋友，深交朋友”，即做到有重点、有深度。

外部信息网络包括新闻传播媒介、公共关系公司、国际公共关系协会和其他国际性公共关系组织以及政府部门权势人物、重要的私营企业及财团、知名人士与各界代表人物、普通公众的代表人物。

外部网络的建立应遵循以下原则：

（1）应合法、有组织地进行。目前世界上绝大多数国家与中国建立了外交关系，不少国家都存在官方或民间的外中友好协会或外中协会，会员中有各行各业的友好人士。如A国目前有民间的A中友好协会、官方的A中协会、A中议员友好协会、A中交流协会等，国际公关人员要与这些组织建立关系，通过这些组织进一步与各行各业、各个层次的公众建立外部网络。

（2）积极与当地社会团体建立联系。在一些国家中，企业家要定期举行午餐会、洽谈业务、交流信息，新闻界则是不定期地举行新闻发布会、研讨会等。国际公关人员应与他们建立联系，广交朋友。

（3）与新闻传播媒介建立密切联系。国际公关人员与新闻记者、编辑的关系在很大程度上会影响公共关系活动的效果。国际公关人员必须在相互信任、互利互惠的基础上，与新闻界建立密切的合作关系。平日，公关人员要有选择地结交新闻记者和编辑，建立相互信任。比较实际的办法是记者采访或主动邀请记者采访。当然，首先要认真做好准备，材料真实并有新闻价值，最好附图片。其次，可以用酒会或家宴形式，请记者一人采访，形成独家新闻。这样既结交了朋友，又传播了组织信息，一举两得。

（4）利用大众媒介，与一般公众建立联系。例如，举办展销会；建立当地人代理公司，进行售后服务；举办客户联谊会；组织的领导人来访；举行招待会；等等。

建立一个畅通、双向、高效的外部网络后，国际公关人员在国外的工作就能较为顺利地开展。

2. 处理公共关系，策划公关活动，树立组织形象

在双向信息交流情况下，对内外公众，特别是对外国公众进行调查、分析，建立档案资料，最好利用计算机，建立方便的检索系统，制定适应各类公众的有关政策。

在调研的基础上，制定公共关系目标及活动计划，组织各种公共关系活动，进行双向沟通，反馈信息，评估总结。作为国际公关人员，其日常工作大致可分为情报与协调两部分：情报部分包括经常和系统地搜集、反馈社会环境和各类公众的信息，在科学的基础上研究这些信息，撰写书面调研报告、书面活动计划及计划实施后的总结报告，对公共关系活动的效果和组织形象作出比较可靠的评估与测定；协调部分主要是处理公共关系事务，策划各种公共关系活动，编制活动经费预算和执行程序，组织和实施各种活动，如宴请、谈判、参观、演讲，举办展销会、研讨会，参加开幕式、奠基活动，编辑报刊，发布新闻等。日常工作虽然繁多，但目的只有一个，即通过公共关系活动，在外国公众心目中树立组织的良好形象。

在国际公共关系活动中，还包括处理突然发生的重大事件。国际公关人员应协助组织领导人调查事故原委并做好善后工作。

3. 监测社会环境，分析发展趋势

国际公关人员面临着复杂、多变的国际形势，驻在国有关政策的变迁、政局的变动等都有可能会危及组织的利益与生存。如某国突然与我国断交或我国公司被迫撤回，在这类事件中，国际公关人员应配合我驻外使馆，随时监测社会环境，尽早提出对策。

社会环境监测的内容包括：

（1）政治环境的变化。一般注意监测驻在国的各种政策法令的变化，特别是对发展中国家来说，还要注意政局的变化。在各国总统选举、议会大选、地方选举时尤其要注意对外中关系及本组织可能造成的影响，特别是不利的影响。如美国总统选举年对我贸易政策的影响、各驻美公司的环境等。

（2）经济环境的变化。即市场行情、股市、汇率、资源开发、能源生产、生态环境的变化等。

（3）舆论与人文环境的变化。即监测新闻媒介舆论与各类公众舆论的变化，以及人们的价值观念、道德风尚、兴趣爱好、消费需求与结构变化等。

根据监测情况，进行研究分析，向组织预报近期及长期发展趋势，预测重大公共关系活动可能遇到的问题，提供公共关系方案对策。

二、常见的国际公共关系活动

1. 谈判、接待与出访

谈判是国际公关人员经常涉及的工作，也是一门艺术。在国际公共关系中，谈判是一个社会组织与他国组织或公众为了改变相互关系而交换意见，为了取得一致而相互磋商的行为，是直接影响人际关系、组织关系，对参与各方产生持久利益的过程。谈判是广义的，包括正式谈判和非正式磋商、对话。随着国际公共关系的发展，谈判在对外业务中的作用日益凸显。国际公关人员在涉外谈判中起两个作用：是正式谈判的参与者，但不是直接谈判者，在谈判中起沟通与服务的作用；非正式磋商中，担任直接谈判人或调停人。不论是正式谈判还是非正式磋商，尽管在形式上和礼仪上有区别，但是谈判的基本方法、技巧和策略大同小异。不论是否直接参加谈判，国际公关人员均应熟练掌握和运用这些基本方法。

（1）谈判前的准备工作：

1）提供背景材料。事先认真进行调查研究，围绕谈判主题，收集各方面材料。在与外商磋商合资或合作事宜时，就要搜集并编写有关背景材料，如国际市场行情、技术水平、客户资信，客户在银行的有关资产及国内市场销路，双方国家的有关经济政策及法规，在当前国际市场上类似客户或企业的有关情况等。

2）做到知己知彼，认真调查研究，详细占有谈判对手的有关资料，如经历、性格、爱好，承办过哪些成功的交易，参加过哪些谈判。最重要的是准备对方在谈判中可能提出的方案，分析比较各种方案的可行性、利弊及我方对策。

3）编写含有谈判方针的书面报告，提请本组织领导批准。代表国家的谈判方针，应取得中央领导的批准；代表某社会组织的谈判方针，应取得该组织领导的批准。在编写谈判方针时，大致应包括如下内容：双方当前的有关情况，对外方预案的估计，分析外方在谈判中的目的与目标；为了达成协议，我方让步、妥协的方案及我方的底牌。

4）编写我方领导人的讲话稿和说帖。在正式的谈判中，一般要举行欢迎宴会、欢送宴会，我方领导人一般要发表讲话，国际公关人员应根据谈判主旨及我方有关策略、政策等编写讲话稿。有的组织领导可能脱稿，但也应先撰写备用讲话稿以供有关领导参考。国际公关人员应估计对方在谈判中可能提出的问题，对这些问题如何作答，事先准备好文字材料——说帖，写在小卡片上，要言简意赅、准确明了。必要时，可立即拿出说帖。准备说帖应注意范围应尽量广泛，同时要切中要害。国际公关人员在正式谈判中虽不直接与外方谈判，但实际上比直接谈判者更需要动脑筋，尽量不要漏掉对方可能提出的问题，要做到心中有数。

5）接待工作准备。如果是在国内谈判，应在外方来中国数月前做好接待准备工作，主要包括：a. 事先订好宾馆房间，在考虑来访者之间关系的基础上，预先安排好有关房间，秘书及安全人员的房间应离主人较近；b. 预订好车辆；c. 事先安排好活动日程并征求外方意见，提前打印好活动日程安排；d. 如到外地参观，事先准备好交通工具（如果坐飞机，提前订机票）和解决外地住宿问题；e. 提前预订外宾回程机票（如果对方需要的话）。

6）出国谈判准备。如果是在国外谈判，要做好以下工作：

a. 办理出国手续。填写有关审批表格，报有关领导和部门审批，办理有效护照、签证，包括有关国家入境签证及途经国家过境签证。在申办时，注意过境国口岸次数及有关规定，尽量申请二次或多次过境，以免在国外再申办有关签证手续。

b. 指定专人保管谈判所用的资料，注意保密，防止丢失；保密资料不得放入托运行李箱内。

c. 国际公关人员要熟悉航班、路线，懂外语，途中注意听飞机上的广播，在生活上照顾全体人员。

d. 如遇过境停留，应事先与航空公司联系，如该公司不负责接待，最好事先订好宾馆房间。

e. 事先准备好记者在机场临时采访的有关讲话稿或说帖（备用）。

（2）接待外方（谈判）人员：

1）检查宾馆预订的房间，分派好外宾房间，有条件的在房门上用外文标明外宾姓名。

2）检查和布置谈判场地。正式的谈判一般用长方形桌或会议专用桌，桌面上放桌布、饮料、笔、纸。外交谈判时要挂放国旗。一般谈判人数不多时，也可用圆桌。谈判时，机密资料不得放在桌面上。

3）准备好交通车辆。外宾人数不多、身份不高时，可用面包车。如人数多、外方身份高，则需要用小车队。车队事先编好号码并有明显的号码标志。如有必要，应事先办好汽车通行证。

4）注意仪容、服装整齐。提前到飞机场、车站、码头准备接客。身份高的外宾，需用机场贵宾室，应事先订好房间。接待一般或初次见面的外宾，应事先准备一个牌子，用外文写好“欢迎××先生（女士）”，这样容易找到外宾并给其留下一个良好的最初印象。

5）与外宾相见，应主动介绍我方领导人及进行自我介绍。接受外宾名片后应仔细阅读，尽快记住外宾的名字，并在上车前分发写有各位外宾姓名、车号、宾馆房间号的卡片。对身份高的外宾，可以交给其秘书。帮助提取托运行李，但不要拿对方的公文包或手提包。上车前点清外宾人数，外宾各自认清行李确认无误后放上汽车。

6）上车后简单向外宾介绍活动安排，并问询外宾身体情况及有何私人活动与安排。

7）接到外宾后，直接送往住宿宾馆。如外宾不多，房间可以先分好，也可留给外宾自己选择，但应事先垂询外宾的意见。到房间后，不宜久留，以免影响外宾休息。告诉外宾自己的联系方法及电话。

8）如外宾参加正式谈判，不宜安排太多的其他活动，可安排参观有关项目和文娱活动。活动安排要有助于达到我方谈判目的，创造和谐气氛。

（3）谈判应注意的事项：

1）国际公关人员在正式谈判中主要起服务与沟通的作用，是“幕后的谈判者”。组织的领导人是直接谈判者，应由其与外宾谈判。

2）我方由几个单位组成，应由主谈人按预定的谈判方案去谈，其他人不能随意向外宾表态。

3）主谈人在谈判时要察言观色，巧妙利用休会、参观、送礼品等手段，掌控会议进程。如双方谈判陷入僵局，可暂时休会，以便各自调整谈判策略；或安排参观访问，以缓和谈判气氛，留一定时间给双方谈判者请示各自的上级领导。

2. 正式宴会、家宴、冷餐会、招待会、酒会、便餐、茶话会

（1）中国饮食文化在国际公共关系中的作用。中国具有古老的文化传统，中国的饮食文化世界闻名。在中国特色的国际公共关系中，食文化是重要活动手段之一，它对联络感情、建立友谊、实现双向沟通起着很大作用，在发展中国家尤为如此。在发展中国特色的国际公共关系时，可借鉴外交上的一些做法。

请客吃饭的做法在发展中国家比较实用、有效。这与拉关系、走后门不同，不是为了公关人员的私利，而是为了社会组织的利益，利用发展中国家的现实情况而采取的一种公共关系手段。

（2）各种形式宴请的特点：

1）正式宴会，一般在大饭店举行，规格最高，客人身份一般比较高贵（如高级政府官员、公司董事长、总经理等）。可用圆桌、长桌等，要排座位，设座位卡（姓名、职务）并放菜单（外文），客人按座位卡就座。这种方式比较正式、隆重，但开支大，主要用于礼宾目的，不宜谈论相关事宜，而且排座次容易引起矛盾。在国外，一般社会组织较少采用该形式。在外交上，一般用于招待总统、总理的国宴。

2）家宴，即在家中请客，女主人负责饭菜，客人一般不多。这种形式在国外比较常用，其优点是开支少，在家中谈话比较自由，容易联络情感，是比较有效的方法。最好每次只请一家人（夫人、孩子），或相互熟悉的两三家人。这种方式一般不用排座位、摆菜单。如有身份高或不熟悉的人，也可放菜单，女主人可亲自招待，以示亲切。

3）冷餐会，即自助餐，其食品规格接近宴会，包括汤、冷盘、水果，适合人数较

多的场合，如外交官午餐会、商人联谊会。食品自取，比较自由，不用排座位，容易结交朋友，但开支也较大。

4）招待会、酒会、便餐的食品水平比较接近，即主要提供酒水及少量食品。招待会一般人数较多（几十人、几百人）；酒会、便餐人数较少，便于深入交谈。

5）茶话会，一般在下午举行，只提供茶水、点心，常用来招待女宾，开支少，又可联络感情，但一般时间较短。

3. 国际博览会、展销会、图片展览、交易会

（1）各种展览、展销活动及其作用：

1）国际博览会或展览会，一般是多国参加的综合或大型展览活动，它以实物广告促进商品的销售，宣传国家形象，反映了参展国的特点及发展水平。在我国，国际博览会一般由国际贸易促进委员会组织，展品主要用于参观展览，只有小部分进行商业销售。

2）展销会，可以是多国的，也可以由一国某个公司举办，如我国某公司与南亚某财团联合举办展销中国商品的展销会，类似把国内的百货公司搬到国外展销。

3）图片展览，以图片为主，通常是专题性的，主要用于宣传，可以举办专题展览会或在驻外机构展览橱窗陈列。

4）交易会，如中国出口商品交易洽谈会，由一国多公司联合举办，多国商人参观、洽谈、订货。

总之，国际公共关系通过各种展览、展销会开展公共关系活动。这是一种综合运用各种媒介、手段推广产品，宣传组织形象和建立良好公共关系的大型活动。它有实物、图片、模型，加上讲解、交谈、宣传手册、电影、录音、录像等，是一种复合型的传播方式，综合多种传播媒介的优点，以不同的方式吸引公众。它是直观、形象、生动的传播，能够在公众中留下深刻的印象，同时组织与公众可进行双向沟通，是常用的国际公关手段之一。

（2）举办国际展览、展销活动应注意的问题：

1）要有吸引力。要像磁铁一样，吸引不了解展品的公众。没有参观的公众，展览、展销活动就是失败的。展览、展销活动要有吸引力，应认真做好下面几件事：

a. 要有中国特色。在多国博览会上，尤其要注意这一点，如中国古典建筑风格的展厅或展厅大门要有宫灯、狮子，如条件许可，配上中国民乐、龙灯舞或狮子舞，这样更能吸引公众。传统的优秀的中国文化艺术是吸引公众的“传家宝”。

b. 要有针对性。事先了解举办展览会国家公众的接受水平及特点。

c. 展与销最好能结合。许多观众在参观中国使馆后，对中国产品产生好感，这时国际公关人员要抓住时机，继续做工作，分发介绍产品的手册，进一步详细介绍有关性

能，提供订货场所，满足观众购买展品的要求。由于国际展览会一般规定展品要运回，不能在当地销售，因此出售展品有困难，但最好与当地海关及举办单位商量，争取销售部分展品。如有条件，最好举办展销会。

d. 娱乐与展览相结合，如展览厅中可以开辟电影或录像厅，免费向参观者开放。招待员穿上民族服装，以中国食品招待参观者，特别是对当地上层人物和外交使团可设专门餐厅招待，并赠送小礼品。

2）搞好与当地新闻媒介的关系。要事先做好调查研究，在我驻外使领馆的领导、支持与配合下，确定有关人员名单，准备好质量高、语言简洁、译成外文的新闻稿和有吸引力的图片，这样报刊、广播、电视便可迅速刊登、播放。最好在展览会开幕前请当地报刊、广播、电视的记者参观展览，宴请并赠送小礼品，争取新闻媒介的支持。

3）研究驻在国海关的有关规定，搞好与海关官员的关系。在举办展销会时，这一点尤其重要。一般国家海关对工艺品、玩具等征收的关税较高，因而报关时，要认真、仔细地研究有关规定，否则容易造成经济损失。

4）注意做好展品与人员的安全保卫工作。在多国博览会或有文物之类贵重物品的展览会上，尤其要做好安全保卫工作。在准备展览会时，安全问题应列入有关规划之中。

5）争取我驻外使领馆的领导与支持。在国外的各种活动中，我外出各团、组均归我使领馆领导，由于他们多年驻在当地，熟悉当地情况，有广泛的人脉，争取使领馆的领导与支持，可较容易克服一些困难。

4. 接待外国记者采访，请名人参加活动

在国内公共关系中，可以利用记者招待会和新闻发布会扩大影响。在国际公共关系中，一个社会组织在国外的重要性有限，如无重大信息，一般不用召开记者招待会，可写好新闻稿或宴请外国记者，以其他独家新闻的方式来宣布的效果比较好。这样既结交了新闻界的朋友，又使国际公共关系目标容易实现，比发广告和召开记者招待会省钱、省力、效果好。

请当地名人参加活动，如奠基式、展销会、开幕式等，因为名人在当地的影响力大，其一举一动易引起新闻界的注意。公关人员可以利用这一点，通过国外新闻媒介报道名人活动，提高组织的知名度。

三、国际公关礼仪在对外交往中的作用

在国际公共关系活动中，人们往往把礼仪看作国家和民族文明程度的重要标志。世界上每一个文明的民族都有凝结着本民族公众情感的礼仪习俗，因此，认真研究、了解和学习国际公共关系礼仪，遵守外事规则，对国际公关人员来说，是必不可少的一门重

要课程。

在国际交往中，特别是外交活动中，各国都十分重视国际交际礼仪。在各国的外交部一般都设有负责此项业务的礼宾司。礼宾工作是整个对外工作的重要组成部分，是必不可少的形式与手段。在国际公共关系活动中，交际礼仪一般没有外交礼宾那样严格，有一定的弹性，但也应十分重视。在对外工作中，交际礼仪不仅起着润滑和媒介作用，而且起着黏合和催化作用，它对于表达感情、加强友谊、增进了解、树立形象都是必不可少的。

鉴于中国特色的国际公共关系尚处在发展、完善阶段，我们可以借鉴中国外交经验。周恩来总理在对外交往中就十分重视交际礼仪，娴熟运用礼宾活动推动外交工作的开展，树立了新中国的良好形象。

相反，如不注意国际礼仪，就可能破坏感情，破坏关系，造成恶果。如我国某公司经理和女翻译在某热带国家洽谈业务，这位女翻译第一次出国，不熟悉国际礼仪。因为当地天气闷热，室内无空调，她便习惯性地当着客人的面用裙子当扇子扇风。客人对此举产生误会，认为这是有意挑逗，是对他人格的污辱，致使原本顺利进行的洽谈突然陷入僵局，差点破裂。经理发现后，赶忙解释，才勉强使谈判继续进行下去。

四、国际公关礼仪的基本要求

1. 彬彬有礼，不卑不亢

（1）彬彬有礼。彬彬有礼就是要求态度热情、言谈文雅、举止得体、仪表端庄。

1）态度热情。即对内不以衣着取人，对外不以国别取人，待人以诚，一视同仁，微笑服务。

在国际公共关系活动中，态度热情表现在各个方面。如在涉外宾馆，当客人乘车到达宾馆门前时，门口的服务员应立即上前，打开车门，并把手放在汽车门顶，提防客人头部撞门（面包车尤其应注意这一点），接客人下车。行李员应主动上前帮助提行李，如是私家车，服务员还必须协助停车，同时给客人停车票证（免费服务）。客人到达前厅，服务员要热情办理手续，行李员引导客人到房间，客房服务员事先打开空调，告诉客人各个电器开关、洗手间的位置，并在询问客人有何要求后立即退出。

对国际公关人员来讲，态度热情不仅包括热情回答客人的有关问题，协助解决具体困难，还包括守时守约。在紧张的现代社会生活中，每个人的时间都是极为宝贵的。在发达国家，时间观念很强，特别要注意按时守约。当然，按时也不是机械的，如果是参加家宴或招待会，可以准时或略晚几分钟到场，但不能提前到场，以免主人正在做准备（如洗澡），给主人带来不便。但在第三世界国家，人们往往时间观念不强，不能按时到场，特别是地位高和有身份的人，因为公务繁忙，加上有意显示不同寻常的身份，常常最后到场，甚至有时迟到一两个小时。遇到这种情况，国际公关人员应予以理解，见面时仍应态度热情。

2）言谈文雅。首先表现在见面时的称呼上。在一般国际惯例中，称男子为先生，称女子为夫人、女士或小姐。对不熟悉的人，可以在职务后加先生、小姐，如“经理先生”“护士小姐”。对熟悉的人，可在姓氏后加先生、小姐等，如“李先生”“史密斯小姐”。对医生、教师、律师可以称职务及姓氏，如“王医生”“吴律师”。对上层人物，如部长、总理、大使可称部长阁下、总理阁下、大使阁下。

言谈文雅还表现在与人交谈时距离要得体，这要根据不同风俗习惯采取不同做法。如在阿拉伯国家，谈话时要站得近，以示关系亲密；而在美国就要保持距离，不能站得太近。在公共场合时（如招待会），可以谈笑风生，但不能声音太大，以免显得粗俗。

3）举止得体。如剔牙掩手、军人行举手礼、入室脱帽、室内不戴墨镜等。而客人未走主人先走、文艺晚会上打瞌睡等，都是举止不得体、没有礼貌的表现。女性坐着叉开腿、用裙子当扇子扇风等都不合时宜。谈话时，用手随便指指点点，特别是指向对方的脸，是失礼行为；在陌生人面前或不熟悉的场合，随便捻响指，使人觉得没有教养，应避免。举止得体还包括能够控制自己的情感，不以眼神或体态外露情绪。在涉外活动中，对外不要劝酒，本人饮酒也不得超过酒量的1/3，否则酒醉失态会酿成大错。

4）仪表端庄。一个人的气质、风度、学识、审美能力都可以从他的穿着打扮上反映出来。优雅的服饰、得体的装束能弥补缺陷，更增添感染力和魅力，有助于在社交、公务、事业上取得成功。必须反对那种“只重衣衫不重人”的势利观念，但也不提倡不修边幅、邋里邋遢，或浓妆艳抹、奇装异服。穿着整洁、得体不仅是对别人的尊重，也反映了认真、严肃的工作态度。

作为一个国际公关人员，他的一切都体现着国家、民族、团体或企业的形象，这当然也包括外表美在内。

男性公关人员的穿着应显示出个性，最重要的是要根据身材选择衣服。如果身材瘦削的人偏爱穿深色或直条西服，就会显得更瘦瘪。同样，较胖的人穿浅色衣服会更显得臃肿。所以在办公、聚会、谈判、出国访问等场合，必须挑选合适的衣着，并保持衣着的挺括、整洁和色调和谐。

女性公关人员的服饰选择范围较广。为了适应国际公关的要求，其穿着打扮应遵循下列原则：应根据自己的个性、气质、身材、肤色、体形，特别是根据场合来穿着打扮，而不能流行什么穿什么，片面追求时髦。国际公关人员一定要了解世界各国的风土人情，加强美学修养，否则就会弄巧成拙，破坏形象，或被别人误解。佩戴首饰的目的是给人以深刻的印象，应根据发型、脸形、服装等加以选择。

（2）不卑不亢。不卑不亢就是既不卑屈又不高傲，稳重自然，落落大方。特别是对待西方发达国家，要避免崇洋媚外，失去民族自尊心。国际公关人员在参与国际交往时，必须意识到自己在外国人的眼里代表着自己的国家，代表着自己的民族，代表着自己的组织。因此，在外国人面前既不应该表现得畏惧自卑、低三下四，也不应该表现得自大狂傲、放肆嚣张。周恩来总理曾经要求我国涉外人员具备高度的社会主义觉悟、坚定的政治立场和严格的组织纪律性，在任何复杂艰险的情况下，对祖国赤胆忠心，为维护国家利益和民族尊严，不惜牺牲个人的一切。

此外，不卑不亢还表现在对待发展中国家时不搞大国沙文主义。对大小国家应一视同仁，礼仪安排应该平衡统一。作为有中国特色的国际公关人员，在对外交往中要保持和发扬这一优良作风，对大国、强国不卑，对小国、穷国不亢。

2. 尊重外国习惯

国际公关人员应充分了解、尊重对象国的公众习惯，以免伤害对方感情，影响彼此关系，损害组织形象。例如，德国人讲究效率，崇尚理性思维，时间观念强。他们不喜欢拖拖拉拉、不守纪律和不讲卫生的坏习气。德国人在交谈中很讲究礼貌。与德国人打交道时，如在这些方面加以注意，则有助于赢得好感和信任；反之，则会被视为散漫拖拉和不自重。再如，英国人注意仪表，讲究穿着，男士每天都要刮脸，但凡外出进行社交活动，都要穿深色西服，但忌戴有条纹的领带；女士则应着西式套裙或连衣裙。西班牙女士上街一定要戴耳环，认为如果没有戴耳环就如同没有穿衣服一样。根据国际惯例，一般在协议签字仪式上，宾主举香槟酒表示祝贺，但对方如果是伊斯兰国家的人，不能喝酒，就可以采取变通方式，如将对方的酒改成水。

尊重对方风俗习惯，需要：1）加强调查研究，仔细了解其有关风俗习惯。2）克服困难，学会适应各种风俗习惯，适应各种环境。

五、礼宾工作的原则

1. 尚礼好客

在接待对象国公众访华时，对客人应该热情友好，主动周到，使他们有宾至如归之感。公关对象公众到中国访问，这是国际公关人员树立中国和本组织形象的良机，应尽量使客人留下美好的印象。中国素有礼仪之邦之称，拥有尚礼好客的优良传统，在开展中国特色的国际公共关系活动时，应特别注意发扬这一优良传统，并使其成为中国国际公共关系的特色之一。

2. 礼尚往来

在对外活动中坚持礼尚往来，特别要注意在与发达国家公众交往时坚持原则，维护国家与组织利益，不能丧失国格和人格，不能丧失民族自尊心。在接待外宾、临时出国或长期驻外时都要注意这个问题。在安排活动时，要坚持原则，不能有损国家和组织形象；在个人交往时，不谋私利，不受金钱和美色的诱惑。

斯特曼的忠诚

第一次世界大战后，一个名叫斯特曼的德国工程师流亡到了美国，生活没有着落。有一家小企业看中并雇用了他。他勤奋工作，逐渐显露出技术才能。这家公司的一台大型电机坏了，公司的技术人员无力排除障碍，只好请斯特曼来帮忙。他在电机旁搭了一个帐篷，听电机的声音，两天后，只用粉笔在电机上画了一条白线。他对这家公司的经理说："把电机打开，在画线的地方把线圈去掉16圈，电机就能正常工作。"一试果然不错。这家公司给了他1万美元的报酬。按照公司规定，给报酬要说明报酬的用处，斯特曼就写了一张纸条："用粉笔画一条线是1美元，知道在哪里画线是9 999美元。"事后，通用电气公司知道有这么个难得的人才，想用高薪聘用他。斯特曼拒绝了，他说："在我最需要帮助的时候，这家小企业看中了我，救了我，我现在不能忘恩负义。"通用电气公司更为他这种忠诚可靠的精神所感动，便把斯特曼和那家小企业一起买了过来。

3. 实事求是

这是公共关系工作应当坚持的一个原则，也是国际公共关系礼宾工作应当坚持的原则。应有一说一，有二说二，不能浮夸；不能只讲优点不讲缺点，也不能只报喜不报忧。信誉和信用对任何人来说都是品质、修养的表现。国际公关人员的信誉和信用显示企业、团体乃至民族和国家的形象与声誉，因此，恪守信用的重要性是不言而喻的。这种信誉和信用包括约定会晤、安排会谈、组织会议、贯彻协议、履行合同等都要守时，接受任务必须按期完成，说到做到。如果不能按期完成，就要向对方说明原因，并尽可能不要拖延太久。要做到言必信，行必果，还应做到绝不轻易答应别人所托而自己又力所不逮的事情，一旦答应就应该尽一切力量去完成。

4. 女士优先

尊老爱幼是中华民族的传统美德。在国际日常交往中，应继续发扬尊老爱幼的优良传统，更应注意尊重女士，礼让优先。女士在男士面前，处于尊者地位，享受相应的礼仪待遇。女士优先是国际社会公认的一条重要的礼仪原则，也是体现教养水平的重要标志。女士优先在欧美各国都很讲究，尤其是英国。在社交场合，每一位成年男子都有义务自觉以实际行动去尊重、体谅、照顾女士，而且要想方设法、尽心竭力地去为女士排忧解难，体现绅士风度。例如，上下楼梯、上下车、进出电梯、就餐、就座之前等均请老人、女士先行，并主动予以照顾；同行时，男士应主动帮助女士提拿重物，男士应走在女士的后面或左面，不熟悉的地方应予以引导；与老人、女士同桌用餐时，男士应主动照顾，帮他们入席、离座等；在国际交往中有以右为尊的规定，在座次上，一般都应将女士的座位安排在男士的右边，以显示其身份的尊贵。

六、遵守纪律，维护形象

对公关人员来讲，维护公众利益、诚实可信、遵纪守法、不谋私利是应当遵守的职业纪律。对国际公关人员来讲，还应注意了解和遵守国际公共关系行为准则，使自己的行为符合国际标准。对我国的公关人员来讲，为维护我国和组织的良好形象，要严格遵守外事纪律，即严格遵守“涉外人员守则”。

“内外有别”是所有中国涉外人员必须遵守的原则。对于国际公共关系工作来讲，内外有别是区别于国内公关工作的重要特征之一。它要求公关人员在对外活动中，不能像内部讨论一样，什么都讲，这包括两个方面：

一是必须牢记保守国家和本组织的机密，绝不允许以友好、坦诚为借口，向外宾提供机密和对我方不利的情况资料。

二是必须牢记“授权有限”，注意请示汇报，及时得到领导与本组织的帮助。

相应溶液的保护与防守

一次，一批日本客人到法国一家著名的照相器材厂参观。在实验室内，一名日本人俯身贴近细看一种新的显影溶液。他的领带特别长，一下子就垂到了溶液中。参观结束，通过出口处时，法国工厂的一名公关小姐彬彬有礼地走到这位日本客人面前，说：“您的领带弄脏了，我给您换一条吧！”说着，客气地解下他的领带，换上一条漂亮的新领带。这位日本客人自以为神不知鬼不觉地把显影液偷到了手，回去一化验就可弄清配方了，殊不知聪明的法国公关小姐早就看在眼里，并想出这个办法保住了机密。

为保守国家和组织秘密，“内外有别”原则还对国际公关人员作出了以下规定：

（1）在接待外宾参观和洽谈业务时，应从实际出发，划清秘密与非秘密、核心机密与非核心机密的界限，不明确的要向领导请示报告。明确规定参观路线、项目和洽谈的范围、口径。负责接待的国际公关人员应遵守这些规定，不得随意改变。

（2）如有外国机构和人员来电、来函或来人了解情况，属于保密事项的应及时向外事主管请示、联系，按规定给予答复。

（3）出入外国驻华机构和外国人住处，陪同外国人参观、旅游、参加宴会等，不得携带机密文件、资料和记有机密事项的笔记本，如需携带应经领导审批并采取保密措施。出国人员亦应遵守上述规定。

(4) 凡属内部报刊及内部资料，未经审批不准对外提供或销售。未经公开展示的文物，不得让外宾参观或拍照。

(5) 出国谈判时，不得把机密文件放在桌上；内部商量对策和交换意见应在保密的地方进行；机密电报和文件应在使领馆内草拟；在国外宾馆、饭店、乘车场合，严禁讨论机密事项和内部问题。

(6) 对发表论文，交换书刊、资料、样品，应按有关部门的规定办理，严格进行保密审查，履行审批手续，不得自行其是。

(7) 在对外经贸活动中，不得泄露内部掌握的对外援助技术出口和接受外援的具体政策、规划数字、计划措施等机密事项。对外谈判、宣传报道、举办展览、接待参观、技术交流等项活动中，凡是尚未公布的经贸措施、统计数字、生产技术、计划措施，均需进行严格审查，未经批准，不得对外提供和公开发表。

(8) 在对外引进技术和资金活动中，要注意工作方式，确需提供必要的秘密资料时，应本着确保核心机密和有领导、有控制地放宽对非核心机密限制的原则，办理必要的审批手续。

(9) 向国外转让、出售或通过技术合作、经济援助向外提供技术项目时，属于发明等科技秘密事项的，应报有关部门批准。

(10) 利用广播、电视、电影、报纸、书刊、电子邮件等传播媒介时，不得涉及有关保密内容。在国际通信中，严禁明密电混用，传真通信不得涉及秘密内容，严禁用普通电话传达保密内容，要注意计算机信息保密。

【复习与思考】

长城汽车打算开拓非洲市场，请问该企业在当地应该开展哪些类型的活动？并需要注意哪些礼仪及细节问题？

“一带一路”构建亲、诚、惠、容平台

◎案例描述

“一带一路”建设是我国“构建全方位对外开放新格局”的首要任务。我国本着与邻为善、与邻为伴、富邻、睦邻的政策，希望建设一个以经济利益为基础的“一带一路”共同利益平台，这是中国综合安全观以及独立自主和平外交政策的具体体现。

“一带一路”建设秉持“共商、共建、共享”原则，尊重各方“舒适度”，着眼点是合作，是共赢，而非对抗或结盟。要以“一带一路”建设为平台打造亲、诚、惠、容的国际关系新格局。

美国《外交政策》杂志发表的一篇题为“中国决定了西伯利亚的命运”的文章称：俄罗斯远东地区对中国表现出无与伦比的热情，俄罗斯边民视中国为“机会之地”。

印度内阁部长马尼·尚卡尔·艾亚尔称：中国给该国西南部地区和西藏带来的发展“非常惊人”。去过西藏的印度游客都对拉萨的现代化水平、西藏的公路建设以及与中国铁路主干线相连的高海拔铁路赞叹不已。印度东北部梅加拉亚邦的一名议员说，中国使自身影响力越过边界，靠的不是基础设施或军事力量，而是潮水般涌入的非常具有竞争力的消费品。他说，廉价的中国商品到处都有，如从中国进口的手机配件价格只有印度同类产品的1/10。莫迪的“中印世界最长高铁合作计划”，是顺应民心、加快印度铁路现代化建设、加强中印与“金砖国家”联系的合作之举。

“一带一路”计划，不是冷战思维者所说的“中国马歇尔计划”，它比马歇尔计划要古老得多，又年轻得多，二者不可同日而语。古老是因为“一带一路”传承着2 000多年古丝绸之路的历史精神。说年轻，是因为“一带一路”诞生于全球化时代，它是开放合作的产物，而不是地缘政治的工具，更不能用冷战思维去等量齐观。

“一带一路”计划将带动中国与众多国家建立自贸区，不仅连接了中韩、中澳、中国东盟自贸区，也连接着中国和中东、以色列、阿拉伯国家自贸区，而中日韩自贸区谈判正在加快。

◎案例解析

所谓新型国际关系，“新”在合作共赢这个原则和目标上。早在2003年，中国就提出了“和平崛起”的概念，旨在告诉那些对中国崛起表示疑虑的国家：中国是一个正在崛起的大国，但不会像20世纪上半叶的德国和日本那样，以对抗或敌对的方式在国际舞台上寻求权力。后来由于“崛起”一词被某些国家作负面解读，这一概念很快被“和平发展”代替。2005年，中国进一步提出了建设“和谐世界”的外交理念。之后，中国又提出构建“新型国际关系”，还公开发出了一系列多边合作倡议：在2014年5月上海举行的亚信峰会上，中国提出树立亚洲新安全观，倡导共同安全、综合安全、合作安全和可持续安全，积极探讨建立亚洲安全与合作的新架构；在2014年11月北京召开的APEC首脑会议上，中国提出了建设亚太自贸区的倡议；2015年6月29日，《亚洲基础设施投资银行协定》签署仪式在北京举行，亚投行57个意向创始成员国财长或授权代表出席了签署仪式。此外，中国还提出与周边国家建立利益和命运共同体，与全球国家建立全球伙伴关系网络等。这些多边倡议和行动无一例外地得到了世界上大多数国家的支持，成为构建新型国际关系的具体内容。

然而，目前环顾世界，乌克兰危机、中东乱局、美国持续推行亚太再平衡战略等，无不体现出国际政治的残酷现实。

当前美俄两国围绕乌克兰危机展开激烈博弈，驱使两国相互博弈的理念正是冷战思维。

中国倡导的新型国际关系，与当前国际关系中的冷战思维泾渭分明。特别是中国坚持结伴而不结盟原则，积极与世界上其他国家发展合作关系，都在“一带一路”愿景的共建原则中得到了明确的表达，即恪守《联合国宪章》的宗旨和原则，坚持开放合作，坚持和谐包容，坚持市场运作，坚持互利共赢。除了全面发展友好国家关系之外，中国还积极稳定与大国之间的关系。在对待美、俄两国时，中国采取了适度的应对措施，以斗争求合作。

虽然美国明确实施了针对中国的亚太再平衡战略，但中国在构建新型大国关系的旗帜下，积极改善中美两国关系，并逐步取得实际性成果。例如，中美两国元首在2014年继庄园会晤之后，又续瀛台夜话；中美两国进一步加深对彼此的了解，在应对气候变化、建立两军互信机制等众多领域取得了一系列重要进展。与此同时，中国大力发展亚太地区的友好国家数量，以共同抵制美国在这一区域的无端干涉。中国还努力增强自身的理论和道路自信，对美国的思想文化渗透始终保持警惕。

在对俄关系上，中国一方面积极推进两国在各方面的互利合作，另一方面也有意识地尊重俄罗斯的国家利益和传统势力范围，以维护中俄关系的大局。这使得中俄两国不仅在敏感的双边关系问题上求得了一致的解决办法，还在国际问题协作、双边经贸关系的发展上不断迈上新的台阶。到目前为止，中美、中俄关系的发展都较为稳定，双方间的利益冲突和摩擦得到了较好的管控和调适，合作共赢的一面得到了最大限度的放大。

虽然短期内，中国的新型外交理念不能改变国际关系中的冷战思维，但是这种理念正在得到越来越多的国家和地区的支持，参与“一带一路”建设的国际力量不断壮大就是最为有力的证明。中国倡导的新型国际关系必将逐步挤占冷战思维在国际政治中的作用空间，对国际丛林法则也将带来某种程度上的缓解，从而在新型国际秩序的构建中发挥越来越大的作用。

◎案例交流与讨论

1.“一带一路”的具体内容包含哪些方面？

2.“一带一路”在政治和经济领域的国际影响是什么？

3.“一带一路”对我国政治、经济的影响是什么？

参考文献

[1] 陈先红．现代公共关系学 [M]．北京：高等教育出版社，2009.

[2] 朱同丹．公共关系原理与实务 [M]．北京：高等教育出版社，2009.

[3] 李元授．现代公共关系艺术 [M]．武汉：华中科技大学出版社，2002.

[4] 吕维霞．公共关系学 [M]．北京：对外经济贸易大学出版社，2012.

[5] 彭秦平．公共关系实务 [M]．北京：清华大学出版社，2010.

[6] 张宁，陈先红．公共关系管理 [M]．武汉：武汉大学出版社，2009.

[7] 边一民．公共关系案例评析 [M]．杭州：浙江大学出版社，2004.

[8] 李兰英，陈小明．公共关系理论与实务 [M]．上海：上海财经大学出版社，2010.

[9] 王军．公关礼仪 [M]．武汉：华中科技大学出版社，2013.

[10] 李兰英，徐俊，葛红岩等．公共关系理论与实务 [M]．上海：上海财经大学出版社，2007.

[11] 边翠兰．公共关系理论与应用 [M]．北京：首都经济贸易大学出版社，2011.

[12] 谭昆智．公关原理与案例剖析 [M]．北京：清华大学出版社，2008.

[13] 叶皓．政府新闻学 [M]．南京：江苏人民出版社，2006.

[14] 杨加陆．公共关系学教程 [M]．上海：复旦大学出版社，2011.

[15] 姚惠忠．公共关系理论与实务 [M]．北京：北京大学出版社，2004.

[16] 罗伯特·L·戴伦施耐德．企业公关实务手册 [M]．北京：经济科学出版社，2012.

[17] 张百章，何伟祥．公共关系原理与实务 [M]．大连：东北财经大学出版社，2002.

[18] 朱崇娴，范恪劼，范昕伟等．公共关系原理与实务 [M]．2 版．北京：高等教育出版社，2014.

[19] 周安华，苗晋平．公共关系理论、实务与技巧 [M]．北京：中国人民大学出版社，2013.

[20] 居延安．公共关系学［M］．上海：复旦大学出版社，2014.

[21] 李兴国．公共关系实用教程［M］．北京：高等教育出版社，2015.

[22] 徐茂权．网络营销决胜武器·软文营销：实战方法、案例、问题［M］．北京：电子工业出版社，2015.

[23] 董国用．企业公关实战手册［M］．广州：广东旅游出版社，2015.

[24] 张岩松．新编现代公共关系实用教程［M］．北京：清华大学出版社，2015.

图书在版编目（CIP）数据

公共关系实务技巧/成光琳主编．—北京：中国人民大学出版社，2016.8
21世纪高职高专规划教材．通识课系列
ISBN 978-7-300-22974-4

Ⅰ.①公… Ⅱ.①成… Ⅲ.①公共关系学-高等职业教育-教材 Ⅳ.①C912.3

中国版本图书馆CIP数据核字（2016）第127906号

21世纪高职高专规划教材·通识课系列
公共关系实务技巧
成光琳　主编
Gonggong Guanxi Shiwu Jiqiao

出版发行	中国人民大学出版社		
社　　址	北京中关村大街31号	**邮政编码**	100080
电　　话	010－62511242（总编室）		010－62511770（质管部）
	010－82501766（邮购部）		010－62514148（门市部）
	010－62515195（发行公司）		010－62515275（盗版举报）
网　　址	http://www.crup.com.cn		
	http://www.ttrnet.com(人大教研网)		
经　　销	新华书店		
印　　刷	北京七色印务有限公司		
规　　格	185mm×260mm　16开本	**版　　次**	2016年8月第1版
印　　张	20.25 插页1	**印　　次**	2016年8月第1次印刷
字　　数	410 000	**定　　价**	35.00元

信息反馈表

尊敬的老师：

您好！为了更好地为您的教学、科研服务，我们希望通过这张反馈表来获取您更多的建议和意见，以进一步完善我们的工作。

请您填好下表后以电子邮件、信件或传真的形式反馈给我们，十分感谢！

一、您使用的我社教材情况

<table>
<tr><td rowspan="2">您使用的我社教材名称</td><td colspan="3"></td></tr>
<tr><td colspan="3"></td></tr>
<tr><td rowspan="2">您所讲授的课程</td><td></td><td rowspan="2">学生人数</td><td></td></tr>
<tr><td></td><td></td></tr>
<tr><td>您希望获得哪些相关教学资源</td><td colspan="3"></td></tr>
<tr><td>您对本书有哪些建议</td><td colspan="3"></td></tr>
</table>

二、您目前使用的教材及计划编写的教材

<table>
<tr><td rowspan="3">您目前使用的教材</td><td>书名</td><td>作者</td><td>出版社</td></tr>
<tr><td></td><td></td><td></td></tr>
<tr><td></td><td></td><td></td></tr>
<tr><td rowspan="3">您计划编写的教材</td><td>书名</td><td>预计交稿时间</td><td>本校开课学生数量</td></tr>
<tr><td></td><td></td><td></td></tr>
<tr><td></td><td></td><td></td></tr>
</table>

三、请留下您的联系方式，以便我们为您赠送样书（限1本）

<table>
<tr><td>您的通信地址</td><td colspan="3"></td></tr>
<tr><td>您的姓名</td><td></td><td>联系电话</td><td></td></tr>
<tr><td>电子邮件（必填）</td><td colspan="3"></td></tr>
</table>

我们的联系方式：

地　址：苏州工业园区仁爱路158号中国人民大学苏州校区修远楼

电　话：0512-68839319　　　传　真：0512-68839316

E-mail：huadong@crup.com.cn　　　邮　编：215123

网　址：www.crup.com.cn/hdfs